高等职业教育高水平专业群创新系列教材·汽车类

主　编　王丽梅　修玲玲　张德虎
副主编　郭大民　李　磊　尤　佳

北京理工大学出版社
BEIJING INSTITUTE OF TECHNOLOGY PRESS

版权专有 侵权必究

图书在版编目（CIP）数据

汽车安全舒适系统检修 / 王丽梅，修玲玲，张德虎主编. -- 北京：北京理工大学出版社，2021.12（2022.7重印）
ISBN 978-7-5763-0708-5

Ⅰ.①汽… Ⅱ.①王… ②修… ③张… Ⅲ.①汽车—电气设备—车辆修理—高等学校—教材 Ⅳ.①U472.41

中国版本图书馆 CIP 数据核字 (2021) 第 249853 号

出版发行 /	北京理工大学出版社有限责任公司
社　　址 /	北京市海淀区中关村南大街5号
邮　　编 /	100081
电　　话 /	（010）68914775（总编室）
	（010）82562903（教材售后服务热线）
	（010）68944723（其他图书服务热线）
网　　址 /	http://www.bitpress.com.cn
经　　销 /	全国各地新华书店
印　　刷 /	三河市天利华印刷装订有限公司
开　　本 /	787毫米×1092毫米　1/16
印　　张 /	23.25
字　　数 /	517千字
版　　次 /	2021年12月第1版　2022年7月第2次印刷
定　　价 /	59.80元

责任编辑 / 孟祥雪
文案编辑 / 孟祥雪
责任校对 / 周瑞红
责任印制 / 李志强

图书出现印装质量问题，请拨打售后服务热线，本社负责调换

前 言

汽车安全舒适系统检修是汽车维修工、汽车电工的典型工作任务，是高等职业教育汽车专业领域高技能紧缺型人才必须掌握的技能，也是高职汽车类专业的一门重要的专业核心课。

为了顺应职业院校学生的认知习惯，本书在编写过程中紧紧围绕汽车专业教育教学改革的要求，注重职业教育的特点，按技能型、应用型人才培养模式进行设计构想。

本书以来源于汽车维修企业的常见典型故障案例为载体，紧密结合汽车安全舒适系统的新理论、新技术，遵循拓宽知识面、简练准确、图文并茂、强调应用的原则，采用项目教学＋任务驱动的方式组织教材内容。本书共6个项目，18个典型工作任务，讲述了汽车安全性、方便性、舒适性等控制系统的结构与检修。本书结合了目前汽车安全舒适系统中较为典型、先进的内容，强调与实际教学设施相符合，与汽车维修岗位工作实际相符合，选择典型车型相对应的维修手册内容，力求符合岗位能力培养的需要；注重理论与企业实际相结合，提高了教材的实用性；力求做到既方便课堂教学和自学，也可供汽车类专业技术人员参考使用。

本书的参考学时为72学时，其中实训环节为30学时。各项目的学时分配见下表。

项目	项目内容	学时分配	
		讲授	实训
一	前照灯控制系统结构与检修	4	2
二	舒适操控系统结构与检修	14	12
三	电控安全气囊及安全带系统结构与检修	4	2
四	汽车自动空调系统结构与检修	10	8
五	车载网络控制系统结构与检修	6	4
六	汽车防碰撞系统和定位导航系统结构与检修	4	2

本书由辽宁省交通高等专科学校王丽梅、修玲玲，辽宁机电职业技术学院张德虎任主编，辽宁省交通高等专科学校郭大民、李磊、尤佳任副主编。其中项目一、项目二由王丽梅、修玲玲编写，项目三、项目四、项目五由修玲玲、张德虎编写，项目六由郭大民、李磊和尤佳编写。辽宁省交通高等专科学校黄艳玲、金艳秋、杨智勇、孙连伟、郭明华、李泰然、黄宜坤、刘杨、翟静、朱尚功等，在本书的编写过程中给出了宝贵的建议和意见，并且参与了本书部分电路的设计、绘制以及微课的设计、录制。全书由王丽梅统稿和定稿。

由于编者水平有限，书中难免存在错财务和不妥之处，邀请广大读者批评指正。

目 录

项目一　前照灯控制系统结构与检修 1
　任务 1.1　前照灯自动控制电路 2
　任务 1.2　自适应前照灯系统的结构与检修 16

项目二　舒适操控系统结构与检修 29
　任务 2.1　电动刮水器的结构与检修 30
　任务 2.2　电动车窗的结构与检修 46
　任务 2.3　中控门锁的结构与检修 61
　任务 2.4　防盗系统的结构与检修 78
　任务 2.5　电动座椅的结构与检修 108
　任务 2.6　自动座椅的结构与检修 120
　任务 2.7　电动后视镜的结构与检修 132

项目三　电控安全气囊及安全带系统结构与检修 147
　任务 3.1　电控安全气囊系统的结构与检修 148
　任务 3.2　电控安全带系统的结构与检修 171

项目四　汽车自动空调系统结构与检修 185
　任务 4.1　空调制冷系统的结构与检修 187
　任务 4.2　空调取暖、通风及空气净化系统的结构与检修 220
　任务 4.3　自动空调控制系统的结构与检修 227

项目五　车载网络控制系统结构与检修 261
任务 5.1　车载网络控制系统结构认识 262
任务 5.2　典型车载网络控制系统的结构与检修 279

项目六　汽车防碰撞系统和定位导航系统结构与检修 295
任务 6.1　汽车防碰撞系统的结构与检修 296
任务 6.2　汽车定位导航系统的结构与检修 309

参考文献 322

工单手册 323

项目一 前照灯控制系统结构与检修

项目导入

由于汽车前照灯的照明效果直接影响着夜间行车的操作安全,因此世界各国多以法律的形式规定了汽车前照灯的照明标准。其基本要求有:前照灯应保证夜间行车时车前有明亮而均匀的照明,使驾驶人能看清车前 100 m 内路面上的障碍物;随着汽车行驶速度的提高,汽车照明距离也相应地要求越来越远,现在高速汽车照明距离应达到 200～500 m;前照灯应具有防炫目装置,以免夜间两车交会时造成对方驾驶人炫目而发生交通事故。

学习目标

★ 知识目标
1. 熟悉前照灯的安装位置及外部构造,并理解前照灯的作用。
2. 理解自适应的组成和工作原理。

★ 能力目标
1. 能快速查询汽车维修资料、技术服务信息、用户手册和保养手册。
2. 能够正确使用汽车维修和诊断工具。
3. 能够按照维修手册对前照灯进行拆装和调整。
4. 能够识读前照灯控制系统电路图,能够对前照灯控制系统故障进行分析、检测并确认故障原因。

★ 素质目标
1. 能够制订工作计划,独立完成工作学习任务。
2. 能够在工作过程中与小组其他成员合作、交流并进行学习任务分工,具备团队合作和安全操作的意识。

3. 养成服从管理、规范作业的良好工作习惯。
4. 培养安全工作的习惯。

★ **政治目标**

1. 爱国守法，崇德向善，诚实守信。
2. 爱岗敬业，积极进取，团结协作。
3. 热爱劳动，沟通流畅，勇于创新。
4. 精益求精，工匠精神，7S 管理。

学习任务

任务 1.1　前照灯自动控制电路

任务引入

一辆迈腾轿车，行驶了 9.8 万 km，当打开前照灯时，时常出现左侧前照灯不亮，右侧前照灯正常亮起的故障。

任务目标

（1）熟悉前照灯的安装位置及外部构造，并理解前照灯的作用。
（2）能够识读前照灯自动控制电路图，能够对自动控制电路故障进行分析、检测并确认故障原因。

任务资讯

前照灯是汽车的"眼睛"，它发生故障将直接威胁夜间行车安全。迈腾轿车采用了电子控制前照灯控制系统，其左前照灯经常不亮，说明其前照灯系统出现了故障。了解、掌握自动控制前照灯的结构组成、类型、功用及控制电路，才能根据前照灯的类型、自动控制电路、故障现象来分析可能的故障原因，从而制定相应的检修诊断流程，实施具体的维修更换操作。

（一）前照灯的类型及结构

目前汽车上的前照灯以卤素灯、氙气灯为主。

1. 卤素灯

卤素灯就是在灯泡内掺入少量惰性气体碘（或溴），从灯丝蒸发出来的钨原子与碘原子相遇反应，生成碘化钨，碘化钨一接触白热化的灯丝（温度超过 1 450 ℃），又会分解还原为钨和碘，钨又重新归回到灯丝中，碘则重新进入气体中。如此循环不已，灯丝几乎不会烧断，灯泡也不会发黑，因此它要比传统的白炽前照灯寿命更长，亮度更大。现在的汽车普遍采用的就是这种前照灯。

卤素灯有其独特的配光结构，每只灯内有两组灯丝，一组是主光束灯丝，发出的光经反射镜反射后径直向前射去，这种光源就是平常所说的"远光"；另一种是偏光束灯丝，发出的光被遮光板挡住射向反射镜下半部分的光，其反射出去的光线都是朝前下方漫射向地面，不会给对面来车的驾驶者造成炫目，这种光源就是平常所说的"近光"。

2. 氙气灯

氙气灯也叫高强度（气体）放电灯（High Intensity Discharge Lamp），简称 HID 灯。HID 灯结构如图 1-1 所示。其采用了低能耗、高亮度的高效气体放电灯泡，由于灯泡内充有氙气，因此也叫氙气前照灯。它所发出的光照亮度是普通卤素灯的 2～3 倍，而能耗仅为其 2/3，使用寿命可达普通卤素灯的 10 倍。由于它能发出高达 4 000 K 色温的光，最接近正午日光的色温，因此有"人造太阳"的美称。氙气前照灯极大地提高了驾驶的安全性与舒适性，还有助于缓解人们夜间行驶的紧张与疲劳。驾车者可在第一时间发现危险，从而获得足够的反应时间，很大程度地减少了夜间事故发生率。目前国内推出的全新奥迪、迈腾、别克君威、马自达等豪华款轿车均配备了氙气前照灯。

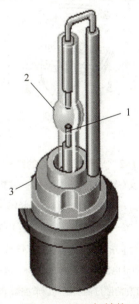

图 1-1　HID 灯结构

1—电极；2—放电腔；3—灯座

迈腾轿车放电式前照灯的结构如图 1-2 所示，它是由小型石英灯泡、变压器和电控单元组成的。其工作原理如图 1-3 所示，放电式前照灯的电控单元将直流电（9～16 V）转换为交流电的高压电（25 000 V），并将交流电作用在灯泡两端，用来激励灯泡中的氙气。氙气通电后，灯泡内温度上升，水银汽化并放出电弧。由于水银的汽化和发射的电弧，灯泡内温度继续上升，金属碘化物汽化分解，金属原子放电，产生光线。

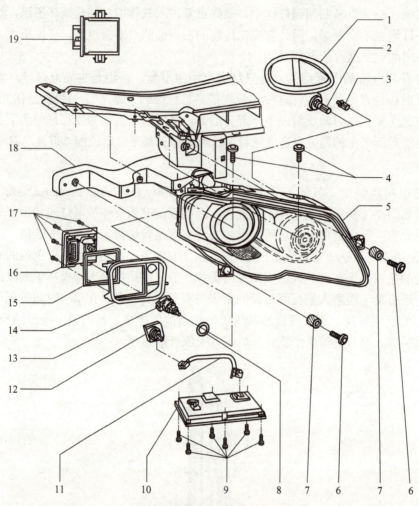

图 1-2 放电式前照灯的结构

1，14—盖罩；2—左转向灯灯泡 L148 或右转向灯灯泡 L149；3—左驻车灯灯泡 M1 或右驻车灯灯泡 M3；
4，6，9，17—固定螺栓；5—前照灯；7—调节衬套；8—夹紧环；10—左气体放电灯泡控制单元；
11—气体放电灯泡的导线；12—左或右气体放电灯泡 L13、L14（"双氙气灯"）；
13—前照灯照明距离调节左、右伺服电动机 V48 或 V49；15—密封条；
16—左或右侧前照灯电源模块 J667 或 J668；18—车身的开口；
19—转向灯和前照灯照明距离调节控制单元 J745

当放电式前照灯电控单元输入的电压不能保持正常工作电压（9～16 V）时，电控单元会自动停止给灯泡供电，以保护灯泡。当输入电压恢复正常后，电控单元自动给灯泡供电，灯泡正常工作，而且供电使灯发亮并达到规定的工作温度时，功率消耗只有 35 W（比卤素灯低 1/3），非常经济，适宜用作轿车前照灯。目前一些中高级轿车已经使用这种气体放电灯。

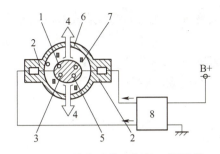

图 1-3 放电式前照灯的工作原理

1—金属原子；2—终端；3—金属碘化物；4—光线；5—水银；6—灯泡；7—氙气；8—电控单元

（二）前照灯的控制电路

前照灯电路主要由灯光开关、变光开关、前照灯熔丝、继电器及前照灯组成。现在汽车上主要使用将前照灯、雾灯、示宽灯及仪表灯等开关制成一体的组合式开关。图 1-4 所示为迈腾轿车灯光组合开关。

图 1-4 迈腾轿车灯光组合开关

逆时针转动旋转式车灯开关分别接通前雾灯、后雾灯。顺时针转动旋转式车灯开关分别接通示宽灯和前照灯近光灯（也就是远近光灯，远近光不可以同时打开）。远近灯光的切换手柄在方向盘左下侧，如图 1-5 所示，上下拨动可以切换远近光。

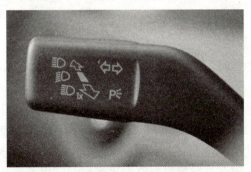

图 1-5 迈腾轿车前照灯变光开关

1. 前照灯自动变光系统

普通车辆在夜间会车时，驾驶人通过变光开关将远光灯变成近光灯，以防止对面驾驶人炫目。若驾驶人忘了变光或变光不及时，就会造成对方驾驶人炫目。这样，有些车辆为了减少安全隐患，提高车辆夜间行车的安全性能，在前照灯电路中采用了自动变光系统。该系统主要由光敏管（光敏电阻）及放大器单元（感光器）、灵敏度调节器、远/近光继电器、变光开关、闪光超车开关等部件组成，如图1-6所示。

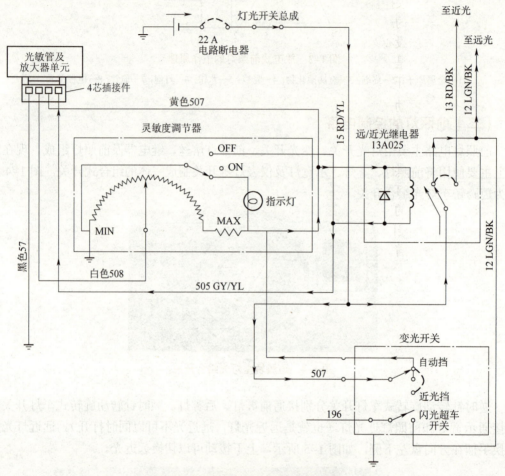

图1-6 前照灯自动变光系统电路

当变光开关置于自动挡时，远/近光继电器的磁化线圈通过光敏管及放大器单元搭铁，其电路是：蓄电池→电路断电器→灯光开关总成→507线→自动挡→远/近光继电器的磁化线圈→光敏管及放大器单元→搭铁。此时远/近光继电器控制远光灯的触点闭合，远光灯亮。

当对面来车时，光敏管及放大器单元（感光器）内的电阻发生变化，使得远/近光继电器的磁化线圈电路截止（不能搭铁）。这样，远/近光继电器的触点臂在弹簧的作用下，远光触点断开，近光触点闭合，前照灯电路由远光照明变成了近光照明。

当会车结束时，光敏管和放大器单元使远/近光继电器的磁化线圈再次搭铁，远/近光继电器的近光触点断开，远光触点闭合，前照灯电路由近光照明又回到了远光照明。

光敏管及放大器单元一般装在后视镜支架上，也有的安装在前中网与散热器之间，用来感应对面汽车的光线。灵敏度调节器装在灯光开关上，或装在灯光开关附近，驾驶人通过旋转灵敏度调节器便能调节前照灯自动变光系统的灵敏度。若灵敏度调节得高，前照灯便早些（迎面车辆离得较远）由远光变近光。若灵敏度调节得低，则要等到迎面车辆离得很近，前照灯才能由远光变成近光。

一般在灵敏度调节器上还设有手动变光挡位，当置于此挡位时，自动变光系统则回到普通的手动变光开关操作，实现远光与近光的变换。

用来实现变光的远/近光继电器，是一只单臂双位继电器。

变光开关一般设有闪光超车开关，如果接通（抬起或压下）闪光超车开关，远光灯将亮。不论灯光开关是否在前照灯挡，也不论灯光开关是否在远光或近光挡，驾驶人都可以直接操纵闪光超车开关，接通远光灯，实现超车。

2．前照灯自动开灯/延时闭灯控制系统

前照灯自动开灯/延时闭灯控制系统有两个功能：一个是当环境亮度暗到预定程度时，自动点亮前照灯；另一个是当汽车停车熄火后，使前照灯能保持亮一段时间，为驾驶人离开黑暗的停车场提供照明。

前照灯自动开灯/延时闭灯控制系统由光电控制装置、放大器组件及控制旋钮等组成。

光电控制装置的主要部件光敏电阻和放大器单元（感光器）用来感受外界光线的亮度，一般装在仪表内。美国通用汽车公司汽车仪表板内的光敏电阻及放大器单元如图1-7所示。光敏电阻的阻值随着光强度的不断减弱而增大，从而控制放大器的工作时机，以控制前照灯电路。

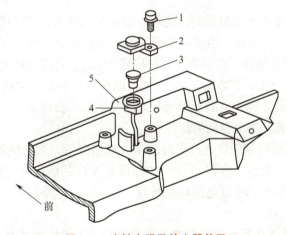

图1-7　光敏电阻及放大器单元

1—螺钉；2—连接片；3—光敏电阻和放大器单元；4—插座；5—仪表板

放大器组件由晶体管放大器、灵敏继电器、功率继电器和延时闭灯控制装置组成。它根据光电装置产生的信号，自动接通和切断前照灯电路。

控制旋钮通常与前照灯开关装在一起（两者同心），可用于选择手动或自动闭灯，以及调整闭灯的延迟时间。

控制系统电路如图1-8所示，其工作原理如下所述。

光敏电阻R_2由透过风窗玻璃的自然光激发，光通量的大小由光阀调整，以适应季节的变化。光敏电阻R_2与电阻R_3串联接到电源上。三极管VT_2的基极经灵敏度控制电阻R_1搭铁，同时，经R_2、R_3加到VT_2的偏压应调整到刚好使VT_2截止。

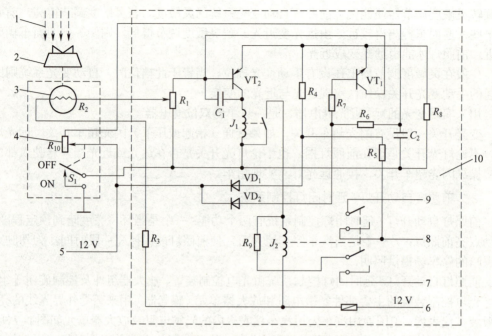

图 1-8 前照灯自动开灯/延时闭灯控制系统

1—自然光；2—光阀；3—光敏电阻；4—前照灯延时电位器；5，6—电源；7，8，9—到前照灯电路；10—放大器组件

当汽车行驶中自然光强度减弱时，光敏电阻的阻值增大，VT_2 基极电位下降。当其电位下降到一定值时，VT_2 导通，接通灵敏继电器 J_1 线圈电路，触点闭合，接通了功率继电器 J_2 线圈电路，吸闭其触点，将前照灯电路接通；反之，将前照灯电路自动切断，从而实现了自动开灯和闭灯功能。电容器 C_1 接在 VT_2 的集电极和基极之间，使 VT_2 的导通、截止延迟一段时间，以防止光敏电阻上出现瞬时的阴影时，会自动开灯。同时也保证了当汽车偶尔遇到明亮的灯光时不会自动闭灯。

电路的延时闭灯控制功能是通过三极管 VT_1 来实现的。当车辆停驶断开点火开关时，VT_1 使 VT_2 保持导通，直到电容器 C_2 上的电压降到 VT_1 的截止电压时，VT_1 才截止，VT_2 随之截止，灵敏继电器和功率继电器触点断开，将前照灯电路切断。延长时间的长短由电位器 R_{10} 进行调整。

控制旋钮 S_1 可用于选择前照灯的自动控制和手动控制两种状态。当 S_1 处于 ON 位置时，前照灯处于自动控制状态；当 S_1 处于 OFF 位置时，前照灯处于手动控制状态。

3. 前照灯光束调整自动控制

当车辆的姿势因乘车人数或载重量的变化而变化时，前照灯光束的照射位置也会发生变化，因而不能很好地照亮前方路面。

当汽车货物载重量和乘员人数发生变化时，可以自动调整前照灯光轴和固定角度来提高可视度，减少交通盲区。前照灯照射角度调整机构如图 1-9 所示。前照灯部件以枢轴为中心回转微小角度，借以改变光束的照射角度。调整螺钉是由电动机和齿轮机构组成的，可正反向旋转的执行器，其来回移动调整前照灯部分的位置。

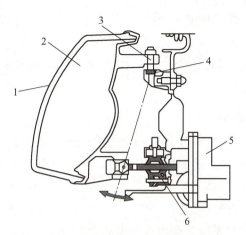

图 1-9　前照灯照射角度调整机构

1—透镜；2—前照灯部分；3—枢轴臂；4—枢轴；5—执行器；6—调整螺钉

图 1-10 所示为前照灯照射角度的调整控制电路。执行器内组装有执行机构的位置检测传感器，它同电动机连动，使可动触点回转，并检测前照灯部件的位置。调整只可在前照灯光束控制开关为接通（ON）状态时才能进行。以 5 级光束切换位置为例说明照射角度的调节，其中以位置"0"为基准位置，位置"4"为最向上位置。

前照灯照射角度的调整控制过程如下所述。当从如图 1-10（a）所示的位置"0"转换到位置"3"时，前照灯光束控制开关就选择"3"的位置。继电器 1 是通过固定触点 UP→可动触点 1→固定触点 3→光束控制开关触点 3 后接地，继电器 1 触点就向 UP 一侧闭合，使电动机进行 UP 旋转。

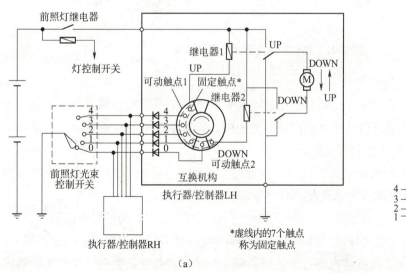
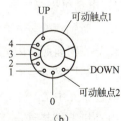

图 1-10　前照灯照射角度的调整控制电路

（a）互换机构在位置"0"时的控制电路；（b）互换机构在位置"3"时的控制电路

由于电动机的 UP 旋转，图 1-9 中的调整螺钉被伸出，使前照灯部件向上转动，此时，可动触点做顺时针方向回转。如图1-10（b）所示，当可动触点1离开固定触点3的位置时，通向继电器1的电路被切断，因此电动机就自动停止工作。若是使光束从图1-10（b）的位置"3"向下，则选择控制开关"2"～"0"。这次是在可动触点2的作用下，继电器2变为ON，使电动机做DOWN旋转。

4. 内藏式前照灯的控制

配备内藏式前照灯系统的轿车，不用前照灯时，便将前照灯隐藏在前照灯盖门的后面，当灯光开关打到HEAD挡时，前照灯盖门开启。前照灯盖门可采用电动机驱动开闭，也可用真空推杆开闭。

1) 真空操纵内藏式前照灯系统。

真空操纵内藏式前照灯系统是利用真空为动力开闭前照灯盖门的系统，它是用了一只带有真空分配阀的灯光开关，由真空推杆开闭前照灯盖门，如图1-11所示。当灯光开关在OFF挡时，发动机的真空使前照灯盖门保持关闭；当灯光开关在HEAD挡时，真空分配阀使真空推杆通大气，真空推杆失去真空，推杆上的弹簧将前照灯盖门开启。也就是说，该车前照灯盖门的控制方法是：由真空关闭盖门，由弹簧开启盖门。

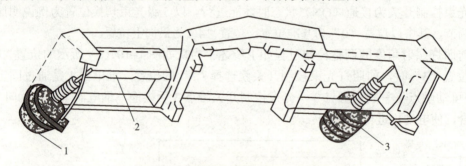

图1-11 真空操纵内藏式前照灯结构

1，3—真空推杆；2—前照灯盖门

在发动机不工作或真空度不足时，要由真空罐储存的真空维持前照灯盖门的关闭。为此，车上设有一个供手动开启前照灯盖门用的旁通阀，以备系统失灵时使用。

2) 电动机操纵内藏式前照灯系统。

克莱斯勒汽车采用的电动机操纵内藏式前照灯电路如图1-12所示，车身电控单元接收灯光开关和前照灯闪光超车开关的输入信号。

当打开灯光开关时，车身电控单元便收到要点亮前照灯的信号。为了打开前照灯盖门，车身电控单元由 L_{50} 输出线为开盖门继电器励磁线圈供电，使开盖门继电器常闭触点断开，盖门电动机上端搭铁，于是电动机将打开盖门，其电路为：蓄电池正极→灯光开关→输出线 L_{11} →关盖门继电器的常闭触点→盖门电动机→开盖门继电器触点→搭铁。

当关闭灯光开关时，车身电控单元由 L_{51} 输出线为关盖门继电器励磁线圈供电，使关盖门继电器常闭触点断开，使盖门电动机下端搭铁，于是电动机将关闭盖门，其电路为：由电动门锁继电器提供电源正极→开盖门继电器常闭触点→盖门电动机→关盖门继电器→搭铁。

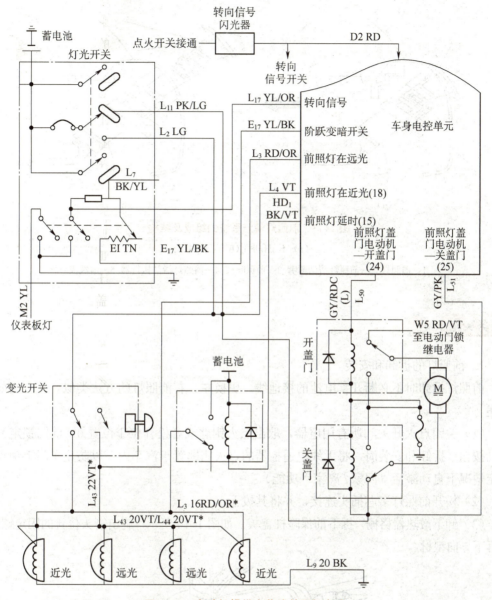

图 1-12 电动机操纵内藏式前照灯电路

5. 前照灯自动清洁系统

当点火开关和前照灯开关都在 ON 位置时，如果风窗玻璃清洁开关连续打开两次，前照灯清洁电动机工作。

前照灯清洁系统的组成及结构如图 1-13 所示。前照灯清洁器喷嘴被一个弹簧拉住，处于前照灯清洁执行器内，如图 1-13（a）所示。当前照灯清洁泵电动机工作时，液体压力上升，前照灯清洁执行器被推出，如图 1-13（b）所示，导致喷嘴弹出前保险杠，并喷射液体。

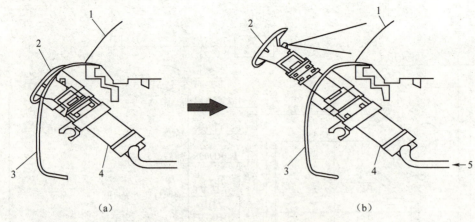

图 1-13 前照灯清洁系统的组成及结构

(a) 不工作时；(b) 工作时

1—前照灯 2—前照灯清洁喷嘴 3—前保险杠 4—前照灯清洁执行器 5—清洗液

任务实施

1. 前照灯的拆卸和安装

前照灯拆卸时不必断开蓄电池的接地线。更换左、右前照灯的方法类似。其方法如下所述。

（1）关闭点火开关和所有用电器，取出点火钥匙或者松开位于位置 0（前向锁定）的起动按钮（拆卸和安装时，将无线电遥控器的点火钥匙置于汽车内，以防止车门上锁和在特定情况下自动激活"回家/离家"功能）。

（2）松开前照灯多芯插头连接，并将其拔下。

（3）卸下散热器格栅，拆下前保险杠盖板。如图 1-14 所示，旋出箭头位置的固定螺栓，并拆下导向型材。

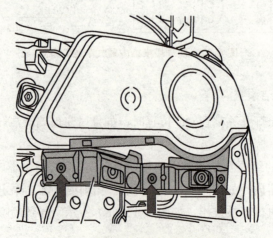

图 1-14 导向型材固定螺栓的拆卸

（4）如图1-15所示，旋出前照灯上部的固定螺栓（箭头位置）。如图1-16所示，旋出前照灯下部的固定螺栓（箭头位置），从车身的开口中取出前照灯。

安装前照灯要以与拆卸时相反的顺序进行，安装过程中要注意：以规定的拧紧力矩拧上所有的固定螺栓；检查前照灯安装位置的间隙尺寸，如果前照灯与车身间的间隙尺寸不均匀，则必须校正安装位置；检查前照灯的功能。

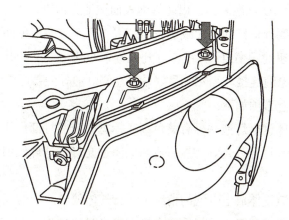

图1-15　前照灯上部固定螺栓的拆卸

2. 校正前照灯安装位置

如果要拆卸前照灯，应在安装后对其进行调整，校正前照灯安装位置的方法如下所述。

（1）先拆卸前照灯至前照灯上部、下部固定螺栓。

（2）松开前照灯上部固定螺栓，松开前照灯下部固定螺栓。

（3）通过旋入或旋出在前照灯左下部或右下部的调节衬套（如图1-17箭头所示），来调节前照灯与车身的齐平度。

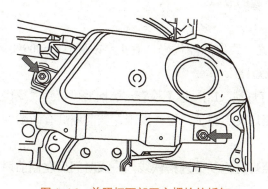

图1-16　前照灯下部固定螺栓的拆卸

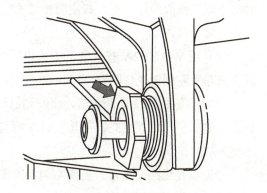

图1-17　前照灯的校正

（4）以规定的拧紧力矩拧上所有螺栓。

（5）检查前照灯安装位置是否间隙均匀，必要时重新校正。

3. HID 灯系统的检查维修

在 HID 灯系统的检查维修中要特别注意：当组合灯开关切换至 ON 位置时，高强度放电灯（HID）的灯泡插座处会出现高达 25 000 V 的瞬间高压，因此，在将 HID 灯泡安装到插座并完成前照灯组装之前，不得接通组合灯开关。另外，不得在潮湿环境中维修车头灯总成，如雨雪天气、靠近喷淋系统或手上潮湿的情况，否则，人可能因此发生电击致死；不得用裸露的手触摸 HID 灯泡表面，以防灯泡表面被油脂污染。

在更换维修前，要确信已拥有无线电发射装置（汽车音响）的防盗编码，然后记下无线电发射装置预设按钮的频率值；将组合灯开关置于 OFF 位置；断开蓄电池的负极电缆连接，然后再断开正极电缆连接。当然，最好是将左侧灯泡处的蓄电池卸下。

维修氙灯部件注意事项如下：

（1）在对带有气体放电灯泡并标有黄色高压标志的前照灯部件作业时，请务必断开蓄电池的接地端，紧接着打开近光灯，然后重新关闭近光灯，这样便消除了有可能存在的剩余电压。

（2）切勿在未安装气体放电灯泡的情况下运行气体放电灯泡的控制单元。

（3）气体放电灯泡由于高压（气体放电灯泡发光时超过 28 000 V）和温度的原因，只能在前照灯罩内工作。

故障检修实例

实例 1　迈腾轿车打开前照灯时左侧前照灯时常不亮

故障现象：一辆行驶里程约 3.5 万 km 的大众迈腾豪华型轿车，当打开其前照灯时，时常出现左侧前照灯不亮，右侧前照灯正常亮起的故障。

故障检修：

（1）用 VAS5052A 进入电子中央电子装置，读取故障代码，有 1 个故障代码 00978，其含义是"左侧近光灯断路（M29）/ 对正极短路"。

（2）根据图 1-18 电路分析，将左侧氙气灯灯泡（L_{13}）拆下检查，装回后可清除故障代码。左侧前照灯可以点亮，但几天后左侧前照灯又不亮了，检查发现左侧前照灯有间歇性不亮的故障。

（3）检查线路，正常。更换左侧氙气前照灯灯泡及清理搭铁线，一段时间后左侧前照灯还是出现偶尔不亮的故障。

（4）根据电路图 1-18 进行电路分析，M29 受 J519 直接控制，现在搭铁、线路、灯泡均正常，怀疑是 J519 故障。先检查 J519 编码，确认编码正常后，更换 J519。几天后左侧前照灯偶尔不亮故障排除了。

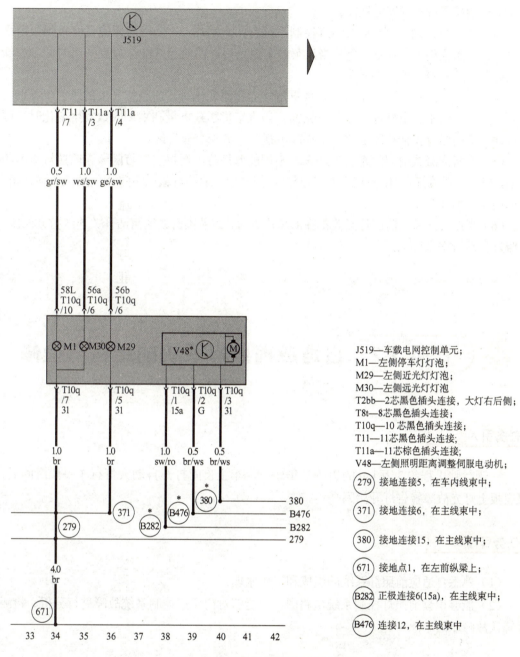

图 1-18 迈腾轿车前照灯控制电路

任务小结

（1）前照灯电路主要由灯光开关、变光开关、前照灯熔断丝、继电器及前照灯组成。

（2）前照灯自动变光系统主要由光敏管（光敏电阻）及放大器单元（感光器）、灵敏度调节器、远 / 近光继电器、变光开关、闪光超车开关等部件组成，减少了驾驶安全隐患，提高了车辆夜间行车的安全性能。

（3）前照灯自动开灯/延时闭灯控制系统有两个功能：一个是当环境亮度暗到预定程度时，自动点亮前照灯；另一个是当汽车停车熄火后，使前照灯能保持亮一段时间，为驾驶人离开黑暗的停车场提供照明。

（4）当车辆的姿势因乘车人数或载重量的变化而变化时，前照灯光束的照射位置也会发生变化，因而不能很好地照亮前方路面。当汽车货物载重量和乘员人数发生变化时，可以自动调整前照灯光轴和固定角度来提高可视度，减少交通盲区。

（5）配备内藏式前照灯系统的轿车，不用前照灯时，便将前照灯隐藏在前照灯盖门的后面，当灯光开关打到 HEAD 挡时，前照灯盖门开启。前照灯盖门可采用电动机驱动开闭，也可用真空推杆开闭。

（6）当点火开关和前照灯开关都在 ON 位置时，如果风窗玻璃清洁开关连续打开两次，前照灯自动清洗系统工作。

任务 1.2　自适应前照灯系统的结构与检修

任务引入

一辆行驶里程约 3 万 km 的迈腾豪华轿车。车主夜间打开自动大灯行车一段时间后，仪表板上灯光故障警告灯开始闪亮。

任务目标

（1）熟悉自适应前照灯系统的组成和工作原理。

（2）能够识读前照灯控制系统电路图，并能够对前照灯控制系统故障进行分析、检测并确认故障原因。

任务资讯

迈腾豪华轿车上面配置了自适应前照灯系统，即 AFS（Adaptive Front Lighting System）。自适应前照灯系统是指能根据汽车行车方向、行驶的各种速度、道路类型及天气条件的变化，自动进行灯光照度分配调节的前照灯系统。它是一个与行车安全息息相关的主动安全系统，所以学习、了解自适应前照灯系统的结构组成和工作原理才能掌握其检修方法。

（一）AFS 的功能

AFS 具有弯道随动调节、动态自动调平、乡村道路照明（基本模式）、高速公路照明、城市道路照明、恶劣天气照明、交叉路口拐角照明、旅行模式等功能，如图 1-19 所示。

图 1-19　AFS 示意图

1. 弯道随动调节

传统前照灯的光线因为和车辆行驶方向保持一致，所以不可避免存在照明的暗区。一旦在弯道上存在障碍物，极易因为驾驶人对其准备不足而引发交通事故。

安装有 AFS 的车辆在进入弯道时，使近光灯光轴在水平方向上与方向盘转角联动进行左右转动，产生如图 1-20 所示的旋转光型，给弯道以足够的照明。旋转角度范围从靠转弯外侧最大约为 7.5°到靠转弯内侧最大约为 15°，转弯时靠弯道内侧灯光的旋转角度是外侧灯光的 2 倍，这样，转弯时不同的旋转角度可以增加照明的范围。动态转弯灯光系统在近光灯点亮、车速超过 10 km/h 且转弯半径达到设定值时开始工作。

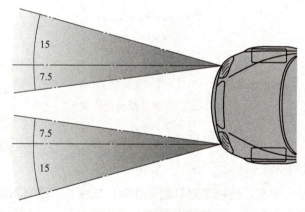

图 1-20　弯道随动调节

主要传感器有方向盘转角传感器、横摆角速度传感器、车速传感器等。执行系统采用旋转执行器及主 ECU（Electronic Control Unit，电子控制单元）。

2. 动态自动调平

AFS 的另一个功能是在垂直方向上与车高联动进行上下摆动，即动态自动调平。根据悬架高度传感器计算车身俯仰角，用于调节光轴倾斜角度，使光照距离满足法规和安全要求，如图 1-21 所示。主要传感器有悬架高度传感器、纵向加速度传感器、车速传感器、加速踏板传感器、制动踏板传感器等。执行系统采用调光电动机及主 ECU。

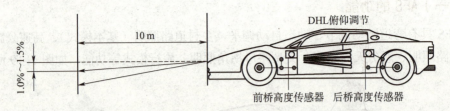

图 1-21 动态自动调平

3. 乡村道路照明

在环境照明不好的乡村道路上高速行驶的车辆,需要的是照得远、照得宽的前照灯,AFS 即有此功能。同时 AFS 不能产生使对面会车驾驶人炫目的光线。

4. 高速公路照明

车辆在高速公路上行驶,因为具有极高的车速,所以需要前照灯比在乡村道路上照得更远,照得更宽。而传统的前照灯却存在着高速公路上照明距离不足的问题,AFS 如图 1-22 所示,根据车速识别高速公路模式,通过抬高光轴倾斜角(0.57D～0.23D)、缩小左右光轴夹角,使光型变成聚拢的模式。

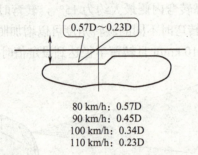

图 1-22 高速公路光型模式

主要传感器是车速传感器。执行系统为旋转执行器、调光电动机及主 ECU。

5. 城市道路照明

城市中道路复杂、狭窄,传统前照灯近光光型比较狭长,因而不能满足城市道路照明的要求。AFS 在考虑到车辆市区行驶速度受到限制的情况下,根据车速和外部灯光识别城市道路模式,通过对驾驶人侧的光轴进行压低偏转,使光型近处变宽,或者改变配光机构直接实现城市道路光型。这样有效地避免了与岔路中突然出现的行人、车辆相撞而发生交通事故的危险。

主要传感器有车速传感器、环境光照强度传感器。执行系统为旋转执行器、调光电动机及主 ECU。车速一般小于等于 60 km/h。

6. 恶劣天气照明

阴雨天气,地面的积水会将行驶车辆打在地面上的光线反射至对面会车驾驶人的眼睛中,使其炫目,进而可能造成交通事故。

AFS 根据车身外部传感器识别恶劣天气照明模式，通过抬高光轴倾斜角、增大左右光轴夹角，增加侧面光照，减弱地面可能对会车驾驶人产生炫目光的区域的光强。主要传感器有车速传感器、刮水器（雨量）传感器、雾灯传感器。执行系统采用旋转执行器、调光电动机及主 ECU。当车速≤ 50 km/h 时，只控制左右光轴的夹角，进行水平角度调整；当车速＞ 50 km/h 时，AFS 的 ECU 还要通过抬高光轴的倾斜角进行垂直角度调整。

7. 交叉路口拐角照明

在交叉路口拐角处通过辅助角灯增加转向一侧的光照，保证交叉路口行车安全。

主要传感器有车速传感器、方向盘转角传感器、转向灯或者 GPS 传感器。执行系统采用角灯及主 ECU。

8. 旅行模式

根据组合开关或者专用开关通知 AFS 进入旅行模式，AFS 对光轴压低并进行左右方向调节，避免对面车辆炫目。

主要传感器有组合开关或专用开关。执行系统采用旋转执行器、调光电动机及主 ECU。

（二）AFS 的组成原理

AFS 是一个由传感器组、传输通路、处理器和执行机构组成的系统，如图 1-23 所示。由于需要对多种车辆行驶状态做出综合判断，故决定了 AFS 是一个多输入多输出的复杂系统。

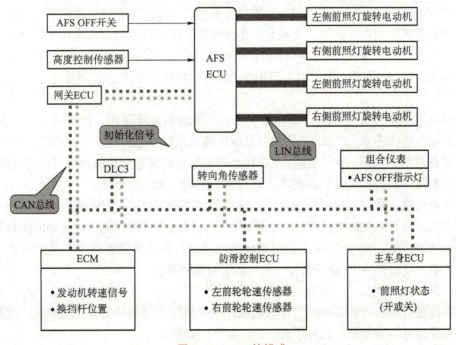

图 1-23 AFS 的组成

AFS 主要部件如下：

（1）基本前照灯。基本前照灯可以是卤素灯、高强度气体放电灯（HID 灯，简称氙气

灯）和 LED 前照灯。

（2）传感器。传感器包括前、后桥高度控制传感器，转向角传感器和转速传感器等。传感器将道路情况、行驶速度、方向盘转角、车身高度、车身倾斜度这些参数的变化通过 CAN 总线传输给主 ECU，再传给左、右灯 ECU。

（3）雾探测器（雨量光照传感器）。能在恶劣天气条件下，识别毛毛雨、小雨、中雨、大雨、暴雨等雨况，感知车外光照条件的明暗变化，区分白天、黑夜、隧道、车库、桥洞等不同路况。可根据光线明暗和路况的变化，调整照明方式，以提高恶劣天气驾驶的安全性。

（4）AFS ECU。收集所有传感器传来的数据控制执行电动机，给出合理的光照度分布，来改善灯光照明。随着周围照明环境的改变，由 ECU 发出信号可以控制近光灯的开启和关闭，这在黎明和在隧道中驾驶时能较好地体现出来。

（5）外部灯光识别传感器。被放置在前照灯内，而合理的光照分布依赖于车辆的密度。如果密度大，那么降低照准位置可避免对其他驾驶人产生炫目；相反在夜间驾驶时，车辆密度低，提高照准位置可给出最优化的可见距离，这就允许驾驶人以更高的速度开车。

（6）AFS OFF 开关。按下该开关会禁用智能 AFS 操作。

（7）AFS OFF 指示灯。系统有故障时，仪表根据来自 AFS ECU 的信号使 AFS OFF 指示灯闪烁。

（三）AFS 的控制

要实现不同的功能，AFS 必须从不同的传感器取得不同的车辆行驶信息。例如，为了实现弯道旋转照明的功能，除了要从车速传感器获取车速、方向盘角度传感器获取方向盘转角、车身高度传感器获得车身倾斜角度以外，还必须通过一些特殊的传感器获取车辆实际转向角度的信息；为了实现阴雨天照明的功能，就要从湿度传感器获得是否阴雨的信息，等等。

通常情况下，AFS 所需获得部分信息也被其他控制系统采用，即 AFS 实际上要和其他系统共用一些传感器，因而，必须通过总线传输通路后才能实现这些传感器信息的共享。

AFS 接收到的信息，除了车速、车身转角和车身倾斜角等少数信息是可以定量的以外，其他传感器发回的信息大多只能到定性的程度。例如，地面的平整度、雨量的大小等车身之外的环境信息，都是不能精确量化的。这就使得 AFS 的 ECU 能够进行模糊判断，并且很多信息之间是相互关联的。例如，在阴雨天气，路面积水的情况下，车辆的转角和晴天相比有较大的差别，AFS ECU 不仅要做模糊的判断，而且要随着这种环境的改变不断修整系统参数，这使得 AFS 最终成为一个自适应的模糊系统。

AFS 的执行机构是由一系列电动机和光学机构组成的。一般有投射式前照灯，对前照灯垂直角度进行调整的调高电动机，对前照灯水平角度进行调整的旋转电动机，对基本光型进行调整的可移动光栅，此外还有一些附加灯，如角灯等。

AFS ECU 通过 CAN 总线从方向盘角度传感器、汽车速度传感器、车身高度传感器分别取得转向轮旋转角度、车体速度和车身倾斜度的精确信息。其中，角度和速度信息通过 ECU 精确计算后，产生输出信号控制旋转电动机对前照灯进行水平旋转，倾斜度信息控制调高电动机对前照灯进行垂直旋转，如图 1-24 所示。

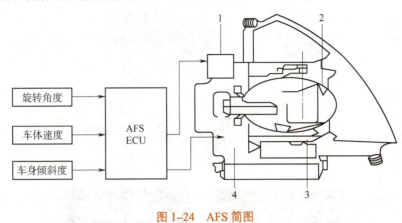

图 1-24 AFS 简图

1—调高电动机；2—近光前照灯；3—旋转电动机；4—旋转控制电路

（四）AFS 的应用状况

AFS 是近年来新兴的安全配置，许多轿车已开始安装。

（1）上海通用汽车的新君越轿车已经采用了 Bi-Xenon 随动转向氙气前照灯，具有智能调节光照距离和光照角度的功能。其智能性体现在以下几个方面。

①车辆转弯时，AFS 会根据车辆的行驶速度和转弯半径精确地计算出转弯过程中每一个时刻的车灯转角，既保证驾驶人在整个动态变化过程中具有足够安全的视角范围，又保证不会对迎面车辆驾驶人造成炫目。

②车辆在城市道路低速行驶时，AFS 会主动增强近处的光照，来保证驾驶人不会忽略任何潜在的危险。

③车辆行驶于路况很好的高速路时，AFS 会主动增加光照距离，保证高速行驶的安全性。

④车辆由于载荷变化或者急加速急减速而导致车身倾斜时，AFS 会主动根据车身俯仰角度实时调节前照灯照射角度，保证光照距离不受车身姿态的影响，同时滤除粗糙路面、减速路障等干扰，防止对驾驶人造成不适。

AFS 智能车灯大大提高了夜间驾驶的安全性和舒适性。调查显示，驾驶人在夜间驾驶装配有 AFS 智能车灯车辆的疲劳度、紧张度及事故的发生率比驾驶没有装配智能车灯车辆的有大幅度的降低。

（2）一汽大众的迈腾轿车也安装了 AFS，其控制部件组成如图 1-25 所示。如果将前照灯开关 E1 设定在"自动挡"，其自动控制功能如下。

①黄昏功能。雨量和光照传感器会自动检测外界光强信号。例如，当车辆经过隧道时，传感器会将信号传递给车载电网控制单元 J519，J519 点亮行车灯。

②高速路功能。如果车灯开关 E1 处于"自动行车灯控制"时，该功能激活。当车速超过 140 km/h 的时间达 10 s 以上时，高速路功能会激活行车灯；当车速以低于 65 km/h 的速度行驶 150 s 以上时，行车灯会自动关闭。

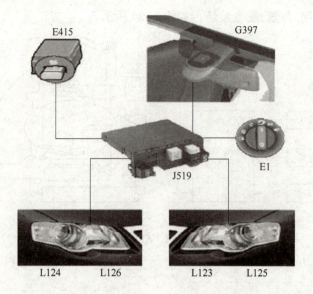

图 1-25　迈腾轿车 AFS 控制部件组成

E415—点火开关；J519—车载电网控制单元；G397—雨量和光照传感器；E1—前照灯开关；
L123、L124—近光灯；L125、L126—远光灯

③下雨灯光功能。当前刮水器臂被激活时间超过 5 s 且车灯开关 E1 处于"自动行车灯控制"时，下雨功能会点亮行车灯；当刮水器臂停止工作时间超过 255 s 时，行车灯自动关闭。

④灯光应急模式。当车载电网控制单元 J519 因为处理器故障而不能控制灯光时，其他硬件将会控制牌照灯、示宽灯、近光灯进入灯光应急模式。

任务实施

以一汽大众迈腾轿车为例。

（一）拆卸和安装雨量和光照传感器 G397

更换风窗玻璃时，如果从风窗玻璃固定板上拆下完好的雨量和光照传感器 G397，可以将其立即再次安装。再次安装前，将已拆卸的雨量和光照传感器 G397 放置在无灰尘的地方，同时注意不要污染硅胶垫。

1. 拆卸方法

（1）关闭点火开关和所有用电器，取出点火钥匙或者松开位于位置 0（前向锁定）的起动按钮。

（2）拆卸车内后视镜，脱开雨量和光照传感器上的导线盖罩，如图 1-26 所示。

（3）从雨量和光照传感器 G397 中拔下连接插头 1。用十字螺丝刀从风窗玻璃固定板上撬出雨量和光照传感器。

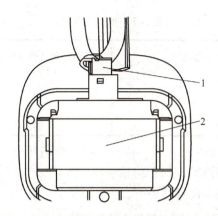

图1-26　雨量和光照传感器G397的拆装

1—插头；2—雨量和光照传感器

2. 安装步骤

安装以拆卸的倒序进行，安装过程中要注意以下几点：

（1）用异丙醇（技术酒精）全面清洗固定板内的风窗玻璃。

（2）必要时，取下新的雨量和光照传感器的护罩。注意：安装时不允许弄脏雨量和光照传感器的表面（连接垫）。如果雨量和光照传感器的表面（连接垫）弄脏，必要时可用一个或几个粘贴条通过"粘贴"再"撕下"的方法来清洁。

③将雨量和光照传感器插头安装在风窗玻璃固定板上，并将其压紧（注意：安装后，风窗玻璃和雨量和光照传感器的连接垫之间不允许存在气泡）。

④连接插头并通过安装导线罩来固定雨量和光照传感器。

（二）前照灯的检查和调整

1. 检查调整条件

①轮胎充气压力正常。

②散光玻璃完好无脏污，反光罩和灯泡正常。

③汽车必须行驶几米或者多次压缩前后部悬架，使悬架调整到位。

④车辆和前照灯调整装置必须处于平面上。必须按前照灯上部饰板上刻有的倾斜度"百分数"设置倾斜尺寸（百分数是以10 m投影距离为基准，如倾斜度为1.0%时，相应的投影距离就是10 cm）。

⑤对于带有手动前照灯调节的卤素前照灯，前照灯照明距离调节轮必须位于位置0。

⑥已加载汽车负荷。

加载汽车负荷是指驾驶人座椅上有一个人或载重75 kg，不载其他东西的空车质量。空车质量是加满燃油（至少90%）准备运行的汽车的质量，包括所有在运行中附带的装备部件（如备用车轮、工具、汽车千斤顶、灭火器等）的质量。如果加注的燃油未达到至少90%，先在燃油表上读出油箱的油位，借助表1-1得出附加质量，将加载负荷放入行李厢。

表 1-1 加注油量表

燃油表上的油位	附加质量 /kg	燃油表上的油位	附加质量 /kg
1/4	30	3/4	10
1/2	20	全满	0

⑦装备 HID 前照灯与 AFS 的汽车，应在每次调整前照灯之前，用车辆诊断、测量和信息系统 V.A.S5051 或车辆诊断和保养信息系统 V.A.S5052 查询、清除故障存储码，并使前照灯照明距离调节处于基本设置状态下。

2. 用无 15°调整线的新检查屏检查前照灯调节情况（见图 1-27）

前照灯检查调整内容如图 1-27（a）所示，有以下三项。

（1）在近光灯接通时，水平的明暗界线是否与检测面的分隔线重合。

（2）明暗界线的左侧水平部分与右侧增高部分之间的转折点是否在垂直线上穿过中心标记。

（3）光束明亮的核心部分必须在垂直线的右侧。

为较容易地测定转折点，反复遮挡并放开前照灯左侧（从行驶方向看）的光线。紧接着再次检查近光灯。根据规定调整了近光灯后，远光灯的光束中心必须在中心标记上。

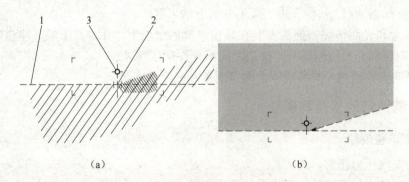

图 1-27 前照灯光束的调整

（a）光束检查内容；（b）新检查屏

1—水平的明暗界线；2—明暗界线的水平部分与增高部分之间的转折点；3—中心标记

3. HID 前照灯的基本设置与调整

1）进行基本设置的操作步骤。

连接诊断测试器 V.A.S5051，如图 1-28 所示。打开点火开关，按下"引导型功能"进行车辆识别。选择车辆系统"自动前照灯照明距离调节/转向灯"，再选择功能"进行基本设置"并确认选择，按照测试仪的流程进行。

2）前照灯的调整。

检查前照灯调节装置，必要时调整前照灯，如图 1-29 所示。调整右侧主前照灯：首先旋转明暗界限高度调整调节螺栓，然后检验左右调整，必要时使用调节螺栓 3 进行修正。

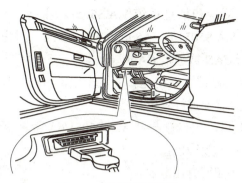

图1-28　诊断测试器接口

4. 前照灯清洗装置的检调

打开近光灯或远光灯,将车窗玻璃刮水拨杆拉向方向盘至少1.5 s时,那么风窗玻璃清洗装置每运作5次就要清洗一次前照灯,射流应喷到前照灯的中间,如图1-30中B和C所示。前照灯清洗装置的"激活时间"可以灵活设置为0～12.75 s。前照灯清洗装置(前照灯清洗泵和前照灯清洗继电器)的功能可通过车载电网控制单元J519的"执行元件自诊断"功能来检查。检查步骤如下:

图1-29　右侧前照灯的调节螺栓分布

1—转向灯调整调节螺栓;2—明暗界限高度调整调节螺栓;3—明暗界限左右调整调节螺栓

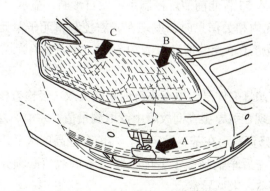

图1-30　前照灯清洗位置

A—清洗装置喷嘴;B,C—射流位置

（1）连接车辆诊断、测量和信息系统 V.A.S5051。注意：只能使用专用的诊断导线（V.A.S5051/5A（3 m）或 V.A.S5051/6A（5 m））进行诊断，因为只有这些诊断导线装有 CAN 总线，并且允许诊断 CAN 或通信 CAN。

（2）拉紧驻车制动器。在带自动变速箱的汽车中，将选挡杆置于位置"P"或"N"。对于带手动变速箱的车辆，将变速杆置于空挡。

（3）在关闭点火开关后，用诊断导线 V.A.S5051/6A 将车辆诊断、测量和信息系统 V.A.S5051 与车辆的诊断接口箭头相连。

（4）打开点火开关，关闭所有用电器。

（5）在车辆诊断、测量和信息系统 V.A.S5051 中选择运行模式"引导型故障查询"。通过"跳转"按钮选择"功能/部件选择"，并依次选择以下菜单项：车身→电气设备→01 具有自诊断功能的系统→车载电网控制单元→功能"调整前照灯清洗装置"。

如果由于清洗装置喷嘴中有杂质而导致喷射区不均匀，拆下喷嘴，用水以与喷射方向相反的方向冲洗喷嘴，也可以接着用压缩空气以与喷射方向相反的方向进行吹洗。清理喷嘴时不要使用其他物件。

企业案例

实例 迈腾轿车 AFS 在更换前照灯后报警

故障现象：一辆迈腾轿车因轻微事故（左右前照灯外壳受损，功能正常）更换两前照灯后，智能前照灯管理系统报警，两前照灯灯光照明正常，但无静动态转向功能。

故障检修：

（1）用 V.A.S5051 检测仪检查，网关内只有 55 智能前照灯控制单元内有 5 个故障码：右侧前照灯功率输出级 J668 无信号/通信；控制单元未编码；左侧前照灯功率输出级未编码；右侧前照灯功率输出级未编码；前照灯未被调节、未进行基础设定/匹配或执行不正确。此时利用引导型功能编码，系统提示检查编码已存在，重新编码无效。

（2）试着在点火开关打开状态，松开电子辅助制动手柄，无负载状态下做前照灯基本设置，未成功。再进入 55 智能前照灯控制系统做自诊断，显示"功能不可用"。在读取 55 智能前照灯控制单元内相关信息时，发现左、右控制单元子单元编码显示异常。对比其他正常车辆，右前照灯子单元的信息应为 7L6941 329，编码为 35，而此车信息则显示右前照灯编码为 255。

（3）怀疑更换的前照灯零件号与原车不符而功能失效，经检查核实，无误。

（4）进一步检查发现在引导型查询故障中读取测量值，左前、左后车辆高度水平传感器信号都为 0。按照维修资料，在基本设定前，左前车辆高度水平传感器 G78 的数值必须介于 12.5%～50.0%，左后车辆高度水平传感器 G76 的数值必须介于 50%～87.5%，于是检查左前、左后传感器，未见异常。

（5）左、右前照灯的自诊断功能失效，左前、左后高度水平传感器读取异常，自然应为 AFS 前照灯控制单元内部控制不良引起，AFS 前照灯控制单元对左右前照灯控制单元的电控是通过 CAN 总线实现的，由此怀疑到控制总线信号出现了偏差。

（6）用 V.A.S5051 检测仪在 19 数据总线 126 显示组中读取前照灯总线通信状态为正常值 1；右前照灯控制单元的 T14c/1 脚连接黄/绿色线的 CAN-H 信号线，T14c/2 脚连接白/黄色线的 CAN-L 信号线，测量这两个插脚的 CAN 总线波形，发现皆为正常波形信号。再同时测量左、右前照灯控制单元的 CAN-H 信号线和 CAN-L 信号线对比分析，也显示为正常的波形信号。

（7）检测至此，不得不将注意力转移到右侧前照灯功率输出级 J668 无信号/通信上，怀疑是 J668 的非总线电控线路出现了问题，于是按常规方法检查右前照灯控制单元的供电和搭铁脚，果然发现 J668 的供电脚 T14c/4 脚没有收到来自熔断丝（SD5 10 A）的供电电压，检查发现为熔断丝虚接。

重新插接处理好 SD5 号熔丝，J668 无信号通信当即变为偶发故障码，主控制单元和子控制单元的未编码故障码当即自行消除。用功能引导做前照灯基础设定/匹配后，进入 55 智能前照灯控制系统做自诊断，智能前照灯功能全部可执行，这时再读取测量值，左前、左后高度水平传感器信号皆为正常值，故障排除。

任务小结

一些高级豪华轿车安装了更为先进的 AFS 自适应前照灯，也叫智能前照灯，它可以实现弯道随动调节、动态自动调平、乡村道路照明（基本模式）、高速公路照明、城市道路照明、恶劣天气照明、交叉路口拐角照明、旅行模式等功能。每个功能需要相应的传感器输入信号，电控单元进行信号分析处理，然后进行相应的功能调整。

项目二　舒适操控系统结构与检修

项目导入

汽车的舒适操控系统是汽车的重要组成部分，本系统包括电动刮水器、电动车窗、中控门锁、防盗系统、电动座椅、自动座椅、电动后视镜等，因此，本项目需 7 个学习任务，即电动刮水器的结构与检修、电动车窗的结构与检修、中控门锁的结构与检修、防盗系统的结构与检修、电动座椅的结构与检修、自动座椅的结构与检修、电动后视镜的结构与检修。

学习目标

★ 知识目标

1. 熟悉刮水器主要零部件的安装位置及外部构造，并理解它们的作用。
2. 理解刮水器的工作原理。
3. 熟悉电动车窗主要零部件的安装位置及外部构造，并理解它们的作用。
4. 理解电动车窗的工作原理。
5. 熟悉中控门锁主要零部件的安装位置及外部构造，并理解它们的作用。
6. 理解中控门锁的工作原理。
7. 熟悉防盗系统主要零部件的安装位置及外部构造，并理解它们的作用。
8. 理解防盗系统的工作原理。
9. 熟悉电动座椅主要零部件的安装位置及外部构造，并理解它们的作用。
10. 理解电动座椅的工作原理。
11. 熟悉自动座椅主要零部件的安装位置及外部构造，并理解它们的作用。
12. 理解自动座椅的工作原理。
13. 熟悉电动后视镜主要零部件的安装位置及外部构造，并理解它们的作用。
14. 理解电动后视镜的工作原理。

★ 能力目标

1. 能快速查询汽车维修资料、技术服务信息、用户手册和保养手册。
2. 能够正确使用汽车维修和诊断工具。
3. 能够识读电动刮水器电路图，并能够对电动刮水器故障进行分析、检测并确认故障原因。
4. 能够识读电动车窗电路图，并能够对电动车窗故障进行分析、检测并确认故障原因。
5. 能够识读中控门锁电路图，并能够对中控门锁故障进行分析、检测并确认故障原因。
6. 能够识读防盗系统电路图，并能够对防盗系统故障进行分析、检测并确认故障原因。
7. 能够识读电动座椅电路图，并能够对电动座椅故障进行分析、检测并确认故障原因。
8. 能够识读自动座椅电路图，并能够对自动座椅故障进行分析、检测并确认故障原因。
9. 能够识读电动后视镜电路图，并能够对电动刮水器故障进行分析、检测并确认故障原因。

★ 素质目标

1. 能够制订工作计划，独立完成工作学习任务。
2. 能够在工作过程中与小组其他成员合作、交流并进行学习任务分工，具备团队合作和安全操作的意识。
3. 养成服从管理、规范作业的良好工作习惯。
4. 培养安全工作的习惯。

★ 政治目标

1. 爱国守法，崇德向善，诚实守信。
2. 爱岗敬业，积极进取，团结协作。
3. 热爱劳动，沟通流畅，勇于创新。
4. 精益求精，工匠精神，7S 管理。

学习任务

任务 2.1　电动刮水器的结构与检修

任务引入

一辆迈腾轿车刮水器打到自动挡时工作不灵，有时雨大时刮速慢，雨小时刮速快。

任务目标

（1）熟悉刮水器主要零部件的安装位置及外部构造，并理解它们的作用和工作原理。

（2）能够识读电动刮水器电路图，并能够对电动刮水器故障进行分析、检测并确认故障原因。

任务资讯

电动刮水器的作用是刮除风窗玻璃上的雨水、雪或灰尘，确保驾驶人有良好的视线。

目前，在汽车上广泛采用的电动刮水器具有高速、低速及间歇三个工作挡位，而且除了变速之外，还有自动回位的功能。

（一）电动刮水器的组成

电动刮水器由刮水器开关、电动机总成、传动机构、摆臂和刮水片组成，如图 2-1 所示。电动机电枢轴端的蜗杆驱动蜗轮，蜗轮带动摇臂旋转，摇臂使拉杆往复运动，从而带动刮水片左右摆动。

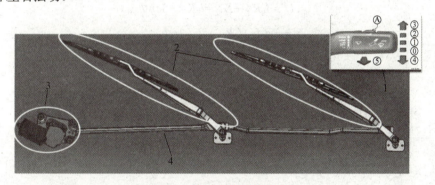

图 2-1 电动刮水器的组成

1—刮水器开关；2—摆臂和刮水片；3—电动机总成；4—传动机构

电动刮水器的电动机一般有永磁式和励磁式两种。永磁式电动机结构简单、体积小、可靠性好，被广泛采用。

（二）永磁式电动刮水器的工作原理

图 2-2 所示为永磁式电动刮水器电动机总成的结构。为了实现电动机的高、低速挡位工作，该永磁式电动机采用三刷式电动机，其中三个电刷分别是高速电刷、低速电刷和公共电刷。其工作原理如图 2-3（a）所示。

1. 电动刮水器的变速原理

直流电动机工作时，在电枢内的所有线圈中同时产生反电动势，每个小线圈都产生相等的反电动势 $E_{反}cn\Phi$，电动势的方向如图 2-3（b）所示。

汽车电动刮水系统的组成和工作原理

汽车电动刮水系统的组成和工作原理（动画）

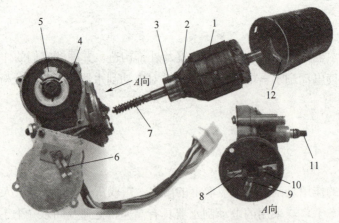

图 2-2 永磁式电动刮水器电动机总成的结构

1—铁芯；2—绕组；3—换向器；4—减速器蜗轮；5—自动复位器滑环；6—自动复位器触点；7—减速器蜗杆；
8—低速电刷；9—高速电刷；10—公共电刷；11—减速器输出轴；12—永久磁铁

当开关 S 拨到低速挡 L 时，在两个电刷 B_1、B_3 之间有两条并联支路，各有 3 个线圈，反电动势的方向如图 2-3（b）所示。根据电动机的电压平衡式：

$$U = I_S R_总 + E_反 = I_S R_总 + 3cn\Phi$$

得出

$$n = (U - I_S R_总)/(3c\Phi)$$

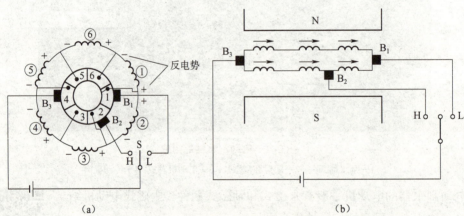

图 2-3 永磁式电动机的工作原理

（a）工作原理；（b）电动势的方向

当开关 S 拨到高速挡 H 时，在两个电刷 B_2、B_3 之间也有两条并联支路，一个支路有 2 个线圈串联；另一个支路有 4 个线圈串联，但其中一个线圈的反电动势方向与另外 3 个线圈的反电动势方向相反，故在电动机电枢绕组上得到总的反电动势为 $2cn\Phi$。根据电动机的电压平衡式：

$$U = I_S R_总 + E_反 = I_S R_总 + 2cn\Phi$$

得出

$$n = (U - I_S R_总)/(2c\Phi)$$

由上式可见，由于反电动势的减小，电枢的转速上升，重新达到电压平衡，这样永磁式电动刮水器就得到高、低速不同的工作挡位。

2. 电动刮水器的自动复位原理

电动刮水器的刮水速度可根据雨水的大小由驾驶人进行控制。为了不影响驾驶人的视线，要求刮水器具有自动复位功能，即不论在什么时候关闭刮水器开关，刮水片都能自动停在风窗玻璃的下部。刮水器自动复位是利用自动复位开关与刮水器开关并联，刮水器开关由驾驶人控制，而自动复位开关由蜗轮控制，只有当刮水片停在风窗玻璃下部规定位置时，自动复位开关才断开。

1）凸轮式自动复位装置。

刮水器凸轮式自动复位装置电路如图 2-4 所示。其凸轮式自动复位开关由刮水器电动机的减速机构蜗轮控制，当刮水片到达风窗下部规定位置时，自动复位开关断开。电动机每转一周，凸轮式自动复位开关断开一次。只有当驾驶人控制开关与自动复位开关同时断开时，刮水器电动机才能停止工作，这时刮水片回到风窗下部的规定位置。

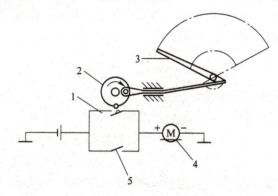

图 2-4　刮水器凸轮式自动复位装置电路

1—自动复位开关；2—凸轮；3—刮水片；4—电动机；5—刮水器开关

2）铜环式自动复位装置。

刮水器铜环式自动复位装置电路如图 2-5 所示。其自动复位开关在减速蜗轮上。其工作原理如下。

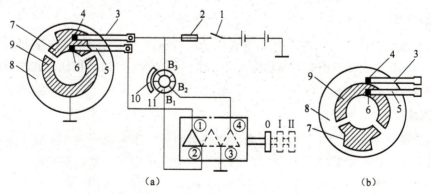

图 2-5　刮水器铜环式自动复位装置电路

1—电源开关；2—熔断丝；3、5—触点臂；4、6—触点；7、9—铜环；8—减速蜗轮；10—永久磁铁；11—电枢当电源开关接通，刮水器开关位于"Ⅰ"挡时，电流从蓄电池的正极→电源开关→熔断丝→电刷 B_3→电枢绕组→电刷 B_1→接线柱②→接触片→接线柱③→搭铁→蓄电池的负极，形成回路，刮水器电动机低速运转。

当刮水器开关位于"Ⅱ"挡时，电流从蓄电池的正极→电源开关→熔断丝→电刷 B_3→电枢绕组→电刷 B_2→接线柱④→接触片→接线柱③→搭铁→蓄电池的负极，形成回路，刮水器电动机高速运转。

当刮水开关位于"0"挡（停止挡）时，如果刮水器的刮水片没有停在规定的位置，由于触点 6 与铜环 9 接触，如图 2-5（b）所示，则电流经蓄电池正极→电源开关→熔断丝→电刷 B_3→电枢绕组→电刷 B_1→接线柱②→接触片→接线柱①→触点臂 5→触点 6→铜环 9→搭铁→蓄电池的负极，形成回路，刮水器电动机低速运转，直至蜗轮旋转到如图 2-5（a）所示的"特定位置"时，触点臂 3、5 都经过触点 4、6 和铜环 7 接触，电动机被短路。与此同时，电动机电枢由于惯性而不能立刻停下来，电枢绕组通过触点臂 3、5 与铜环 7 接触而构成回路，电枢绕组产生感应电流，因而产生制动转矩，电动机迅速停止转动，使刮水器的刮水片停止在规定的位置（复位到风窗玻璃的下部）。

（三）奥迪轿车的电动刮水器与洗涤器电路控制

汽车在毛毛细雨或雾天中行驶时，如按低、高速挡进行刮拭，风窗玻璃上的微量水分和灰尘就会形成一个发黏的表面，不能将风窗玻璃刮拭干净，还会使玻璃模糊不清，留下污斑，影响驾驶人的视线。因此一般车上都装有间歇挡（刮水片每动作一次停止 3～6 s）。刮水器的间歇功能主要靠间歇控制器来实现，现以图 2-6 所示的奥迪轿车电动刮水器与洗涤器为例加以说明。该车刮水器电路由刮水器间歇控制器、刮水器与洗涤器开关、洗涤器电动机、刮水器电动机等组成。

1. 低速挡

当刮水器开关位于挡位"1"时，电流由蓄电池正极→卸荷继电器→熔断丝→刮水器开关的 53a 和 53 接线柱→刮水器电动机 53 接柱→刮水器电动机→搭铁，此时刮水器电动机在低速挡工作。

2. 高速挡

当刮水器开关位于挡位"2"时，电流由蓄电池正极→卸荷继电器→熔断丝→刮水器开关 53a 和 53b 接线柱→刮水器电动机 53b 接柱→刮水器电动机→搭铁，此时刮水器电动机在高速挡工作。

3. 间歇挡

当刮水器开关位于"Ⅰ"挡时，电源便经熔断丝、刮水器开关 53a 端、刮水器开关内部Ⅰ挡接入间歇控制器的"Ⅰ"端。C_2 被充电，其充电电路为蓄电池正极→熔断丝→刮水器开关 53a→Ⅰ挡→间歇控制器的"Ⅰ"端→R_9→R_2→C_2→VD_2→三极管 VT 的基极、发射极→搭铁→蓄电池负极。此时，C 点的电位为 1.6 V，B 点的电位为 5.6 V，C_2 两端有 4 V 的电位差。

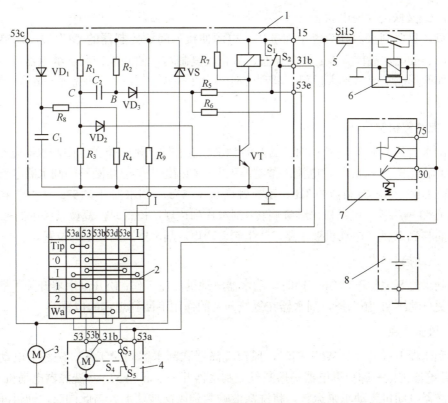

图 2-6 奥迪轿车电动刮水器与洗涤器电路图

1—刮水器间歇控制器；2—刮水器与洗涤器开关；3—洗涤器电动机；4—刮水器电动机；5—熔断丝；
6—卸荷继电器；7—点火开关；8—蓄电池刮水器开关接柱；Tip—点动状态；0—空挡；
I—间歇挡；1—低速挡；2—高速挡；Wa—洗涤挡

C_2 充电时，其充电电流为三极管 VT 提供偏流，VT 导通，接通了继电器线圈的电路，间歇控制器中的常开触点 S_1 闭合、常闭触点 S_2 打开，电流由蓄电池正极→卸荷继电器→间歇控制器接线柱 15、触点 S_1、接线柱 53e→刮水器开关 53e 接线柱、I 挡和 53 接线柱→刮水器电动机 53 接线柱→刮水器电动机→搭铁，此时刮水器在低速挡工作。

当刮水片往返一次又回到风窗玻璃的最下位置时，刮水器电动机也旋转至自动复位位置，复位开关中触点 S_3、S_4 接通，使电动机的 31b 端搭铁，为 C_2 的放电提供了通路。

C_2 的放电回路有两条：一路经 R_2、R_1 放电；另一条经 VD_3、R_6、31b，刮水器电动机的自动复位触点 S_3、S_4 接通搭铁，稳压管 VS、R_1 放电。

放电瞬间 B 点电压突然降到 2.8 V，由于 C_2 原有 4 V 电位差，使 C 点电位降了 -1.2 V，三极管 VT 的基极电位翻转为低电平，于是三极管 VT 截止，切断了继电器线圈的电路，则控制器常开触点 S_1 断开、常闭触点 S_2 又闭合，恢复到自然状态时的 31b 与 53e 接通，将电阻 R_5、R_6 并联，加速 C_2 放电，为 C_2 的再充电做准备。

随着 C_2 放电过程的进行，C 点电位逐渐升高，当 C 点电位接近 2 V 时，三极管 VT

汽车电动刮水系统的控制电路

汽车电动刮水系统的控制电路（动画）

又导通，C_2 又恢复为充电状态。

可见，只要刮水器开关置于间歇挡，电源便接入间歇控制器的"I"端，C_2 就会不间断地充电、放电，晶体管 VT 就会导通、截止反复翻转，使间歇控制器继电器反复接通与断开，如此形成了间歇刮水过程。其刮洗时间为 2～4 s，间歇时间为 4～6 s，直到断开刮水器开关。

4. 自动停机复位

当刮水器开关位于"0"挡时，若此时刮水片没有回到规定位置，则刮水器电动机自动复位开关触点 S_3 与 S_5 相接，电流由蓄电池正极→卸荷继电器→熔断丝→刮水器电动机 53a、S_5、S_3 和 31b→间歇控制器的 31b、动断触点 S_2 和 53e→刮水器开关 53e→"0"挡→刮水器电动机 53→搭铁，电动机仍继续旋转；刮水片到达规定位置时，复位开关中的触点 S_3 与 S_5 断开而与 S_4 接通，电动机被短路，产生制动转矩，刮水器回到规定的位置。

5. 点动挡

当刮水器开关位于"Tip"挡时，刮水器电动机低速工作；松开刮水器开关手柄时，刮水器开关自动跳回"0"挡，刮水器在复位开关的作用下回到规定的位置。

6. 风窗洗涤

当刮水器开关位于"Wa"挡时，风窗洗涤器和刮水器同时工作。洗涤器电动机的电路为：蓄电池正极→卸荷继电器→熔断丝→刮水器开关 53a 和 53c→洗涤器电动机→搭铁，于是洗涤器电动机带动水泵运转，将洗涤液喷洒到风窗玻璃上。与此同时，通过间歇控制器 53c 接柱使间歇控制器工作，刮水器电动机间歇挡工作。在此挡位工作时，若松开刮水器开关手柄，刮水器开关自动回到"0"挡。

奥迪轿车的洗涤器由微型永磁直流电动机、离心式水泵、喷嘴、储液罐和水管 5 部分组成。洗涤器电动机与水泵一体组成电动机与水泵总成，如图 2-7 所示，这个总成安装在储液罐内。

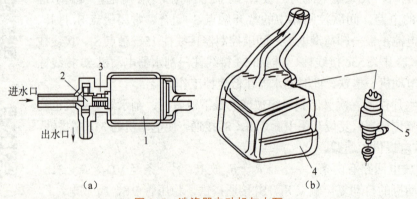

图 2-7 洗涤器电动机与水泵
（a）结构；（b）位置
1—永磁直流电动机；2—叶轮；3—泵体；4—储液罐；5—电动机与水泵总成

（四）新宝来轿车的电动刮水器与洗涤器电路控制

2016 款 1.6 L 汽油发动机 CSRA 型轿车的刮水器开关如图 2-8 所示，电路图如图 2-9 所示。

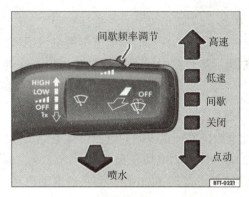

图 2-8　新宝来轿车刮水器开关

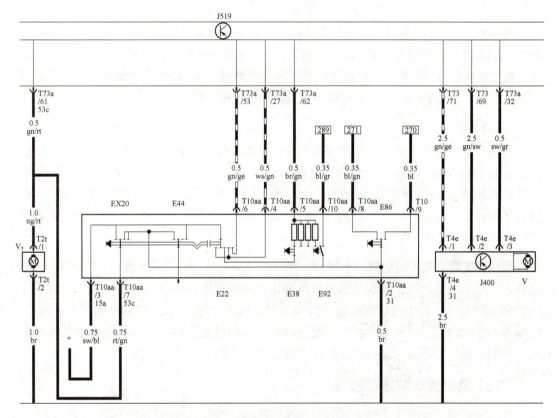

图 2-9　新宝来轿车刮水器电路图

J519—车载电网控制单元；EX20—右侧转向柱开关；E22—间歇式刮水器运行开关；E44—车窗玻璃清洗泵开关（自动刮水/清洗装置和大灯清洗装置）；E38—车窗玻璃刮水器间歇运行调节器；E86 多功能显示器调节按钮；E92—Reset（复位）按钮；V5—车窗玻璃清洗泵；J400—刮水器电动机控制单元

1. 低速挡

当刮水器开关 E22 位于挡位"低速"时，电流由蓄电池正极→E22→J519 的 T73a/27 端子，当 J519 的 T73a/27 端子接收到电源正极信号时，J519 会通过端子 T73/69 向刮水器电动机控制单元 J400 反馈信号，此时 J400 控制刮水器电动机在低速挡工作。

2. 高速挡

当刮水器开关 E22 位于挡位"高速"时,电流由蓄电池正极→E22→J519 的 T73a/53 端子,当 J519 的 T73a/53 端子接收到电源正极信号时,J519 会通过端子 T73/71 向刮水器电动机控制单元 J400 反馈信号,此时 J400 控制刮水器电动机在高速挡工作。

3. 间歇挡

当刮水器开关 E22 位于挡位"间歇"时,电流由蓄电池正极→E22→J519 的 T73a/32 端子,当 J519 的 T73a/32 端子接收到电源正极信号时,J519 会通过端子 T73/69 向刮水器电动机控制单元 J400 反馈信号,此时 J400 控制刮水器电动机在间歇挡工作。驾驶人可以调节 E38 来调节间歇频率,以适应不同雨量所需求的刮水频率。

4. 关闭挡

当刮水器开关 E22 位于挡位"关闭"时,J519 接收不到来自 E22 开关的蓄电池正极信号,不会向刮水器电动机控制单元 J400 反馈信号,但电动机里面的位置传感器会向 J400 反馈电动机旋转的位置,如果此时刮水器位置在风窗玻璃最下端,J400 会驱动电动机继续旋转,如果此时刮水器位置已经在风窗玻璃最下端,则电动机不转。

5. 点动挡

当刮水器开关 E22 位于挡位"点动"时,电流由蓄电池正极→E22→J519 的 T73a/27 端子,当 J519 的 T73a/27 端子接收到电源正极信号时,J519 会通过端子 T73/69 向刮水器电动机控制单元 J400 反馈信号,此时 J400 控制刮水器电动机在低速挡工作,与"低速"挡位不同的是,此挡位当驾驶人停止按动"点动"挡时,信号切断,刮水器电动机停止转动。

6. 喷水挡

当风窗玻璃清洗泵开关 E44 位于挡位"喷水"时,电流一路由蓄电池正极→E44→V_5→搭铁,喷水电动机旋转,喷嘴喷水。另一路由蓄电池正极→E44→J519 的 T73a/61 端子,当 J519 的 T73a/61 端子接收到电源正极信号时,J519 会通过端子 T73/69 向刮水器电动机控制单元 J400 反馈信号,此时 J400 控制刮水器电动机在间歇挡工作。在此挡位工作时,若松开刮水器开关手柄,刮水器开关自动回到"关闭"挡。

(五)风窗玻璃防冰霜装置

在气温较低的环境中,风窗玻璃内侧易结冰霜,通常是采用加热的方法将其除去。前风窗玻璃一般采用暖风加热的方法除霜,而后风窗玻璃通常采用电热线加热的方法除霜,其中电热线由镀在后风窗玻璃内表面的多条金属导电膜制成。有些车辆以相同的电路加热外后视镜。

因除霜系统耗电量很大,所以系统采用了定时电路。图 2-10 所示为 LS400 轿车后风窗玻璃除霜装置电路图。其工作过程为:当接通除霜器开关后,除霜器开关使除霜继电器的磁化线圈搭铁,继电器触点闭合,风窗玻璃及后视镜上的电热丝通电发热,使冰霜受热蒸发。除霜器开关中的时间继电器维持除霜继电器导通 10～20 min,然后自动切断除霜继电器的电路,使电热丝断电。若想继续除霜,可再次接通除霜开关。

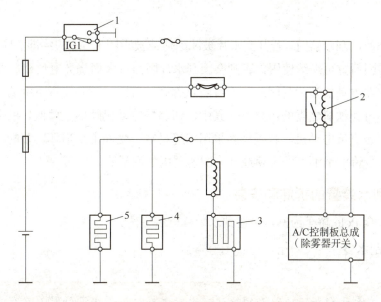

图 2-10　LS400 轿车后风窗玻璃除霜装置电路图

1—点火开关；2—继电器；3—后窗除雾器；4—左后视镜除雾器；5—右后视镜除雾器

任务实施

（一）刮水器的检查维护要点

汽车上使用的电动刮水器，在使用中稍有不当，就可能造成刮水器部件损坏，从而影响雨天驾驶的视野。一般不能直接用刮水片来除去风窗玻璃表面的灰尘，一定要同时喷玻璃水。洗车和日常打扫需抬高刮水片时，应尽量搬动刮水片的"脊背"，放时轻轻送回，不可"啪"的一下将刮水片弹回。刮水中的水最好选用专业的清洁液，这样可以去掉橡胶磨损的印记和油迹。如果风窗玻璃上有坚固的东西，切不可直接用刮水片硬刮，以免造成刮水片局部受损，导致刮水器刮水不净。刮水器最好每年更换一次。

（1）定期检查刮水片。当发现刮水片严重磨损或脏污时，应及时更换或清洗，否则将会降低刮水器的工作效能，影响驾驶人视线。清洗刮水片时，可用蘸有酒精清洗剂的棉纱轻轻擦去刮水片上的污物。刮水片不可用汽油清洗和浸泡，否则会变形而影响其工作。

（2）检查刮水器工作情况时，应先用水润湿风窗玻璃，否则会刮伤玻璃，同时由于刮水片摩擦阻力大，可能会损伤刮水片或烧坏电动机。打开刮水器开关后，应注意电动机有无异响，尤其是当刮水器电动机"嗡嗡"响而不转动时，说明其机械传动部分已锈死或卡住，应立即关闭刮水器开关，以防烧毁电动机。

（3）使用中关闭刮水器开关后，刮水片应回到风窗玻璃下侧后停止。若停止位置不对，应加以调整。调整时可转动自动停止器的盖，顺时针转动停止位置缩短，逆时针转动则停止位置延长。

（4）冬季使用刮水器时，若其刮水片被冰冻住或被雪团卡住，应立即关闭刮水器开关，清除冰块、雪团后方可继续使用，否则会因刮水片阻力过大而烧坏电动机。

（5）刮水器电动机多为封闭式，不可随意拆卸。若因故障确需拆下电动机时，要保持内部清洁，不可让铁屑之类的污物落入其中，切勿使电动机跌落、碰撞。因为刮水器电动机大多利用永磁直流电动机，其磁极多采用陶瓷材料，受冲击易损坏。装配时要给含油轴承的毛毡加注少许润滑油，并更换或补充减速器内的润滑脂。

（二）刮水装置的拆卸和安装

以上海大众Polo轿车为例，讲述刮水装置拆装方法。

1. 拆下刮水臂

在刮水臂拆下前，必须确认刮水器电动机位于极限位置，只有这样才能在安装时正确调整刮水臂的最终位置。

用一个螺丝刀撬开黑色饰盖，如图2-11箭头所示。松开M8的六角螺母，如图2-12箭头所示，但是不要完全旋下。轻轻移动刮水器臂，直到它松开。完全旋下六角螺母，并卸下刮水器臂。在A柱区域拔下车顶嵌条，如图2-13所示拆下整条水槽密封件1。

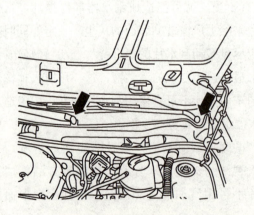
图2-11 撬开黑色饰盖

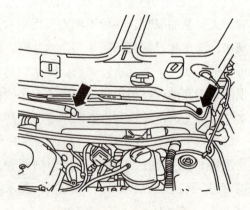
图2-12 松开M8的六角螺母

水槽盖不得使用工具（螺丝刀、楔子）撬，否则风窗玻璃会被损坏或可能导致以后破裂。

在风窗玻璃的边缘上将水槽盖拉起，如图2-14所示。

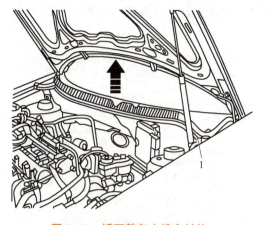

图 2-13　拆下整条水槽密封件
1—密封件

图 2-14　在风窗玻璃的边缘上将水槽盖拉起
1—水槽盖

2. 拆卸水槽盖

将水槽盖从风窗玻璃边缘开始，在右角处从风窗玻璃下缘的定位开口中抽出。

3. 拆卸带活节杆的刮水器电动机

旋出 M6 的六角头螺栓，如图 2-15 箭头所示，并取下垫圈。拔下刮水器电动机上的插头。将刮水器框架整个取出。

用一个大螺丝刀将拉杆从曲柄上撬下，如图 2-16 所示。旋下 M8 六角螺母，取下曲柄。旋出刮水器电动机的三个 M6 固定螺栓，取出刮水器电动机。

4. 安装刮水器电动机

将插头接到刮水器电动机上，然后短时间触动刮水器开关，将刮水器电动机转到极限位置。重新拔下插头，并将刮水器电动机用 M6 固定螺栓拧紧，拧紧力矩为 5 N·m。

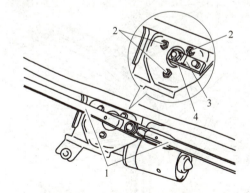

图 2-15　旋出 M6 的六角头螺栓并取下垫圈

图 2-16　将拉杆从曲柄上撬下
1—拉杆；2—固定螺栓（M6）；3—曲柄；4—六角螺母（M8）

5. 调整驻车位置

（1）将刮水器电动机转到极限位置并安装。

（2）如图 2-17 所示，将活节杆 2 和活节杆 1 先后压到松开的曲柄上，根据图 2-17 中所画出的中线对准活节杆 1 和 2，拧紧曲柄的螺母。

（3）将带刮水器电动机的刮水器框架装入，同时要注意将橡胶导向件插到轴颈上，如图2-18箭头所示。

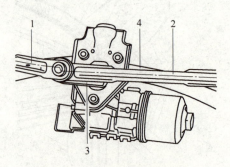

图2-17 对准活节杆的中线

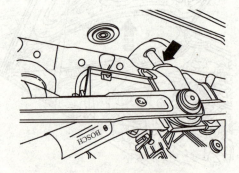

图2-18 将橡胶导向件插到轴颈上

1，2—活节杆；3—螺母；4—刮水器框架

（4）插上刮水器电动机上的插头，装上垫圈，并拧紧M6六角头螺栓（见图2-15箭头）。重新装上面板、隔声材料和发动机控制单元。

6. 安装水槽盖

 敲击安装水槽盖可能导致风窗玻璃产生裂纹。

为了能将水槽盖较容易地压入定位开口，可以在这个部位喷上肥皂液（见图2-19）。从中部开始，将水槽盖沿如图2-20箭头所示方向压入定位开口中。重新套上水槽密封件，同时要注意橡胶件在定位处的位置是否正确。

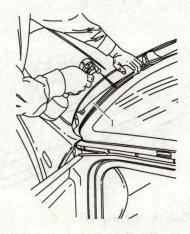

图2-19 喷肥皂液的部位

1—定位开口

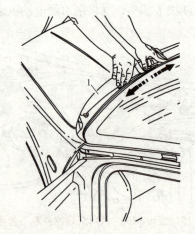

图2-20 将水槽盖压入定位开口中的方向

1—水槽盖

7. 装上刮水器臂并调整刮水片的最终位置

驾驶人侧（见图2-21）和前座乘员侧（见图2-22）的 A 为20 mm+10 mm（在刮水片末端测量）。如有必要调整刮水片，刮水器臂拧紧力矩为20 N·m。拧紧M8六角螺母，

压上黑色饰盖。

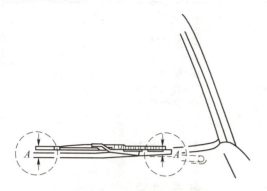

图 2-21 驾驶人侧刮水器臂的安装

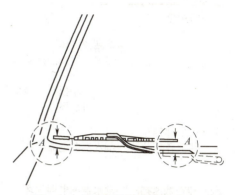

图 2-22 乘员侧刮水器臂的安装

8. 拆卸和安装刮水器橡皮条

（1）拆卸。翻起刮水器臂，将刮水片调到如图 2-23 所示的位置，拔下刮水片。

（2）安装。将刮水片推到刮水器臂的轴上，如图 2-24 箭头所示。将刮水片翻回到原位，并将刮水器臂重新翻到风窗玻璃上。

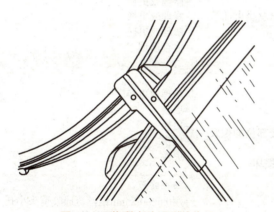

图 2-23 将刮水片调到的位置

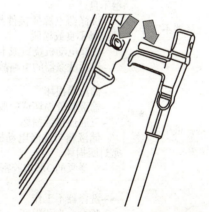

图 2-24 将刮水片推到刮水器臂的轴上

（三）刮水器及洗涤器常见故障的原因及检修方法

刮水器及洗涤器常见故障的原因及检修方法如表 2-1 所示。

表 2-1 刮水器及洗涤器常见故障的原因及检修方法

刮水片的使用与更换

故障现象	故障原因	排除方法
刮水片一侧刮水正常，另一侧发响	-有一侧刮水片变形 -定位杆扭曲，刮水片斜卡在玻璃上	-更换刮水器橡皮条 -校正定位杆
风窗玻璃表面有部分刮不到	-刮水器橡皮条从槽中脱出 -刮水器橡皮条与玻璃接触不均匀，弹簧条或钢片弯曲 -定位杆在玻璃上的压力小	-将橡皮条塞入卡槽 -调整或更换刮水片 -在定位杆与弹簧条间加油润滑或更换定位杆

续表

故障现象	故障原因	排除方法
刮水器各挡位均不工作	-熔断器烧坏 -连接导线及插件接触不良 -刮水器开关损坏 -中央线路板有关线束及插件接触不良 -电动机损坏	-更换熔断器 -检查、紧定 -更换刮水器开关 -检查、紧定 -更换电动机
刮水器高速挡位工作，其他各挡位均不工作	-刮水器继电器损坏	-更换继电器
刮水器在低速挡位时不工作，在其他各挡位时均工作	-刮水器继电器损坏 -刮水器开关损坏 -中央线路板A2结点接触不良	-更换继电器 -更换刮水器开关 -检修
刮水器在间歇挡时不工作，其他各挡位工作正常	-刮水器开关损坏 -刮水器间歇继电器损坏 -导线及插接件接触不良	-更换开关 -更换间歇继电器 -检查、紧定
洗涤器不工作	-汽车组合开关上控制洗涤器的开关接触不良 -洗涤器电源插接件与汽车总线束插件接触不良或松脱 -洗涤电动机烧毁或卡死 -供给洗涤器的电路故障	-修理或更换 -修理或更换 -修理或更换 -检查修理
洗涤液泄漏	-储液箱损坏 -输液软管损坏或松脱 -三通连接管损坏 -储液箱与洗涤电动机连接部位的橡胶密封圈损坏 -洗涤泵的O形橡胶密封圈损坏	-修理或更换 -更换 -更换 -更换 -更换
不能喷射洗涤液	-洗涤器不工作 -喷嘴头小孔阻塞 -输液软管折弯、损坏或松脱 -储液箱盖小孔阻塞 -洗涤泵损坏	-检查修复 -用0.6～0.8 mm钢丝疏通喷嘴头小孔 -检查或更换输液软管 -用0.6～0.8 mm钢丝疏通储液箱盖上的小孔，保持小孔畅通 -修理或更换
洗涤液不能射入刮水器的刮刷区域	-洗涤器喷嘴头位移 -洗涤液喷射压力小，洗涤泵有故障 -洗涤电动机有故障 -储液箱盖小孔阻塞	-用0.6～0.8 mm钢丝调整喷嘴球头，使得洗涤液喷射到刮水器的刮水刷区域 -修理或更换 -修理或更换 -用0.6～0.8 mm钢丝疏通储液箱盖的小孔

汽车电动刮水系统的电路检测

汽车电动刮水系统的故障诊断

洗涤器的工作原理及故障诊断

除霜雾装置的控制电路及常见故障诊断

（四）车窗清洗装置喷嘴的调整

（1）预先调整好的喷嘴（扇形喷嘴）如图 2-25 所示。要调整两个喷嘴的高度使之一致。

喷嘴不得逆着喷射方向清洁，如从前方进行吹洗。

（2）如果两个喷射区域高度不同，可以在调节装置上用手向上或向下调整喷射水流，如图 2-26 所示。

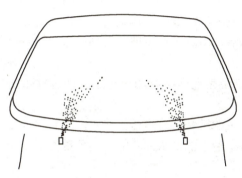

图 2-25　预先调整好的喷嘴（扇形喷嘴）

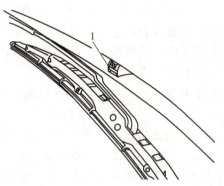

图 2-26　用手向上或向下调整喷射水流

1—调节装置

 企业案例

实例 1　一款奥迪 S8 刮水器和刮水器喷水装置有时不工作

故障现象：刮水器和刮水器喷水装置有时不工作。

故障检修：

（1）当刮水器和刮水器喷水装置不工作时，仪表上提示"自动行车灯损坏，自动刮水机构损坏"，用 V.A.S5052 检查，前部操作/显示单元有故障码："00457"（车辆电压控制单元 J519 没有信号/不通信，偶尔发生），供电控制单元 J519 无法达到。按故障导航要求检查相关线路供电、地线，均正常。

（2）当刮水器和刮水器喷水装置能工作时，用 V.A.S5052 检查，前部操作/显示单元有故障码"00457"（车辆电压控制单元 J519 没有信号/不通信，偶尔发生），供电控制单元 J519 有 4 个故障码"00908"（刮水器电动机控制单元 J400 没有信号/不通信，偶尔发生），"01520"（雨量和光照传感器 G397 没有信号/不通信，偶尔发生），"01800"（灯开关 E1 不正常信号，偶尔发生），"02071"（局域数据总线故障，偶尔发生）。先后替换了 J519，刮水器电动机控制单元 J400；雨量和光照传感器 G397，故障依旧，读取刮水器开关等信号正常。

（3）又按电路图详细分析刮水器的工作原理，原来"J519、雨量和光照传感器 G397、刮水器电动机控制单元 J400"三者之间是通过 LIN 总线交换信息的，最后把 J519 上的 LIN 线 T32a/31 拔下，J519 马上可以进入检测了，由此可知，供电控制单元 J519 无法达到是由 LIN 总线有问题引起的。

（4）为了确认故障原因，把 LIN 总线上的 J400、J519、雨量和光照传感器 G397 插头全部拔下，在拉动线束的情况下检测 LIN 总线，偶尔发现 LIN 总线有对地短路的现象，因为该 LIN 线是在线束里，要找到具体故障点有些难度，最后用普通的电线替换了原车的 LIN 线，故障排除。

实例 2　一辆迈腾轿车刮水器打到自动挡时不灵（有时雨大时刮速不快，雨小时刮速却很快）

故障现象：刮水器打到自动挡时不灵，有时雨大时不快，雨小时却很快。

故障检修：

（1）V.A.S5052 检测仪检查，没有故障码。

（2）用洗车机喷水试测故障现象时，发现故障确实存在。怀疑是雨量传感器和风窗玻璃上贴的透明胶的问题，试着更换了雨量传感器，清除了风窗玻璃上贴的透明胶后，用洗车机喷水检查，发现故障依然存在。

（3）重新询问车主故障的一些细节，车主说是在上次发动机进水大修后故障就一直存在。

（4）针对此信息，对所有关于大修需要涉及的维修部位进行了检查，没有发现任何问题。又反复做喷水测试，仔细观察，发现故障车辆上的刮水片不能刮到雨量传感器相应的风窗玻璃处，而且还发现刮水片左右安反了。

细细分析：在下大雨时，刮水器在刮水刚开始，传感器上面的水没有被刮掉，光线折射量就少，因而速度很快。随着雨量的增大，雨水顺着往下流变均匀了，光线反射量相对增多，刮水的速度就变慢了。反之，下小雨时雨滴聚在玻璃上没有被刮掉，光线反射回来的变少，因而刮水的速度就快了。

（5）最后左右对调刮水器臂，重新安装调整，故障现象消失。

任务小结

1. 电动刮水器是由电动机、传动机构和刮水片等部分组成的。
2. 电动刮水器一般有高速、低速、间歇、自动复位和点动 5 个挡位工作。它的作用是刮除风窗玻璃上的雨水、雪或灰尘，确保驾驶人有良好的视线。

任务 2.2　电动车窗的结构与检修

任务引入

一辆大众新宝来轿车，行驶 4.6 万 km，左前车窗升降器无论用主控开关还是用分控开关都无法使其降下来。

任务目标

（1）熟悉电动车窗主要零部件的安装位置及外部构造，并理解它们的作用。

（2）理解电动车窗的工作原理，能够识读电动车窗电路图，并能够对电动车窗故障进行分析、检测并确认故障原因。

电动车窗操作使用

任务资讯

（一）电动车窗的组成及功用

电动车窗是利用电动机驱动升降器来使车窗上下移动的，其主要由车窗、车窗玻璃升降器、车窗电动机、继电器、熔断器和车窗开关等组成。

电动车窗系统及工作原理

1. 车窗玻璃升降器

车窗玻璃升降器是一个执行机构，它是执行驾驶人或乘员的指令使车窗升降。它主要有齿扇交叉臂式、绳轮式和齿条式三种类型。

（1）齿扇交叉臂式。图2-27所示为齿扇交叉臂式电动车窗升降器的安装位置与结构。

电动车窗系统及工作原理（动画）

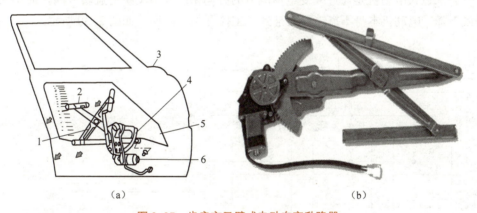

图2-27　齿扇交叉臂式电动车窗升降器
(a) 安装位置；(b) 结构
1—调整杆；2—支架和导轨；3—车门；4—驱动齿扇；5—车窗玻璃；6—电动机实物

（2）绳轮式。奥迪轿车采用的是绳轮式电动车窗升降器，如图2-28所示。它是由电动机、蜗轮机构、钢丝绳缆、玻璃升降导轨和玻璃安装托架等零部件组成的。安装时车窗玻璃固定在玻璃安装托架上，玻璃导向槽与钢丝绳缆、玻璃升降导轨平行。开启电动机，由电动机带动蜗轮减速器输出动力，拉动钢丝绳缆移动玻璃安装托架，迫使车窗玻璃做上升或下降的直线运动。目前轿车上普遍使用绳轮式电动车窗升降器。

（3）齿条式。齿条式电动车窗升降器如图2-29所示，采用柔性齿条和小齿轮。当电动机转动时，通过蜗轮蜗杆减速机构将动力传给小齿轮，小齿轮又使齿条移动，齿条通过拉绳带着车窗进行升降。

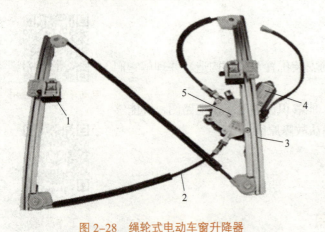
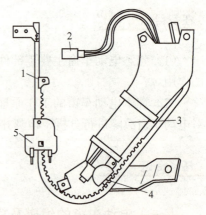

图2-28 绳轮式电动车窗升降器　　　　　　图2-29 齿条式电动车窗升降器
1—玻璃安装托架；2—钢丝绳缆；3—玻璃升降导轨；　　1—齿条；2—电源插头；3—电动机；
4—电动机；5—蜗轮机构　　　　　　　　　　4—小齿轮；5—玻璃托架

2. 车窗电动机

车窗电动机是用来为车窗的升降提供动力的装置。车窗升降电动机采用双向转动的电动机。它有永磁式和双绕组式两种。

（1）永磁式电动机是通过改变电枢电流的方向来改变电动机的旋转方向，使车窗玻璃上升或下降。电动机本身不搭铁，而是到"主控开关"搭铁，如图2-30所示。

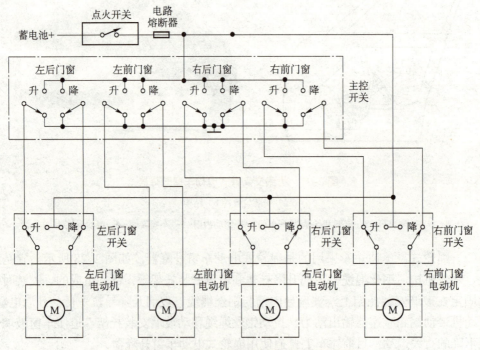

图2-30 永磁式电动车窗玻璃升降控制电路图

（2）电磁式电动机有两个绕向相反的励磁绕组，一个是上升绕组，另一个是下降绕组，如图2-31所示，每次工作时给其中的一个励磁绕组通电，电动机的旋转方向是靠励磁绕组的通电方向来决定的。它靠改变磁场方向实现玻璃升降，电动机本身搭铁。

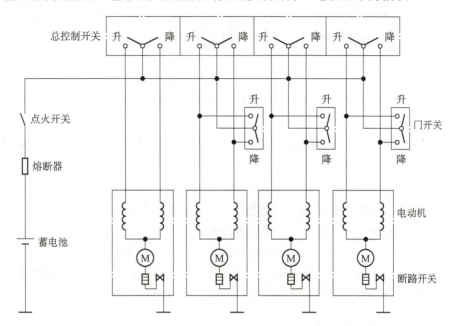

图 2-31　电磁式电动车窗玻璃升降控制电路图

3. 车窗开关

车窗开关用来控制车窗升降。一般电动车窗系统都装有两套控制开关：一套装在仪表板或驾驶人侧车门扶手上，为主控开关，它由驾驶人集中控制全车电动车窗升降系统，可实现每个车窗的升降；另一套为分控开关，分别装在每个乘员的车门上，由乘员操纵单个车窗的升降。为了安全起见，一般在主开关上还装有窗锁开关，如果将其断开，则分控开关就不起作用，如图 2-32 所示。

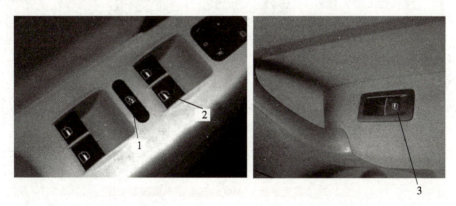

图 2-32　车窗开关

1—窗锁开关；2—主控开关；3—分控开关

有的车上还专门装有一个延迟开关，在点火开关断开后约 10 min 内，或在打开车门以前，仍有电源提供，使驾驶人和乘员能有时间关闭车窗。

4. 电源、熔断器、断路器、主继电器及指示灯

（1）电源。电源为电气设备提供电能，以使电动车窗升降器工作，主要是发电机和蓄电池。

（2）熔断器。熔断器的作用是防止电流过大而损坏电气设备。

（3）断路器。车窗升降器电路或电动机内装有一个或多个热敏断路器，用以控制电流，防止电动机过载。当车窗完全关闭或由于结冰等原因而使车窗玻璃不能运动自如时，即使操纵开关没有断开，热敏开关也会自动断路。其基本原理是，当电动机过载时，其阻抗减小甚至为零，此时，输入的电流过大，引起断路器的双金属片发热变形而断路。当关断开关后，其电路中的电流为零，断路器的双金属片因无电流通过而逐渐冷却，触点又恢复到接触状态，以备再次接通车窗的电路。

（4）主继电器。主继电器的作用是接通或断开门窗电路。当接通点火开关电路时，同时也接通了主继电器的线圈电路，主继电器接通车窗的电路。当关断点火开关时，主继电器同时也断开车窗的电路，以防损坏电气组件和发生意外。

（5）指示灯。指示灯用来指示车窗电路的工作状态。它主要有电源指示灯、乘员车窗电路指示灯和驾驶人侧车窗升降状态指示灯几种。电源指示灯的点亮或熄灭表示电源电路的通断。车窗电路导通时，电源指示灯点亮，电源断开时指示灯熄灭。

（二）典型电动车窗的控制原理

图 2-33 所示为雷克萨斯 LS400 轿车电动车窗控制电路，它主要由电源、熔断器、断路器、主继电器、开关、电动机和指示灯组成。

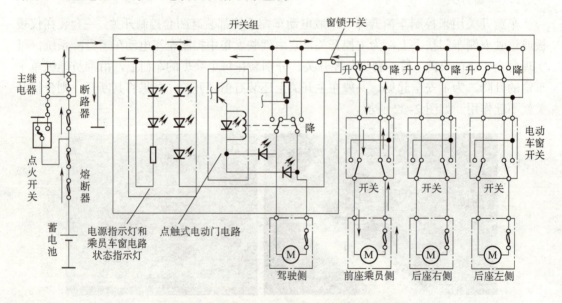

图 2-33　雷克萨斯 LS400 轿车电动车窗控制电路

现以雷克萨斯 LS400 轿车前座乘员侧车窗上升为例说明电动车窗的控制原理。

（1）主控开关控制。当点火开关闭合，主控开关中的前座乘员侧车窗开关拨到升时，电流方向为：蓄电池正极→熔断器→断路器→主继电器→前座乘员侧车窗主控开关升触点→前座乘员侧车窗分控开关触点→前座乘员侧电动机→前座乘员侧车窗分控开关另一触点→主控

开关中前座乘员侧车窗搭铁触点→窗锁开关→搭铁，电动机旋转，带动前座乘员侧车窗上升。

（2）分控开关控制。当点火开关闭合，前座乘员侧车窗分控开关拨到升时，电流方向为：蓄电池正极→熔断器→断路器→主继电器→前座乘员侧车窗分控开关触点→前座乘员侧电动机→前座乘员侧车窗分控开关另一触点→主控开关中前座乘员侧车窗搭铁触点→窗锁开关→搭铁，电动机旋转，带动前座乘员侧车窗上升。

当接通窗锁开关时，乘员车窗电路点亮；断开窗锁开关时指示灯熄灭，此时乘员车窗的分控开关都不能控制车窗的开关动作。

（三）防夹手电动车窗的结构原理

汽车有了电动车窗，驾驶人按下按钮就可以控制车窗的升降，十分方便。但是电动车窗没有感觉，如果驾驶人没有注意乘员的手或物件伸出窗口，就容易被上升的玻璃夹着。为了安全起见，现在许多乘用车的电动车窗都增加了防夹功能。

在电动车窗正常上升过程中，当在任意位置有物体被夹住时，控制器会立即停止上升动作，并自动返回到下死点，然后立即断电停机，以释放被夹物，保护司乘人员的安全（特别是6岁以下的儿童）。

在上下死点位置，无论升降开关是否松开，控制器均会自动断电，以避免电动机因长时间堵转而烧毁。如果电动车窗出现机械故障被卡住，控制器也会立即断电，有效保护电动机不烧毁。防夹控制器不仅增加了汽车的安全性，提高了汽车的档次，同时也大大延长了电动车窗的使用寿命。

目前，汽车防夹电动车窗防夹功能的实现需要"触觉""视觉"的配合，其传感器一般有霍尔式、红外线式两种。

所谓"触觉"，就是当电动车窗机构感触到有异物在玻璃上时，会自动停止玻璃上升工作。霍尔式防夹电动车窗的工作原理如图2-34所示，在关闭过程中，驱动机构中有电子控制单元（ECU）及霍尔传感器时刻检测着电动机的转速，当霍尔传感器检测到转速有变化时，就会向ECU报告信息，ECU向继电器发出指令，使电动机停转或反转（下降），防夹电动车窗也就停止移动或下降。

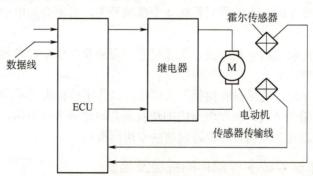

图2-34 霍尔式防夹电动车窗的工作原理

当然，这种车窗移动过程中的阻力变化与车窗到达终端的阻力是不一样的，后者阻力远较前者阻力大得多，因此控制方式也不一样。当车窗到达关闭的终端时，因阻力变大，电动机过载电流也变大，继电器有过载保护，会自动切断电流。有的汽车在玻璃升降的终点装置限位开关,玻璃到达终端时压住限位开关,电流被切断,电动机即停止运转。

所谓"视觉",是一套光学控制系统,它是靠红外线发射器和感应接收器检测有无异物在电动车窗移动范围内,从而控制玻璃移动,无须异物直接接触到玻璃。这个光学控制系统的主要元件是光学传感器,它由红外线发射器和接收器组成,如图2-35所示,安装在车窗的内饰件上,能连续精确地扫描指定区域,这个区域一般指车窗向上移动时,距离车窗开口框上边缘4～200 mm。一旦检测到有异物,传感器会迅速把信息反馈至ECU,ECU发出指令使电动机停止运转。由于这种装置小巧,装嵌隐蔽,ECU控制技术先进,所以有人称之为"智能无接触防夹玻璃"。

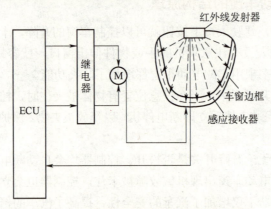

图2-35 红外线式防夹电动车窗的工作原理

一般普通乘用车的防夹电动车窗只有"触觉",具有一定档次的乘用车才有"视觉"。如果有"触觉"和"视觉"双重监测,汽车防夹电动车窗就十分安全了。

任务实施

(一)电动车窗使用注意事项

(1)使用电动车窗时,不能同时操纵4个窗的开关,否则会使电动车窗系统负荷过大而烧坏熔断器。

(2)对于无防夹装置的电动车窗,工作过程中要避免拉压车窗玻璃,否则会使升降机构变形而使调节器损坏。

(3)有小孩乘车时,应尽量将窗锁开关锁住,以防小孩将头或手伸出窗外。

(4)电动车窗用久了后,玻璃轨道内的橡胶条会硬化或卡有脏污,令玻璃升降不畅或卡住不动,因此要经常在玻璃升降轨道内喷些专用润滑剂。

(二)电动车窗系统主要部件的拆装及检查

以迈腾轿车为例,电动车窗系统主要部件拆装包括驾驶人侧的电动车窗升降开关模块、左前车窗升降器开关E40、左后驾驶人侧车门内车窗升降器开关E53、右后驾驶人侧车门内车窗升降器开关E55、右前驾驶人侧车门内车窗升降器开关E81、儿童安全装置按钮E318等的拆装。

1. 拆卸和安装驾驶人侧的电动车窗升降开关模块

1）拆卸

（1）在拆卸（开关、盖板、饰板等）前，用普通的胶带粘住要使用的杠杆工具（拆卸楔3409、螺丝刀）拆卸可见区域内的部件。

（2）关闭点火开关和所有用电器，取出点火钥匙或者松开位于位置0（前向锁定）的起动按钮。

（3）用拆卸楔3409小心地撬出锁止凸耳（箭头）上的把手隔板，如图2-36所示。

（4）松开插头连接（箭头），并拔下连接插头，如图2-37所示。

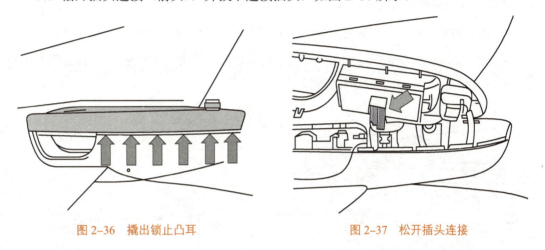

图2-36　撬出锁止凸耳　　　　　　图2-37　松开插头连接

（5）松开锁止凸耳（箭头），并从把手隔板上取出开关模块，如图2-38所示。

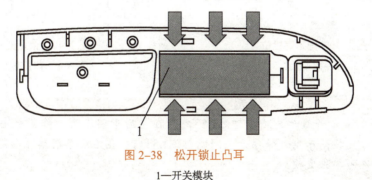

图2-38　松开锁止凸耳

1—开关模块

2）安装

安装大体按照拆卸时的倒序进行。

2. 拆卸和安装副驾驶侧车门内车窗升降器开关E107

车窗升降器照明灯泡L53装在副驾驶人侧车门内车窗升降器开关E107中，不可单独更换。

1）拆卸

关闭点火开关和所有用电器，取出点火钥匙或者松开位于位置0（前向锁定）的起动按钮；拆卸车门饰板。

松开插头连接，并拔下连接插头，如图2-39所示旋出固定螺栓（箭头位置），取下带有副驾驶人侧车门内车窗升降器开关E107的把手。

松开锁止凸耳（箭头位置），并取出车窗升降器开关，如图2-40所示。

2）安装

安装大体按照拆卸时的倒序进行。

3. 拆卸和安装左后车门车窗升降器开关E52和右后车门车窗升降器开关E54

左后车门车窗升降器开关E52和右后车门车窗升降器开关E54的拆卸和安装方法相同，在此只介绍一侧开关的拆卸和安装。

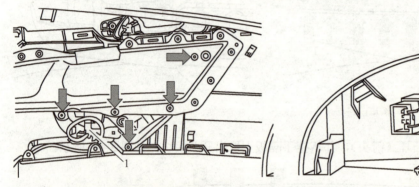

图2-39　固定螺栓位置
1—插头连接

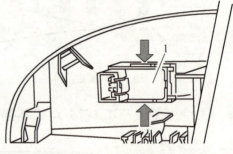

图2-40　锁止凸耳
1—车窗升降器开关

车窗升降器开关照明灯泡L53内装在左后车门车窗升降器开关E52中，不可单独更换；车窗升降器开关照明灯泡L53内装在右后车门车窗升降器开关E54中，不可单独更换。

1）拆卸

关闭点火开关和所有用电器，取出点火钥匙或者松开位于位置0（前向锁定）的起动按钮；拆卸车门饰板；旋出固定螺栓（箭头），取下带有车窗升降器开关的把手；松开锁止凸耳（箭头）并取出车窗升降器开关，如图2-39和图2-40所示。

2）安装

安装大体按照拆卸时的倒序进行。

4. 检查电动车窗升降器定位情况

在断开并连接蓄电池后,电动车窗升降器的自动上升和下降功能失灵,因此移交新汽车前必须对车窗升降器重新进行定位,定位后不允许再断开蓄电池。

在断开并连接蓄电池后,电动车窗升降器的防夹功能失灵,因此可能会造成严重的挤伤。

以左前车窗升降器为例,对电动车窗升降器进行定位的工作步骤如下:

打开点火开关,关闭所有车窗和车门,通过拉住开关(超过1 s)使左前车窗保持在"关闭"位置;再将开关拉动1 s,车窗玻璃必须在按下开关时自动降下,并在拉出开关时重新自动升高。关闭点火开关。

(三) 电动车窗升降系统的故障诊断

当车窗不升降时,检查步骤如下:

(1) 检测电路熔断器。如果全车所有的车窗升降都不灵活,则应首先检测电路熔断器。用试灯或电压表检测电路熔断器两边的电压,如果两边都有电压,则电路熔断器良好;如果电路熔断器的输入端有电压而输出端没有,则该电路熔断器损坏了;如果电压没加到电路熔断器的输入端,则蓄电池供电回路开路。

(2) 检测电动机。断开电动机的线束插接器,线束插接器只有两个端子,将其中的一个端子用一根跨接线接蓄电池的正极,而将另一个端子用一根线搭铁。如果电动机旋转,把跨接线对调。当极性反过来后,该电动机应反转。如果电动机在一个或两个方向上都不旋转,则电动机有故障且必须更换。

(3) 检测主控开关。如果电动机正常运转,故障则出在控制电路中。为此要检测主控开关,在主控开关端子1和端子2之间连接试灯,连接方法如图2-41所示。当主控开关处于关(OFF)位置时,试灯应点亮。如果灯不亮,则到主控开关的线路或主控开关到搭铁端子电路有开路。检查搭铁端子4的连接好坏,如果正常,则继续检测。

如果试灯在跨接端子1和端子2时发亮,此时把开关设置到UP挡,试灯应熄灭。在端子1和端子3之间重复这样的检测,此时要把开关设置到DOWN挡。

(4) 检测车窗分控开关。如果主控开关是好的,则检测车窗分控开关。在端子6上应有蓄电池电压,否则检查点火开关是否闭合,检查从端子6到电路熔断器之间的电路。将试灯跨接在端子8和端子6之间(见图2-42),试灯应点亮,直到开关打到DOWN挡才熄灭;把试灯跨接到端子6和端子9之间,检测UP挡。

(5) 如果电动车窗工作速度比正常慢,表明存在接触电阻或机械连杆机构有障碍,采用电压降检测方法查找产生接触电阻的原因。接触电阻可能存在于开关电路、搭铁回路或电动机中。如果是机械导轨欠润滑故障,检查连杆机构有无弯曲或障碍制约。

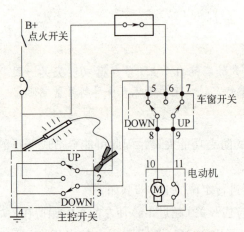
图 2-41 电动车窗主控开关的检测

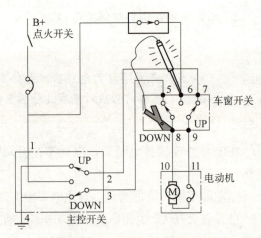
图 2-42 电动车窗分控开关的检测

（四）丰田威驰电动车窗电路检查

丰田威驰电动车窗主要包括电动车窗主控开关、分控开关、车窗电动机、车窗继电器等，其控制电路如图 2-43 所示。将点火开关置于"IG1"挡，电源才能通过点火开关向车窗继电器线圈电路供电，使继电器触点接通，从而电源通过车窗继电器向车窗主控开关、分控开关供电。这样驾驶人可用主控开关分别控制所有车窗的升降，其他座位的乘员也可使用车门上的分控开关控制各自的车窗升降。无论主控开关还是分控开关控制的车窗电动机电路，都需要通过车窗主控开关电路搭铁。

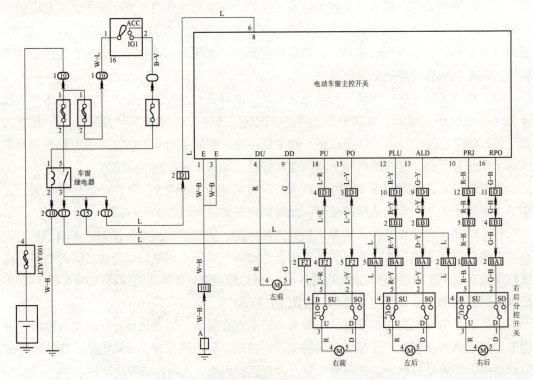
图 2-43 丰田威驰电动车窗升降器控制电路

1. 主控开关的检查

从驾驶人侧车门上拆下车窗主控开关，对应端子如图 2-44 所示，对照电路图找到主控开关的各个端子，用万用表的电阻挡按照表 2-2 的开关工作状态进行检测，如有不符，说明主控开关损坏，需要更换。

电动车窗开关电阻测量

电动车窗电机工作原理与检查

电动车窗电机工作原理与检查（动画）

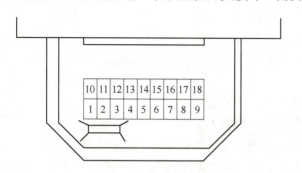

图 2-44　丰田威驰主控开关端子号示意图

表 2-2　电动车窗主控开关的检查

开关位置＼端子	左前				右前				左后				右后			
	1	6	4	9	1	6	15	18	1	6	12	13	1	6	10	16
向上抬起		●—●				●—————●				●———●				●———●		
松开	●———●		●———●		●———●		●———●		●———●		●———●		●———●		●———●	
向下按下	●—————●				●—————————●				●—————————●				●—————————●			

2. 分控开关的检查

从车门上拆下车窗分控开关，用万用表的电阻挡按照表 2-3 的开关工作状态进行检测，如有不符，说明分控开关损坏，需要更换。

表 2-3　电动车窗分控开关的检查

开关位置＼端子	1	2	3	4	5
向上抬起	●———————●		●———●		
松开	●———————————●			●———●	
向下按下	●———————————————●				●———●

3. 车窗电动机的检查

将电动机从车门内拆下，将蓄电池正、负极分别接到电动机两端子上，并互换正、负极一次，观察电动机的工作应能平稳地正反转，否则说明电动要损坏，应更换。注意：车窗电动机通电检查时间不能过长，防止电动机因内部短路而烧坏。

（五）大众新宝来电动车窗电路检查

大众新宝来电动车窗电路如图 2-45 所示，主要由驾驶人车门中的车窗升降器操作单元（主控开关）E512、左前车门控制单元 J386、副驾驶车门中的车窗升降器开关 E107、副驾驶车门控制单元 J387、左后车门中的车窗升降器开关 E52、左后车门控制单元 J388、右后车门中的车窗升降器开关 E54、右后车门控制单元 J389，车载电网控制单元 J519 以及 4 个车门电动机等组成。大众新宝来轿车每个车窗有 5 个挡位，分别是空挡（不做任何操作）、点动上升挡、一键上升挡、点动下降挡、一键下降挡。当车辆处于 ON 挡，各个控制单元处于激活状态时，驾驶人可以通过主控开关控制各个车窗的上升和下降。驾驶人操作驾驶人侧车窗时，左前车窗升降器 E40 打到不同挡位，会导致串联到电路中的电阻值不同，这样驾驶人车门控制单元 J386 接收到的电压值是不同的，从而控制左前车窗升降器电动机进行旋转。驾驶人操作开关控制其他三个车窗的升降时，J386 接收到驾驶人车门中右前车窗开关 E81 的信号、左后车窗开关 E53 的信号、右后车窗开关 E55 的信号，会将对应的信号通过 LIN 线分别发送给副驾驶车门控制单元 J387、左后车门控制单元 J388、右后车门控制单元 J389，J387、J388、J399 会控制本车窗电动机旋转，从而使车窗玻璃上升或者下降。

电动车窗开关的工作原理

电动车窗开关的工作原理（动画）

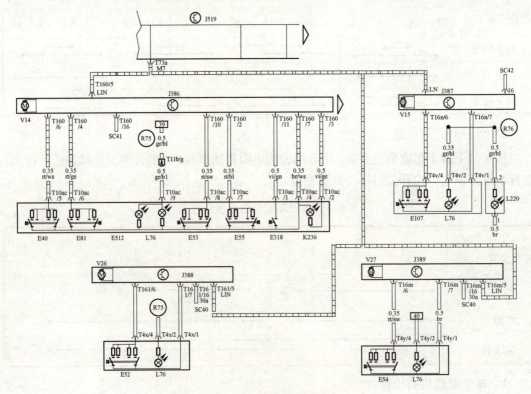

图 2-45　大众新宝来电动车窗电路图

1. 主控开关的检查

在全车断电的情况下，从驾驶人侧车门拆下主控开关，主控开关及其插接器如图 2-46

所示。将插接器拔下，会看到 10 个端子，对照电路图，找到驾驶人主控开关中控制每个车窗的开关端子号，然后将开关打到不同挡位，用万用表测量空挡、点动上升、一键上升、点动下降、一键下降时的阻值，与维修手册进行对比，如果阻值不符，需要更换开关。

图 2-46　大众新宝来车窗主控开关

2. 分控开关的检查

在全车断电的情况下，从副驾驶车门、左后车门和右后车门拆下分控开关，把插接器拔下，会看到 5 个端子。把开关打到不同挡位，由电路图可知，测量 1 号端子和 4 号端子的阻值，与维修手册进行对比，如果阻值不符，需要更换开关。

3. 车窗控制单元和电动机的检查

可以检查控制单元的供电和搭铁情况，如果没有问题，继续用故障诊断仪读取控制单元电动机的数据流，检查各个工作数据来判断车窗电动机和电动机的工作情况。

电动车窗的故障诊断 1

电动车窗的故障诊断 2

企业案例

实例 1　本田思域轿车左前车窗升降器不工作

故障现象：该车左前车窗已经升至最高位置，使用左侧开关或者右侧主控开关，左前车窗升降器均不工作。

故障检修：该车车窗升降器控制电路示意图如图 2-47 所示。故障的检修方法如下：

（1）检查发动机舱内左前熔断器盒，左前车窗升降器的熔断器正常。检查其他熔断器，也正常。

（2）拆下左前车窗升降器电动机，在蓄电池上直接加电测试，电动机工作正常。

（3）装上电动机在车上做开关实验，发现车窗可以上升，但仍不能下降。

（4）检查电动机的供电电压。拆下左前门内衬，拔下车窗升降器插头，使用万用表测量电压，发现开关在向上位置时有电压 12 V，在向下位置时没有电压。

（5）从外观上看左前车窗升降器控制开关与其他车窗的完全相同，拆下对比接脚也一样，于是使用对比方法来进一步检查。

（6）测量开关插头各脚的电压与接地情况，同时测量正常工作的右后门的相应参数进行比较（其中 2、4 脚连接升降器电动机），如表 2-4 所示。

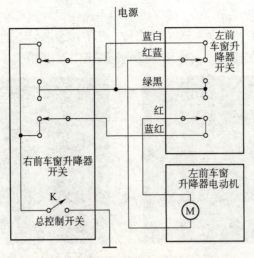

图 2-47 思域车窗升降器控制电路示意图

表 2-4 升降器控制开关各脚的检测情况

序号	左前			右后		
	导线颜色	与地电压/V	与地导通	导线颜色	与地电压/V	与地导通
1	绿黑	12	否	黄红	12	否
2	红蓝	0	否	蓝	0	否
3	蓝白	0	是	棕白	0	是
4	红	0	否	蓝黄	0	否
5	蓝红	0	否	棕	0	是

（7）同时测量左前、右后车窗升降器控制开关处于不同位置时各脚之间的导通情况，如表 2-5 所示。

表 2-5 控制开关各脚之间的导通情况

序号	左前			右后		
	上升	停止	下降	上升	停止	下降
1						
2						
3						
4						
5						

（8）将二者测得的数值进行比较，可知左前车窗升降器开关正常，问题出在左前门的 5 脚不接地。将左前门的 5 脚接地，左前车窗升降器开关可以控制车窗的升降。

（9）该车右侧（驾驶人侧）升降器开关可以分别控制每个门的车窗升降器，其上还有一个按钮可以控制除驾驶人侧以外其他车窗的动作。拆下开关检查，发现在右前控制开关的下方线路板有烧焦痕迹，拆下发现右前总控制开关已烧坏。更换一只控制车窗升降器开关总成后试车，故障排除。

实例2 风度轿车电动车窗锁车后自动回落

故障现象：尼桑风度A33轿车左前门修理后，出现驾驶人侧电动车窗玻璃在用遥控器锁车之后能够顺利关闭，但是关闭后玻璃又会自动回落的现象；用手对电动车窗玻璃升降开关按钮进行操作，则打开和关闭良好。

故障检修：首先对相关的车窗升降熔断器、线路及线路插接器进行检查，未发现异常。检查车窗电动机、调节器等，功能也均正常。

该车当左前电动车窗系统的调节器、电动机、车窗玻璃或玻璃导轨被拆（或更换）后，都需要对其限位开关进行重新设定，否则就会造成上述故障。

电动车窗限位器开关的具体设定方法如下：拆下驾驶人侧车门饰板，用手动方式关闭车窗，按下重设开关，使车窗完全打开，然后释放重设开关，确定重设开关回复到原始位置，再完全关闭车窗，设定完毕。

对左前电动车窗限位器开关进行重新设定后试车，故障排除。

任务小结

（1）电动车窗由车窗主控开关、车窗继电器/控制单元、车窗电动机、车窗分控开关、车窗玻璃升降器等组成。

（2）电动车窗采用永磁式电动机或者双绕组电动机作为执行元件，通过开关或继电器控制电动机的工作电流方向，实现电动机两个方向的旋转，完成驾驶人的控制目标。

（3）对电动车窗的检查，包括对电动车窗主要零部件的机械检查、主控开关的检查、分控开关的检查、车窗电动机的检查、车窗继电器和熔断器的检查、控制单元的检查等。

任务2.3　中控门锁的结构与检修

任务引入

一辆本田雅阁轿车4个门锁失去控制，只能用手动方法开闭各自门锁。

任务目标

（1）熟悉中控门锁主要零部件的安装位置及外部构造，并理解它们的作用。

(2)理解中控门锁的工作原理，能够识读中控门锁电路图，并能够对中控门锁故障进行分析、检测并确认故障原因。

任务资讯

汽车门锁是汽车防盗的第一步。要想解决任务中的问题，首先必须熟悉中控门锁电路的结构组成、工作原理和电路控制方式；然后根据故障现象分析产生故障的原因，确定检修流程及排除方法。

目前汽车中控门锁主要是采用电子电路控制，以电磁铁、微型电动机和锁体或继电器作为执行机构的机电一体化装置。按照其发展过程，一般可分为普通中央电动门锁、电子式电动门锁、车速感应式电动门锁、遥控电动门锁等。

（一）中控门锁的功能

(1) 单独控制功能。在车内个别车门需打开时，可分别拉开各自的锁扣，也可由驾驶人操纵门锁控制开关开启车门。

中控门锁的功能及操作方法

(2) 后车门儿童安全锁止功能。只有当中控门锁控制系统在开锁状态时，儿童安全锁闩才能退出，以防止车内儿童擅自打开车门（有的车锁是当儿童安全锁闩拨到锁止位置时，在车内用内锁扣不能开门，而在车外用外锁扣可以开门）。

(3) 中央控制锁止功能。当驾驶人车门锁扣按下时，能同时锁止其他几个车门及行李厢门；用钥匙锁门，也可同时锁好其他车门和行李厢门。当驾驶人车门锁扣拉起时，能同时打开其他几个车门及行李厢门；用钥匙开门，也可实现所有车门同时打开。

中控门锁系统组成

(4) 钥匙占用预防功能。钥匙插入点火开关中未拔出，即使驾驶人侧的内部锁止开关在锁止位置时，关上车门后，所有车门也会自动打开。防止钥匙遗忘在车内而车门被锁住。

(5) 防盗功能。配合防盗系统，实现汽车防盗。

(6) 速度控制功能。当车速达到一定时，能自动将所有的车门锁锁定。

(7) 当钥匙已经从点火开关中拔出且驾驶人侧车门也锁住时，用其他门锁控制开关不能打开车门。

综上，采用中控门锁控制系统的车辆，当驾驶人锁住驾驶人侧车门时，其他几个车门（包括行李厢门等）能同时自动锁住；当打开驾驶人侧车门时，其他几个车门（包括行李厢门等）能同时自动打开，并且仍可用各车门的机械或弹簧锁开关车门。任务引入中的车4个车门失去控制，说明其中控门锁电路有故障。

（二）中控门锁控制系统的结构原理

中控门锁控制系统一般由门锁控制开关、钥匙控制开关、行李厢门开启器开关、门锁总成门、锁执行机构及门锁控制器（门锁继电器）等组成。图2-48所示为典型的中控门锁控制系统主要部件的安装位置。

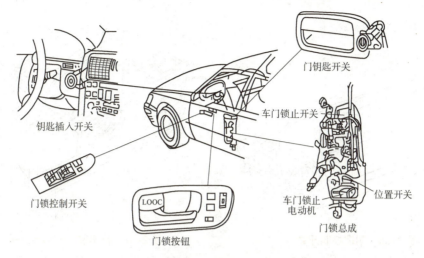

图 2-48　中控门锁控制系统基本电路

1. 门锁控制开关

门锁控制开关一般由门锁总开关和门锁分开关组成，如图 2-49 所示。门锁总开关一般安装在驾驶人侧前门内侧的扶手上，驾驶人通过操纵门锁总开关可将全车所有车门打开或锁住。门锁分开关安装在其他各个车门上，可单独控制一个车门的打开或锁住。

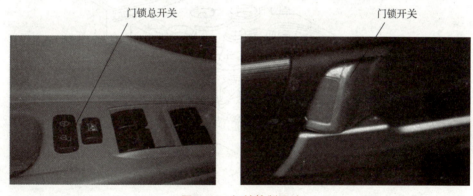

图 2-49　门锁控制开关

2. 钥匙控制开关

钥匙控制开关如图 2-50 所示，安装在左前门和右前门的外侧门锁上。当从外面用钥匙开门和锁门时，钥匙控制开关便发出开门或锁门的信号给门锁 ECU。当钥匙在钥匙门内时，钥匙开锁报警开关接通电路报警；当钥匙离开钥匙门时取消报警。

3. 行李厢门开启器开关

行李厢门开启器开关如图 2-51 所示，一般位于仪表板下面或驾驶人座椅左侧车厢底板上，拉动此开关便能打开行李厢门开启器。推压钥匙门，断开行李厢内主开关，此时再拉开启器开关不能打开行李厢门。将钥匙插进钥匙门内顺时针旋转打开钥匙门，当主开关再次接通，便可用行李厢门开启器打开行李厢。

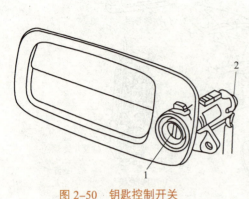

图 2-50 钥匙控制开关

1—车门锁孔；2—钥匙控制开关

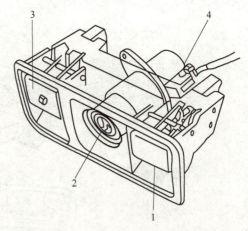

图 2-51 行李厢门开启器开关

1—行李厢门开启器开关；2—钥匙门；3—燃油箱开启器开关；
4—行李厢门开启器主开关

4. 门锁总成

门锁总成由门锁传动机构、门锁位置开关和外壳等组成，如图 2-52 所示。

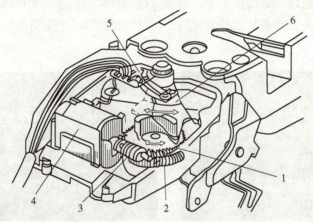

图 2-52 门锁总成

1—蜗轮；2—复位弹簧；3—蜗杆；4—门锁电动机；5—位置开关；6—锁杆

门锁传动机构主要由门锁电动机、蜗杆、蜗轮和锁杆等组成。门锁电动机是门锁的执行器，当门锁电动机转动时，蜗杆带动蜗轮转动，蜗轮推动锁杆，车门被锁上或打开，然后蜗轮在复位弹簧的作用下返回原位置，防止操纵门锁时电动机工作。

门锁位置开关位于门锁总成内，如图 2-53 所示，用来检测车门的锁紧状态。当锁杆推向锁门位置时，位置开关断开，推向开门位置时接通。当车门关闭时，此开关断开；当车门打开时，此开关接通。

5. 门锁执行机构

门锁执行机构具有在外电路的控制下，通过改变通电极性，从而改变运动方向，带动门锁连杆机构完成开锁和锁门的作用。其主要有双电磁线圈式和双向直流电动机式两种类型。

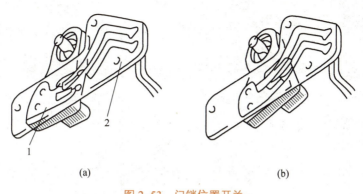

图 2-53 门锁位置开关

(a) 锁紧（断开）；(b) 未锁（接通）

1—触点片；2—开关底座

1) 双电磁线圈式门锁执行机构

图 2-54 所示为双电磁线圈式门锁执行机构，其内部有两个电磁线圈，分别用于控制门锁的开启和关闭。与门锁操纵机构相连接的柱塞能在两个线圈中自由移动。当锁门线圈通电后，柱塞在电磁力的作用下左移，将门锁住；当开门线圈通电后，柱塞右移，将门锁开启。双线圈门锁执行机构的继电器由晶体管定时电路控制。

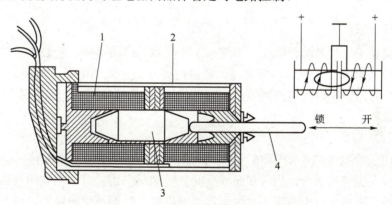

图 2-54 双电磁线圈式门锁执行机构

1—锁门线圈；2—开锁线圈；3—柱塞；4—操纵杆

该门锁执行机构结构简单，操作方便，动作敏捷，但耗电量大，动作有撞击声。

2) 双向直流电动机式门锁执行机构

双向直流电动机式门锁执行机构如图 2-55 所示，主要由双向电动机、导线、继电器、门锁开关及连杆操纵机构等组成。

当门锁电动机运转时，通过门锁操纵连杆操纵门锁动作。电动机的旋转方向由经过电动机电枢的电流方向决定。若锁门时，电动机电枢流通的是正向电流，电动机即正向旋转。开锁时，电动机电枢流通的则为反向电流，电动机即反向旋转。这样利用电动机的正转或反转，即可完成车门的闭锁和开锁动作。

双向直流电动机式门锁执行机构的驱动力是由可逆转的直流电动机提供的，由电动机带动齿轮齿条，进而驱动锁体总成，实现锁紧或开启车门。这种门锁执行机构体积小，耗电少，动作较迅速，现广泛采用。

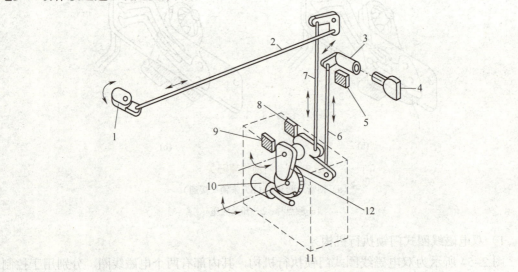

图 2-55 双向直流电动机式门锁执行机构

1—门锁把手（室内）；2，6，7—连杆；3—门钥匙孔座；4—钥匙；5—门钥匙开关；8—门锁开关；
9—限位开关；10—门锁电动机；11—门锁部件；12—锁杆

6. 门锁控制器

门锁机构在工作时要消耗电能，为缩短工作时间，门锁电路一般装有定时装置。为防止电动门锁开关过载，一般增装继电器，通过门锁开关控制继电器，再控制门锁电动机，门锁控制器是为门锁执行机构提供锁门/开门脉冲电流的控制装置。其常用形式有电容式、车速感应式两种。

1）电容式

电容式门锁控制电路如图 2-56 所示，该系统在工作时继电器串联接入电容器的放电回路，使其触点短时间闭合。当（正向或反向）转动车门钥匙时，相应的电路开关（锁门或开锁）接通，电容器放电电流通过继电器线圈搭铁，线圈产生电磁力，触点闭合，接通执行机构电磁线圈的电路，完成锁门或开锁的动作。当电容器放电完毕后，继电器触点打开，中控门锁系统停止工作。此时另一只电容器被充电，为下一次操纵做好准备。

该门锁控制电路的工作原理如下：

正常状态时，蓄电池给电容器 C_1 充电。其电路为蓄电池正极→熔断器→电阻 R_1 →电容器 C_1 →搭铁→蓄电池负极。

当按下门锁开关锁门时，电容器 C_1 放电，使锁门继电器线圈有电流通过，继电器触点闭合；此时，门锁执行器 L_1 的电路接通而动作，通过操纵机构将车门锁定。当电容器 C_1 放电到一定程度时，锁门继电器线圈断电，门锁执行器的电路被切断。另外，当按下门锁开关锁门的同时，电容器 C_2 开始充电。

当按回门锁开关开门后，电容器 C_2 放电，使开锁继电器线圈有电流通过，继电器触点闭合；此时门锁执行器 L_2 的电路接通而动作，通过操纵机构将车门开启。当电容器 C_2 放电到一定程度时，开锁继电器线圈断电，门锁执行器的电路被切断。另外，当按回门锁开关开门的同时,电容器 C_1 开始充电,回到原始状态。

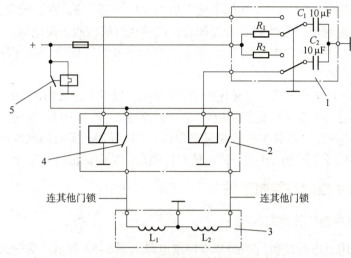

图 2-56 电容式门锁控制电路

1—门锁开关;2—开锁继电器;3—门锁执行机构;4—锁门继电器;5—热敏断路器

2)车速感应式

车速感应式门锁控制器是在中央控制门锁系统中加装一车速(10 km/h)感应开关。当汽车行驶速度达到 10 km/h 以上时,若车门未闭锁,不需要驾驶人的操纵,门锁控制电路将自动将门上锁。每个车门可单独进行闭锁和开锁的操纵。其电路如图 2-57 所示。

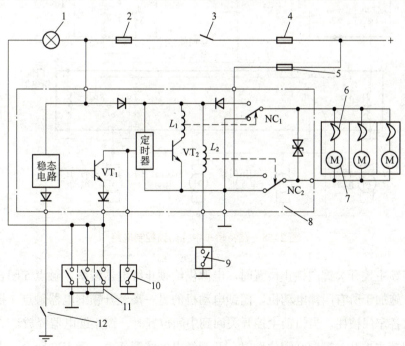

图 2-57 车速感应式门锁控制电路

1—车门报警灯;2,4,5—熔断器;3—点火开关;6—断路器;7—门锁执行机构;8—门锁控制器;9—开锁开关;
10—锁门开关;11—驾驶人侧以外的车门报警开关;12—车速感应开关(车速表内)

当点火开关接通时,电流流经报警灯可使3个车门的报警灯开关(此时门未锁)搭铁,报警灯亮。若按下锁门开关,定时器使三极管 VT_2 导通一下,在三极管 VT_2 导通期间,锁定继电器线圈 L_1 通电,常开触点 NC_1 闭合,门锁执行机构通正向电流,执行锁门动作。当按下开锁开关,则开锁继电器线圈 L_2 通电,常开触点 NC_2 闭合,门锁执行机构通反向电流,执行开门动作。

汽车行驶时,若车门未锁,且车速低于 10 km/h,置于车速表内的 10 km/h 开关闭合,此时稳态电路不向三极管 VT_1 提供基极电流;当行车速度高于 10 km/h 时,车速感应开关断开,此时稳态电路给三极管 VT_1 提供基极电流,VT_1 导通,定时器触发端经 VT_1 和车门报警开关搭铁,如同按下锁门开关一样,使车门锁定,从而保证行车安全。

(三)典型中控门锁控制系统

1. 福特轿车中控门锁控制系统

福特轿车使用继电器控制门锁的基本控制电路如图 2-58 所示,驾驶人或右前座乘客利用门锁开关可以接通或断开门锁继电器来控制全车的开门或锁门。

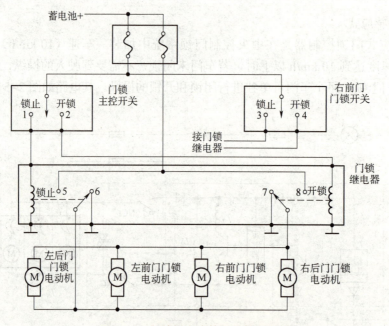

图 2-58 福特轿车中控门锁控制电路

当将门锁主控开关掷向锁止位置时,电源供给锁止继电器线圈,触点 5 闭合,电源电压经触点 5 施加于所有门锁电动机,门锁电动机的另一端经开锁继电器触点 7 搭铁,电动机旋转并将各车门锁住。当门锁主控开关回到中间位置时,锁止继电器释放。

当将门锁主控开关掷向开锁位置时,开锁继电器线圈通电,触点 7 闭合,电源电压经开锁继电器触点 8 施加于所有门锁电动机,门锁电动机的另一端经锁止继电器触点 6 搭铁,电动机旋转并将各车门打开。当门锁主控开关回到中间位置时,开锁继电器释放失去作用。

2. 大众新宝来轿车中控门锁控制系统

图 2-59 所示为大众新宝来轿车的中控门锁控制电路。驾驶人可以通过按下或提起左前门上的门锁控制按钮或操纵左前门的门锁钥匙对 4 个车门进行集中控制，同时锁住或打开所有车门，乘客只能操纵单独的门锁接触开关（车门上的门锁按钮）来开启或锁止身边车门的门锁。大众新宝来轿车的中控门锁系统包括驾驶人侧中央门锁闭锁单元 F220、副驾驶侧中央门锁闭锁单元 F221、左后车门中央闭锁单元 F222、右后车门中央闭锁单元 F223，每个闭锁单元中都包括接触开关、闭锁电动机等。

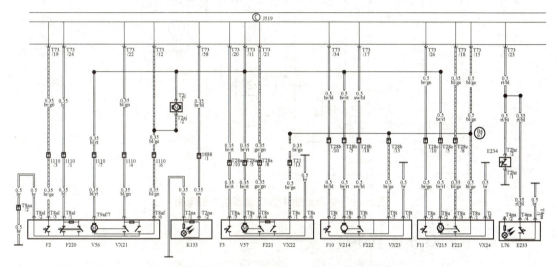

图 2-59 大众新宝来轿车的中控门锁控制电路

驾驶人操作驾驶人侧中央门锁闭锁单元中的操作开关 F220，当要闭锁时，串入电路中的电阻为 0，当要开锁时，串入电路中会有阻值，这样，车载电网控制单元 J519 的 T73/24 端子的电压值不同，J519 会同时控制 4 个门锁电动机正转或者反转。

3. 丰田威驰轿车中控门锁电路

图 2-60 所示为丰田威驰中控门锁系统控制电路。门锁控制继电器由一块集成电路（IC）和两个继电器组成，集成电路可以根据各种开关发出的信号来控制两个继电器的工作。此电路中的 D 和 P 代表驾驶人侧和副驾驶侧。

1）用门锁控制开关锁门和开锁

（1）锁门。将门锁控制开关推向锁门（LOCK）一侧时，门锁继电器的端子 10 通过门锁控制开关搭铁，将 Tr_1 导通。当 Tr_1 导通时，电流流至锁止继电器线圈，锁止继电器开关闭合，电流流至门锁电动机，电动机旋转使所有车门均被锁住。

（2）开锁。将门锁控制开关推向开锁（UNLOCK）一侧时，门锁继电器的端子 11 通过门锁控制开关搭铁，将 Tr_2 导通。当 Tr_2 导通时，电流流至解锁继电器线圈，解锁继电器开关闭合，电流反向通过门锁电动机，门锁电动机反向旋转使所有的车门均打开。

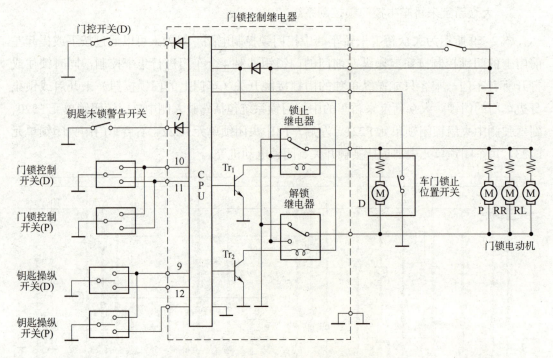

图 2-60　丰田威驰中控门锁系统控制电路

2）用钥匙操纵开关锁门和开锁

（1）锁门。将钥匙操纵开关转向锁门一侧时，门锁继电器的端子 12 通过门锁控制开关搭铁，将 Tr_1 导通。当 Tr_1 导通时，电流流至锁止继电器线圈，锁止继电器开关闭合，电流流至门锁电动机，门锁电动机旋转使所有车门均被锁住。

（2）开锁。将钥匙操纵开关推向开锁一侧时，门锁继电器的端子 9 通过门锁控制开关搭铁，将 Tr_2 导通。当 Tr_2 导通时，电流流至解锁继电器线圈，解锁继电器开关闭合，电流反向通过门锁电动机，门锁电动机反向旋转使所有车门打开。

（四）遥控门锁系统的结构和工作原理

遥控门锁装置就是用一个遥控发射器在一定距离内完成对汽车车门开闭装置的执行器进行遥控的装置，可为驾驶人提供一个打开车门的方便手段。

1. 遥控门锁系统的主要功能

以 LS400 轿车为例，遥控门锁的功能如下：

（1）可开启、锁上所有车门，可控制行李厢开启器。

（2）具有两级开锁功能。将发射器上的开门开关按下一次，只有驾驶人门锁开启，按下两次，则所有门锁均开启。

（3）具有行李厢开启功能。行李厢可用发射器上的行李厢开关来打开。

（4）发射器上有紧急开关，可使防盗系统报警器动作。

(5)为容纳多样功能,发射器与点火锁匙一体,上面有 LED 指示灯,以检测电池容量。

(6)遥控门锁 ECU 包含天线,用以接收发射器的信号,并采用了电子可擦写程序只读寄存器(EEPROM),可把发射器的识别码再编程。

2. 遥控门锁系统的结构

遥控门锁系统主要由手持遥控发射器、接收器、遥控门锁 ECU、防盗和门锁控制 ECU 及执行器等组成。其控制流程如图 2-61 所示,遥控门锁系统零部件在车上的位置如图 2-62 所示。

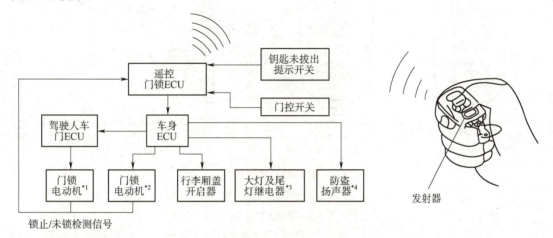

*1:只适用于驾驶人车门　　*3:欧洲规格除外
*2:前乘员(车门)及后门　*4:中东地区国家除外

图 2-61　遥控门锁系统控制流程图

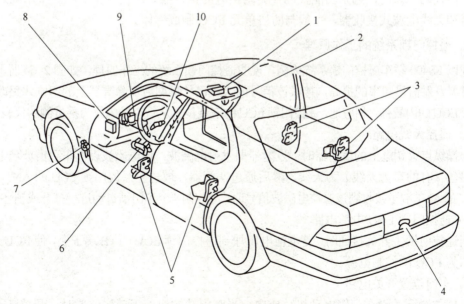

图 2-62　遥控门锁系统零部件位置图

1—遥控门锁;2—防盗扬声器;3,5—门锁电动机和门未锁检测开关;4—行李厢锁;6—门匙锁与未锁开关;
7—遥控门锁蜂鸣器;8—驾驶人车门;9—车身 ECU;10—钥匙未拔出提示开关

1）遥控器（发射器）

遥控器是利用发射开关规定代码的遥控信号，控制汽车所有车门（包括行李厢门）的开启和锁闭，且具有寻车功能。遥控器有分开型和组合型两种，如图 2-63 所示。遥控器按照遥控信号的载体可分为红外线式遥控器、无线电波式遥控器和超声波式遥控器三种，其中红外线式遥控器和超声波式遥控器应用较为广泛。

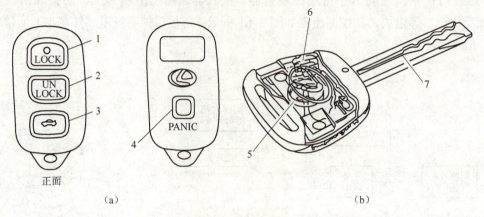

图 2-63　发射器

（a）分开型；（b）组合型

1—锁门开关；2—开门开关；3—行李厢开门；4—紧急保险开关；5—锂电池；6—发射器开关；7—主钥匙板

2）接收器

接收器的功用是接收信号，并对接收的信号进行放大和调制，检查身份鉴定代码是否相符，当代码一致时，判别功能代码并驱动相应的执行器。现代汽车上广泛采用红外线式接收器和无线电波式接收器，一般与防盗单元 ECU 制成一体。

3. 遥控门锁系统的工作原理

现以 LS400 轿车遥控门锁系统为例，说明遥控门锁系统的工作原理，如图 2-64 所示。随着发射器发射信号频率的提高，接收该信号的天线已从早期后窗除雾器上的印刷线路改为遥控门锁 ECU 的内置件。相应地，遥控门锁 ECU 的安装位置从行李厢内改为乘员侧的仪表台内。

1）遥控天线电路

当操纵点火钥匙上的发射器时，发射器即发射电磁波，该电磁波以汽车后窗玻璃上的除雾电热丝（有的车为天线）为天线，然后通过匹配器，被送至遥控门锁 ECU 的 ANT 端子。当 ECU 的 ANT 端子接收到该遥控电磁波信号时，即控制 4 个车门锁自动进行打开或锁住操作。

2）遥控门锁 ECU 电源电路

当遥控门锁主开关接通时，蓄电池电压加到遥控门锁 ECU 的 +B 端子上，使 ECU 工作。该电源为 ECU 的控制电源。

3）车门位置开关电路

车门位置开关设在门锁电动机总成内。当车门锁按钮处于锁住位置时，开关断开；当车门锁按钮处于打开位置时，开关接通。遥控门锁 ECU 的 LSSR、FSSR、RSSR 端子分别为左前门、右前门和后两门的车门位置开关端子。当 4 个车门的任一车门锁按钮处于锁住位置时，相对应的 ECU 端子的电压为蓄电池电压；相反，当按钮位于打开位置时，端子的电压为搭铁电压 0。

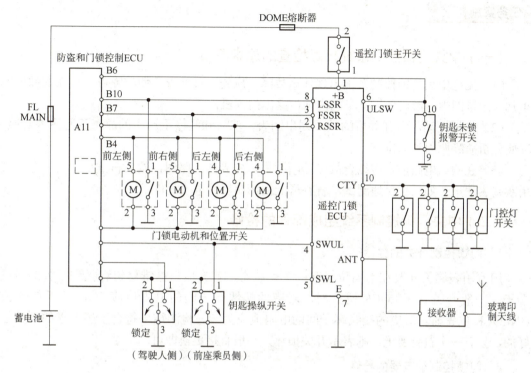

图 2-64　遥控门锁系统电路图

4）钥匙操纵开关电路

钥匙操纵开关设在车门锁芯内。当车门钥匙转至锁住侧时，开关的锁住端子搭铁；当车门钥匙转至打开侧时，开关的打开端子搭铁。

当点火开关接通时，蓄电池电压通过防盗和门锁控制 ECU 加到遥控门锁 ECU 的锁住端子 SWL 和打开端子 SWUL 上，即锁住端子 SWL 和打开端子 SWUL 的电压为 12 V。当钥匙操纵开关锁住端子搭铁时，遥控门锁 ECU 的锁住端子 SWL 的电压为 0。当钥匙操纵开关打开端子搭铁时，遥控门锁 ECU 的打开端子 SWUL 的电压为 0。

当遥控门锁 ECU 的 ANT 端子接收到点火钥匙发射器发出的无线电波信号时，根据 SWL 端子和 SWUL 端子的电压信号，输出锁住或打开所有车门的信号，该信号通过两个 ECU 之间的通信线路 B7—FSSR、B10—LSSR、A11—RSSR 传给防盗和门锁控制 ECU，防盗和门锁控制 ECU 即控制门锁锁住或打开。

5）钥匙未锁报警开关电路

当钥匙插入点火开关锁芯时，钥匙未锁报警开关电路接通，遥控门锁 ECU 的 ULSW 端子的电压为 0，ECU 执行钥匙禁闭预防功能；当钥匙未插入时，开关断开，ULSW 端子的电压为蓄电池电压，钥匙禁闭预防功能解除。

6）门控灯开关电路

门控灯开关在车门打开时接通，车门关闭时断开。当任一车门打开时，遥控门锁

ECU 的 CTY 端子的电压为 0；当所有车门均关闭时，CTY 端子的电压为蓄电池电压。

任务实施

（一）中央门锁控制系统故障检查的注意事项

（1）无论中央门锁控制系统出现什么故障，应先通过检查，使故障可能存在的部位缩小到一定范围内，然后再拆下车门内饰，露出门锁机构。

（2）先将拨动门锁开关后的情况列出图表，然后和维修手册中的故障诊断图表对照，以便分析故障原因和部位。

（3）在测试电路前，应结合故障诊断图表，先弄清线路图，然后再试加蓄电池电压或用欧姆表测量。如果盲目地测试，就有可能损坏昂贵的电子元件。

（二）中央门锁控制系统组成部件的检修

1. 门锁控制开关的检修

用万用表测量开关在不同位置时的工作状态。首先应根据维修资料找到开关的接线端子。一般开关处于 LOCK 位置时，对应的接线端子间的电阻值应为 0；处于 OFF 或 UNLOCK 位置时，对应的接线端子间的电阻值应为 ∞。检测结果符合上述要求的开关是好的，只有一个符合要求，则表示开关损坏，一般直接更换即可。

2. 门锁控制继电器的检修

门锁控制继电器是由电子电路控制的继电器，它包括控制电路和继电器两个部分，为门锁执行器提供脉冲工作电流，也叫门锁定时器。检测时测量其输出状态，从而判断是否有故障，然后做相应的处理。

3. 门锁执行器的检修

门锁执行器有电磁铁机构、直流电动机等，可以用直接通电的方法检查其是否有开锁和闭锁两种工作状态，判断其是否损坏。

（三）中央门锁控制系统故障的检查

中央门锁控制系统的常见故障：操作门锁控制开关时，所有门锁均不动作；不能开门（或锁门）；个别车门锁不能动作；速度控制失灵（如果有速度控制）等。

中控门锁常见故障诊断

1. 操作门锁控制开关，所有门锁均不动作

这种故障一般发生在电源电路中，其检查诊断流程如图 2-65 所示。

2. 操作门锁控制开关，不能开门（或锁门）

这种故障是由开门（或锁门）继电器、门锁控制开关损坏所致，可能是继电器线圈烧断、触点接触不良、开关触点烧坏或导线接头松脱。

3. 操作门锁控制开关，个别车门锁不能动作

这种故障仅出现在相应车门上，可能是连接线路断路或松脱、门锁电动机（或电磁铁式执行器）损坏、门锁连杆操纵机构损坏等。

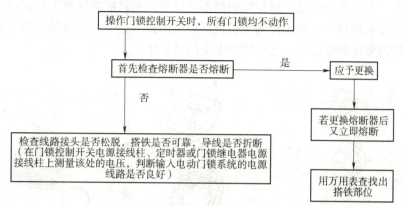

图 2-65　所有门锁均不动作故障诊断流程

4. 速度控制失灵

当车速高于规定值时，门锁不能自动锁定。

故障原因是车速传感器损坏或车速控制电路出现故障。其检查诊断可按图 2-66 进行。

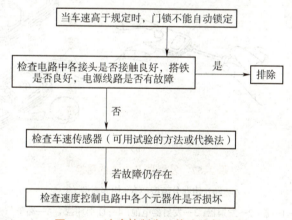

图 2-66　速度控制失灵故障诊断流程

5. 遥控器没有反应

如果按键时遥控器指示灯不亮或者很暗，那么可能是遥控器电池电量不足，需更换电池，其方法如图 2-67 所示。如果更换电池后，遥控器指示灯仍然不亮，则应检查电池正负极性是否装反，以及电池与安装座是否接触良好。如果上面的检查均没有问题，但是遥控器指示灯仍然不亮，则应检查按键是否损坏。如果按某些按键，指示灯有反应，有的按键则没有反应，则很可能是按键损坏，或者是遥控器损坏。

6. 遥控器不能控制车门

首先应按照上面所讲确认遥控器是否有问题，如果遥控器没有问题，且这种情况是在

更换完电池或防盗系统部件后出现的,那么应该按照固定程序进行遥控器的匹配,也并不是所有车型都需要进行匹配,不同的车型有不同的规定。如果有两个遥控器,则可以实验另一个遥控器是否有反应,如果另外一个遥控器有反应,则可能是这个遥控器的密码丢失,需要重新匹配。如果匹配完成,遥控器仍然不能使用,则可能是接收主机有问题或这个遥控器的发射天线有问题。如果遥控器主机被屏蔽或附近有很强的干扰源,则主机不能正确地接收到遥控器发出的电磁波,无法控制中央门锁动作。

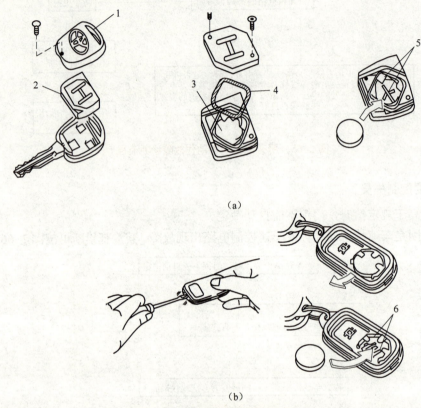

图 2-67 发射器及电池的更换
(a)钥匙分离型;(b)钥匙座型
1—盖;2—发射器;3—发射器电池;4—O 形环;5,6—端子

7. 遥控器有效距离很近

如果这个问题是在遥控器使用了一段时间后出现的,则可能是电池电量不足。如果有时远有时近,则可能是周围环境的影响。如果遥控器主机被屏蔽或被干扰,也会出现这种问题。如车辆粘贴的防爆膜对遥控器主机具有屏蔽作用,车内某些用电设备会产生一定干扰。

企业案例

实例 1 丰田佳美轿车遥控门锁失控
故障现象:丰田佳美轿车遥控门锁失控。

故障检修：接车后，先用遥控器进行试车。遥控器很难控制门锁的动作，但有时也可以控制。怀疑是遥控器信号过弱或是中央门锁工作不良。先通过钥匙和主门锁控制开关进行中央门锁开闭实验，各门锁工作良好，没有电路和机械问题，说明故障在遥控器本身。打开遥控器护盖，检测电池电压正常，检查其电路板也未发现异常。于是取回另一个备用遥控器进行试车，故障依旧。询问车主得知，该车自更换过音响自动天线后就出现了这种故障。

于是用遥控器围绕轿车多方位进行遥控实验，果然效果不同。站在车前遥控时无反应，站在车的两侧时偶尔遥控成功，站在车的后方时遥控成功的概率大大提高，当接近车尾时遥控次次成功，从而断定问题不在主机和线路上，而在信号接收上。同时也可以断定遥控器主机就在行李厢中，打开行李厢盖，翻开垫层，在天线总成下方发现一个小黑盒，确认它就是遥控器主机。顺着天线（黑色）引线查看此线已断，只留有 20 cm 长的引线。再顺着断头继续查找，发现有一小段黑线接在音响的信号天线上。原来防盗控制单元天线与音响天线共用，以此增强遥控信号的强度。由于所剩遥控器天线过短，接收信号变弱，只有在近距离时信号方可接收，遥控器方可控制。重新接好断线，故障排除。

实例 2　本田雅阁轿车中央门锁失灵

故障现象：本田雅阁轿车 4 个门锁失去控制，只能用手动方法开闭各自门锁。

故障排除：本田雅阁轿车为电子集中控制门锁系统。在驾驶人侧下方找到中央门锁控制装置，为 6 线插头（见图 2-68），其中，一对为火线和搭铁线；另一对为负触发信号输入线；最后一对为负载电动机控制线。

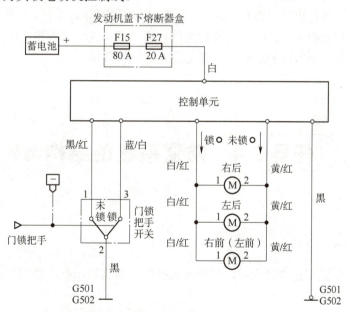

图 2-68　本田雅阁轿车中央门锁控制装置

首先对此控制装置进行基本测试。接通点火开关，测量火线（白色）和搭铁线（黑色）均正常，说明供电回路一切正常。再测一对信号输入线（黑/红、蓝/白），人为操作手动门锁主拉杆开关或门锁主按钮开关，无论开锁和闭锁，各门锁均无反应。用万用表测量两线电压信号时，均很正常。两线的控制有效信号为搭铁信号，一线接搭铁时为开锁控制，另一线接搭铁时为闭锁控制，此两线随开关的动作均可测到各自的搭铁信号，然而门锁无反应。

于是手动各门锁开关时，各门锁均工作正常，从而判定中央门锁装置有故障。又做了一个中控装置的输入、输出实验，用一试灯接入中控装置的输出线端（白／红、黄／红），人为在中控装置的输入线端（黑／红、蓝／白）各搭铁一次，试灯不亮，说明有信号输入却无信号输出，从而确定中控装置内部控制失控。

随后取下控制装置打开盒盖，内部是一搭铁电路板，加有两个小型继电器，这两个继电器正是在输入信号的控制下分别动作的。不工作时继电器输出为搭铁，也就是说各门锁电动机此时两端均为搭铁。当有一信号输入时，有一继电器随之工作，将输出线由搭铁转换为火线，即完成了电动机可以工作的条件。不同的信号线输入，即完成了电动机的正反向转动，从而达到开锁或闭锁的目的。

当重新在输入端分别输入搭铁信号时，两个继电器分别动作，说明控制电路无问题，问题出在输出部分。经仔细检测后，发现电路印制线有烧损痕迹，重新焊接修复后试机，故障排除。

任务小结

采用中控门锁控制系统的车辆，当驾驶人锁住驾驶人侧车门时，其他几个车门（包括行李厢门等）能同时自动锁住；当打开驾驶人侧车门时，其他几个车门（包括行李厢门等）能同时自动打开，并且仍可用各车门的机械或弹簧锁开关车门。

中央门锁采用永磁式电动机作为执行元件，通过开关或继电器控制电动机的工作电流方向，实现电动机两个方向的旋转，完成驾驶人的控制目标。

任务 2.4　防盗系统的结构与检修

任务引入

一辆丰田威驰轿车正常熄火后，打开点火开关，防盗指示灯不停闪烁，再次起动时着车 3 s 后熄火。

任务目标

（1）熟悉防盗系统主要零部件的安装位置及外部构造，并理解它们的作用。

（2）理解防盗系统的工作原理，能够识读防盗系统电路图，能够对防盗系统故障进行分析、检测并确认故障原因。

任务资讯

随着科学技术的进步，窃贼的盗车手段不断升级，人们也不断研制出新的防盗报警系统。该车防盗指示灯不停闪烁，说明防盗系统有触发。防盗系统是一个相对复杂且与其他系统关联较多的装置。必须首先熟悉该车防盗系统的种类、结构原理、安装位置及有关零部件外接排线方法，通过对其控制电路的分析才能掌握其常见故障的产生原因，总结出故障的诊断排除方法。

（一）汽车防盗控制系统的分类

汽车防盗控制系统有多种分类方式，其结构功用及特点也各有不同，如表 2-6 所示。目前应用较广泛的是无线电遥控式。

防盗报警系统的认识

表 2-6 防盗系统的分类

分类	分类方式	防盗类型	结构功用	特点
机械式	靠坚固的金属结构锁住汽车的操纵部位	车轮锁	用锁具将一个车轮固定	拆装麻烦，锁具笨重，不太可靠，只防盗不报警，正趋于淘汰
		转向锁	用钥匙来锁住转向轴或用拐杖锁锁住转向盘，使转向盘不能转向	
		变速杆锁	将转向盘与变速杆锁在一起	
		制动器锁	将制动器踏板固定在制动位置上	
电子式	按密码形式	定码防盗器	防盗器主机与遥控器各有一组相同的密码（6~18位），遥控器发射密码，主机接收密码	密码量少，安全性差
		跳码防盗器	采用一种非线性加密算法对原代码进行随机加密，每发射一次，密码（66位高保密控制信号）随机变化一次，主机无密码，通过学习遥控器的密码实现与遥控器之间的相互识别	密码不会被复制或盗取
	按密码输入方式	按键式	键盘输入开锁密码	早期产品
		拨盘式	机械拨盘输入开锁密码	
		电子钥匙式	用电子钥匙（由元器件或由元器件构成的单元电路组成）输入开锁密码，包括遥控的车门锁、转向锁和点火锁等，可通过声、磁、电和光等形式与主控电路相联系	
		触摸式	触摸式输入开锁密码，无门把手，代之以电子锁和触摸传感器	操作简便，寿命长，造价低
		生物特征式	将声音、指纹等人体生物特征作为密码输入，由ECU进行模式识别控制开锁	智能化程度高
	按遥控信号发射形式	红外线遥控	利用红外线发射和接收控制锁门和开门	可靠方便，应用广泛
		超声波遥控	利用电磁波发射和接收控制锁门和开门	

续表

分类	分类方式	防盗类型	结构功用	特点
电子式	按防盗结构	电子声光类	又称"哇哇叫",遇到非正常的点火、开关、振动等情况,扬声器长鸣、车灯闪烁	无法控制车辆,报警信息范围窄
		机电结合类	遇到盗劫时,发出声光报警,还能自动锁住油路、电路、ECU	
		网络报警类	以城市为中心的网络化产品,遇盗自动报警、跟踪、定位、遥控停车等	需与城市化防盗网络相配套
	按防盗功能	断电装置	防盗ECU通过点火钥匙上装有电阻芯片或应答器验明钥匙的身份,输出信号来切断点火线路	
		断油装置	遇有盗窃,发动机ECU拒绝供油	
		蓄电池断电	安在蓄电池旁,只要转动转钮,车上全部断电	
		无线电跟踪	车上安装有小型无线电发射器,警方容易探测出车辆的位置	寻回率高,价格昂贵
		遥控中央门锁	当遥控发射信号正确时,车门门锁和行李厢锁实现自动开启或关闭	
		车身防盗识别	用特殊工艺在全车玻璃、前后照灯和轮圈等重要部件蚀刻车辆号码	
网络式		全球卫星定位	通过GPS进行无线传输的GPS防盗系统,也叫"天网"	
		地面信标定位	利用车载台(对讲机)通过有线和无线传输对汽车进行定位跟踪和防盗、防劫的CAS系统,又称"地网"	

(二)汽车防盗系统的基本组成及作用

目前使用最广泛的是电子式防盗系统,它主要靠发动机ECU锁定点火电路或起动电路来达到防盗的目的,同时具有声音和灯光报警功能。

当电子式防盗系统起动(激活)后,如有人非法移动汽车、划破玻璃、破坏点火开关锁芯、拆卸轮胎和音响、打开车门、打开燃油箱加注口盖、打开行李厢门、接通点火开关等,防盗器立即报警。报警的方式有灯光闪烁、警笛长鸣、发射电波。有些车型在报警的同时再切断起动机电路,切断燃油供给,切断点火系统,切断喷油控制电路,切断发动机ECU接地电路,甚至切断变速器控制电路,从而使汽车发动机不能起动和运转,变速器不能换挡,汽车处于完全瘫痪的状态。为防止破坏防盗系统(如切断电源),有些车型在隐蔽位置加装了后备电源。

汽车遥控防盗系统一般由防盗ECU、感应传感器、门控开关、报警和遥控器等组成,各主要装置在车上的位置如图2-69所示(LS400轿车防盗系统)。一般防盗系统原理示意图如图2-70所示。

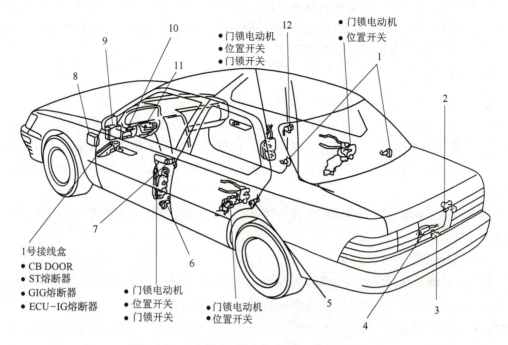

图2-69 汽车防盗系统各主要装置在车上的位置

1，5，6—门控灯开关；2—行李厢门钥匙操纵开关；3—行李厢门控开关；4—行李厢门开启器电磁线圈；7，12—钥匙操纵开关；8—防盗和门锁控制ECU（RHD）；9—防盗和门锁控制ECU（LHD）；10—指示灯（在变阻器盒内）；11—点火开关

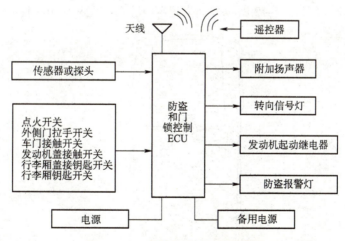

图2-70 一般防盗系统原理示意图

1. 主机

主机即遥控防盗系统控制单元，它是防盗系统的核心和控制中心。汽车防盗系统与门锁控制系统共同使用一个电子控制器，称为防盗和门锁控制ECU。防盗和门锁控制ECU接收各种传感器（防盗传感器、车速传感器、各种门的开关及电动机的位置传感器等）发

送的信号,根据 ECU 中预先存储的数据和编制的程序,通过数学计算和逻辑判断,确定车门是否锁定、车辆是否被非法移动或被盗,以便控制各个执行器(门锁电动机、发动机 ECU、起动继电器、扬声器、灯光等),从而使汽车处于报警状态。防盗 ECU 除了具有控制功能外,有的还具有故障自诊断功能。

2. 感应传感器

感应传感器由传感器或探头组成,它的功能是当防盗系统工作时,传感器检测汽车有无异常情况发生。当汽车被移动或车门被打开时,传感器将检测到的信号传送给防盗 ECU,防盗 ECU 根据其内部储存的数据进行比较,判断汽车是否正在被盗。如汽车被盗,防盗 ECU 输出信号,控制报警装置发出声光报警信号,阻止汽车起动,切断燃油供给。

感应传感器主要有热释电式红外线传感器、超声波传感器、振动传感器、玻璃破碎传感器 4 种类型。

1) 热释电式红外线传感器

热释电式红外线传感器(又称红外探头)一般安装在汽车内驾驶人位置附近,通过红外辐射的变化来探测是否有人侵入车内。热释电式红外线传感器上有三根导线,一根为电源线,用英文字母 D 表示;另一根为信号线,用英文字母 S 表示;最后一根为搭铁线,用英文字母 E 表示。

2) 超声波传感器

超声波是频率在人耳可听音频范围以上(20 kHz 以上)的声波。超声波传感器就是对汽车门窗和车身的破损及车内的状态改变进行监控的装置,一般由超声波发射器和超声波接收器组成。图 2-71 和图 2-72 所示分别为超声波防盗原理和超声波传感器原理。

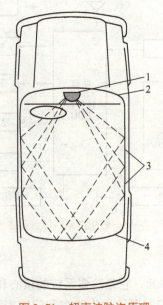

图 2-71 超声波防盗原理

1—超声波传感器;2,4—前、后风窗玻璃;3—车门玻璃

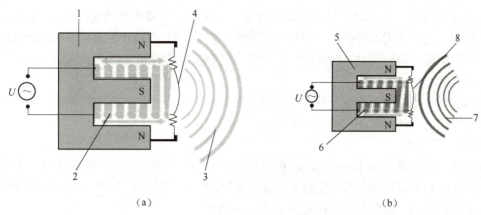

图 2-72 超声波传感器原理

(a) 发射原理；(b) 接收原理

1，5—永久磁铁；2，6—振动线圈；3，7—声波；4，8—膜片

一般轿车在左、右前立柱上各安装一个超声波传感器单元，每个传感器监控一个车窗。

当振动线圈接通交流电压时（见图 2-72（a）），其内部将产生交变磁场。在永久磁铁磁场的作用下，振动线圈将产生振动，且振动频率与交流电压频率相同。振动线圈与膜片相连，从而膜片也以相同的频率振动。膜片振动引起空气运动，产生超声波。

当超声波传感器单元发射出去的超声波射到车内壁并被反射回来时，反射的声波引起膜片及振动线圈以一定的频率振动（见图 2-72（b））。振动线圈由于振动而产生同样频率的感应电压。超声波单元中的电子放大电路将识别振动线圈中感应电压的变化，并将这一信号传给防盗 ECU。当有人非法进入车内时，振动线圈产生的感应电压便发生变化，这时防盗 ECU 触发报警器报警。

车主身份识别系统（电阻晶片）也叫电子禁起动系统，如图 2-73 所示。它是利用电子钥匙解码器解读点火开关钥匙上的密码电阻，具有防盗功能。点火钥匙上装有一个晶片，每把钥匙所用的晶片有一特定的阻值，其范围为 380 Ω～12.3 kΩ。点火钥匙除了像普通钥匙那样必须与锁体匹配外，其晶片电阻值还要与起动机电路匹配。

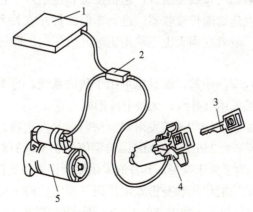

图 2-73 车主身份识别系统

1—发动机 ECU；2—电子钥匙解码器；3—晶片；4—电子检测触头；5—起动机

当点火钥匙插入锁体时,晶片与电阻检测触头接触。当锁体转到 ST 挡时,钥匙晶片的电阻值输送到电子钥匙解码器。若钥匙晶片的电阻值与电子钥匙解码器中存储的电阻值一致,则起动机工作,同时,起动信号送给发动机 ECU,发动机 ECU 起动燃油喷射系统,完成发动机的起动。

若钥匙晶片的电阻值与电子钥匙解码器存储的电阻值不一致,解码器便禁止起动发动机,尽管锁体已经转到起动位置,发动机仍然不能起动。

3)振动传感器

振动传感器的作用是检测汽车受到的冲击。当汽车受到冲击,其振动达到一定强度时,向防盗 ECU 输入检测信号,控制报警装置报警。振动传感器主要有压电式振动传感器、压阻式振动传感器、磁致伸缩式振动传感器三种类型。

4)玻璃破碎传感器

玻璃破碎传感器用来接收玻璃受撞击和破碎时产生的振动波,然后转换成电信号输送给防盗 ECU。它与防盗 ECU 一般有两根线连接,一根是传感器的搭铁线(黑色),另一根是信号线(白色)。

3. 门控开关

门控开关包括发动机罩开关、门开关及行李厢开关等。它的功能是当所有车门、发动机盖及行李厢关闭时,车主通过报警装置/解除装置使所有的车门锁止,汽车防盗系统进入预警状态。当汽车防盗系统启动时,设在车内可见位置的报警工作显示灯开始工作,以保证防盗系统正确无误地开始工作。

4. 报警装置

报警装置由扬声器和前照灯组成。扬声器在防盗系统被触发或动作(开、闭锁)时发出警报。报警方法通常采用扬声器鸣叫和灯光闪烁的方式,也有采用专用扬声器与普通扬声器进行组合的报警方法。还有的车设有专用警笛,用电波向车主报警,利用电波在电子地图上显示被盗车位置等。

5. 遥控装置

遥控装置由遥控发射器与接收器组成,包括按键和指示灯。它利用手持遥控发射器在远离车辆的地方将密码发送给遥控接收器,进行车门的打开或关闭。它可以在黑夜中不必用钥匙找到钥匙孔位置,或者在雨天也不须用钥匙开启车门,即使手中提着物品也能方便地开启车门。

遥控装置不仅能替代车门钥匙,而且也可用于防盗系统、行李厢开锁、车窗或滑动天窗的开闭。遥控信号一般采用红外线、无线电波形式发送。

(1)汽车遥控防盗系统使用的遥控发射器由密码信号发生器、键盘输入电路、无线发射电路等组成。其工作频率为 256~320 MHz,典型值为 315~318 MHz,工作电源为 12 V,遥控距离为 30~50 m。为了便于携带,其普遍采用微型钥匙扣式设计。当遥控操纵开关接通时,存储在存储器中的功能代码和身份鉴定代码(固定代码 + 可变代码)被读出,经信号调制处理后,转换为红外线或无线电波的遥控信号,并向防盗 ECU 输出(红外线方式中,经脉冲调制后驱动发光二极管;而在无线电波方式中,信号经高频调制后向发射天线供电)。

(2)汽车遥控防盗报警器的接收器由接收天线、输入选频回路、高频放大电路、超再升电路、脉冲信号放大整形电路组成。其功能是将遥控器发出的高频载波信号进行选频、放大、解调，输出符合解码电路要求的脉宽数据信号。遥控接收器的供电电压为 5 V，直接从防盗主机 5 V 获得，工作频率为 256～360 MHz，多数接收器工作在 315～318 MHz。

（3）汽车防盗系统用的天线分为发射天线和接收天线两种。发射天线不必设置专用天线，可把车门钥匙兼作天线之用。接收天线一般有采用遥控专用天线、与收音机共用一个天线或采用镶嵌在汽车后风窗玻璃内的加热电阻线作为天线等多种形式。与收音机共用一个天线的遥控装置在接收天线接收信号后，由分配器将信号分检出遥控信号和收音机接收信号。

6. 其他

其他包括配线、继电器和熔断器等。

汽车遥控防盗系统的遥控器与主机系统之间除了要有相同的发射和接收频率外，还要有密码才能相互识别。当以非正常手续解除报警功能时，若发生侵入车厢事件及起动发动机，这时传感器便能检测到这种信息，把信号传到控制电路，控制系统进行判断，当其认为异常时，一方面会发出报警，另一方面会阻止发动机运转。

汽车遥控防盗系统的使用功能均由随身携带的钥匙扣式遥控器遥控操作，一般包括以下功能：有声防盗设定、静音防盗设定、声光寻车、自动防盗、二次防盗、状态记忆、报警暂停、中央门锁控制、车门未关提示、防抢（反劫持）、紧急呼救、开门报警、点火报警、振动报警、车内有物体移动报警、开启前机盖和行李厢报警等。有些防盗系统还具有振动记录、行车自动落锁、遥控调整灵敏度、双向报警提示等多种功能。

（三）多功能遥控式防盗系统的结构与工作原理

多功能遥控式防盗系统分为发射器部分和接收器部分，如图 2-74 所示。

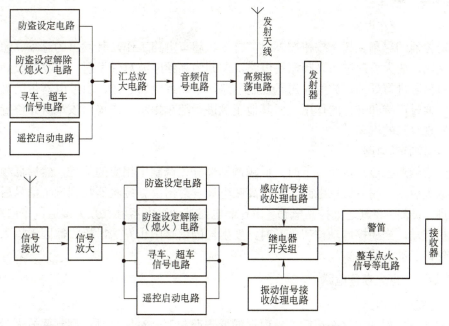

图 2-74　多功能遥控式防盗系统组成

发射器部分由几个不同作用的指令开关电路组成，它们是防盗设定电路，防盗设定解除（熄火）电路，寻车、超车信号电路，遥控启动电路，然后是汇总放大电路、音频信号电路、高频振荡电路。其中音频信号电路负责产生"防盗设定""解除"等不同内容的不同信号，由高频振荡电路调制成高频信号，再由发射天线发射出去。

接收器部分又分为两部分，一部分根据接收信号内容分为防盗设定电路，寻车、超车信号电路，遥控启动电路，防盗设定解除（熄火）电路，这些电路对所接收的信号进行处理，然后通过控制电路的继电器开关组对有关电路进行控制，使之进入工作状态；另一部分为感应信号接收处理电路与振动信号接收处理电路，对各种不同内容的信号进行接收和处理，然后由它们带动继电器工作，由继电器带动警笛和对点火电路加锁。

1. 防盗设定与解除控制

1）防盗设定

防盗设定主要由发射器和接收器部分共同完成。

当按下遥控器上的防盗设定开关时，防盗设定电路工作，经放大、音频调制、高频调制电路后，对外发射电波，发送防盗设定指令。接收器的接收电路收到指令后，信号进入信号处理、放大电路进行处理、放大，然后由控制电路带动继电器开关动作，接通门锁开关控制电路、警戒电路（感应和振动信号）及附属电路的电源，使之进入工作状态。当有人撬动门窗或触动汽车时，就带动警笛发出声响，并对点火电路加锁。

2）防盗解除（熄火）

当发射器防盗解除按钮按下时，防盗解除电路就开始工作，电路的低频信号调制部分调制出相应的信号，经放大后进行高频振荡，对外发射出解除指令的电波。接收器收到解除信号时，就将这个信号进行处理、放大，然后由控制电路带动继电器开关动作，关断防盗系统电源，使之停止工作。

2. 寻车、超车控制

1）寻车、超车电路

当遥控器的寻车、超车按钮按下时，寻车、超车电路工作，其发出的寻车、超车信号经低频调制、放大后，进入高频振荡电路，调制为高频电波对外发射。接收器收到这个信号后，将信号进行处理、放大并送入控制电路，带动继电器工作，由继电器带动警笛和灯光工作。通过声响和灯光的作用，对其他车辆进行超车提示，或提示该车所处位置，让车主及时发现自己的汽车。

2）遥控启动电路

当遥控器遥控启动按钮按下时，低频调制部分先调制出相应的信号，然后低频电路对其进行放大后送入高频振荡电路，变成高频电波发射出去。接收器收到这个信号后，经过信号处理、放大后将其送到控制电路，由控制电路带动继电器触点开关接通汽车启动电路，将发动机起动。当遥控启动按钮松开时，发射器的信号中止发送，接收器因无输入信号而终止工作，启动电路中断。

3. 熄火、点火锁住电路

1）遥控熄火电路

当按下遥控器的熄火按钮后，发射器的低频调制部分对信号进行调制并放大后，再经高频振荡成高频电波向防盗ECU发射熄火指令。接收器收到信号后,立即对其进行处理、放大,由控制电路对继电器进行控制,继电器触点开关对点火电路进行短路(或断路),从而达到熄火的目的。

2)熄火、锁住点火、接通报警电路

该电路实际上由防盗设定电路兼任。在100 m范围内按下防盗设定按钮,发射器发出的信号被接收器收到时,接收器先接通警戒电路进入警戒状态。由于车子在发动中的振动和人体的感应作用,警戒电路工作,锁住点火电路,并使报警声大作。

4. 警戒电路

多功能遥控式防盗系统警戒电路由接收器的相应部分担任。当接收器的防盗设定电路将警戒电路电源接通后,警戒电路就进入警戒状态。警戒电路由感应警戒和振动警戒两部分组成。感应警戒部分利用人体感应的电容破坏原电路中电容电桥平衡,引起电路振荡,这个振荡信号经放大处理后对控制电路进行触发使其工作,带动继电器使警笛发出声响,同时使点火电路短路(或断路);振动警戒部分则利用振动破坏原有电阻电桥平衡,有电流输出,这个电流经放大、处理后对控制电路进行触发,带动控制电路工作,再由控制电路带动继电器,使警笛发出声响,对点火电路加锁。

(四)桑塔纳2000GSI轿车的防盗系统

桑塔纳2000GSI轿车采用了发动机防起动的方式防盗,主要由带转发器的钥匙、识读线圈、防盗ECU及防盗指示灯等组成,如图2-75所示。其控制原理如图2-76所示。

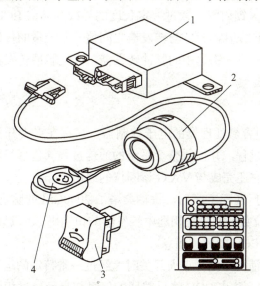

图2-75 桑塔纳2000GSI轿车的防盗系统
1—防盗ECU;2—识读线圈;3—防盗指示灯;4—带转发器的钥匙

1. 带转发器的钥匙

每把钥匙中都有一只棒状转发器,它是长约13.3 mm、直径约3.1 mm的玻璃壳体,内含运算芯片和一个细小的电磁线圈。在系统工作期间,该线圈与识读线圈一起完成防盗

ECU 与转发器中运算芯片的信号及能量传递工作。

在点火开关打开后，受防盗 ECU 的驱动，识读线圈在它周围建立起电磁场，受该电磁场的激励，转发器中的电磁线圈就可以提供转发器中运算芯片工作所需的能量，脉冲转发器接收感应能量后立即发出"程控代码"，通过识读线圈把程控代码输送给防盗 ECU，供其核对，以识别点火钥匙的合法性。每辆车的点火钥匙都有不同的程控代码，不需要电源来驱动感应和发射电磁波的元件。

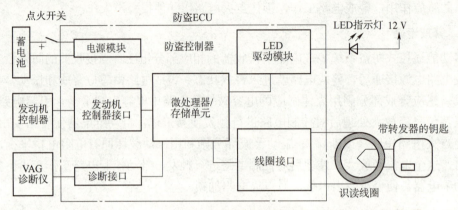

图 2-76　防盗系统控制原理

2. 识读线圈

识读线圈环绕在点火锁周围，通过一定长度的导线与防盗 ECU 相连。识读线圈作为防盗 ECU 的负载，担负着防盗 ECU 与转发器之间信号及能量的传递任务。当点火开关置于 ON 时，把能量传送给点火钥匙中的脉冲转发器，并把脉冲转发器中存储的程控代码输送给防盗 ECU。

3. 防盗 ECU

防盗 ECU 是一个包含微处理器的电子控制器，只有在点火开关打开时才工作。它进行系统密码运算、比较过程，并控制整个系统的通信过程（包括与转发器的通信和与发动机 ECU 的通信），同时它还完成与 V.A.G 诊断仪的通信工作。

在经过上海大众出厂匹配工序后，每辆桑塔纳 2000GSI 的防盗 ECU 就存储了本车发动机 ECU 识别码（14 位数）及三把钥匙中转发器的识别码（4 位数），同时每个钥匙转发器中也存储了相应防盗 ECU 的有关信息。

当用户把钥匙插入锁孔并打开点火开关时，经过一番特定的运算后，钥匙转发器将运算结果反馈回防盗 ECU，防盗 ECU 将反馈回的信息与自己经过相同特定运算的结果进行比较，结果如果相吻合，系统即认定该钥匙。防盗 ECU 对发动机 ECU 也要通过特定的通信过程来完成鉴别过程。只有钥匙（转发器）、发动机 ECU 的密码都吻合时，防盗 ECU 才允许发动机 ECU 工作。

防盗 ECU 的数据决定是否起动汽车。同时，V.A.G 诊断仪可以通过串行通信接口（K-UNE）对系统进行故障诊断、编码等操作。在鉴别密码过程（大约 2 s）中，副仪表板上的指示灯会保持点亮状态,如果有任何错误发生,发动机 ECU 将停止工作,同时指示灯也会以一定频率闪烁。

4. 防盗指示灯

当使用合法的点火钥匙打开点火开关时,安装在仪表板上的防盗指示灯会点亮(3 s 内)后熄灭。如果使用非法钥匙或者在防盗系统中存在故障,打开点火开关后,防盗指示灯会连续不停地闪烁,发动机起动 2 s 后立即熄灭。

任务实施

(一)汽车遥控防盗系统的使用

汽车防盗和门锁控制 ECU 有两种控制模式,即门锁控制模式与防盗控制模式。门锁控制模式的功能是自动控制门锁的开和锁;防盗控制模式具有报警和阻止发动机起动,保持汽车不被偷盗的功能,在这种模式下,禁止由门锁控制开关来锁门和开门,或禁止由行李厢门开启开关来打开行李厢,即取消所有的门锁控制功能。

1. 汽车遥控防盗系统的设定

1)遥控防盗器的设定

将点火钥匙转至转向盘锁定(LOCK)位置后取出;驾乘人员全部下车;关闭并锁定所有车门、行李厢盖及发动机罩(用钥匙或遥控器)。

完成以上三个步骤后,车中的安全指示灯"SECURITY"发亮(不闪烁)。两道前门被锁定后,防盗系统将在设定之前有 30 s 的检查时间,因为在此过程中,后门、行李厢盖门和发动机罩盖可能还将有某一道门开启着。在 30 s 内,若想起车内有未完成的事,可用钥匙或遥控器开启某一道前门,系统的防盗功能将被解除。

看见安全指示灯开始闪烁时,说明防盗系统已经设定完成,汽车进入戒备状态。

 如果某一车门、行李厢或发动机罩盖在系统设定前未关紧,系统的设定将会中断,除非重新将它们关紧和锁定;设定系统时,不能有人留在车中,因为系统设定时若有人从车内开门,将会使系统激活,发生误报警信号。

系统一经设定,行李厢盖开启器回路便被断开,因此,行李厢必须用主钥匙开启。在以下情况下,防盗系统将受激发出声响报警,并且防起动功能作用:任何一道车门、行李厢盖或发动机罩盖未用主钥匙开启;蓄电池电桩头拆卸后又重新装上。声响报警信号发出 1 min 后将自动停止,但发动机防起动功能仍起作用。

2)汽车防盗器功能的检查

防盗器功能是否正常有效,可按以下 5 个步骤进行。

(1)打开全部车窗。

(2)按上述方法设定防盗系统。用点火钥匙锁定前门时,稍待至安全指示灯闪烁。

(3) 伸手从车内开启一道车门，防盗系统将激活报警信号。

(4) 用点火钥匙开启其中一道车门，解除防盗系统。

(5) 重复以上操作，检测其他车门和发动机罩盖。检测发动机罩盖的同时，也检测蓄电池电桩头拆下又装上后系统的激活反应（需注意的是，拆卸蓄电池电桩头，可能会删去存入计算机存储器中的信息，如激光唱机防盗码消失导致不能"开锁"、收音机预置电台资料消失等，因此，重新装上蓄电池电桩头后，应检查存储器中的数据，若数据已消失，应再输入一次）。

3）防盗功能的实现

在系统设定为防盗控制模式并满足下列任一条件时，该系统都要发出报警。

(1) 任何一车门（不含发动机罩盖和行李厢门）被打开或不用钥匙被偷盗者设法打开。

(2) 不用点火钥匙将点火开关接通，即置于 ACC 或 ON 的位置。

(3) 蓄电池电路断开后又被接通（如果蓄电池电路在断开后 1 h 内又被接通，则防盗控制模式又恢复）。

如果防盗系统工作，防盗扬声器就会发出报警声响，前照灯和尾灯点亮并闪烁约 30 s 或 1 min；同时切断起动机电源和锁上所有车门（如果所有车门不能立即锁上，系统在报警期间每隔 2 s 重复一次锁门的操作）。

2. 汽车遥控防盗系统报警信号的重新激活与截止方法

报警信号停止后，驾驶人总是将所有车门、行李厢盖和发动机罩盖重新关闭。防盗系统一旦再设定，也就自动让报警装置复位。报警信号在以下情况将再次激活：任何一车门、行李厢盖或发动机罩盖被打开，蓄电池桩头被拆卸后又重新装回。

将点火钥匙从 LOCK 位置转至附属设备 ACC 位置，则报警信号截止，但启动回路仍处于断路状态。此时即使开启任何一车门、行李厢盖或发动机罩盖，报警信号都将不再激活。

3. 消除已设定的汽车遥控防盗系统的方法

(1) 防盗系统设定过程中，若用点火钥匙开启行李厢盖（防盗系统暂时中断，既不能激活，也不能解除），在行李厢关闭 2 s 后，防盗系统重新设定。

(2) 用钥匙或遥控器打开左前门或右前门，防盗报警系统便可消除，指示灯熄灭。

(3) 将钥匙插入点火开关，并置于 ACC 或 ON 位置时（防盗系统未开始工作）可解除已设定的防盗。

4. 汽车防盗系统防盗指示灯使用注意事项

(1) 指示灯闪烁，说明防盗系统已经设定，此时若开启车门、行李厢盖，必须使用点火钥匙。

(2) 指示灯常亮，说明防盗系统进入预定的自动设定时期，此期间内车门和发动机罩盖用副钥匙也能开启（该指示灯在报警信号触发声响时也发亮）。

(3) 指示灯灭，说明防盗系统不起作用，可按常规操作开启任何一车门等。

（二）汽车防盗系统常见故障的检修

在正常情况下，把合法的防盗钥匙插入点火开关，防盗指示灯会点亮约 2 s 后熄灭；如使用不合法的防盗钥匙，防盗 ECU 未接收到或者未识别密码，防盗指示灯在点亮 2 s 后持续闪烁，直至点火开关转到 OFF 位。在检修时，首先要根据故障现象判断出故障大概部位，然后检查引起故障的部分，以电源供电为起点，以信号流程或控制流程为线索，对故障部位进行检修。常见的故障诊断及排除方法如下所述。

1. 遥控器电池故障

在正常使用情况下，如遥控距离明显变短，遥控器指示灯变暗，遥控器使用时间超过 1 年，一般是电池故障，应更换遥控器电池。

2. 遥控器无法使用

首先应检查遥控器电池是否有电。如无电，则更换电池；如有电，则需检查主机电源线是否有电，熔断器是否断路，搭铁线是否断路。如果经检查都正常，则说明主机内部有问题，可找专业人员维修。

3. 遥控时有时无

此种故障大多是因主机电源线或是搭铁线接触不良所致，其中电源熔断器处接触不良者居多。经检查，如果这些部位正常，则需拆开主机，检查电源线或搭铁线与主机内相关的接线柱是否松动。

4. 防盗报警扬声器无故鸣叫

现象一：车辆停放路边设定防盗状态后，每当大型车或重型车经过，都会引起报警扬声器鸣叫。

原因：振动传感器太灵敏所致，只需降低其灵敏度即可。

检修方法：调整旋钮一般安装在振动传感器上或是主机盒内。在调整安装在主机盒内的调整旋钮时，不必拆开主机（一般留有调整孔）。

现象二：车辆设定防盗状态后，没有任何振动，过一会儿，报警扬声器自动鸣叫。

原因：该现象多是车门没关好或门灯开关性能不良及连线短路所致。

检修方法：首先应重新关一下车门，如果故障消失，则是先前车门没关好；如果故障依旧，则需把室内门控灯开关置于开门灯亮挡位，然后把门关好，看室内灯是否还亮，如亮则说明门控灯开关或门控灯开关线路有短路的地方，以及主机盒内有问题，需进一步检查维修。断开防盗器主机上灯开关的连线，关好门，此时如室内灯熄灭，则是防盗器主机内故障；如室内灯不灭，则是某一门灯开关或门灯开关线路短路，应进一步查找检修。

另外，制动灯与主机间的连线有问题时，也会出现此种现象，可采用断路的方法判定。

5. 报警触发时扬声器不鸣叫

首先应检查防盗器是否处于静音防盗状态。如不是，则需用万用表 10 V 直流电压挡检测。当报警触发时，看报警扬声器正极线上是否有波动的电压，如有，则是报警扬声器本身有故障；如没有电压波动，则需检查主机至报警扬声器之间的线路是否断路。如果线路正常，则是主机内部故障。

6. 起动机正常，但是发动机不着车

此情况如伴随有报警扬声器鸣叫，则可能是主机自动进入了防盗状态。可断开点火开关，重新设置防盗器，使其处于解除状态，并在 1 min 内打开点火开关。如果起动车辆能正常运转，则上述现象是因防盗系统中的防误动作功能起作用。

如果故障依旧，则可断开防盗器主机电源熔断器，使防盗器失去作用。此时如能正常起动着车，则是防盗器主机出问题。可断开电源熔断器，临时行车。如还不行，则需检查断电继电器。防盗器系统常用的断电继电器一般是四线制的，两根细线是控制线路，两根较粗的线是负载线路。

用一导线将两根较粗的负载线短接，此时如能正常起动着车，则是继电器有问题，否则需检查较粗的负载线上是否有电。如无电，则是点火开关至继电器连接线间有断路故障；如有电，则是继电器至主线束间的连线断路。

7. 遥控中央门锁不动作

当出现遥控中央门锁不动作时，应先用钥匙试一下，在不用遥控器时，中央门锁是否有动作。若无动作，则应检查原中央门锁熔断器或控制盒以及相关线路是否有问题；若有动作，则需检查遥控部分的熔断器或接线是否断路。

8. 遥控发射指令时部分功能没动作

一般遥控器性能不好导致遥控部分功能不动作，这多是因遥控器进水或有尘污所致。常用的解决办法是拆开遥控器，用酒精棉球把遥控器主板或导电橡胶触点擦干净。也有因导电橡胶触点导电层脱落而使遥控器出问题的。

如果遥控发射器接触良好，则需先查防盗器主机与其相关部件的线路连接是否有断路或短路现象。经检查线路没问题时，可按照前述方法确定相关部件是否正常。当接收不灵敏或接收不到信号时，应检查主机发射天线是否断路或短路，如正常，则是主机内有问题。

（三）丰田威驰轿车防盗系统的故障诊断

1. 丰田威驰轿车防盗系统的常见故障

丰田威驰轿车防盗系统的部件位置如图 2-77 所示。当防盗系统（又称安全系统，缩写为 TVSS）检测到轿车被侵犯的信号时，系统警报器即会发出声音，且警告灯闪烁。

威驰轿车防盗系统故障症状可如表 2-7 所示，查找故障点。

在电动门锁控制系统和无线门锁控制系统工作正常的基础上，进行防盗系统的故障诊断。因此，在诊断防盗系统故障前，首先确认电动门锁控制系统和无线门锁控制系统工作正常。

项目二 舒适操控系统结构与检修

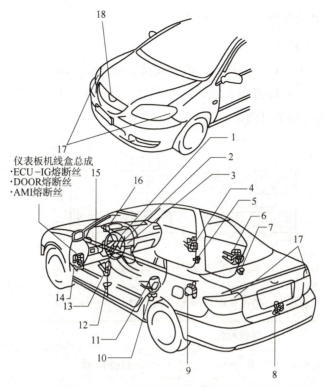

图2-77 丰田威驰轿车防盗系统的部件位置

1—未锁报警开关；2—点火或起动开关总成；3—蜂鸣报警信号开关；4，6—右侧前门锁总成（带电动机）；
5，7—右侧前门控灯开关门成；8—行李条灯开关；9—防盗系统报警器；10—左侧后门控灯开关总成；
11—左侧后门锁总成（带电动机）；12—左侧前门控灯开关总成；13—左侧前门锁总成（带电动机）；
14—起动机断电继电器；15—防盗指示灯；16—防盗系统ECU；17—蜂鸣报警灯；
18—发动机罩控制开关

表2-7 丰田威驰轿车防盗系统故障症状

症状	可疑区域
不能设置防盗系统	（1）指示灯电路； （2）ECU电源电路； （3）钥匙未锁警告开关电路； （4）车门钥匙上锁和开锁开关电路； （5）门控开关电路； （6）发动机罩控开关电路
设置防盗系统时指示灯不闪	指示灯电路
在15 s内点火开关开←→闭10次，报警声不消失	（1）点火开关电路； （2）钥匙未锁警告开关电路
防盗系统在报警状态时，报警器不响	防盗系统报警器电路
防盗系统在报警状态时，危险报警灯不闪	危险报警开关电路
即使车门都被打开，也能设置防盗系统	门控开关电路
即使没有设置防盗系统，危险报警灯一直亮	危险报警开关电路
发动机不起动	起动机断电继电器电路

2. 丰田威驰轿车防盗系统的电路检查

1）防盗系统 ECU 的检查

断开防盗系统的 ECU（T7）插接器，检查插接器的线束一端每个端子的电压和导通情况，防盗系统 ECU 端子插接器端子如图 2-78 所示，其标准应符合表 2-8 所示要求。如果检查结果不符合标准，可能是线束一侧有故障。

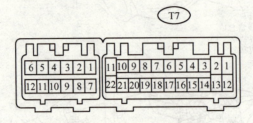

图 2-78 防盗系统插接器端子

表 2-8 防盗系统连接器（断开时）端子标准值

符号（端子号）	导线颜色	工况	标准状态
F（T7-22）⇔ 搭铁	W-B ⇔ —	任何工况	导通
CTYB（T7-10）⇔ 搭铁	R-L ⇔ —	行李厢门全关→开	不通→导通
HDCY（T7-8）⇔ 搭铁	V ⇔ —	发动机罩全关→开	
SR（T7-11）⇔ 搭铁	Y ⇔ —	钥匙未插入→钥匙插入	
L1（T7-21）⇔ 搭铁	GR ⇔ —	使用钥匙，驾驶人侧门锁 LOCK→其他位置	导通→不通
UL1（T7-21）⇔ 搭铁	G-B ⇔ —	使用钥匙，驾驶人侧门锁 UNLOCK→其他位置	
+B（T7-1）⇔ 搭铁	L-Y ⇔ —	任何工况	10~14 V
IG（T7-15）⇔ 搭铁	L ⇔ —	点火开关 LOCK→ON	0 V→10~14 V
VLI（T7-5）⇔ 搭铁	B-L ⇔ —	点火开关 LOCK→ON	0 V→10~14 V
DOME（T7-16）⇔ 搭铁	R-W ⇔ —	驾驶人侧门全关→开	10~14 V→10 V
		前乘员侧门全关→开	
		右后门全关→开	
		左后门全关→开	

重新连接插接器防盗系统 ECU（T7），检查插接器每个端子的电压，其标准应符合表 2-9 所示。如果结果不符合标准，防盗系统 ECU 可能有故障。

表 2-9 防盗系统插接器（连接时）端子标准值

符号（端子号）	导线颜色	工况	标准状态
HAZ（T7-14）⟺ E（Y7-22）	G-O ⟺ W-B	警备状态→报警发声状态	脉冲（波形）
IND（T7-4）⟺ E（T7-22）	W-R ⟺ W-B	设置准备期间	3～5 V（波形）
SLIN（T7-2）⟺ CE（T7-22）	G-R ⟺ W-B	防盗系统报警器发声（防盗系统在报警状态）	10～14 V

2）防盗指示灯电路故障的检查

防盗指示灯电路图如图 2-79 所示。在选择功能模式或发射钥匙添加模式期间，防盗系统 ECU 导致防盗指示灯亮或闪烁。

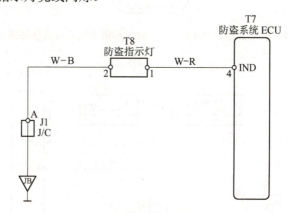

图 2-79 防盗指示灯电路图

检查程序：

（1）检查防盗指示灯。给防盗指示灯连接器端子之间加 4.5 V 的正电压，检查防盗指示灯是否闪亮。标准：指示灯亮。注意：如果正极（+）导线和负极（-）导线连接不正确，则防盗指示灯不亮；电压高于 4.5 V 将损坏防盗指示灯；如果电压太低，防盗指示灯不亮。

如果不正常，更换防盗指示灯；如果正常，进行下一步检查。

（2）检查防盗系统 ECU（T7）到防盗指示灯之间的线束，防盗系统 ECU（T7）插接器端子和防盗指示灯插接器端子如图 2-80 所示。

①断开 T7 ECU 连接器，断开 T8 指示灯开关连接器，检查线束一侧连接器之间的导通性。端子 IND（T7-4）⟺（T8-1）在标准状态下应导通。如果不正常，修理或更换线束和连接器；如果正常，进行下一步检查。

②检查线束（防盗指示灯（二）搭铁）。断开 T8 连接器，检查线束一侧连接器和搭铁之间的导通性。端子 T8-2 ⟺ 搭铁在标准状态下应导通。如果不正常，修理或更换线束和连接器；如果正常，检查或更换防盗系统 ECU。

3）防盗系统 ECU 电源电路故障的检查。

防盗系统电源电路是为防盗系统 ECU 供电的电路，如图 2-81 所示。

线束侧

图 2-80　防盗系统 ECU 插接端子和防盗指示灯插接器端子

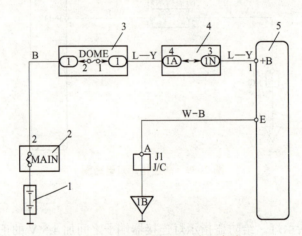

图 2-81　防盗系统 ECU 电源电路

1—蓄电池；2—MAIN 熔断器；3—DOME 熔断器；4—插接器；5—防盗系统 ECU

检查程序：

（1）从发动机室接线盒上拆下 DOME 熔断器，检查熔断器，标准：导通。如果不正常，更换熔断器；如果正常，进行下一步检查。

（2）检查防盗系统 ECU（电源）。断开 T7 ECU 连接器，检查线束一侧连接器和搭铁之间的电压。端子 +B（T7-1）搭铁在标准状态下为 1～14 V。如果不正常，修理或更换线束和连接器；如果正常，进行下一步检查。

（3）检查防盗系统 ECU（搭铁）。断开 T7 ECU 连接器，检查线束一侧连接器和搭铁之间的导通性。端子 E（T7-22）⇔搭铁在标准状态下应导通。如果不正常，修理或更换线束和连接器；如果正常，检查和更换防盗系统 ECU。

4）点火开关电路故障的检查

点火开关电路如图 2-82 所示，打开点火开关后，蓄电池正极电压加到防盗系统 ECU

的端子 IG 上。

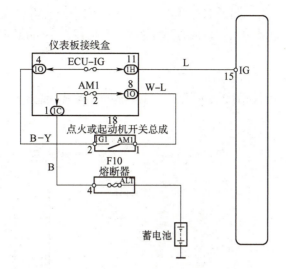

图 2-82 点火开关电路

检查程序：

（1）从发动机室接线盒上拆下 ECU-IG 熔断器，检查熔断器，标准：导通。如果不正常，更换熔断器；如果正常，进行下一步检查。

（2）检查点火或起动开关总成，如图 2-83 所示，其标准应符合表 2-10 所示要求。

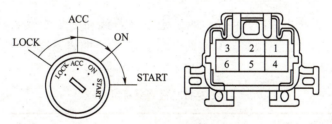

图 2-83 点火开关总成端子排列

表 2-10 点火开关总成端子标准值

端子号	开关位置	标准状态
—	LOCK	—
1⇔3	ACC	导通
1⇔2⇔3 5⇔6	ON	导通
1⇔2 4⇔5⇔6	START	导通

如果不正常，修理或更换点火或起动开关总成；如果正常，进行下一步检查。

(3) 检查防盗系统 ECU（电源），断开 T7 ECU 连接器，打开点火开关，检查线束侧连接器和搭铁之间的电压。端子 IG（T7-15）⇔ 搭铁在点火开关置于 ON 的工况下，标准电压：10 ~ 14 V。如果不正常，修理或更换线束和连接器；如果正常，检查或更换防盗系统 ECU。

5）防盗系统报警电路图故障的检查

防盗系统报警电路图如图 2-84 所示，当系统进入报警状态时，防盗系统 ECU 起动防盗系统报警器发出报警声。

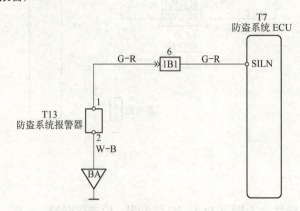

图 2-84　防盗系统报警电路图

检查程序：

（1）检查防盗系统报警器。将蓄电池正极（+）导线和负极（-）导线分别连接到报警器连接器的端子 1 和 2 上（报警器只有两个端子），检查防盗系统报警器报警，其标准应符合表 2-11 所示要求。

表 2-11　报警器标准

测量连接	操作
蓄电池正极（+）—端子1	报警器报警
蓄电池负极（-）—端子2	

如果不正常，更换防盗系统报警器；如果正常，进行下一步检查。

（2）检查线束（防盗系统 ECU ⇔ 防盗系统报警器），断开 T7 ECU 连接器，断开 T13 报警器连接器，检查线束一侧连接器之间的导通性，端子 SILN（T7-2）⇔（T13-1）在标准状态下应导通。如果不正常，修理或更换线束和连接器；如果正常，进行下一步检查。

（3）检查线束（防盗系统报警器 ⇔ 搭铁），断开 T13 报警器连接器，检查线束一侧连接器和搭铁之间的导通性，端子 T13-2 ⇔ 搭铁在标准状态下应导通。如果不正常，修理或更换线束和连接器；如果正常，检查或更换防盗系统 ECU。

6）危险报警开关电路故障的检查

危险报警开关电路图如图 2-85 所示，当防盗系统从警备状态切换到报警状态时，转向信号闪光器总成（危险报警灯继电器）接通，使危险报警灯开始闪烁。

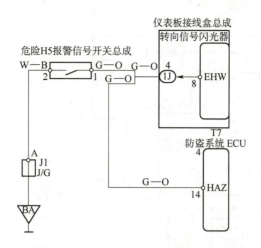

图 2-85　危险报警开关电路图

检查程序：

（1）当按下危险报警信号开关时，检查危险报警灯应闪烁。如果不正常，检查危险报警系统；如果正常，进行下一步检查。

（2）检查线束（防盗系统 ECU ⇔ 转向信号闪光器），如图 2-86 所示，断开 T7 ECU 连接器。

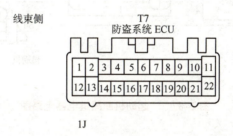

图 2-86　危险报警开关线束端子

断开 U 接线盒连接器，检查线束侧连接器之间的导通性，端子 HAZ（T7-14）⇔（IJ-4）在标准状态下应导通。如果不正常，修理或更换线束和连接器；如果正常，检查或更换防盗系统 ECU。

7）起动机断路继电器电路故障的检查

起动机断路继电器电路图如图 2-87 所示，当防盗系统工作时，防盗系统 ECU 控制起动机断路继电器，使起动机电路断路，发动机不能起动。

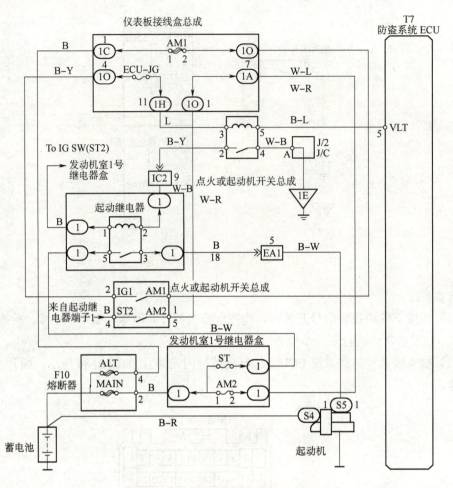

图 2-87　起动机断路继电器电路图

检查程序：

（1）从发动机室接线盒拆下 ECU-IG 熔断器，检查该熔断器，标准：导通。

（2）如果不正常，更换熔断器；如果正常，检查起动机断路继电器，起动机断路继电器示意图如图 2-88 所示。拆下起动机断路继电器，检查导通性，其标准应符合表 2-12 所示情况。如果不正常，更换继电器；如果正常，进行下一步检查。

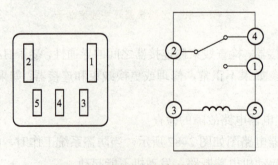

图 2-88　检查起动机断路继电器

表 2-12 起动机断路继电器标准

端子号	条件	标准状态
2⇔4 3⇔5	常态	导通
2⇔4	在端子3和5之间加B+	不通

（3）检查防盗系统 ECU（电源），插接器端子如图 2-89 所示。断开 T7 ECU 连接器，打开点火开关，检查线束侧连接器和搭铁之间的电压。端子 VLT（T7-5）⇔搭铁在点火开关置于 ON 的工况下，标准电压：10～14 V。重新连接 T7 ECU 连接器，打开点火开关。检查线束侧连接器和搭铁之间的电压。端子 VLT（T7-5）⇔搭铁在点火开关置于 ON 的工况下，标准电压：10～14 V。如果不正常，修理或更换线束和连接器，如果正常，检查或更换防盗系统 ECU。

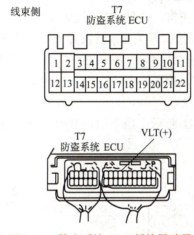

图 2-89 防盗系统 ECU 插接器端子

8）钥匙未锁报警开关电路故障的检查

钥匙未锁报警开关电路图如图 2-90 所示，当钥匙插入点火钥匙孔时，钥匙未锁报警开关接通，拔出钥匙时则开关断开。

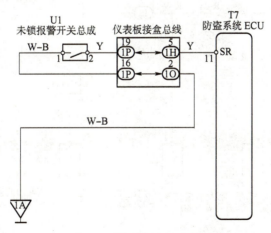

图 2-90 钥匙未锁报警开关电路图

检查程序：

（1）检查钥匙未锁报警开关总成。检查开关连接器和搭铁之间的导通性，应如表 2-13 所示。如果不正常，更换钥匙未锁报警开关总成；如果正常，进行下一步检查。

表 2-13 钥匙未锁报警开关标准值

端子号	条件	标准状态
1⇔2	开关压紧（钥匙插入）	导通
	开关松开（钥匙拔出）	不通

（2）检查线束（防盗系统 ECU ⇔ 钥匙未锁报警开关），断开 T7 ECU 连接器，断开 U1 开关连接器。检查导线侧连接器（只有两个端子）之间的导通性，端子 SR（T7-11）⇔（U1-2）在标准状态下应导通。如果不正常，修理或更换线束和连接器；如果正常，进行下一步检查。

（3）检查线束（钥匙未锁报警开关 ⇔ 搭铁），断开 U1 开关连接器，检查线束侧连接器和搭铁之间的导通性。端子 U1-1 ⇔ 搭铁在标准状态下应导通。如果不正常，修理或更换线束和连接器；如果正常，检查或更换防盗系统 ECU。

9）门控开关电路故障的检查

门控开关电路图如图 2-91 所示，当车门打开时，门控开关接通，关上车门，则开关断开。

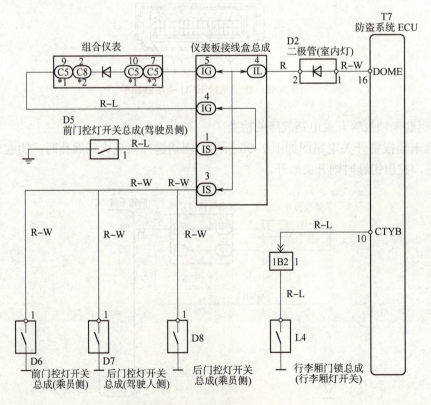

图 2-91 门控开关电路图

检查程序：

（1）检查门控开关。检查开关连接器和搭铁之间的导通性，其标准应符合表2-14所示要求。如果不正常，更换门控灯开关；如果正常，进行下一步检查。

表2-14 门控开关标准值

端子号	条件	标准状态
1⇔搭铁	开关压下	不通
	开关松开	导通

（2）检查防盗系统ECU（CTY电压），断开T7 ECU连接器，检查危险报警开关电路，应符合表2-15所示要求。如果不正常，修理或更换线束和连接器；如果正常，进行下一步检查。

表2-15 危险报警开关电路的检查

符号（端子号）	条件	标准状态
DOME（T7-16）⇔E（T7-22）	驾驶人侧车门全关→打开	导通→不通
	前乘员侧车门全关→打开	
	右侧后车门全关→打开	
	左侧后车门全关→打开	

* 当交换正负极端子时，在一个方向上导通，而另一个方向上不通。

车门开锁或车门打开又关上后，防盗系统ECU使DOME灯亮3 s，为车内提供照明。因此，T7 ECU连接器的端子16是0 V。

（3）检查线束（防盗系统ECU⇔行李厢门锁总成），断开T7 ECU连接器，断开L4门锁连接器。

检查线束侧连接器的导通性，端子CTYB（T7-10）⇔（L4-2）在常态下应导通。如果不正常，修理或更换线束和连接器；如果正常，检查或更换防盗系统ECU。

10）车门钥匙上锁和开锁开关电路故障的检查

车门钥匙上锁和开锁开关电路图如图2-92所示。车门钥匙上锁和开锁开关位于门锁电动机内。

检查程序：

（1）检查门锁总成。如果不正常，更换门锁总成；如果正常，进行下一步检查。

（2）检查线束（防盗系统ECU⇔门锁总成）。断开T7 ECU连接器，断开D9门锁连接器，如图2-93所示，检查线束侧连接器和搭铁之间的导通性，其标准应符合表2-16所示要求。如果不正常，修理或更换线束和连接器；如果正常，进行下一步检查。

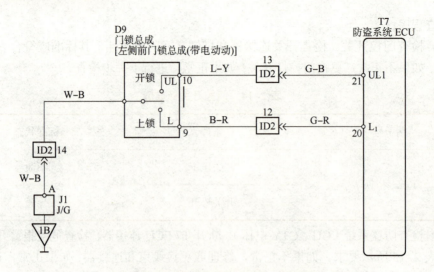

图 2-92 车门钥匙上锁和开锁开关电路图

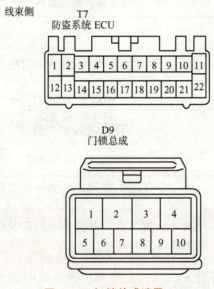

图 2-93 门锁总成端子

表 2-16 门锁连接器检查标准

符号（端子号）	标准状态
UL1（T7-21）⇔ UL（D9-10）	导通
U1（T7-2）⇔ L（D9-9）	导通

（3）检查线束（门锁总成 ⇔ 搭铁）。断开 D9 门锁连接器，检查线束侧连接器和搭铁之间的导通性，端子 E（D9-7）⇔ 搭铁在标准状态下应导通。如果不正常，修理或更换线束和连接器；如果正常，检查或更换防盗系统 ECU。

11）发动机罩控制开关电路故障的检查

发动机罩控制开关电路图如图 2-94 所示。当发动机罩被打开时，开关接通，关上发动机罩，则开关断开。

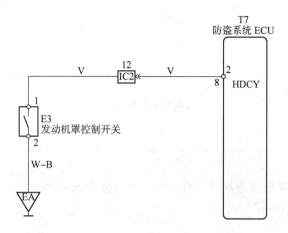

图 2-94　发动机罩控制开关电路图

检查程序：

（1）检查发动机罩控制开关。检查开关连接器和搭铁之间的导通性，其标准应符合表 2-17 所示要求。如果不正常，修理或更换发动机罩控制开关；如果正常，进行下一步检查。

表 2-17　发动机罩控制开关连接器检查标准

端子号	条件	标准状态
1⇔2	放开（开）	导通
	压下（关）	不通

（2）检查线束（防盗系统 ECU ⇔ 发动机罩控制开关）。断开 T7 ECU 连接器，断开 E3 开关连接器。检查线束侧连接器之间的导通性，端子 HDCY（T7-8）⇔ E（3-1）在标准状态下应导通。如果不正常，修理或更换线束和连接器；如果正常，进行下一步检查。

（3）检查线束（发动机罩控制开关⇔搭铁）。断开 E3 开关连接器，检查线束侧连接器和搭铁之间的导通性，端子 E（3-2）⇔ 搭铁在标准状态下应导通。如果不正常，修理或更换线束和连接器；如果正常，检查或更换防盗系统 ECU。

12）防盗系统（TVSS）报警状态的检查

当车辆的防盗系统（TVSS）检测到汽车被侵犯，系统会让报警器发出声音，灯光闪烁，来警告汽车周围的人对付盗贼。

（1）非警戒状态：车主在汽车附近，防盗功能没有启动。

（2）警戒状态：车主完全离开汽车，防盗功能已启动。

（3）报警状态：当报警状态时，防盗系统检测到汽车被侵犯，系统会让报警器发出声音，灯光闪烁，来警告汽车周围的人对付盗贼。报警方法和报警时间如表 2-18 所示。

表 2-18 报警方法与报警时间

报警方法	室内灯	—
	前照灯	闪光继电器不闪光
	危险报警灯	—
报警时间	汽车喇叭	响声的循环大约0.4 s
	防盗系统报警器	—
	大约30 s	—

 如果在报警状态期间，前门没有开锁或者点火开关钥匙孔里没有钥匙，就会发出强制锁门信号。

（4）报警模式的状态（见图 2-95）。

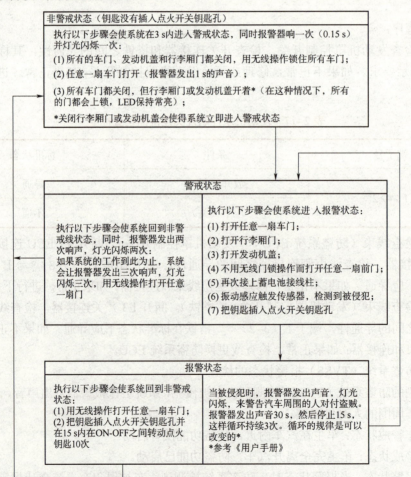

图 2-95 报警模式的状态

注意：闪烁频率：0.2 s（开）；1.8 s（关）。

（5）强制门锁控制。强制门锁控制防止汽车被侵犯。在报警过后，车门会被强制门锁信号控制，强制锁住车门。

车门强制锁住时的条件：点火开关钥匙孔里没有钥匙。

终止强制门锁控制的条件：钥匙插入点火开关钥匙孔里。

（6）防盗系统报警器。当系统进入报警状态时，防盗系统ECU开始发出防盗系统报警。

（7）振动感应触发传感器。振动感应触发传感器装在防盗系统ECU里，当振动感应触发传感器受到不寻常的振动时，防盗系统ECU发出报警。如果振动非常小，防盗系统ECU只会发出一次报警声。同样的，如果振动感应触发传感器感应到持续3次微小振动或者超过10 s的振动，防盗系统ECU会发出报警，振动感应的程度是可以调节的。

企业案例

实例1 桑塔纳3000轿车正常熄火后，再次起动时着车3 s后熄火

故障现象：该轿车正常熄火后，再次起动时着车3 s后熄火。

故障检修：

（1）打开点火开关检查，防盗指示灯不停闪烁，说明防盗系统有触发故障。

（2）用亿科600诊断ECU进入发动机系统，读取故障码为17978，其含义为发动机控制单元锁死；再进入防盗系统读取故障码为01176，其含义为钥匙信号电压太低，清除故障码后故障依旧。

（3）重新对点火钥匙进行匹配，匹配后防盗指示灯熄灭。起动时，能正常着车，但关闭点火开关后，经过5 min再次起动时故障重现，并且防盗指示灯不停闪烁。

（4）再次进入防盗系统，又出现01176，怀疑识读线圈或钥匙芯片有损坏。

（5）将仪表台下的饰板拆下，从防盗ECU处把识读线圈的两线插头拔下，测量识读线圈的电阻为30 Ω，正常。检查识读线圈在点火开关上安装到位无松动，说明故障并非识读线圈引起的。

（6）将点火钥匙外壳抠开，小心取出芯片，并将新的芯片装入，进入防盗系统进行钥匙匹配后，防盗指示灯熄灭，并正常起动车辆，故障排除了。

实例2 奥迪A4轿车遥控距离过短

故障现象：遥控距离过短。

故障检修：用V.A.S5052查询，在56系统有故障码00856 011，显示"收音机天线断路 偶尔发生的"，没有发现其他相关故障码。怀疑遥控器电池没电了，于是更换了遥控器电池，故障没有消失。拆装遥控器天线，没有发现异常。但是拔下后风窗天线后，遥控距离似乎变长了一点。换了另一个舒适系统控制单元，经过实验，故障现象消失了。

过了几天，客户反映遥控距离仍然过短，再次检查没有发现其他相关故障。于是在检查拆卸后风窗玻璃的天线放大器时发现了问题：天线放大器的底座铜片与风窗玻璃天线放大器支座上的接触片没有完全接触，原来是该车刚更换过不匹配的风窗玻璃，导致接收信号电路没有完全接通，造成信号过弱而引起的故障。最后更换了正确的后风窗玻璃，故障

排除。

实例 3 一辆奥迪 Q5 新车，遥控器工作不正常

故障现象：此车在做完新车检查后，测试遥控功能，发现在车的右侧及后侧，遥控器无法正常工作，远距离也无法工作，在车的左侧及车内，遥控器正常工作（两把钥匙都一样）。

故障检修：首先用 V.A.S5051 检查，发现没有故障存储，根据现象怀疑是信号接收问题，因为距离近可以接收到。而且两把钥匙都有同种情况，分析不是钥匙本身的问题，应该是接收天线到控制器故障。查阅维修资料发现 Q5 的天线接收器在后盖上，天线布置在后玻璃上，因为车是新车，Q5 天线本身具有自诊断功能，故不考虑玻璃有问题。

随即对遥控信号传输导线进行检查，发现 J393 上的天线传输线插头松动，用手一拉就掉了，后仔细检查发现插头上有一侧固定销变形，插头不能插到位，修复插头并连接，测试遥控器工作正常。

任务小结

防盗系统一般是经过防盗 ECU、发动机 ECU 与钥匙应答器之间的密码确认过程，三者之间防盗密码互相确认后，发动机才能正常起动工作，否则发动机不能起动。

报警一般是利用传感器来监视汽车的安全状态。传感器主要有超声波传感器、振动传感器、玻璃破碎传感器等，用以监测汽车设定状态改变时，向防盗 ECU 传送信号，从而控制执行部件（灯光、扬声器）工作报警。

任务 2.5 电动座椅的结构与检修

任务引入

一辆广州本田雅阁 2.0L 轿车，行驶里程 4.8 万 km。该车左前座椅前后无法调节。

任务目标

（1）熟悉电动座椅主要零部件的安装位置及外部构造，并理解它们的作用。

（2）理解电动座椅的工作原理，能够识读电动座椅电路图，能够对电动座椅故障进行分析、检测并确认故障原因。

任务资讯

为了提高汽车座椅乘坐的舒适性、安全性和调整的便利性，许多轿车安装了电动座椅。可通过调节电动机变动座椅的前后位置、上下位置、椅背的倾斜角度及头枕、扶手的位置等。

广州本田轿车左前座椅前后无法调节，说明其电动座椅电路出现故障。学习、了解电动座椅的结构组成，掌握其工作原理及控制电路，才能根据故障现象，对照电路进行分析，才能制定实施检查电动座椅常见故障的方法。

（一）电动座椅的功用

汽车座椅的主要功能是为驾驶人提供便于操作、舒适而又安全的驾驶位置；为乘员提供不易疲劳、舒适而又安全的乘坐角度。驾驶者通过键、钮操纵就可以将座椅调整到最佳的位置上，使驾驶人既能便利地操纵转向盘、踏板、变速杆等操纵件，又能获得最好的视野。

电动座椅的种类很多，按座椅移动的方向数目不同可分为四方向、六方向、八方向和十方向等。具有 8 种调节功能的电动座椅如图 2-96 所示，其动作方式有座椅的前后滑动调节、座椅后部的上下移动调节、座椅前部的上下移动调节、靠背的前后倾斜调节、腰部支撑调节、侧背支撑调节，以及头枕上下调节、头枕前后调节等。

电动座椅的系统组成

图 2-96 具有 8 种调节功能的电动座椅

1—前后滑动调节；2—后部上下调节；3—前部上下调节；4—靠背倾斜调节；5—头枕前后调节；
6—侧背支撑调节；7—腰部支撑调节；8—头枕上下调节

（二）电动座椅的结构和基本工作原理

电动座椅结构如图 2-97 所示，一般由若干个双向电动机、传动和执行机构、座椅开关及控制电路等组成。

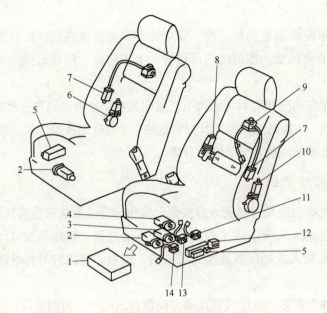

图 2-97 电动座椅结构

1—电动座椅 ECU；2—滑动电动机；3—前垂直电动机；4—后垂直电动机；5—电动座椅开关；6—倾斜电动机；7—头枕电动机；8—腰垫电动机；9—位置传感器（头枕）；10—倾斜电动机和位置传感器；11—位置传感器（后垂直）；12—腰垫开关；13—位置传感器（前垂直）；14—位置传感器（滑动）

1. 直流电动机

可逆性直流电动机一般有 3 个（或以上），分别为前高度调整电动机、后高度调整电动机和前后移动电动机，如图 2-97 所示。它们受控制器控制并分别驱动某个调整方向的传动部件，实现座椅前部高度、后部高度及座椅的前后移动调整。大多数电动座椅使用双向永磁式电动机，通过开关来操纵电动机，使电动机按不同方向旋转。为防止电动机过载，大多数永磁式电动机内装有断路器。

2. 传动机构

传动机构由变速器、万向节、软轴、螺旋千斤顶及蜗轮蜗杆机构组成，如图 2-98 和图 2-99 所示。一组电动机安装在托架上，电动机轴分别与不同的软轴相连，每个软轴与对应的变速器（起降速增扭作用）输入轴相连。变速器输出轴分别与不同的蜗杆轴或齿轮轴相连，通过蜗轮蜗杆或齿轮齿条传动来带动座椅支架产生位移，实现不同位置的调节。

电动座椅的调节分高度调节、滑动调节、靠背倾斜调节、腰部支撑调节及头枕高度调节。

（1）高度调节机构由蜗杆轴、蜗轮、心轴等组成，如图 2-100 所示。调整时，蜗杆轴在电动机的驱动下带动蜗轮转动，从而将心轴旋入或旋出，即座椅下降或上升。

（2）滑动调节机构由蜗杆、蜗轮、齿条和导轨等组成，如图 2-101 所示。齿条装在导轨上。调整时，电动机转矩经蜗杆传至两侧的蜗轮 4 上，经导轨上的齿条带动座椅前后滑动。

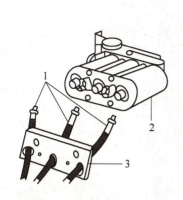
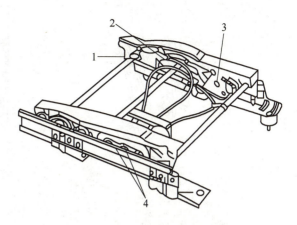

图 2-98　电动座椅的电动机及软轴

1—驱动软轴；2—电动机；3—托架

图 2-99　电动座椅的传动机构

1—前变速器；2—水平变速器；3—后变速器；4—电动机螺栓

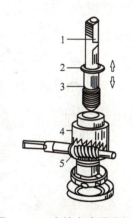
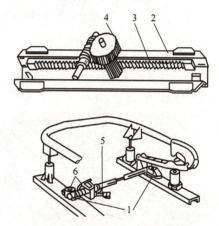

图 2-100　座椅高度调节机构

1—铣平面；2—止推垫片；3—心轴；
4—蜗轮；5—挠性驱动蜗杆轴

图 2-101　座椅滑动调节机构

1—支撑及导向元件；2—导轨；3—齿条；4—蜗轮；
5—反馈信号电位计；6—调整电动机

（3）靠背倾斜调节机构主要由铰链销钉、链轮、内齿轮（30 个齿）、外齿轮（29 个齿）和电动机等组成，如图 2-102 所示，其工作情况如图 2-103 所示。

当靠背与头枕调节开关置于 A 或 B 位置时，靠背调节电动机运转，并带动链轮转动，安装在链轮上的铰链销钉（带有偏心凸轮，其中间轴 B 与外齿轮、链轮同轴）也以同样的转向一起转动。由于外齿轮安装在坐垫侧，因而铰链销钉的中间轴 B 围绕着带偏心凸轮的中间轴 A 旋转。这样内齿轮与外齿轮啮合，铰链销钉每转一圈，所啮合的齿轮转动 12°。座椅靠背的最大调节角度约为 54°。

（4）腰部支撑调节机构主要由电动机、螺母、扭力弹簧、压板等组成，如图 2-104 所示，其工作情况如图 2-105 所示。当把腰部支撑调节开关推向 A 时，电动机即开始运转，并使螺母朝 a 方向移动，扭力弹簧则向支点 P（即 b）方向移动，以增加腰部支撑的压力；而当把腰部支撑调节开关推向 B 时，电动机、螺母及扭力弹簧的工作情况与此相反，其结果是减小腰部支撑的压力。

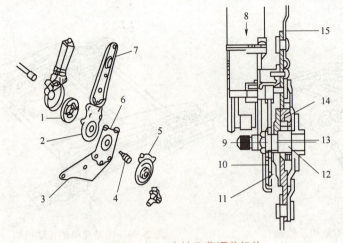

图 2-102 座椅靠背调节机构

1，10—链轮；2，11—内齿轮；3—下臂；4，12—铰链销钉；5—上加固体；6，14—外齿轮；
7，15—靠背；8—电动机；9—中间轴 B；13—中间轴 A

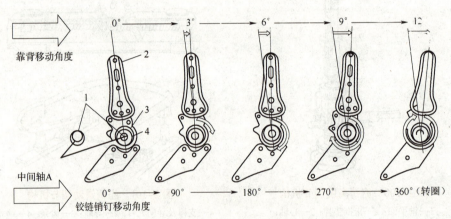

图 2-103 靠背倾斜调节机构

1—中间轴 B；2—靠背；3—内齿轮；4—外齿轮

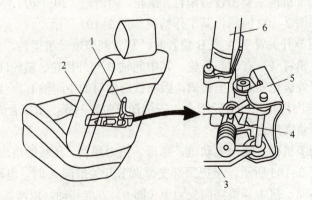

图 2-104 腰部支撑调节机构

1，6—电动机；2—连接片；3—扭力弹簧；4—螺母；5—支架

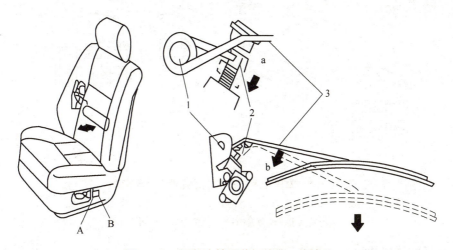

图 2-105 腰部支撑调节机构的工作情况

1—支点 P；2—螺母；3—扭力弹簧

（5）头枕高度调节机构主要由电动机、外壳、螺杆及固装在座椅靠背框架上的轴等组成，如图 2-106 所示。当靠背与头枕调节开关扳向 A 方向时，电动机即运转，经钢索、外壳带动螺杆转动，与螺杆啮合的塑料螺母即沿着螺杆向 a（实箭头）方向移动，使头枕升高；当靠背与头枕调节开关扳向 B 方向，其工作过程与上述相反，使头枕降低。

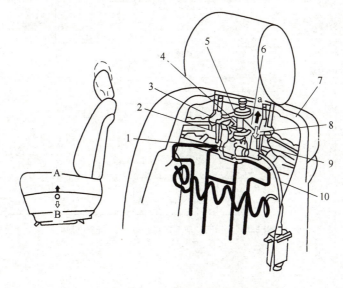

图 2-106 头枕高度调节机构

1—外壳；2，9—轴；3，8—塑料件；4—螺杆；5—塑料螺母；6—支架；7—靠背架；10—钢索

3. 座椅开关

座椅开关主要用来调节座椅的各种位置，操纵座椅开关接通相应座椅调节电动机的控制电路，使电动机转动，带动座椅支架移动，以实现对座椅的调整。本田雅阁轿车的电动座椅开关示意图如图 2-107 所示。

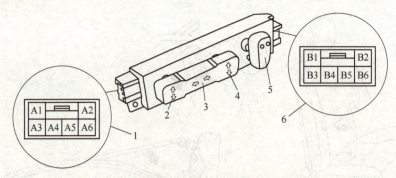

图 2-107　本田雅阁轿车的电动座椅开关示意图

1、6—座椅插座；2—座椅前部上下调节开关；3—座椅前后滑动调节开关；
4—座椅后部上下调节开关；5—座椅靠背倾斜调节开关

4. 电动座椅的基本工作原理

图 2-108 所示为普通电动座椅控制电路。该座椅共设置了滑动电动机、前垂直电动机、倾斜电动机、后垂直电动机及腰垫电动机，分别对座椅前后滑动、前部上下移动、靠背前后倾斜、后部上下移动及腰部前后移动 10 个方向进行调节。

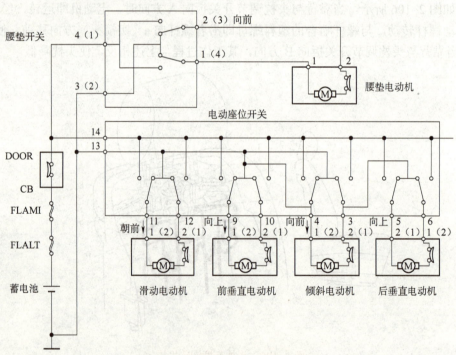

图 2-108　普通电动座椅控制电路

当电动座椅需要向前移动时，开关置于前进位，即图 2-108 中 11 位端子置于左位，因而使滑动电动机正向通电，电动机正转，座椅向前滑动。其控制回路为：蓄电池正极→FLALT→FLAMI→DOOR CB→14 端子→11 端子→1（2）端子→滑动电动机→2（1）端子→12 端子→13 端子→搭铁→蓄电池负极。

当电动座椅需要向后移动时，12 位端子置于右位，滑动电动机反向通电，电动机反转，座椅向后滑动。其控制电路为：蓄电池正极→FLALT→FLAMI→DOOR CB→14

端子→12端子→2（1）端子→滑动电动机→1（2）端子→11端子→13端子→搭铁→蓄电池负极。其他方向调整的工作原理完全相同。

5. 电动座椅加热控制原理

为了改善驾驶人和乘员乘坐的环境，在一些轿车上设置了座椅加热系统。图2-109所示为广州本田雅阁轿车的电动座椅加热系统控制电路。此系统在驾驶人和乘员座椅上各设置了一套加热器和相应的加热器控制开关，两加热器及加热器开关结构完全相同，加热器开关有6个接线端子。

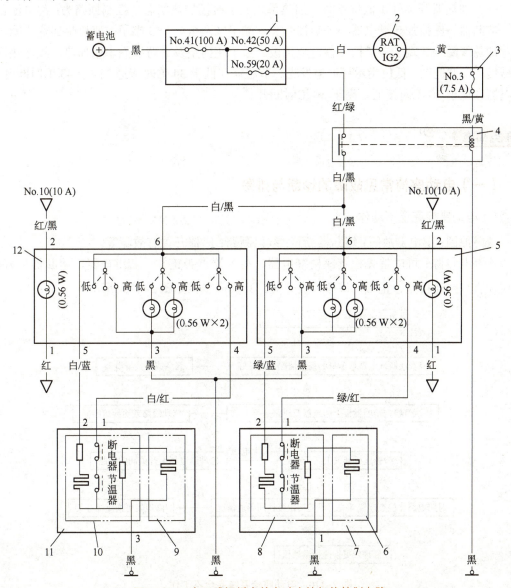

图2-109 本田雅阁轿车的电动座椅加热控制电路

1—熔断器；2—点火开关；3—驾驶席仪表板下熔断器；4—座椅加热继电器；5—副驾驶席座椅加热器开关；6—座椅靠背加热电阻；7—副驾驶席座椅垫加热电阻；8—副驾驶席座椅加热器；9—驾驶席座椅靠背加热电阻；10—驾驶席座椅垫加热电阻；11—驾驶席座椅加热器；12—驾驶席座椅加热器开关

加热器的工作过程如下：

（1）加热器开关处于断开位置时，加热系统不工作。

（2）加热器开关处于高位置时，加热系统处于快速加热状态，控制回路为：蓄电池正极→熔断器→座椅加热继电器→加热器开关6端子（两个）→4端子→座椅加热器1端子（或3端子）→断电器→节温器→座椅靠背加热线圈→搭铁→蓄电池负极；

座椅垫加热线圈→2端子→5端子→3端子→搭铁→蓄电池负极。

由于座椅垫及靠背线圈并联加热，故加热速度快。与此同时，高位指示灯通电发光。

（3）加热器开关处于低位置时，加热系统处于缓慢加热状态，控制回路为：蓄电池正极→熔断器→座椅加热继电器→加热器开关6端子（两个）→5端子→座椅垫加热线圈→靠背加热线圈→3端子→搭铁→蓄电池负极。由于座椅垫及靠背线圈串联加热，故加热速度缓慢。与此同时，低位指示灯通电发光。节温器在低于34℃时接通，高于43℃时断开，断电器在低于30℃时接通，高于50℃时断开。

任务实施

（一）电动座椅常见故障的诊断与排除

1. 电动座椅完全不动作

故障原因：继电器故障；熔断器断路；线路断路；座椅开关有故障等。

诊断与排除：可以首先检查座椅继电器、熔断器是否正常，若继电器、熔断器良好，则应检查线路连接是否正常，最后检查开关。其操作步骤如图2-110所示。

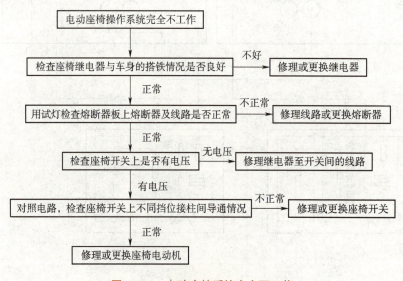

图2-110 电动座椅系统完全不工作

2. 电动座椅某个方向不能工作

故障原因：该方向对应的电动机损坏，开关、连接导线断路。

诊断与排除：可以先检查线路是否正常，再检查开关和电动机。

（二）典型车型电动座椅故障的检修

广州本田雅阁轿车电动座椅控制电路如图 2-111 所示，其电动座椅的检修方法如下：

若座椅电动机运转而座椅不动，首先看是否座椅已到极限位置，然后检查电动机与变速器相连接的轴是否磨损过大或损坏，必要时应更换；若座椅电动机不工作，应检查电源线及电动机线路是否断路，搭铁是否牢固，然后进行以下部件的检测。

1. 电动机及控制电路的检测

首先检查是否是机械传动的故障，如果不是则检查电路是否有断路、熔断器是否烧断、搭铁是否良好。然后拆下驾驶席座椅轨道端盖及驾驶席座椅的 4 个固定螺栓，拆下座椅 2 个线束插头如图 2-111 所示。

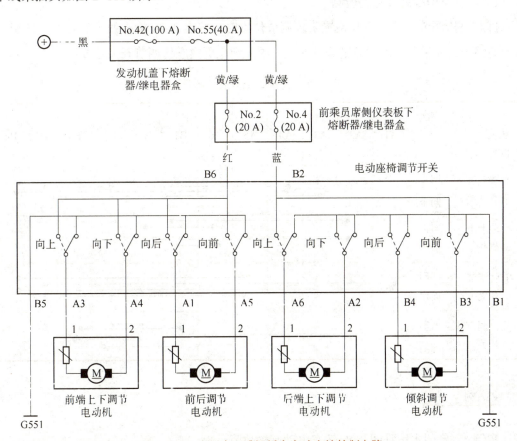

图 2-111　广州本田雅阁轿车电动座椅控制电路

将 6 芯插头的某两个端子分别接蓄电池正、负极，检查各调节电动机的工作情况，应符合表 2-19 所示。如某个调节电动机不运转或运转不平稳，则应检查 6 芯插头与该调节电动机的 2 芯插头之间线束是否有断路或虚接故障。如线路正常，则应更换调节电动机。

表 2-19　座椅调节电动机的检测

电动机工作情况		电源 正极	电源 负极	电动机工作情况		电源 正极	电源 负极
前端上下调节	向上	A3	A4	前后调节	向前	A5	A1
	向下	A4	A3		向后	A1	A5
后端上下调节	向上	A2	A6	倾斜调节	向前	B3	B4
	向下	A6	A2		向后	B4	B3

2. 电动座椅控制开关的检测

拆卸座椅调节开关，把开关置于各调节位置时，按表 2-20 检查两个 6 芯插头各端子的导通情况。如果开关未能通过测试的任一项，则应更换座椅调节开关总成。

表 2-20　座椅调节开关的检测

开关位置	端子	A1	A2	A3	A4	A5	A6	B1	B2	B3	B4	B5	B6
前端上下调节开关	向上			●—	—	—	—	—	—	—	—	—●	
	向下				●—	—	—	—	—	—	—	—	—●
后端上下调节开关	向上			●—	—	—	—	—●					
	向下				●—	—	—	—	—●				
前后调节开关	向前			●—	—	—	—	—	—	—	—●		
	向后				●—	—	—	—	—	—	—	—●	
倾斜调节开关	向前							●—	—	—●			
	向后								●—	—	—●		

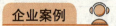

实例 1　广州本田雅阁 2.0L 轿车电动座椅故障

故障现象：一辆 1999 年广州本田雅阁 2.0L 轿车，行驶里程 4.8 万 km。该车左前座椅前后无法调节。

故障检修：

（1）查看该车电路如图 2-112 所示，该车其电动座椅具有八方向调节功能。

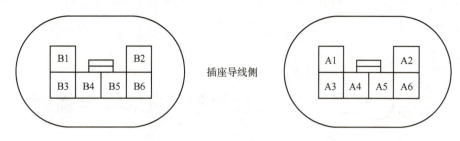

图 2-112　电动座椅调节开关线路插头

（2）由于座椅前端上下、后端上下及靠背倾斜 6 个方向均工作正常，说明继电器盒中的熔断器 No.41、No.55、No.2、No.4 良好，与座椅开关相连的插头 B2、B6 供电端子（接蓝、红线）及 B5、B1 搭铁端子也正常，于是要检查座椅调节开关和座椅电动机工作情况。

（3）先直接给座椅前后调节电动机通电，电动机双向运转正常。

（4）拆下驾驶席侧电动座椅调节开关罩，拆下电动座椅调节开关线路插头，端子排列如图 2-112 所示。插上插头，用万用表电阻挡测量开关插头 B6 端子（红线）与 A1 端子的导通情况，按下向后开关，电阻为无穷大，接着检查开关插头 B6 端子（红线）与 A5 端子的导通情况，按下向前开关，电阻也为无穷大，说明前后调节开关卡死或接触不良，导致前后调节电动机不能工作。

（5）更换电动座椅前后调节开关后，电动座椅即可调节，故障排除了。

实例 2　奥迪 A6 轿车驾驶侧座椅高度调节失灵

故障现象：一辆行驶了 8 万 km 的奥迪 A6 轿车左前座椅高度无法调节。

故障检修：

（1）此车车主反映驾驶侧左前座椅高度无法调节，经过操作检查，故障现象确实存在。

（2）用 V.A.S5052 进入带记忆功能的座椅调节控制单元系统地址码为 36，进行故障查询，无故障。选择自诊断功能 08 键读取数据流，正常。

（3）根据故障现象及检查分析认为是执行元件故障，于是拆检座椅高度执行机构。拆检时发现执行机构减速器齿轮已打滑，应是电动机内部的塑料齿轮强度不够造成的。

（4）更换左前座椅高度调节电动机，故障排除。

任务小结

（1）电动座椅一般由若干个双向电动机、传动和执行机构、座椅开关及控制器等组成。电动座椅的调节分高度调节、滑动调节、靠背倾斜调节及头枕高度调节等。

（2）电动座椅的检修包括电动座椅开关的检测、熔断器继电器的检测、座椅电动机的检测以及传动机构机械运转情况的检测等。

任务 2.6 自动座椅的结构与检修

任务引入

一辆宝来轿车,配置的自动座椅调节无提示音,调节记忆功能失效。

任务目标

(1)熟悉自动座椅主要零部件的安装位置及外部构造,并理解它们的作用。

(2)理解自动座椅的工作原理,能够识读自动座椅电路图,并能够对自动座椅故障进行分析、检测并确认故障原因。

任务资讯

电动座椅在一定程度上提高了驾驶人与乘员的方便性和乘坐舒适性,但对驾驶人基本固定,偶尔有其他驾驶人使用车的情况下,固定的驾驶人就必须经常性地调节座椅的位置、椅背的倾斜角度等,自动座椅可较好地解决这个问题。目前许多中、高档轿车都已采用自动座椅的方案。宝来轿车自动座椅调节记忆功能失效,使驾驶人员调节座椅变成较麻烦的事情,学习和了解自动座椅的结构原理、电路控制,通过分析其控制电路并结合故障现象,才能制订出自动座椅常见故障的诊断维修计划,掌握其维修方法。

电动座椅的功能及操作方法

高级电动座椅的功能及操作方法(动画)

(一)自动座椅的功用

自动座椅是带存储功能的电动座椅,它能自动适应不同体型乘员乘坐舒适性的要求。驾驶人可以按照自身的意愿和实际需求进行相应的设定,并将设定信息存储在电动座椅 ECU 内,在需要时只要按动记忆按钮,就可以调整到设定的最舒适、最方便的位置,即实现电动座椅的自动调整功能。

(二)自动座椅主要零部件的结构及工作原理

1. 自动座椅主要零部件的结构

自动座椅的基本结构及驱动方式与普通电动座椅相似,不同之处是增加了一套电子控制系统。自动座椅主要由自动座椅开关(头枕、靠背、腰部、滑动、前垂直、后垂直)、转向柱倾斜与伸缩 ECU、位置传感器(头枕、靠背、

电动座椅系统的控制电路

滑动、前垂直、后垂直)、自动座椅 ECU 及电动机等组成,如图 2-113 所示。其在车上的布置如图 2-114 所示。

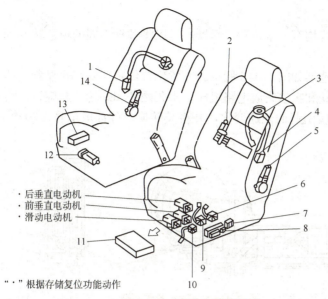

图 2-113 自动座椅的组成

1,4—头枕电动机;2—腰垫电动机;3—位置传感器(头枕);5—倾斜电动机和位置传感器;6—位置传感器(后垂直);
7—腰垫开关;8,13—自动座椅开关;9—位置传感器(前垂直);10—位置传感器(滑动);
11—自动座椅 ECU;12—滑动电动机;14—倾斜电动机

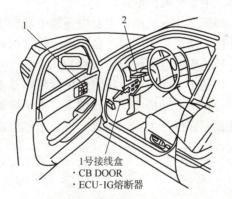

图 2-114 自动座椅的控制装置在车上的布置

1—驾驶位置存储和复位开关;2—倾斜与伸缩 ECU

1)转向柱倾斜与伸缩 ECU

转向柱倾斜与伸缩 ECU 从驾驶姿势存储和复位开关中接收到信号,便立即送出存储指令信号或位置信号给自动座椅 ECU 和外后视镜 ECU,以便控制自动调节系统的存储器和驾驶姿势。转向柱倾斜与伸缩 ECU 还能根据自动座椅 ECU 接收的存储结束信号和姿势调节完成信号,检查这些信号在两个 ECU 之间转换是否正确。

2)驾驶姿势存储和复位开关

驾驶姿势存储和复位开关通常安放在驾驶人容易操纵的车门装饰物上。操纵驾驶姿势存储和复位开关，座椅位置（如倾斜与伸缩转向柱、外后视镜、安全带的系紧等）即被存储于存储器内。驾驶姿势存储和复位开关会使座椅 ECU 调节两个预选座椅位置中的一个。

3）位置传感器

每个座椅调节装置均有一个位置传感器，可以将各种不同的位置转换成电信号，并送至自动座椅 ECU。

（1）靠背位置传感器如图 2-115 所示。靠背位置传感器安装在靠背电动机的驱动齿轮的外壳上，由永久磁铁和霍尔集成电路组成。永久磁铁和蜗轮一起旋转，霍尔集成电路将检测由永久磁铁旋转所引起的磁通变化，并将其转换成脉冲电信号（20 个 / 转），然后再送给自动座椅 ECU。

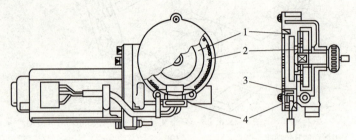

图 2-115　靠背位置传感器

1—永久磁铁；2—蜗轮；3—霍尔集成电路；4—靠背位置传感器

（2）电位计式滑动、垂直、头枕位置传感器如图 2-116 所示。位置传感器均被安装在每个调节装置的壳体内，主要有两种形式。

一种是电位计式，如图 2-116 所示，主要由座椅电动机驱动的齿轮、电阻丝及在其上滑动的滑块组成。电动机驱动座椅的同时，也驱动齿轮带动螺杆，驱动滑块在电阻丝上滑动，从而将座椅位置信号转变成电压信号输入给 ECU。

另一种是霍尔式，如图 2-117 所示。霍尔式位置传感器主要由永久磁铁、霍尔集成电路等组成。永久磁铁安装在由电动机驱动的转轴上，由于转轴的旋转而引起通过霍尔元件磁通量的变化，从而使霍尔元件产生霍尔电压，再经霍尔集成电路进行放大并处理，然后取出旋转的脉冲信号输入给 ECU。

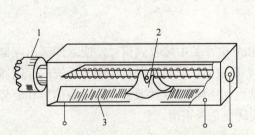

图 2-116　电位计式滑动、垂直、头枕位置传感器

1—齿轮；2—滑块；3—电阻丝

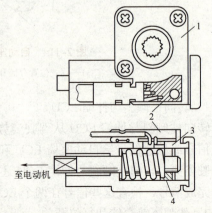

图 2-117　霍尔式滑动、垂直、头枕位置传感器

1—外壳；2—位置传感器；3—霍尔集成电路；4—永久磁铁

霍尔式滑动、垂直、头枕位置传感器都有一个永久磁铁（与电动机相连）和霍尔集成电路，其功用和原理与靠背位置传感器相同，所不同的是永久磁铁每转一周只产生一个脉冲电信号。

2. 自动座椅的工作原理

自动座椅电子控制系统由输入信号电路（座椅开关、位置传感器）、自动座椅 ECU 和执行机构的驱动电动机三大部分组成。LS400 轿车自动座椅电子控制系统原理如图 2-118 所示，可以完成对转向盘倾斜及伸缩调整、后视镜调整、座椅调整、安全带锁扣位置调整等功能。

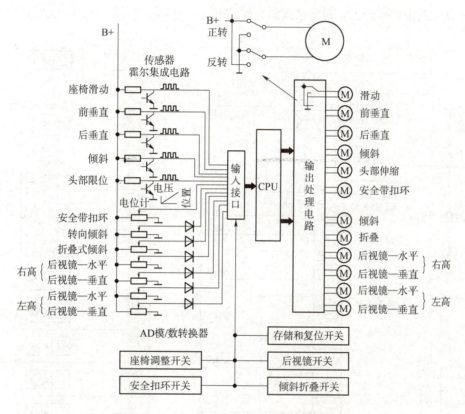

图 2-118　LS400 轿车自动座椅控制系统原理

1）输入信号电路的工作过程

座椅开关接通时，向 ECU 输入滑动、前垂直、后垂直、倾斜或头枕位置信号。存储开关可使座椅的滑动、前垂直、后垂直、倾斜或头枕调节位置存储在存储器中并复位。位置传感器（包括座椅位置传感器、后视镜位置传感器、安全带扣环传感器及转向盘倾斜传感器等）在驱动电动机工作时将相应的位置信号输入 ECU 即可。

2）ECU 的工作过程

ECU 包括输入接口、CPU 和输出处理电路等。CPU 接到输入信号后，对信号进行相应的处理（计算、逻辑判断等），并且按照既定的程序对执行器进行控制，最终使执行器工作，直到将相应元件送达目标为止。

3)电动机电路工作过程

自动座椅的执行机构主要包括座椅调节、后视镜调节、安全带扣环及转向盘倾斜调节等电动机。这些电动机均可灵活地进行正、反转,以执行各种装置的调节功能。自动座椅系统还备有手动开关,当手动操作开关时,各驱动电动机电路也可接通,输出转矩而进行各种调整。

(三)典型自动座椅的结构与使用

现代轿车采用的自动座椅基本上都具备了电动座椅、后视镜的记忆调整功能,部分高档轿车还具有转向柱的电动记忆调整功能。丰田LS400轿车自动座椅控制电路如图2-119所示,其主要由座椅开关、转向柱倾斜与伸缩ECU、位置传感器、座椅ECU等组成。

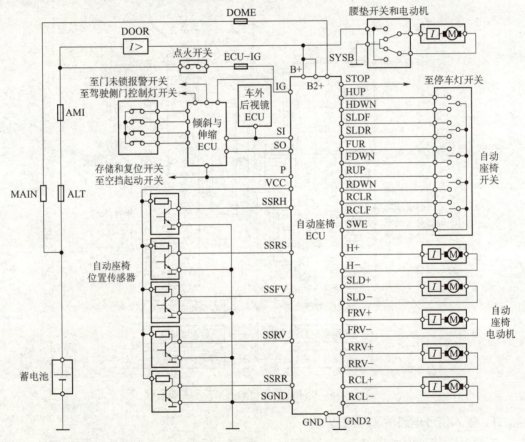

图2-119 丰田LS400轿车自动座椅控制电路

座椅开关接通时向座椅ECU输入滑动、前垂直、后垂直、倾斜或头枕位置信号。

转向柱倾斜与伸缩ECU将记忆和复位信号输送给座椅ECU。

驾驶位置存储和复位开关可使座位的滑动、前垂直、后垂直、倾斜或头枕调整位置存储在存储器中并可复位。

腰垫开关接受来自DOOR CB的电源,其接通时,电源输入腰垫电动机,开关控制电动机,开关没有接到ECU上,调整位置不能存储在复位用的存储器中。

自动座椅位置传感器将每个电动机（滑动、前垂直、后垂直、倾斜或头枕）位置信号送至座椅ECU，用于存储和复位。

电动机由来自座椅ECU或腰垫开关的电流驱动，用来直接驱动座椅的各个部分，每个电动机具有内设电路断路器。

座椅ECU控制自动座椅的电源通断、存储执行复位动作。当收到手动开和关的座椅调节信号后，ECU内部的继电器动作，控制电动座椅运动。也能根据从转向柱倾斜与伸缩ECU、位置传感器等送来的信号存储座椅位置。自动座椅ECU通过"A""B""C"三个连接器与外部相连，如图2-120所示，每个端子的名称及代号如表2-21所示。

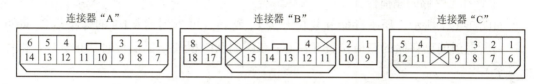

图2-120 丰田LS400轿车自动座椅ECU连接器

表2-21 丰田LS400轿车座椅ECU连接端子名称及代号

编号	代号	端子名称	编号	代号	端子名称	编号	代号	端子名称
A1	GND	搭铁	B2	SYSB	电源	B17	SO	串行通信
A2	H+	头枕电动机（向上）	B3	—	—	B18	SGND	传感器搭铁
A3	SLD+	滑动电动机（向前）	B4	SSRH	头枕传感器	C1	HUP	头枕开关（向上）
A4	FRV+	前垂直电动机（向上）	B5	—	—	C2	SLDF	滑动开关（向前）
A5	RRV+	后垂直电动机（向上）	B6	—	—	C3	RCLR	倾斜开关（向后）
A6	+B	电源	B7	—	—	C4	FUP	前垂直开关（向上）
A7	GND2	搭铁	B8	SI	串行通信	C5	RUP	后垂直开关（向上）
A8	H−	头枕电动机（向下）	B9	P	空挡起动开关	C6	SWE	手动开关接地
A9	SLD−	滑动电动机（向后）	B10	VCC	位置传感器电源	C7	HDWN	头枕开关（向下）
A10	BCL−	倾斜电动机（向下）	B11	IG	点火开关	C8	SLDR	滑动开关（向后）
A11	RCL+	倾斜电动机（向上）	B12	SSRR	倾斜传感器	C9	RCLF	倾斜开关（向前）
A12	FRV−	前垂直电动机（向下）	B13	SSRV	后垂直传感器	C10		
A13	RRV−	后垂直电动机（向下）	B14	SSFV	前垂直传感器	C11	FDWN	前垂直开关（向下）
A14	+B2	电源	B15	SSRS	滑动传感器	C12	RDWN	后垂直开关（向下）
B1	STOP	停车灯	B16					

由于驾驶人的体型不同和驾驶姿势不同，自动调节系统能在该ECU中存储两种不同的座椅位置（供选择），靠一"单触"开关的点动，ECU即可将座椅调节到驾驶人所期望的位置。座椅位置的存储及复位如下：

1）信息存储

接通点火开关（ON），变速杆置于停车P位置。利用适当的手动开关，将自动座椅、外后视镜、安全带、倾斜与伸缩转向柱置于所期望的位置。推入（压下）存储和复位开关 L_1 或 L_2，如图 2-121 所示，再推入（压下）SET 开关，此时，由各种开关将信号送至转向柱倾斜与伸缩 ECU。如 ECU 判定该系统需要存储信息，则进一步确定转向柱的位置和安全带的系紧（固定），并将此信号送至自动座椅 ECU 的外后视镜 ECU，当自动座椅 ECU 收到信号后，就将座椅位置存储于该 ECU 的存储器中，然后又将储存完成信号送回转向柱倾斜与伸缩 ECU。与此类似，外后视镜 ECU 存储外后视镜的位置，但没有储存完成信号返回。

2）选择已存储的座椅位置

如图 2-121 所示，压下存储和复位开关 L_1 或 L_2（可听到约 0.1 s 的蜂鸣声），即可选择到所期望的已存储的座椅位置（注意：在踩制动踏板和车辆运行时禁止选择，以保证安全）。

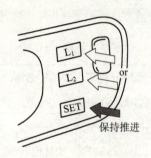

图 2-121 自动座椅选择存储位置图

3）座椅的位置控制

当点火钥匙插入点火开关的钥匙孔内，且将点火开关接通（ON），变速杆置于 P 位置时，只要按住存储和复位开关 L_1 或 L_2，即可重复被存储的信息（或状态），其重复过程是按图 2-122 的顺序进行的，即先将座椅①向后滑动→②靠背后倾→③靠背前倾→④转向盘上下倾斜、伸缩→⑤座椅向前滑动→⑥前后部垂直调节→⑦头枕位置上下调节的顺序进行自动调节至最舒适的位置（注：外后视镜的重复动作与①→⑦的顺序无关）。当点火钥匙从点火开关上拔出时，座椅位置的自动控制即会停止，且在驾驶人门被打开和保持打开之后 30 s 内停止（其工作过程与点火钥匙插入时基本相同，但直到点火钥匙再次插入时，转向柱倾斜与伸缩系统才能正常工作）。注意：在自动调节位置的控制期间，如操纵任一手动开关，自动调节则被取消（手动控制优先）。

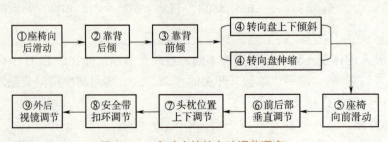

图 2-122 自动座椅的自动调节顺序

电动座椅常见故障诊断

任务实施

（一）自动座椅的检修

以丰田 LS400 轿车自动座椅为例，若座椅电动机运转而座椅不动，首先判断是否已到极限位置，然后检查电动机与变速器之间的相关轴是否磨损过大或损坏，必要时应更换；若电动机不工作，应检查电源线路、开关线路、电动机控制线路是否断路和搭铁是否牢固。之后进行如下检查：

（1）自动座椅开关检查：丰田 LS400 自动座椅开关及其连接器各端子的排序如图 2-123 所示，自动座椅开关各端子的导通情况如表 2-22 所示。若导通状况不符合规定要求，应更换开关。

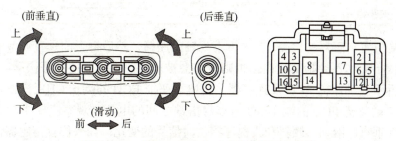

图 2-123　丰田 LS400 自动座椅开关及连接器

表 2-22　LS400 轿车自动座椅开关各端子的导通情

端子 开关位置	3	4	5	6	9	10	11	12	13	14	15	16
头枕向上									●———	———●———	———●	
头枕关闭									●———	———●		
头枕向下									●———	———●———	———●
滑动向前							●———	———●				
滑动关闭							●———	———●				
滑动向后							●———	———●				
前垂直向上					●———	———	———	———●				
前垂直关闭					●———	———●						
前垂直向下					●———	———	———	———●				
后垂直向上			●———	———	———	———●						
后垂直关闭			●———	———●								
后垂直向下			●———	———	———	———●						
向前倾斜	●———	———	———	———	———	———	———	———●				
倾斜关闭	●———	———●										
向后倾斜	●———	———	———	———	———	———	———	———●				

（2）腰垫开关的检测：腰垫开关共有 4 个端子，如图 2-124 所示，各端子的导通情况如表 2-23 所示，若导通状况不符合规定要求，应更换腰垫开关。

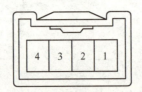

图 2-124 腰垫开关端子及连接器

表 2-23 腰垫开关的导通情况

开关位置 \ 端子	1	2	3	4
腰垫向前		●——	——●	●———————●
腰垫关闭	●——	——●		
腰垫松开		●——	——●	

（3）座椅位置传感器的检测：首先拆下驾驶人座椅，然后拆下前垂直调节器上的螺栓并将坐垫稍微抬高（不要抬得过高，否则坐垫会被拉出，也可能使夹箍松动）。从坐垫下面的固定处拆下自动座椅 ECU 及连接器。将电动座椅 ECU 的端子 CHK 搭铁，用模拟型电压表测量自动座椅 ECU 的端子 SO 与车身搭铁之间的电压。观察座椅手动开关分别打到前垂直、后垂直、滑动、倾斜和头枕等挡位时信号的变化。如果位置传感器信号随座椅移动的信号变化不正常，则需更换位置传感器。

（二）自动座椅的调整

不同类型的电动座椅其调整方法不尽相同。下面以国产大众宝来轿车的电动座椅为例介绍自动座椅的调整。

宝来轿车的驾驶人座椅具有记忆功能，座椅和后视镜的位置、状态被存储在存储器中，可电动调节。更换驾驶人后，座椅、后视镜将移动到所需的位置。倒车时，右侧后视镜的角度也会根据驾驶人的不同做出调整。记忆系统被人为关闭后，座椅和后视镜还可以手动调整。当蓄电池断开后，所有已存储的座椅和后视镜的设置都将丢失，每一个记忆按钮上设置的新值都将取代原来的数据。

宝来轿车正常驾驶状态和倒车状态的座椅位置、后视镜角度需要分别进行设置，每个状态的设置都要执行初始化、存储设置和激活等步骤。其自动座椅的调整设置过程如下：

（1）存储系统初始化。按下红色开关按钮，打开驾驶人侧车门，打开点火开关，向前移动座椅直到停止。

（2）存储正常驾驶状态的座椅和后视镜位置。打开点火开关，调节座椅位置，再先左后右调节两侧后视镜，全部调节完成后，按下记忆按钮并保持 3 s，直到听见确认信号。

（3）存储倒车状态的后视镜设置（这项操作要在座椅、后视镜的调节存储完成后才能进行）。打开点火开关，将后视镜开关调到右后视镜，挂入倒挡，按倒车需要调节右侧后视镜位置，设置完成后按下记忆按钮，并保持 3 s，直到听见确认信号。重新分配遥控钥匙对应的记忆按钮，存储座椅和后视镜设置完成后，只有 10 s 用于遥控钥匙按钮的分配。

（4）将遥控点火钥匙从点火开关中拔出，按下遥控器的开门按钮并保持至少 1 s，直到听见确认信号。

（5）激活用于正常驾驶的座椅和后视镜设置（点火开关关闭情况下）。记忆按钮和遥控器都可用来激活存储的位置，其方法有：在驾驶人车门打开时，快速按一下所需的记忆按钮，座椅和后视镜将自动移动到存储的位置；当驾驶人车门打开或关闭时，按下所需的记忆按钮，直到座椅和后视镜自动移动到存储的位置；在车门锁上时，快速按下遥控钥匙的打开按钮，然后打开驾驶人车门，座椅和后视镜将自动移动到存储的位置。

（6）激活倒车状态的后视镜设置，将后视镜转换开关置于右侧后视镜位置，挂入倒挡，右侧后视镜将自动移动到存储的位置。一旦脱出倒挡，右侧后视镜就会回到正常行驶的状态位置。

（三）典型轿车电动座椅故障的检修方法（以丰田皇冠轿车为例）

丰田皇冠轿车前排电动座椅的常见故障现象有以下几种：电动座椅不动、电动座椅不能滑动、电动座椅前端不能垂直升降、电动座椅后端不能垂直升降、靠背不动。

1. 电动座椅不工作，调节失效故障

故障原因：一般是座椅继电器、熔断器损坏，电源线路有断路或座椅线路搭铁不良。也可能是电动座椅开关各操作位置的导通不良，前排电动座椅电动机有故障。

故障检查与排除：

（1）检查电源电路。用万用表测量正极端子与车身接地点（负极）的电压，其正常值应为 12 V（蓄电池电压），如电压值不符，则应检查蓄电池电压、正极端子前的熔断器盒及熔断器是否断路，检查正极端子与蓄电池正极间的线束是否短路或断路。

（2）检查熔断器盒接地电路。用电阻表检查负极端子与搭铁点之间是否导通，正常情况应导通，否则应检查熔断器盒插接件及搭铁点之间的连接是否牢固。

（3）检查熔断器盒。用电阻表检查熔断器正、负极端子间是否导通，正常情况下应导通，否则应更换熔断器。

（4）检查前排电动座椅开关，从前排电动座椅开关上拔下线束插接件，按照接头通断位置检查开关在各操作位置的导通情况，如果不符，则需要更换或修理开关。

2. 检查前排电动座椅各个方向的电动机

（1）检查滑动电动机，滑动电动机处有两个连接头，检查时把蓄电池正极和负极分别接到这两个连接头上，使座椅滑动到前止点位置，在 4～60 s 应能听到继电器工作时的声音，然后交换蓄电池极性，大约 60 s 后座椅应开始后移，若不符合要求，则应更换电动机。

（2）检查前端升降电动机。前端升降电动机处有两个连接头，检查时把蓄电池正极和负极分别接到这两个连接头上，使座椅前端上升到上止点位置，此后 4～60 s 应听到继电器工作的声音，然后交换蓄电池极性，大约 60 s 后座椅开始下降，若不符合要求，则应更换电动机。

（3）检查后端升降电动机。后端升降电动机处有两个连接头，检查时把蓄电池正极和负极分别接到这两个连接头上，使座椅后部上升，当上升到上止点位置后 4～60 s 应听到继电器工作的声音，然后交换蓄电池极性，大约 60 s 后座椅后部应开始下降，若不符合要求，则应更换电动机。

（4）检查靠背倾斜调整电动机。靠背倾斜调整电动机处有两个连接头，检查时把蓄电池正极和负极分别接到这两个连接头上，使靠背向前倾斜到止点位置，4～60 s 时应听到继电器工作的声音，交换蓄电池极性大约 60 s 后，靠背应向后倾斜，若不符合要求，则应更换电动机。

企业案例

实例 1 宝来电动座椅调节无提示音、调节记忆功能失效

故障现象：该车电动座椅调节无提示音，调节记忆功能失效。

故障检修：

（1）使用故障诊断仪 V.A.S5051 检测，发现有两个故障码：01335（驾驶人座位 / 后视镜位置控制单元故障）；01336（舒适系统数据总线故障）。

（2）根据故障现象及检测的结果进行分析，可能是座椅控制单元损坏，也可能是数据总线线路接触不良或断路。

（3）更换了座椅控制单元，经实验故障依旧，最后根据电路图重新查找故障。发现座椅控制单元插头 T10u/9 脚与数据总线 CAN-H 之间连接电阻为无穷大（见图 2-125），说明该控制线已断路，自动座椅与其他控制单元的信息交流也中断了，因为 CAN 是各控制单元之间信息共享的通道。

（4）用导线连接座椅控制单元 T10u/9 脚与舒适系统控制单元，座椅记忆功能恢复，故障排除。

实例 2 一辆丰田 LS400 轿车座椅的自动调整功能消失，座椅的位置需手动调整

故障现象：一辆 1994 年产丰田 LS400 轿车，驾驶人反映该车座椅的自动调整功能消失，座椅的位置需手动调整。

故障检修：

（1）查阅 LS400 自动座椅线路图（见图 2-119），对手动可调整控制座椅动作的特点进行分析，能引起驾驶座椅位置存储和复位开关功能消失的原因有：驾驶座椅位置存储和复位开关故障；驾驶座椅位置存储和复位开关线路故障；倾斜与伸缩 ECU 故障及自动座椅 ECU 故障。

（2）控制 ECU 故障率低，暂不考虑，决定从存储和复位开关、线路开始检查。存储和复位开关位于左前车门上，与安全带控制开关在一起。拆检车门和驾驶室间线路（车门上的控制开关与驾驶室内 ECU 连接线是易发生故障的部位）。经检查，导线套在胶皮套内，开关车门，整个导线变形不大，分析导线不应有问题。因此判断故障原因是驾驶座椅存储和复位开关有故障。

（3）取下存储和复位开关，断开其上的连接导线，将存储和复位开关解体，发现控制板上的几个触点发暗，用橡皮将其擦亮，装复后再试，故障排除。

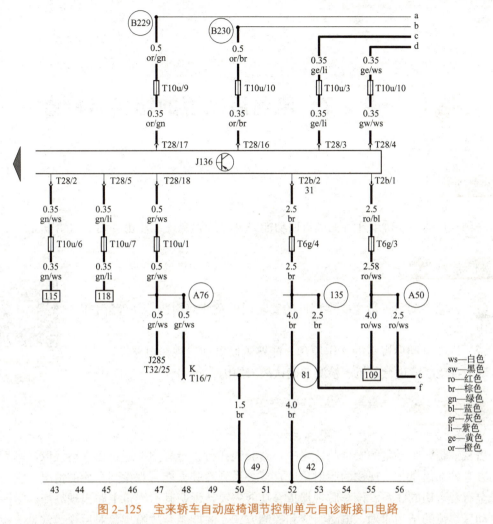

图 2-125 宝来轿车自动座椅调节控制单元自诊断接口电路

J136—带记忆功能的座椅调节控制单元（在驾驶人座椅下）；J285—带显示器的控制单元（在组合仪表内）；

T2b—插头（2 孔）；T6g—插头（6 孔，在驾驶人座椅下）；T10u—插头（10 孔，左侧 A 柱分线器）；

T16—插头（16 孔，在仪表板中部，自诊断接口）；T28—插头（28 孔）；T32—插头（32 孔，蓝色）；

㊷—接地点，在转向柱旁；㊾—接地点，在转向柱上；⑧⃝1—接地连接 -1-，在仪表板线束内；

⑬⃝5—接地连接 -2-，在仪表板线束内；Ⓐ50—正极连接（30a），在仪表板线束内；

Ⓑ229—连接（High-Bus），在车内线束内；Ⓑ230—连接（Low-Bus），在车内线束内

任务小结

（1）自动座椅采用 CPU 控制，它能将选定的座椅调节位置进行存储，使用时只要按指定的按键开关，座椅就会自动调节到预先选定的座椅位置上。

（2）自动座椅的检修包括自动座椅开关的检测、ECU 的检测、座椅电动机的检测以及传动机构机械运转情况的检测等。

任务 2.7　电动后视镜的结构与检修

 任务引入

一辆马自达 M6 轿车外后视镜折回功能失灵，但后视镜镜片角度调节功能正常。

 任务目标

（1）熟悉电动后视镜主要零部件的安装位置及外部构造，并理解它们的作用。

（2）理解电动后视镜的工作原理，能够识读电动后视镜电路图，能够对电动后视镜故障进行分析、检测并确认故障原因。

电动后视镜的操作方法

 任务资讯

后视镜是汽车必备的安全装置之一，驾驶人在行车过程中，通过后视镜获取汽车后方和侧方等外部信息。后视镜的照射角度直接关系到驾驶人能否观察到车后的情况，它与行车安全有着密切的联系。该车后视镜折叠功能失灵，说明其后视镜电路出现故障。学习掌握电动后视镜的结构原理、电路组成和控制方式，才能结合故障现象对后视镜常见故障进行检修。

（一）电动后视镜的种类和功用

后视镜有很多种，其安装位置、形状、功能及操纵方式各有不同。其分类如表 2-24 所示。为了便于驾驶人调整后视镜，许多轿车安装了电动后视镜，驾驶人可通过控制开关来调整后视镜的角度，以达到观察车后情况的最佳位置。

有的电动后视镜还带有加热除霜功能、伸缩折叠功能和存储记忆功能。

带有加热功能的后视镜，冬季后视镜结霜或冻冰后，只要打开后风窗除霜开关，电动后视镜也会开始加热，后视镜上的霜、冰很快就会消失，这样会给驾驶人带来极大的方便。

具有折叠功能的后视镜，在通过狭窄路段或路边停车时可以收缩折叠起来，不仅可以保护镜面，有效地避免了剐蹭，提高了汽车的通过性，还可以缩小停车泊位空间。

具有存储记忆功能的后视镜，如迈腾轿车的后视镜在正常行驶中随座椅记忆位置 1、2、3 分别配对记忆后视镜位置，之外在倒车和挪车（低速）前进时后视镜还会下翻，可将后轮与路边路况看得更清楚。进入正常前进行驶，速度超过 15 km/h 时，后视镜会转为正常状态。

表 2-24 电动后视镜的分类

分类方式	类型	特点	安装位置
按安装位置不同	内后视镜	用于驾驶人观察车内部情况或者透过后门窗观察汽车后方的道路状况	一般装在驾驶室内的前上方
	外后视镜	用于驾驶人观察道路两侧后方情况	一般装在车门或者前立柱附近
	下视镜	用于驾驶人观察车前或车后地面的情况	安装在车身外部的车前或车后部位
按镜面形状不同	平面镜	镜面为一平面,通过其观察到的物体映像不会失真,可以真实反映车后物体的外形和实际距离。后视范围小,视觉盲区过大	常用作内后视镜
	球面镜	镜面为一球面,后视范围大,但是后视物体映像缩小失真,不能真实反映车后物体大小和实际距离	常用作外后视镜和下视镜
	双曲率镜	镜面球面部分采用较大的曲率半径,基本上解决了失真和盲区的问题,兼具前两者的优点,但是其制造工艺复杂,成本昂贵	主要用作驾驶人侧的后视镜
按防炫目功能不同	普通内后视镜	多为反射膜是铝或银的平面镜,其结构简单、成本低,但无夜间行车时防炫目功能	
	防炫目型内后视镜	棱形防炫目内后视镜:镜表面与镜里面反射膜的反射率不同。白天使用里面反射膜来反射光线,反射率为70%~80%;夜间则使用镜表面反射膜,反射率为4%~5%,只需将内后视镜转动一个角度,既可看见后面的车灯,又避免炫目	
		平面防炫目内后视镜:由两块平面玻璃组成,一块是透明的表面镜片,另一块是涂上反射膜的内镜片。白天行车时表面镜片与内镜片平行,反射率为80%以上;夜间行车时使表面镜片和里面镜片成一定角度形成棱形镜,反射率为4%,从而起到防炫目作用	
		液晶式防炫目后视镜:在两块透明平面玻璃之间夹一块液晶。白天使用时,液晶片的电源不接通,玻璃的透明度大,反射率可达80%以上;夜间使用时,接通液晶片的电源,玻璃透明度下降,反射率降低,从而起到防炫目功能。液晶的电源开关可以由驾驶人通过按钮控制,也可以用光电元件组成的控制开关根据白天与夜间光通量的不同来自动控制。液晶式防炫目内后视镜已得到普遍应用	
按操纵方式不同	普通外后视镜	普通外后视镜为机械式结构,驾驶人用手来调整后视镜的上、下、左、右镜面角度;或驾驶人操纵车厢内的手柄,通过2或3根软轴的推拉传递力来改变外后视镜的角度;或后视镜的调整机构装在车门内板上,结构为杠杆式,驾驶人操纵车厢内的手柄,通过杠杆传递力来改变外后视镜的角度	
	电动后视镜	电动后视镜的调整机构包括两个小型直流电动机、减速齿轮和离合器等。驾驶人通过车厢内的按钮即可调整外后视镜的角度。此种机构操作方便,安全可靠,多用于中、高级轿车上	

（二）电动后视镜的结构组成

电动后视镜调节一般是指车外两侧后视镜的调节。电动外后视镜主要由镜面玻璃、电动机、操纵开关、传动机构、外壳和线束等组成，其结构如图2-126（a）所示。

电动后视镜镜片背后有两套永磁电动机和驱动器（传动机构），安装在后视镜壳体里。两个永磁电动机均可正反转，可操纵后视镜上下和左右转动。镜面垂直方向倾斜度用一个电动机控制，镜面水平方向倾斜度用另一个电动机控制。也有的后视镜中还装有第三套电动机，用来控制后视镜的折叠。

操纵开关由选镜开关和调整开关组成，一般安装在转向盘左侧前门的内饰板上，图2-126（b）所示为迈腾轿车电动后视镜操纵开关。将后视镜操纵开关逆时针转至L或顺时针转至R，可以选择左、右后视镜。图2-126（c）所示为凯美瑞200G豪华版轿车电动后视镜操纵开关。

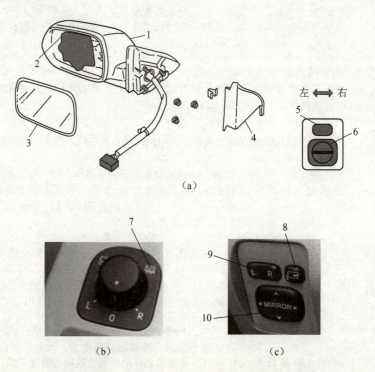

图2-126　电动后视镜结构及控制开关

（a）电动后视镜结构；（b）迈腾轿车电动后视镜操纵开关；（c）凯美瑞200G豪华版轿车电动后视镜操纵开关
1—电动后视镜；2—驱动电动机；3—电动后视镜片固定架；4—后视镜安装罩；5—左右调整开关；
6—后视镜开关；7—加热除霜开关；8—后视镜折叠开关；9—透镜开关；10—调整开关

工作时，操纵后视镜操纵开关，可以改变电动机电路电流的流向，进而变换电动机旋转方向，实现驾驶室左、右两侧后视镜垂直倾斜或左右偏转，达到调节后视镜位置的目的。

后视镜中每个电动机均带有一个自动复位电路继电器，当后视镜到达行程极限位置时，自动复位电路继电器便将电路断开，使电动机停转。

（三）典型轿车电动后视镜的工作原理

安装有电动后视镜的轿车，驾驶人只需操纵开关便能将车外面的后视镜调整到合适的位置。下面介绍两款典型轿车电动后视镜的工作原理。

1. 丰田威驰轿车电动后视镜的工作原理

丰田威驰轿车电动后视镜开关与凯美瑞200G电动后视镜开关相同，如图2-126（c）所示，丰田威驰轿车电动后视镜工作电路如图2-127所示。后视镜开关的8号端子连接点火开关控制的电源线，后视镜开关的7号端子是搭铁线。每个后视镜有两个电动机分别调整后视镜左右摆动和上下摆动，电动机均由组合开关控制，选择开关部分用于选择左、右后视镜，调整开关部分用于调整向上、下、左、右摆动。

电动后视镜组成及
工作原理图

电动后视镜组成及
工作原理图（动画）

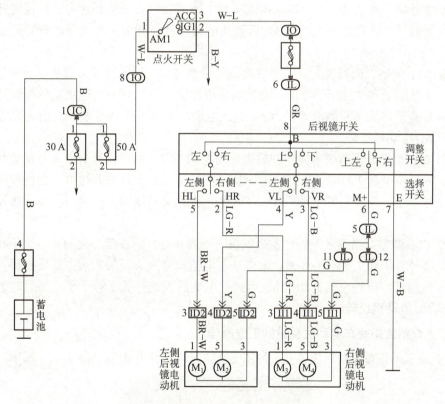

图2-127 丰田威驰轿车电动后视镜的工作电路

左后视镜工作电路：

（1）向上调整。当驾驶人操作左后视镜向上调整时，后视镜开关的8号端子和4号端子导通，6号端子和7号端子导通，电流从蓄电池流经点火开关到达电动后视镜开关8号端子、4号端子，流经左侧电动机M_2后到达电动后视镜开关6号端子，而后通过7号端子搭铁。

（2）向下调整。当驾驶人操作左后视镜向下调整时，后视镜开关的8号端子和6号端子导通，4号端子和7号端子导通，电流从蓄电池流经点火开关到达电动后视镜开关8号端子、6号端子，流经左侧电动机M_2后到达电动后视镜开关4号端子，而后通过7号端子搭铁，M_2 电动机反转。

（3）向左调整。当驾驶人操作左后视镜向左调整时，后视镜开关的 8 号端子和 5 号端子导通，6 号端子和 7 号端子导通，电流从蓄电池流经点火开关到达电动后视镜开关 8 号端子、5 号端子，流经左侧电动机 M_1 后到达电动后视镜开关 6 号端子，而后通过 7 号端子搭铁。

（4）向右调整。当驾驶人操作左后视镜向下调整时，后视镜开关的 8 号端子和 6 号端子导通，5 号端子和 7 号端子导通，电流从蓄电池流经点火开关到达电动后视镜开关 8 号端子、6 号端子，流经左侧电动机 M_1 后到达电动后视镜开关 5 号端子，而后通过 7 号端子搭铁，M_1 电动机反转。

右后视镜工作电路：

（1）向上调整。当驾驶人操作左后视镜向上调整时，后视镜开关的 8 号端子和 3 号端子导通，6 号端子和 7 号端子导通，电流从蓄电池流经点火开关到达电动后视镜开关 8 号端子、3 号端子，流经左侧电动机 M_4 后到达电动后视镜开关 6 号端子，而后通过 7 号端子搭铁。

（2）向下调整。当驾驶人操作左后视镜向下调整时，后视镜开关的 8 号端子和 6 号端子导通，3 号端子和 7 号端子导通，电流从蓄电池流经点火开关到达电动后视镜开关 8 号端子、6 号端子，流经左侧电动机 M_4 后到达电动后视镜开关 3 号端子，而后通过 7 号端子搭铁，M_4 电动机反转。

（3）向左调整。当驾驶人操作左后视镜向左调整时，后视镜开关的 8 号端子和 2 号端子导通，6 号端子和 7 号端子导通，电流从蓄电池流经点火开关到达电动后视镜开关 8 号端子、2 号端子，流经左侧电动机 M_3 后到达电动后视镜开关 6 号端子，而后通过 7 号端子搭铁。

（4）向右调整。当驾驶人操作左后视镜向下调整时，后视镜开关的 8 号端子和 6 号端子导通，2 号端子和 7 号端子导通，电流从蓄电池流经点火开关到达电动后视镜开关 8 号端子、6 号端子，流经左侧电动机 M_3 后到达电动后视镜开关 2 号端子，而后通过 7 号端子搭铁，M_3 电动机反转。

2. 大众新宝来轿车电动后视镜的工作原理

大众新宝来轿车电动后视镜开关如图 2-128 所示，工作电路如图 2-129 所示。

图 2-128　大众新宝来轿车电动后视镜开关

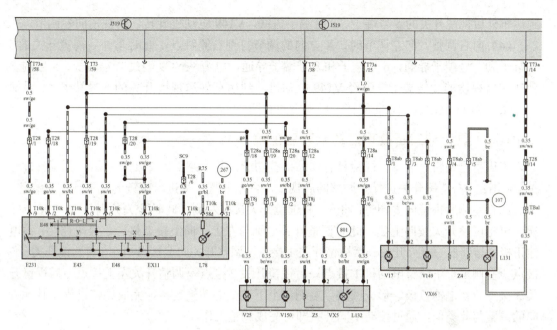

图 2-129　大众新宝来轿车电动后视镜工作电路

J519—车载电网控制单元；EX11—车外后视镜调节；E43—后视镜调节开关；E48—后视镜调节转换开关；E231—车外后视镜加热按钮；L78—后视镜调节开关照明灯泡；267 107 801—接地点；VX5—右侧车外后视镜；V25—右侧车外后视镜调节电动机 2；V150—右侧车外后视镜调节电动机；Z5—右侧可加热式车外后视镜；L132—右侧后视镜报警灯泡；VX66—左侧车外后视镜；V17—左侧车外后视镜调节电动机 2；V149—左侧车外后视镜调节电动机；Z4—左侧可加热式车外后视镜；L131—左侧后视镜报警灯泡

在图 2-129 中，开关 E48 是用来选择车外后视镜的，如果调节左后视镜，开关打到"L"侧触点；如果调节右后视镜，开关打到"R"触点。控制 Y 方向的调节，即上下调节；控制 X 方向的调节，即左右调节。

以左后视镜调节来说明工作电路，右视镜原理相同。当驾驶人要调节左后视镜时，E48 开关打到"L"触点。

（1）向上调整。向上调节时，Y 方向的调节打到左侧触点，此时车外后视镜开关的 5 号端子和 7 号端子导通，4 号端子和 8 号端子导通，电流从 SC9 经过 7 号端子、5 号端子到达左后视镜的 2 号端子，流经 V17 电动机，到达车外后视镜开关的 4 号端子、8 号端子搭铁，V17 电动机旋转，后视镜向上调节。

电动后视镜开关工作原理

（2）向下调整。向下调节时，Y 方向的调节打到右侧触点，此时车外后视镜开关的 4 号端子和 7 号端子导通，5 号端子和 8 号端子导通，电流从 SC9 经过 7 号端子、4 号端子到达左后视镜的 1 号端子，流经 V17 电动机，到达车外后视镜开关的 5 号端子、8 号端子搭铁，V17 电动机反方向旋转，后视镜向下调节。

电动后视镜开关工作原理（动画）

（3）向左调整。向左调节时，Y 方向的调节打到左侧触点，此时车外后视镜开关的 6 号端子和 7 号端子导通，5 号端子和 8 号端子导通，电流从 SC9 经过 7 号端子、6 号端子到达左后视镜的 3 号端子，流经 V149 电动机，

电动后视镜的故障分析

到达车外后视镜开关的 5 号端子、8 号端子搭铁，V149 电动机旋转，后视镜向左调节。

（4）向右调整。向左调节时，X 方向的调节打到右侧触点，此时车外后视镜开关的 5 号端子和 7 号端子导通，6 号端子和 8 号端子导通，电流从 SC9 经过 7 号端子、5 号端子到达左后视镜的 2 号端子，流经 V149 电动机，到达车外后视镜开关的 6 号端子、8 号端子搭铁，V149 电动机反方向旋转，后视镜向右调节。

（四）具有伸缩折叠功能的电动后视镜

丰田皇冠型轿车电动后视镜具有伸缩折叠功能，其电路如图 2-130 所示，其调整过程是：先用左/右选镜开关选择要调整的后视镜，再用调整开关进行该镜的上下或左右调整。

如将左侧后视镜向上调整：将左/右选镜开关按向左侧，此时开关分别与 7、8 接点接通，再将调整开关按向上侧，此时调整开关分别与左上、向上接点接合。其电路为：蓄电池正极→熔断器→点火开关→后视镜开关 1 接点→调整开关向上接点→左/右选镜开关→7 接点→左侧镜上下调整电动机 1 接点→后视镜开关 2 接点→调整开关左上接点→后视镜开关 3 接点→蓄电池负极，形成回路，左侧镜上下调整电动机运转，完成调整过程。其他方向的调整与此类似，通过按动不同开关即可完成调整工作。

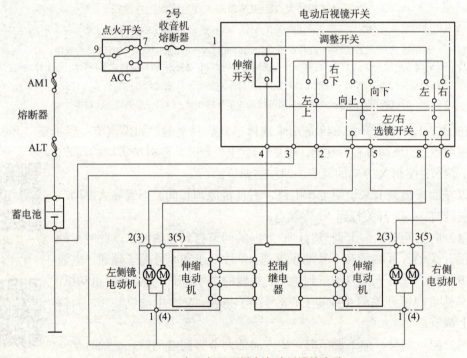

图 2-130　丰田皇冠型轿车电动后视镜电路

电动后视镜伸缩时，按下伸缩开关，控制继电器动作，控制左右伸缩电动机工作，完成左右后视镜的伸缩功能。

（五）带有存储记忆功能的电动后视镜

目前很多中、高级轿车的后视镜镜面调节设计与驾驶人座椅、转向盘构成一个系统，每个驾驶人可根据个人身高与驾驶习惯的不同来调节后视镜的最佳视角，座椅、转向盘最佳舒适位置，然后进行记忆储存。LS400型轿车有存储功能的电动后视镜系统主要由后视镜开关、后视镜ECU、驾驶位置存储和复位开关及电动机等组成，其结构及部件在车上的位置如图2-131所示，电路如图2-132所示。

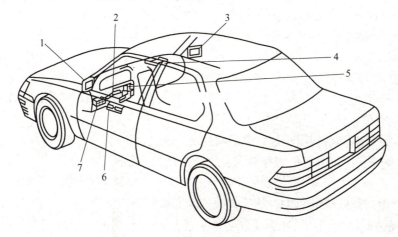

图2-131 LS400型轿车电动后视镜系统元件位置图

1—左后视镜；2—倾斜与伸缩ECU；3—右后视镜；4—外后视镜ECU；5—点火开关；
6—驾驶位置存储和复位开关；7—后视镜开关

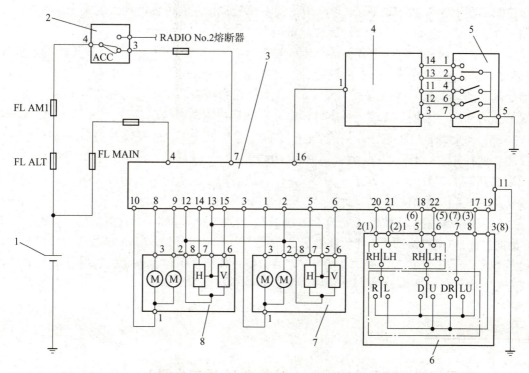

图2-132 LS400有存储功能的电动后视镜电路

1—蓄电池；2—点火开关；3—外后视镜ECU；4—倾斜与伸缩ECU；5—驾驶位置存储和复位开关；
6—后视镜开关；7—右后视镜电动机；8—左后视镜电动机

后视镜开关 6 向车外后视镜 ECU 发送左右、上下的信号。车外后视镜 ECU 3 经 FL MAIN 熔断器和 2 号收音机（RADIO No.2）熔断器供电。它和倾斜与伸缩 ECU、后视镜开关、各后视镜电动机和地线连接。驾驶位置存储和复位开关通过倾斜与伸缩 ECU 存储和复位信号，并送至车外后视镜 ECU。后视镜电动机由车外后视镜 ECU 的电流控制，直接移动后视镜各零件；在进行存储和复位操作时，电动机中带的位置传感器把有关电动机位置的信号送入 ECU 存储起来。

丰田 LS400 后视镜开关有拨钮开关（选镜）和按钮开关，拨钮开关有"LH"（左）和"RH"（右）两个位置，按钮开关有上、下、左、右 4 个位置。当将拨钮开关拨至"LH"（左）位置时，此时再按按钮开关的上、下、左、右 4 个位置可调节左侧后视镜，使左侧后视镜分别向上、向下、向左、向右位置转动；当将拨钮开关定至"RH"（右）侧时，再按按钮开关的上、下、左、右 4 个位置，可调右侧后视镜，使右侧后视镜分别向上、向下、向左、向右位置转动。此外，当驾驶人侧车门上的驾驶位置存储和复位开关接通（按下）时，车外后视镜调节好位置，通过车外后视镜 ECU 的端子 16 传到倾斜与伸缩 ECU，倾斜与伸缩 ECU 将该位置记忆储存，在需要时再通过车外后视镜 ECU，使后视镜恢复原来调节的位置。

以右后视镜调整为例，说明其工作过程。将后视镜开关的拨钮开关拨向"RH"（右）侧时，此时选择开关 RH 接通，即控制右侧后视镜。

(1) 向左调整。将按钮开关的"LEFT"（向左）位置按下，后视镜开关的端子 2 与 3 接通，端子 7 与 8 接通。车外后视镜 ECU 的端子 19 与 20 导通，当 ECU 接收到该信号后，即控制其端子 3 为 12 V，端子 1 为 0 V，使右侧后视镜左右位置电动机的端子 1 为 12 V，端子 3 为 0 V，电动机 M 逆时针旋转，带动右侧后视镜向左转动。

(2) 向右调整。将按钮开关的"RIGHT"（向右）位置按下，后视镜开关的端子 2 与 8 接通，端子 3 与 7 接通。车外后视镜 ECU 的端子 17 与 20 导通，当 ECU 接收到该信号后，即控制其端子 1 为 12 V，端子 3 为 0 V，使右侧后视镜左右位置电动机的端子 3 为 12 V，端子 1 为 0 V，电动机 M 顺时针旋转，带动右侧后视镜向右转动。

(3) 向上调整。将按钮开关的"UP"（向上）位置按下，后视镜开关 6 的端子 3 与 5 接通，端子 7 与 8 接通。车外后视镜 ECU 的端子 18 与 19 导通，当 ECU 接收到该信号后，即控制其端子 2 为 12 V，端子 3 为 0 V，使右侧后视镜上下位置电动机的端子 2 为 12 V，端子 1 为 0 V，电动机 M 顺时针旋转，带动右侧后视镜向上转动。

(4) 向下调整。将按钮开关的"DOWN"（向下）位置按下，后视镜开关的端子 5 与 8 接通，端子 3 与 7 接通。车外后视镜 ECU 的端子 17 与 18 导通，当 ECU 接收到该信号后，即控制其端子 3 为 12 V，端子 2 为 0 V，使右侧后视镜上下位置电动机的端子 1 为 12 V，端子 2 为 0 V，电动机 M 逆时针旋转，带动右侧后视镜向下转动。

任务实施

（一）后视镜调节开关的拆装（以奥迪 A6 轿车为例）

1. 带手动变速器的后视镜调节开关的拆装

如图 2-133 所示，拆卸带手动变速器的后视镜调节开关时，将中央副仪表板嵌板连同变速杆护套一同向上撬出，用手从下向上将后视镜调节开关从中央副仪表板上压出，拔下后视镜调节开关上的供电插头。

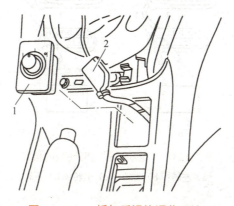

图 2-133　拆卸后视镜调节开关

1—后视镜调节开关；2—供电插头

安装后视镜调节开关按与拆卸相反的顺序进行。安装时注意不要弄丢后视镜调节开关前、后的定位夹。

2. 带自动变速器的后视镜调节开关的拆装

向上撬下中央副仪表板嵌板，将一把螺丝刀小心插入中央副仪表板两个固定螺栓右侧的开口内，碰到后视镜调节开关的下部后，轻压螺丝刀，从下向上撬下后视镜调节开关，拔下后视镜调节开关上的供电插头。

安装后视镜调节开关按与拆卸相反的顺序进行。安装时注意不要弄丢后视镜调节开关前、后的定位夹。

（二）电动后视镜的检修

电动后视镜如有故障，直接表现是后视镜不能被操纵或后视镜部分功能失常，此时可进行如下检查。

如果后视镜都不能动作，主要是由熔断器装置损坏、电源线路断路、搭铁线路断路或控制开关故障引起的。首先检查熔断器和断电器（过载保护），然后用万用表测试开关总成线头有无脱落、松动，再检查电源线路或搭铁线路是否正常，最后检查控制开关好坏。如果开关完好，则应用 12 V 电源的跨接线检查电动机的工作情况，接线换向时，电动机应反向转动。

下面以丰田 LS400 轿车为例进行电动后视镜系统的检测。

1. 电动后视镜电动机的检测

将蓄电池正、负极导线分别接到电动后视镜端子 3、端子 1，如图 2-134（a）所示，这时后视镜应转向左侧。将蓄电池电极交换，如图 2-134（b）所示，这时后视镜电动机应转向右侧。

将蓄电池正、负极导线分别接到端子 2、端子 1，如图 2-134（c）所示，这时后视镜应转向上侧。将蓄电池电极交换，如图 2-134（d）所示，这时后视镜电动机应转向下侧。

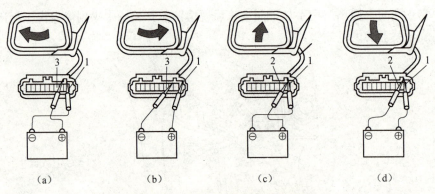

图 2-134　电动后视镜电动机的检测
(a) 左转；(b) 右转；(c) 上转；(d) 下转

2. 电动后视镜位置传感器的检测

在检测前，从插接器外壳上拆下端子 1、2、3、5 和 8。

1) 电动后视镜上下位置传感器的检测

如图 2-135 所示，先将 3 个 1.5 V 的干电池串联，将干电池的正、负极导线分别接到端子 5 和端子 8，将电压表的正、负极导线分别接到端子 6 和端子 8，将蓄电池电压加在端子 1 和 2 端子之间。

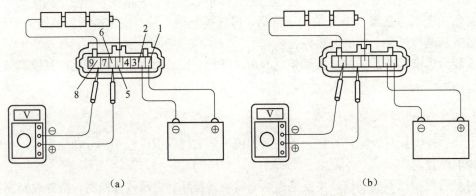

图 2-135　电动后视镜上下位置传感器的检测
(a) 高位测试；(b) 低位测试

当后视镜在最高位置（蓄电池电极如图 2-135（a）所示）和最低位置（蓄电池电极如图 2-135（b）所示）之间移动时检查电压应随之逐渐变化，最高位置的电压应为 0~0.9 V，最低位置的电压应为 2.8~5.0 V，如果检测电压不符合规定，则应更换后视镜总成。

2) 电动后视镜左右位置传感器的检测

如图 2-136 所示，将干电池的正、负极导线分别接到端子 5 和端子 8，将电压表的正、负极导线分别接到端子 7 和端子 8，将蓄电池电压加在端子 1 和端子 3 之间。当后视镜在最左位置（蓄电池电极如图 2-136（a）所示）和最右位置（蓄电池电极如图 2-136（b）所示）之间移动时，检查电压应随之逐渐变化，左镜最左位置的电压应为 2.8~5.0 V，最右位置的电压应为 0 ~ 0.9 V；右镜最左位置的电压应为 0 ~ 0.9 V，最右位置的电压应为 2.8 ~ 5.0 V。如果检测不符合规定，则应更换后视镜总成。

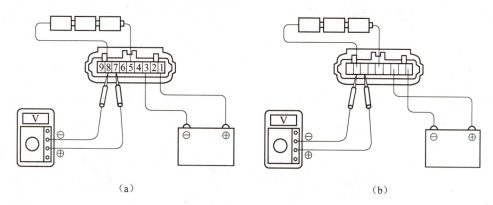

图 2-136　电动后视镜左右位置传感器的检测

（a）向左转时传感器信号测试；（b）向右转时传感器信号测试

3. 电动后视镜开关及 ECU 的检测

LS400 电动后视镜开关端子及 ECU 插接器如图 2-137 所示。检测后视镜开关导通情况见表 2-25，如果导通情况不符合规定，则应更换。

电动后视镜的开关测量

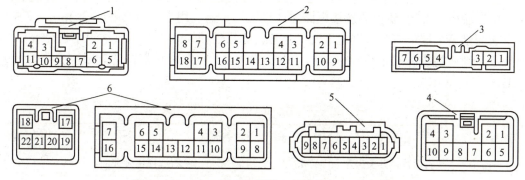

图 2-137　LS400 电动后视镜开关端子及 ECU 插接器

1—点火开关；2—倾斜与伸缩 ECU；3—驾驶位置存储和复位开关；
4—后视镜开关；5—后视镜电动机；6—外后视镜 ECU

表 2-25　后视镜开关检测导通情况

开关端子 开关位置	左侧镜					OFF			右侧镜				
	2	3	6	7	8	3	7	8	1	3	5	7	8
OFF													
UP		●—	—●	●—	—●	●—	—●	●—	—●	●—	—●
DOWN		●—	—●	●—	—●		●—	—●		●—	—●	●—	—●	
左	●—	—●		●—	—●		●—	—●	●—	—●	
右		●—	—●	●—	—●		●—	—●		●—	—●	●—	—●	

检测后视镜 ECU 的电路时,要先脱开 ECU 的插接器,其插接器及端子如图 2-137 中的 6 所示,按表 2-26 的要求检查配线侧的插接器,如果电路不符合规定,则应进一步检查配线、后视镜开关或后视镜总成。

表 2-26 后视镜 ECU 配线侧的插接器测试情况

检查项目	测试点	条件	规定值	检查项目	测试点	条件	规定值
导通	1—2	常态	导通	导通	17—21	左镜开关置RIGHT	导通
	1—3	常态	导通		17—22	左镜开关置DOWN	导通
	8—10	常态	导通		18—19	右镜开关置UP	导通
	9—10	常态	导通		19—20	右镜开关置LEFT	导通
	11—搭铁	常态	导通		19—21	左镜开关置LEFT	导通
	12—13	常态	导通		19—22	左镜开关置UP	导通
	16—*	常态	导通	电压	4—搭铁	常态	电池电压
	17—18	右镜开关置DOWN	导通		7—搭铁	点火开关置ACC	电池电压
	17—20	右镜开关置RIGHT	导通			点火开关置OFF	无电压

检查后视镜 ECU 动作的连接电路时,接上插接器,用高阻抗(最小为 10 kΩ/V)的电压表测量每个端子与车身接地之间的电压,如果后视镜动作及测试结果不符合表 2-27 的规定,则应检查配线、后视镜开关或电动机总成;如果这些都正常,则应更换后视镜 ECU。

表 2-27 后视镜 ECU 动作及测试结果

万用表连接	条件	规定值	万用表连接	条件	规定值
1—搭铁	右后视镜开关向左	12 V	10—搭铁	右后视镜开关向左或下	12 V
2—搭铁	右后视镜开关向上	12 V	13—搭铁	右或左后视镜开关向除关断(OFF)外的任何位置	约5 V
3—搭铁	右后视镜开关向右或下	12 V	*14—搭铁	左后视镜转向最左位置	2.8~5.0 V
*5—搭铁	右后视镜转向最左位置	0~0.9 V		左后视镜转向最右位置	0~0.9 V
	右后视镜转向最右位置	2.8~5.0 V	*15—搭铁	左后视镜转向最下位置	2.8~5.0 V
*6—搭铁	右后视镜转向最下位置	2.8~5.0 V		左后视镜转向最上位置	0~0.9 V
	右后视镜转向最上位置	0~0.9 V	18—搭铁	恒定	约5 V
8—搭铁	左后视镜开关向右	12 V	20—搭铁	恒定	约5 V
9—搭铁	左后视镜开关向上	12 V	21—搭铁	恒定	约5 V
			22—搭铁	恒定	约5 V

注:*确认当后视镜转动时电压平稳变化。

企业案例

实例1 马自达M6轿车外后视镜折回功能失灵，但后视镜镜片角度调节功能正常

故障现象：一辆马自达M6轿车外后视镜折回功能失灵。经检查发现，控制外后视镜折回开关时，左右两侧外后视镜均不动作，但后视镜镜片角度调节功能正常。

故障检修：

（1）检查副熔断器盒内的MIRROR 5A熔断器，正常；检查左右两侧外后视镜线束插头也正常。

（2）该车电动后视镜折回功能的电路是：ACC（附件）电源→MIRROR 5A熔断器→控制开关→左右两侧外后视镜线束插头（左右两侧外后视镜与控制开关属并联关系）。当外后视镜折回控制开关按下（折回），用万用表测量外后视镜线束侧插头电压时发现，P/B色线为12 V，P色线也为12 V。这说明有可能后视镜内部电控系统短路，还有可能是后视镜线束侧插头至接地回路处有断路现象，此电路在控制开关与后视镜之间只有常用插接件和控制开关的内部接点。综合分析，认为第二种可能性大，针对第二种情况进行检查。

（3）用万用表对后视镜控制开关进行检测。当复位（开关不按下）时O色线与P/B色线导通，P色线与B色线导通；当折回（开关按下）时，O色线与P色线导通，P/B色线与B色线导通，根据电路图分析均正常。开关正常，后视镜也正常，问题只与线束和常用插接件有关。

（4）测量开关端P色线与左侧后视镜线束插头P色线的导通情况，正常。当检查开关端P/B色线与左侧后视镜线束插头P/B色线时，电阻值为无穷大。由于该线之间只有一个常用插接件（该插接件在中控面板下部），当检查插接件时发现，插接件插脚腐蚀，接触不良。处理后插牢，左右两侧外后视镜折回功能恢复正常。

实例2 索纳塔轿车电动后视镜不工作

故障现象：一辆北京现代索纳塔轿车电动后视镜不工作。

故障检修：

（1）由于是两个后视镜同时不工作，因此首先检查熔断器是否完好。

（2）检查电动后视镜开关（位于变速杆后方中央通道上）。将开关取下并拔掉其线束插头，打开点火开关到ON位置，然后用一试灯一端接地，另一端逐次对插头各端子进行短接实验，结果当触及蓝色的导线端子时，试灯点亮。于是将试灯的这一端子不动，用接地的一端逐次接触各端子，以确定其供电是否正常。结果接触到一个黑色导线端子时，试灯发亮，由此可以判断该系统的电源正常。

（3）为了确定线路中是否有断路现象，用两根导线：一根跨接线束插头的绿/红导线端子与黑色导线端子；另一根跨接黄/白导线端子与蓝色导线端子。在进行跨接时发现，左后视镜开始动作，看来线路正常，那么故障可能出在后视镜开关中。

（4）将后视镜开关轻轻撬开，看到里面的印制电路板上锈迹斑斑，于是将其清洁后仔细检查，发现有一段印制电路已经锈蚀。将锈蚀处进行焊接，装复后试车，故障排除。

任务小结

（1）电动外后视镜主要由镜面玻璃、电动机、控制开关、传动机构、外壳和线束等组成。

（2）电动后视镜的检查包括后视镜开关的检查、调节电动机的检查、ECU 的检查和机械结构的检查等，对电动后视镜检查要按照标准流程操作。

项目三 电控安全气囊及安全带系统结构与检修

项目导入

汽车安全分为主动安全和被动安全两种。主动安全是指事先防范，使汽车具有防止事故发生的能力，主要有操纵稳定性（EPS）、制动可靠性（ABS）、行驶平顺性（ASR）和主动防撞控制系统等。被动安全是指汽车具有在事故发生以后减损、保护车内乘员的能力，主要有安全气囊（SRS）、安全带和防撞式车身等。由于汽车事故难以完全避免，因此被动安全的安全气囊和安全带显得尤为重要。

学习目标

★ 知识目标

1. 熟悉电控安全气囊系统主要零部件的安装位置及外部构造，并理解它们的作用。
2. 理解电控安全气囊系统的工作原理。
3. 熟悉电控安全带系统主要零部件的安装位置及外部构造，并理解它们的作用。
4. 理解电控安全带系统的工作原理。

★ 能力目标

1. 能快速查询汽车维修资料、技术服务信息、用户手册和保养手册。
2. 能够正确使用汽车维修和诊断工具。
3. 能够识读电控安全气囊系统电路图，能够对电控安全气囊系统故障进行分析、检测并确认故障原因。
4. 能够识读电控安全带系统电路图，能够对电控安全带系统故障进行分析、检测并确认故障原因。

★ 素质目标

1. 能够制订工作计划，独立完成工作学习任务。
2. 能够在工作过程中与小组其他成员合作、交流并进行学习任务分工，具备团队合作和安全操作的意识。
3. 养成服从管理、规范作业的良好工作习惯。
4. 培养安全工作的习惯。

★ 政治目标

1. 爱国守法，崇德向善，诚实守信。
2. 爱岗敬业，积极进取，团结协作。
3. 热爱劳动，沟通流畅，勇于创新。
4. 精益求精，工匠精神，7S 管理。

学习任务

任务 3.1　电控安全气囊系统的结构与检修

任务引入

一辆迈腾轿车，在行驶过程中安全气囊黄灯突然点亮报警。

认识安全气囊：安全气囊的作用、组成部件及安装位置

任务目标

（1）熟悉电控安全气囊系统主要零部件的安装位置及外部构造，并理解它们的作用。
（2）理解电控安全气囊系统的工作原理。
（3）能够识读电控安全气囊系统电路图，能够对电控安全气囊系统故障进行分析、检测并确认故障原因。

任务资讯

安全气囊系统（Supplemental Restraint System，SRS）是辅助约束系统中起缓冲作用的一种装置，属于被动安全保护装置。如果汽车发生碰撞导致车速急剧降低，安全气囊就会在瞬间迅速充气，从而使驾驶人（或乘员）与构件之间迅速铺设一个气垫，从而减轻人体因碰撞而遭受伤害的程度。它已成为汽车安全方面必不可少的配备，其性能的好坏直接关系着驾驶人及乘员的生命安全。如在行驶中 SRS 报警灯亮起，说明安全气囊系统工作

不正常。

学习、了解安全气囊系统的组成、结构原理、使用注意事项，才能掌握安全气囊系统的正确拆装、维护及故障诊断的方法。

当汽车发生碰撞时，汽车与汽车或汽车与障碍物之间的碰撞称为一次碰撞，一次碰撞导致汽车速度急剧变化。由于惯性的作用，车上的乘员向前运动，于是就发生了车内乘员与车内构件之间的碰撞（称为二次碰撞），事故中造成乘员伤害的主要原因就是二次碰撞。安全气囊系统在一次碰撞后、二次碰撞前迅速打开一个充满气体的气垫，使乘员因惯性而移动时"扑在气垫上"，通过气囊上的排气节流阻力缓和乘员受到的冲击并吸收碰撞能量，以达到保护乘员的目的。

（一）安全气囊系统的结构

安全气囊系统的组成部件分布在汽车的不同位置。不同汽车 SRS 采用部件的结构和数量也有所差异，但其基本结构和工作原理都大致相同。现代安全气囊系统主要由传感器、气囊电控单元（ECU）、气囊组件及安全气囊报警灯等组成，其主要部件在车上的安装位置如图 3-1 所示。

安全气囊部件的工作原理

安全气囊部件的工作原理（动画）

图 3-1 电控安全气囊系统的结构

1—中央气囊传感器总成；2—前部碰撞传感器（左）；3—气囊与充气装置；4—螺旋电缆；
5—气囊报警灯；6—前部碰撞传感器（右）

1. 传感器

汽车安全气囊传感器分为碰撞传感器和安全传感器两种。碰撞传感器主要用于检测碰撞的强度。按其安装位置不同，可分为前碰撞传感器和中央碰撞传感器。前碰撞传感器一般安装在前保险杠后及前翼子板下，也有安装在正、副驾驶人座椅下面的。中央碰撞传感器安装在安全气囊 ECU 内部。

安全传感器具有保护作用，用来防止因碰撞传感器短路而造成的气囊误打开，也安装在安全气囊 ECU 的内部，通常有两个安全传感器。

按结构形式不同，碰撞传感器可分为滚球式、偏心锤式和电子式三种。安全传感器一般为水银开关式的。

1）滚球式传感器

滚球式传感器结构如图 3-2 所示，主要由滚球、磁铁、导缸、触点和壳体等组成。两个触点固定不动,并分别与传感器的引线端子连接。磁铁为永久磁铁。铁质滚球用来检测汽车减速度的大小,可在导缸内移动或滚动。壳体上印制有箭头标记,安装时必须按使用说明书规定方向进行安装(丰田雷克萨斯LS400型轿车碰撞传感器箭头应指向汽车前方)。日本尼桑和马自达汽车公司也采用这种滚球式碰撞传感器。

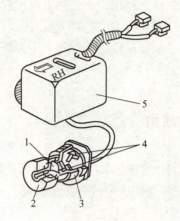

图 3-2 滚球式传感器结构

1—滚球;2—磁铁;3—导缸;4—触点;5—壳体

当传感器处在静止状态时,在永久磁铁的磁力作用下,导缸内的滚球被吸向磁铁,两个触点未被连通,如图3-3(a)所示。

当汽车遭受剧烈碰撞时,滚球的惯性力会大于永久磁铁的吸力,此时惯性力与磁力的合力就会使滚球沿着导缸向左运动,将两个触点接通,如图3-3(b)所示,从而接通SRS气囊的搭铁回路。

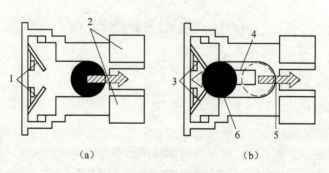

(a) (b)

图 3-3 滚球式传感器原理

(a) 静止状态;(b) 工作状态

1、3—触点;2—永久磁铁;4—合力;5—磁力;6—惯性力

2) 偏心锤式传感器

偏心锤式传感器结构如图3-4所示,主要由壳体、偏心转子、偏心重块、旋转触点、固定触点和螺旋弹簧等组成。在传感器外面还装有一个电阻 R,对系统进行自检时,检测安全气囊ECU与中央传感器总成之间的线路是否有开路或短路。

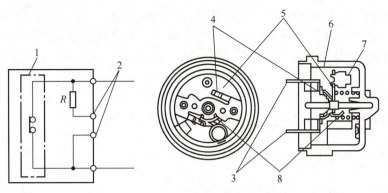

图 3-4 偏心锤式传感器结构

1—传感器触点；2，4—旋转触点；3—固定触点；5—偏心转子；6—外壳；7—偏心重块；8—螺旋弹簧

汽车正常行驶时，偏心转子和偏心重块被螺旋弹簧拉回，顶靠在与外壳相连的止动器上。此时转子上的旋转触点与固定触点不接触，如图3-5（a）所示；当车辆受到碰撞且速度达到设定值时，偏心重块由于惯性力作用将带动偏心转子克服弹簧弹力产生偏转，使旋转触点与固定触点相接触，如图3-5（b）所示，从而向SRS的ECU发出闭合电路信号。

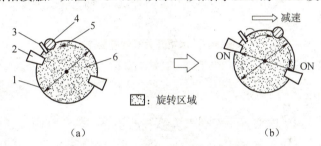

图 3-5 偏心锤式传感器工作原理

1—旋转触点；2—固定触点；3—止动器；4—偏心重块；5—游丝加力；6—偏心转子

3）电子式传感器

电子式传感器一般安装在安全气囊ECU内，用来测量汽车碰撞时急减速信号，作为中央碰撞传感器，它将传感元件、信号适配器和滤波器等集成在一块芯片上，具有可靠性高、功能强等优点。其结构原理如图3-6所示。

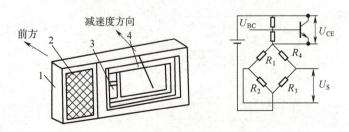

图 3-6 电子式传感器

1—传感器架；2—动态应变仪；3—半导体应变片；4—悬臂梁

传感器有一悬臂梁将半导体应变片的两端压住，当汽车发生碰撞时，在悬臂梁惯性力作用下发生弯曲应变，受压后的半导体应变片的电阻阻值产生变化，从而引起动态应变仪

输出电压 U_S 变化。汽车的速度越高，碰撞后产生的减速度越大，传感器输出的电压也越大。

电子式传感器对汽车正向加速度进行连续测量，并将测量结果输送给 SRS 的 ECU，SRS 的 ECU 便会根据碰撞信号的分析处理，适时接通气体发生器的电路。

4）水银开关式传感器

水银开关式传感器也叫安全传感器，其结构如图 3-7 所示，一般是为防止碰撞传感器因短路故障而引爆点火器设置的。当汽车发生碰撞时，足够大的减速度将水银抛起，接通点火器加热丝电路。反之，当碰撞以外的原因时，即使前碰撞传感器或中央碰撞传感器有信号输出，由于安全传感器无信号输出，则可判定没有发生正面碰撞，不输出点火信号。

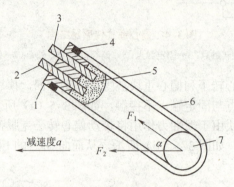

图 3-7 水银开关式传感器

1—盖；2、3—电极；4—O 形圈；5—水银撞上后位置；6—壳体；7—水银；F_1—水银运动分力；F_2—撞击力

2. 气囊电控单元

气囊电控单元（SRS ECU）是安全气囊系统的核心部件，其内部结构如图 3-8 所示。当安全传感器与气囊电控单元组装在一起时，SRS ECU 通常安装在驾驶室变速杆前后的装饰板下面；当安全传感器与气囊电控单元分开安装时，其安装位置因车型而异。

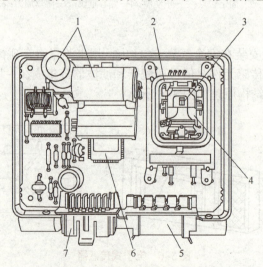

图 3-8 气囊 ECU 的内部结构

1—能量储存装置（电容）；2—安全传感器总成；3—传感器触点；4—传感器平衡块；5—4 端子插接器；6—逻辑模块；7—SRS ECU 插接器

气囊电控单元一般由 ECU 模块、信号处理电路、备用电源电路、稳压电路、故障自诊断电路等电子电路组成。安全气囊 ECU 内部一般还安装有安全传感器。

ECU 模块主要用于监测汽车纵向减速度或惯性力是否达到设计阈值,以此控制气囊组件中的点火器引爆点火剂。在汽车行驶过程中,ECU 模块不断接收前碰撞传感器和安全传感器传来的车速变化信号,经过数学计算和逻辑判断后,确定是否发生碰撞。当确定为发生碰撞时,立即运行控制点火器的程序,并向点火器控制电路发出指令引爆点火剂。点火剂引爆时产生大量热量,使充气剂受热分解,释放氮气充入气囊。

ECU 模块还要对控制组件中关键部件的电路(如传感器电路、备用电源电路、点火电路、气囊报警灯电路等)不断进行诊断测试,并通过气囊报警灯和存储在存储器中的故障码显示测试结果。存储器中的状态信息和故障码可用专用仪器调出,供维修时参考。

信号处理电路可对传感器检测的信号进行整形、滤波和放大,以便 SRS ECU 模块能够接收、识别和处理。

备用电源电路由电源控制电路和若干个电容器组成。在单安全气囊系统中,设有一个 SRS ECU 备用电源和一个点火备用电源;在双安全气囊系统中,设有一个 SRS ECU 备用电源和两个点火备用电源,即两条点火电路各设一个备用电源。当点火开关接通 10 s 后,如汽车电源电压高于 SRS ECU 的最低工作电压,所有备用电源即可完成储能任务。当汽车遭受碰撞而导致蓄电池或发动机与安全气囊 ECU 之间的电路切断时,备用电源能在 6 s 内向 SRS ECU 供电,保持 SRS ECU 测出碰撞、发出点火指令等正常功能。时间过长,备用电源供电能力下降,不能保证安全气囊正常工作。

3. 气囊组件

气囊组件主要由气体发生器、点火器、气囊及饰盖等组成。其中驾驶人侧气囊位于转向盘中心处,前乘员侧气囊组件位于仪表板右侧,杂物箱上方。

1)气体发生器

为了便于安装,驾驶人侧气体发生器一般做成圆形,位于转向盘中央部位,如图 3-9 所示,饰盖与气体发生器之间为一折叠着的尼龙气囊,不可拆卸。气体发生器内部有一点火器药筒(传爆管),其外围是点火剂,再外面布置有气体发生剂,如图 3-10 所示,气体发生器上盖上制有若干个长方形或圆形充气孔,下盖上制有安装孔,以便于固定在气囊支架上;金属滤网安装在气体发生器上盖的内表面,用以过滤充气剂和点火剂燃烧产生的渣粒。

气体发生器的作用是在有效的时间内产生气体,使气囊张开。它是利用热效反应产生氮气而充入气囊。在点火器引爆点火剂瞬间,点火剂会产生大量热量,气体发生剂(叠氮化钠药片)受热立即分解,产生氮气并从充气孔充入气囊。虽然氮气是无毒气体,但是叠氮化钠的副产品有少量的氢氧化钠和碳酸氢钠(白色粉末),这些物质是有害的,因此在清洁膨胀后的气囊时应保持良好的通风并采取防护措施。

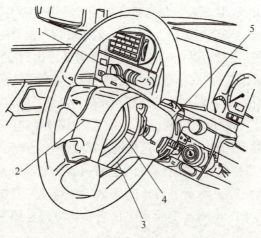

图 3-9 驾驶人侧气囊

1—故障报警灯；2—有预置裂缝的盖；3—安全气囊；4—圆形气体发生器；5—螺旋弹簧

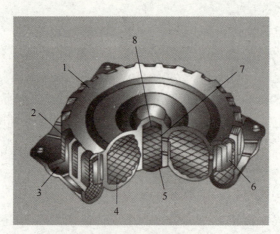

图 3-10 气体发生器结构

1—上盖；2—充气孔；3—下盖；4—充气剂；5—点火器药筒；6—金属滤网；7—电热丝；8—引爆炸药

副驾驶侧安全气囊气体发生器由于气囊与乘员距离较长，做成长筒形，其结构如图 3-11 所示。

2）点火器

点火器的结构如图 3-12 所示。点火器外包铝箔，安装在气体发生器内部中央位置。其作用是在气囊电路接通（前碰撞传感器和安全传感器将气囊电路接通）时，根据气囊 ECU 的指令引爆点火剂，瞬间产生热量使药筒内温度和压力急剧升高并冲破药筒，使充气剂（叠氮化纳）受热分解释放大量氮气充入气囊。其引出导线与气囊插接器插头连接。

3）气囊

气囊一般由尼龙布制成，采用机器缝制，有些在缝制的同时还采用粘接技术。驾驶人侧的气囊多采用尼龙布涂氯丁橡胶或有机硅制成。橡胶涂层起密封和保护作用。气囊背面有两个泄气孔，在充气后就进行排气，使气囊逐渐变软。乘员侧气囊没有涂层和小孔，靠尼龙布本身的孔隙泄气。

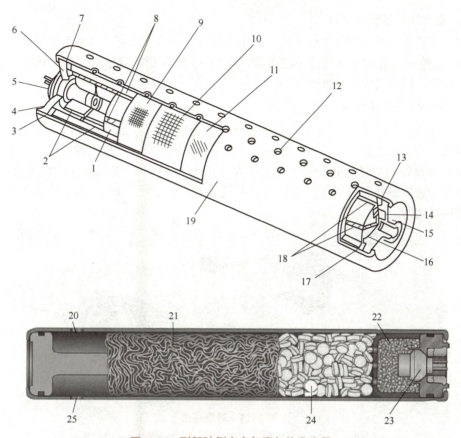

图 3-11 副驾驶侧安全气囊气体发生器

1，16—主气发生器；2—辅气发生器；3，7，13，17—密封垫；4—旋塞；5，22—引爆炸药；6—端封；
8，18—振荡管；9—滤清器；10—成型滤清器；11—爆炸片；12—气体排出喷嘴；14—自点火火药；
15—封密端塞；19—壳体；20，25—排气口；21—金属滤清器；23—引爆装置；24—药筒

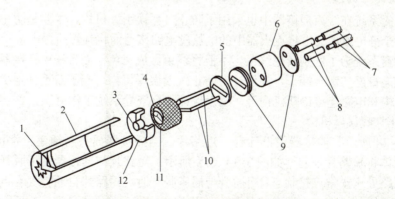

图 3-12 点火器的结构

1—引爆炸药；2—药筒；3—引药；4—电热丝；5—陶瓷片；6—永久磁铁；7—引出导线；
8—绝缘套管；9—绝缘垫片；10—电极；11—电热头；12—药托

4）饰盖

饰盖是气囊组件的盖板，上面模制有撕缝，以便气囊能冲破饰盖膨开。

4. 安全气囊系统报警灯

安全气囊系统报警灯位于仪表板上。按通点火开关时，诊断单元对系统进行自检，若点亮 6 s 后熄灭，表示安全气囊系统正常；若 6 s 后 SRS 指示灯依然闪烁，表示安全气囊系统有故障，提示驾驶人应进行维修。

5. 安全气囊系统线束

为了便于区别，安全气囊系统的所有线束都套装在黄色的波纹管内，并与车颈线束连成一体。为了保证转向盘具有足够的转动角度而又不致损伤驾驶人侧气囊组件的连接线束，在转向盘转向柱管之间采用了螺旋线束（见图 3-13），即将线束安装在螺旋弹簧内，再将螺旋弹簧放到弹簧壳体内。电扬声器线束也安装在螺旋弹簧内，螺旋弹簧安装在转向盘与转向柱之间。

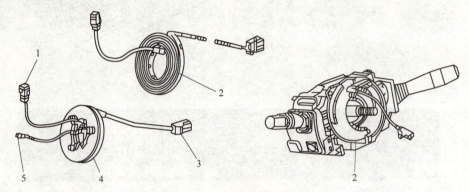

图 3-13 螺旋线束

1—线束插头；2—螺旋弹簧；3—线束插座；4—弹簧壳体；5—搭铁插头

安装时应注意线束安装位置和方向，否则将导致螺旋线束和电扬声器线束折断、转向盘转向角度不足或转向沉重。

6. 气囊保险机构

安全气囊系统在线束插接器中也采用了防止气囊误引爆机构，主要是防止在维修拆装过程中，由于静电或误通电将点火器中的电热丝电路接通而将气囊引爆。

安全气囊系统为了区别其他线束，不但将线束做成黄色，而且线束插接器采用导电性能和耐久性能良好的镀金端子，并设计有防止气囊误爆机构、端子双重锁定机构、插接器双重锁定机构和电路连接诊断机构等，用以保证安全气囊系统工作可靠。

1）防止气囊误爆机构

如图 3-14 所示，插接器中设计有一短路片。当插接器插头与插座正常接在一起时，插头的绝缘体将短路片顶起，如图 3-14（a）所示，短路片与插接器端子脱开，气囊点火器电热丝电路处于正常连接状态；当插头与插座脱开时，短路片自动将气囊点火器侧插接器的引线端子短接，使点火器电热丝与短路片构成回路，如图 3-14（b）所示。此时，即使误将电源加到点火器上，点火器也不会引爆，从而防止了安全气囊的误引爆。

2）端子双重锁定机构

SRS 的每一个插接器都设有端子双重锁定机构，用于阻止引线端子滑出，如图 3-15 所示。插接器的插头与插座都是由锁柄和分隔片两部分组成的。锁柄为一次锁定机构，可防止端子沿引线轴向滑出；分隔片为二次锁定机构，可防止端子沿引线径向移动。

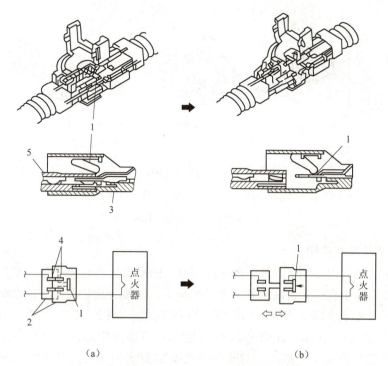

图 3-14 防止气囊误引爆机构

（a）插接器正常插接时；（b）插接器脱开时

1—短路片；2—插接器；3—插座；4—端子；5—插头

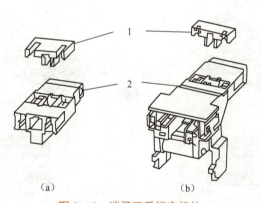

图 3-15 端子双重锁定机构

（a）插头；（b）插接器

1—分隔片；2—锁柄

3）插接器双重锁定机构

安全气囊系统在线束的重要连接部位都采用了插接器双重锁定机构，用于锁定插接器的插头与插座，防止插接器意外脱开，其结构原理如图 3-16 所示。当主锁未锁定时，插头上的两个凸台阻止副锁锁定，如图 3-16（a）所示；当主锁完全锁定时，副锁锁柄方能转动并锁定，如图 3-16（b）所示；当主锁与副锁双重锁定时，防止插接器插头与插座分开，如图 3-16（c）所示。

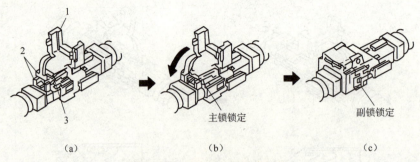

图 3-16 插接器双重锁定机构

（a）主锁打开，副锁被挡住；（b）主锁锁定，副锁可以锁定；（c）双重锁定

1—副锁；2—凸台；3—主锁

4）电路连接诊断机构

电路连接诊断机构常用来监测前碰撞传感器的插接器是否连接可靠，其结构如图 3-17 所示。这种插接器中有一个诊断销和两个诊断端子。插接器正常连接时，诊断销与前碰撞传感器中的常开触点并联。当插头与插座未可靠连接时（半连接），诊断端子与诊断销不接触，如图 3-17（a）所示，此时 SRS ECU 监测到该碰撞传感器的电阻为无穷大，即诊断为该碰撞传感器连接不可靠，自诊断电路便控制 SRS 报警灯闪烁报警，同时将故障码存储在存储器中；当插头与插座可靠连接时，诊断端子与诊断销完全接触，如图 3-17（b）所示，此时电阻与碰撞传感器中的常开触点并联，SRS ECU 监测到的阻值为该电阻的阻值，即可诊断为该插接器连接可靠。

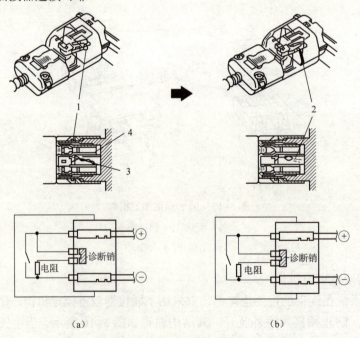

图 3-17 电路连接诊断机构

（a）半连接；（b）可靠连接

1—诊断端子；2—诊断销接触诊断端子；3—弹簧片；4—诊断销

（二）安全气囊系统的工作原理

不同车型的安全气囊系统在结构上会有所不同，但其工作原理基本一致，如图3-18所示。

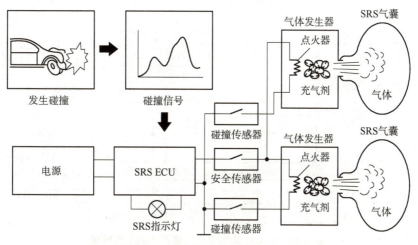

图3-18　安全气囊系统的工作原理

汽车行驶过程中，安装在汽车前端的碰撞传感器和与SRS ECU安装在一起的安全传感器不断向控制装置（SRS ECU）发送汽车速度变化（或加速度）信息，SRS ECU对这些信息加以分析判断，如果所测的加速度、速度变化量或其他指标超过预定值（即判定真正发生了碰撞），则SRS ECU向气囊组件中的电热点火器（电爆管）发出点火命令引爆电爆管，点火剂受热爆炸，迅速产生大量的热量，使充气剂（叠氮化钠）固体药片受热分解，释放大量氮气充入气囊，气囊便冲开气囊组件的装饰盖板，鼓向乘员，在人体与车内构件之间铺设一个气垫，将人体与车内构件之间的碰撞变为弹性碰撞。乘员与气囊接触时，通过气囊上排气孔的阻尼吸收碰撞能量，气囊的变形吸收了人体碰撞产生的动能，达到保护乘员身体的目的。

由图3-18可知，前碰撞传感器、安全（防护）传感器与电爆管都是串联的，点火器引爆气囊的条件是前碰撞传感器与SRS ECU内的安全传感器必须同时接通。

（三）安全气囊系统的工作过程

现代汽车采用双安全气囊系统或多安全气囊系统的越来越多，当汽车发生碰撞时，安全气囊系统对防止乘员遭受伤害十分有效，但安全气囊系统的造价较高，且属于一次性使用装备，为了达到既能保护乘员安全，又能降低费用的目的，轿车上一般装备了带座椅安全带收紧器的辅助安全气囊系统。

LS400轿车安全气囊系统就增加了前排左、右两个座椅安全带收紧器，如图3-19所示。该电路的特点是：左、右碰撞传感器与安装在气囊ECU中的中央碰撞传感器并联，驾驶人侧气囊点火器与乘员侧的气囊点火器并联，左、右两个座椅安全带收紧器并联。在气囊ECU中安有两个相互并联的安全传感器，其中一个安全传感器与左、右两个座椅安全带收紧器及ECU中的驱动电路构成回路；另一个安全传感器与驾驶人侧和乘员侧气囊点火器及左、右碰撞传感器构成回路。收紧器中的点火器和两个气囊点火器均由 SRS ECU 控制。该系统的工作程序如图 3-20 所示。

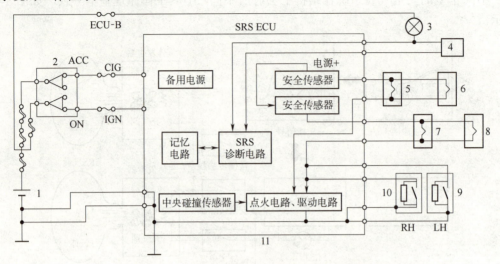

图 3-19　LS400 轿车安全气囊系统的工作原理

1—蓄电池；2—点火开关；3—SRS 报警灯；4—诊断座；5，6—左、右安全带收紧器；
7，8—驾驶人、乘员侧气囊点火器；9，10—左、右碰撞传感器；11—SRS ECU

安全气囊控制电路

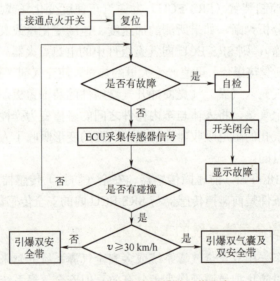

图 3-20　安全气囊系统的工作程序

在汽车行驶中，安全传感器、前碰撞传感器和中央传感器随时检测车速的变化信号，并将信号送到气囊 ECU 中，气囊 ECU 经过数学计算和逻辑判断，最终确定是向座椅安全带收紧器点火器发出点火指令，还是向安全气囊点火器发出点火指令。

当汽车车速低于 30 km/h 发生碰撞时，碰撞产生的减速度和惯性力较小，安全传感器和中央传感器将此信号送到安全气囊系统 ECU，安全气囊系统 ECU 判断结果为不引爆安全气囊，只引爆安全带收紧器的点火器。与此同时，向左、右安全带点火器发出点火指令，使安全带收紧，防止驾驶人和乘员受伤。

当汽车车速高于 30 km/h 发生碰撞时，碰撞产生的减速度和惯性力较大，安全传感器和中央传感器将此信号送到安全气囊系统 ECU，安全气囊系统 ECU 判断结果为需要引爆安全气囊和安全带收紧器。与此同时，向左、右安全带收紧器点火器和安全气囊点火器发出点火指令，在安全带收紧的同时，驾驶人侧气囊和乘员侧气囊同时打开，达到保护驾驶人和乘员的目的。

任务实施

安全气囊系统是现代轿车上的辅助保护系统，它与座椅安全带配合使用，可以为乘员提供十分有效的防撞保护。它属于重要的安全系统，其工作是否正常关系重大。任何不正当的操作、储存、拆卸、安装或移动，都可能造成不应有的气囊意外起爆或在需要安全气囊充气起保护作用时却不起作用。这不仅对 SRS 产生不良的影响，造成较大的经济损失，还会对操作者造成伤害。因此，必须遵守一定的安全使用、检查操作规范。

（一）安全气囊系统检修注意事项

（1）安全气囊系统只能工作一次，发生事故被引爆后的气囊必须更换。为安全起见，安全气囊系统的所有元件也需更换。安全气囊系统经 10 年后必须送维修厂更换，更换日期一般贴在工具箱的标签上或在遮阳镜的下面。

安全气囊检修注意事项

（2）故障码是安全气囊系统故障诊断的重要信息源。在系统故障诊断时，应首先读取故障码，然后再脱开蓄电池。检修操作前，务必将点火开关转到 LOCK 位置，并在蓄电池负极端子拆下电缆 90 s 后方可开始工作，因为安全气囊系统有备用电源，如果在拆下蓄电池负极端子不到 90 s 就开始维修工作，气囊可能会被误引爆。若点火开关在 ON 或 ACC 位置检修，则会出现故障码。

（3）由于车内防盗、音响、时钟、电控座椅、电控倾斜和伸缩转向、电控后视镜等系统均具有存储功能，存储内容会随蓄电池的脱离而被消除，因此在开始检修前，应将各存储系统的内容做好记录。在检修结束后必须告知用户，需按其个人的需要和习惯，将防盗系统、音响系统、时钟系统等重新设置或调准。

（4）若车辆只发生轻微碰撞，SRS 没有触发胀开，也应对转向盘衬垫、前座安全气囊总成、座椅安全带收紧器和安全气囊前碰撞传感器等进行检查。

（5）若碰撞车辆的 SRS 已经触发，除需更换已经引爆的气囊与安全带收紧装置外，还必须同时更换全部碰撞传感器和中央气囊传感器总成，并检查线束与插头状况。不允许重新使用被拆卸和修理后的碰撞传感器、中央气囊传感器总成、转向盘衬垫、前座乘员安全气囊总成或座位安全带收紧器。不可使用其他车辆的 SRS 零件，只能使用原厂所设计的零件，包括接线。不允许乱拉线或随意换线，以免影响安全气囊的可靠性。凡需要更换零部件时，应装用新件。

（6）如发现碰撞传感器、安全气囊 ECU、转向盘衬垫、安全气囊总成或座椅安全带收紧器等系统部件在外壳、托架或插接器处有裂纹、凹陷或其他缺陷，应换装新品。在修理过程中，如果会对传感器产生冲击作用，则在修理前应先拆下安全气囊传感器，严禁机械撞击传感器和安全气囊。

（7）不要让碰撞传感器、安全气囊ECU、转向盘衬垫、安全气囊总成或座位安全带收紧器直接暴露在热空气中或接近火源。在使用喷灯或焊接设备时，不得靠近充气装置，以防引起安全气囊自动充气。

（8）安装碰撞传感器时，传感器上的箭头应朝向规定方向。碰撞传感器的定位螺栓是经过防锈处理的，当传感器拆下后，必须换用新的定位螺栓。接上插接器时，必须将电气检测机构可靠锁住，否则诊断系统上会检测出故障码。

（9）拆卸转向盘安全气囊总成时，应将转向盘衬垫顶面向上正置，不可翻转倒置，如图3-21所示。在搬动新的转向盘衬垫时也务必注意将其顶面朝上。转向盘衬垫上不得涂润滑脂，不得用任何类型的洗涤剂清洗。转向盘衬垫总成应放在环境温度低于93℃、湿度不高且远离电场干扰的地方。车辆报废或仅报废转向盘衬垫机构时，在废弃前用专用工具使气囊触发胀开，且操作时应选择在远离电场干扰的地方进行。

（10）切不可用万用表去测量安全气囊点火器的电阻，因为微小电流即可引爆点火器，使安全气囊充气。宜用高阻抗（$\geq 10\ k\Omega/V$）的数字万用表检测安全气囊系统电路故障。维修工作完成后，应检查SRS报警灯。

（11）安装螺旋线束插线器时，必须将螺旋弹簧预置在转向柱管的中间位置，使转向盘由中间位置向左右两个方向各转2.5圈时，不致拉断螺旋导线或引起其他故障。

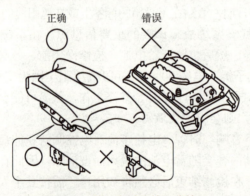

图3-21 转向盘衬垫的正确放置

（二）安全气囊系统故障的检修

汽车安全气囊系统都具备故障自诊断功能。在使用中如果SRS出现故障，系统就会自动检测出故障发生的部位，并能以故障码的形式储存起来，由SRS指示灯显示出来，供维修人员查询并排除。

在发动机起动前，点火开关转到ON位置时，SRS控制单元会对系统进行一次检测，这时仪表板上的SRS指示灯应该是亮的，大约6s后，若系统无故障，SRS指示灯便熄灭，且在发动机起动后及正常行驶中，SRS指示灯都不再亮；若打开点火开关后，SRS指示灯一直亮或闪烁，说明SRS控制单元已经检测出系统的故障并存储了故障码；若打开点火开关SRS灯不亮或行车时亮起，也表示系统有故障，此时需读取故障码进行维修。

（1）用故障诊断仪检查安全气囊故障程序如下：

①将点火开关置于 OFF 位置，将故障诊断仪电源线插到点烟器插座上，将其信号线接到熔断器盒中的诊断插口上。

②接通点火开关，用故障诊断仪检查读取自诊断代码。

③断开点火开关排除故障。

④接通点火开关，用故障诊断仪清除所存的故障码，从车上拔下故障诊断仪接线。

发生碰撞事故后要保证 SRS 正常运行，气体发生器的定位是非常关键的。如果汽车在碰撞中前端都变形了，转向柱或相关零件也发生了变形，则无论气囊是否起爆，这些损坏的部位都要更换或修理到原装件的标准。

（2）对受到碰撞而安全气囊未起爆的汽车，检查项目有以下几方面：

①进行诊断系统检查。

②对从汽车上拆下的转向盘衬垫（带安全气囊）进行下述项目的肉眼检查：检查转向盘衬垫上的表面凹槽部分是否有刻痕、裂纹或明显的污渍；检查插接器和配线是否有切痕、裂纹或碎片；检查转向盘扬声器按钮接触板是否变形。

③检查转向柱、转向盘是否松动、受损或变形。

④检查保险杠、车身覆盖件和车身骨架等是否裂损、变形。

备注：如果转向盘的扬声器按钮接触板变形损坏，不要修理，更换一个新的转向盘总成。当把一新的转向盘衬垫安装到转向盘上时，转向盘衬垫和转向盘之间应没有干涉，其周围的间隙也应均匀。

（3）受到碰撞而安全气囊已起爆的汽车，检查修理项目有以下几方面：

①进行诊断系统检查。

②对从汽车上拆下的转向盘衬垫进行下述项目的肉眼检查：检查转向盘扬声器按钮接触板是否变形；检查螺旋形电缆插接器和配线是否损坏。

如果转向盘的扬声器按钮接触板变形，切勿修理，应更换一个新的转向盘总成。如发现转向盘衬垫或螺旋形电缆有问题或转向盘衬垫已脱落，应更换转向盘衬垫、转向盘或螺旋形电缆。

③拆卸已报废的 SRS 元件，按维修手册规定的标准更换安全气囊系统。

（三）奥迪 A6 轿车安全气囊系统自诊断

奥迪 A6 轿车安全气囊系统包括主驾驶人安全气囊、副驾驶人安全气囊、两个前座安全带收紧器、两个前座侧面安全气囊、两个后座侧面安全气囊、两个或三个后座安全带收紧器。在撞车时，如达到给定的条件，以上装置由安全气囊控制单元（J234）来触发。可以通过自诊断来关闭或接通副驾驶人安全气囊。

（四）安全气囊的报废处理

当报废带有安全气囊的汽车或者更换转向盘衬垫（内含 SRS 组件）、扬声器按钮总成时，必须在远离电场干扰的地方用专用工具（见图 3-22）引爆安全气囊（且不可在车内引爆安全气囊），以防安全气囊误引爆而造成事故。下面以威驰轿车为例讲述安全气囊的报废处理步骤。

1. 拆下安全气囊组件

(1) 拆卸时应注意戴上手套和防护眼镜。

(2) 左右转动转向盘,取下三个螺钉和转向柱下端盖,从螺旋电缆上断开安全气囊插接器,如图 3-23 所示,取下 SRS 组件。

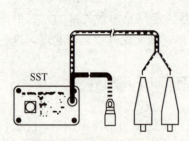

图 3-22 SRS 引爆专用工具

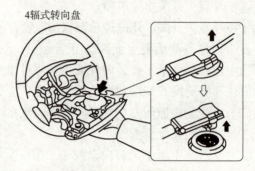

图 3-23 断开 SRS 插接器

2. 安装 SRS 引爆工具

(1) 把安全气囊引爆工具 09082—00760 插接器接到螺旋电缆的安全气囊插接器上,如图 3-24 所示。

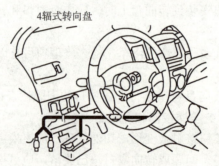

图 3-24 连接 SRS

(2) 移到远离车辆至少 10 m 的地方。

(3) 关闭汽车的所有门、窗。注意:不要损伤安全气囊引爆工具的电线。

(4) 将安全气囊引爆工具的红色夹子连接到蓄电池的正极端子上,黑色夹子连接到蓄电池的负极端子上,如图 3-25 所示。

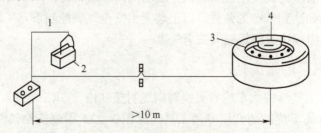

图 3-25 连接 SRS 引爆电源

1—控制器;2—蓄电池;3—轮胎;4—转向盘衬垫(带安全气囊)

3. 引爆安全气囊

操作时要保证汽车内没有人,而且在汽车的 10 m 范围内没有人,然后按下安全气囊引爆工具激活开关以引爆安全气囊。注意:当安全气囊引爆工具激活开关的二极管灯点亮时,安全气囊胀开。

4. 弃置扬声器按钮总成(带 SRS)

当报废一辆汽车时,引爆安全气囊,并让扬声器按钮总成仍然装在报废的汽车上。弃置扬声器按钮总成(带 SRS)时需注意以下几点:

(1)不要使用车辆上的电源来引爆安全气囊,一定要准备一个蓄电池作为引爆安全气囊的电源。

(2)取下扬声器按钮总成时,上表面应该向上放置,接上引爆工具。

(3)用汽车维修线束(电线),把扬声器按钮总成捆在钢圈上,再通过钢圈捆到废弃的车轮上,使扬声器按钮总成插接器穿过车轮钢圈的螺栓安装孔,如图 3-26 所示。

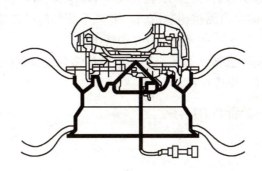

图 3-26 扬声器按钮总成安在车轮钢圈上

捆绑电线裸线的截面面积应大于 1.25 mm^2。如果电线太细或者用已经用过的其他电线来捆绑扬声器按钮总成,可能会在安全气囊胀开时受振动而折断,这是非常危险的。

(4)检查安全气囊引爆工具的性能。

(5)把插接器接到安装 SRS 引爆工具上。为了避免损伤 SRS 引爆工具插接器和线束,不要把双联锁的次级锁锁上。另外,确保车轮内 SRS 引爆工具的线束松弛一点。注意:要把车轮放在水平面上;把 SRS 引爆工具移动到离捆绑扬声器按钮总成的车轮外至少 10 m 远的地方,如图 3-27 所示。

(6)用硬纸板箱子或轮胎覆盖扬声器按钮总成。

硬纸板箱子覆盖法:用纸板箱盖住扬声器按钮总成,并用至少 20 kg 的重物将纸板箱的 4 个角压住。注意所选的纸板箱的尺寸应大于轮盘外缘尺寸。

轮胎覆盖法如图 3-27 所示。至少需要三个不带钢圈的轮胎覆盖在捆有扬声器按钮总成的车轮轮胎上。轮胎的尺寸必须大于下列尺寸:宽度为 185 mm,内径为 360 mm。注意:不要使用带钢圈的轮胎;安全气囊引爆时,轮胎有可能损坏,请使用弃置的轮胎。

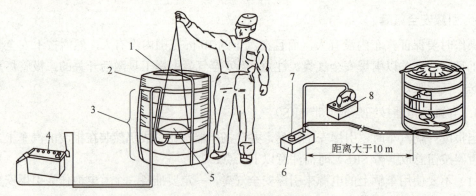

图 3-27 引爆气囊的方法

1—固定轮胎的绳子；2—未拆轮辋的轮胎；3—拆掉轮辋的轮胎；4，8—蓄电池；
5—气囊组件；6—引爆器；7—引爆开关

（7）引爆 SRS。气囊引爆后，扬声器按钮总成非常热，因而至少 30 min 后才能接触。处理废弃的 SRS 已胀开的扬声器按钮总成时，要戴手套和防护眼镜。不要向已胀开安全气囊的扬声器按钮总成上泼水。完成操作后要用清水洗手。

（8）从钢圈上取下扬声器按钮总成。把扬声器按钮总成装到塑料袋子里，牢牢捆紧，并且像废弃其他一般零件一样进行弃置。

（五）安全气囊主要部件的拆装

1. 螺旋电缆总成的拆装

（1）遵守相关的注意事项。

（2）断开蓄电池负极端子，让前车轮朝向正前方。

（3）拆下扬声器按钮总成和转向盘总成。

（4）拆下转向柱下端盖及上端盖。

（5）拆下螺旋电缆总成，如图 3-28 所示。断开安全气囊和螺旋电缆插接器。掰开三个扣爪，并且拆下螺旋电缆。

（6）检查螺旋电缆总成。如果发现下列情况，更换螺旋电缆总成：插接器上有裂纹或者刮伤；螺旋电缆总成上有裂纹、凹槽或者碎片。

（7）使前轮朝向正前方，安装螺旋电缆总成。将转向信号开关置于无转向位置（防止转向信号开关销折断）。扣上三个扣爪，并且安装螺旋电缆。注意：更换新的螺旋电缆时，在安装控制杆前先拆下锁销。连接安全气囊插接器。用三个螺钉安装转向柱下端盖。

（8）螺旋电缆对中。确保点火开关位于 OFF 位置、蓄电池负极端子断开（注意：在拆下蓄电池负极端子 90 s 后，才可以进行操作）。逆时针旋转螺旋电缆，直到变得难以旋转，然后顺时针旋转螺旋电缆大约 2.5 圈，并对齐标记，如图 3-29 所示。螺旋电缆将绕中心左、右旋转 2.5 圈。

（9）安装转向盘总成，安装扬声器按钮总成。

（10）检查扬声器按钮总成和 SRS 报警灯的工作情况，应正常。

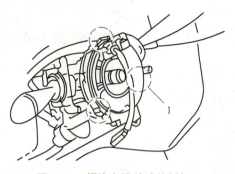

图3-28 螺旋电缆总成的拆卸

1—扣爪

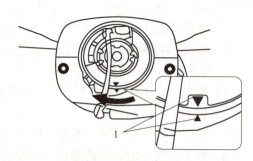

图3-29 对齐标记

1—记号

2. 仪表板上乘员侧安全气囊总成的拆装

（1）遵守相关的注意事项，断开蓄电池负极端子。

（2）拆下中央仪表控制台面板总成，取下仪表控制台面板。

（3）拆下组合仪表总成及杂物箱门总成。

（4）拆下右前立柱装饰板，拆下左前立柱装饰板。

（5）断开乘员侧 SRS 插接器，如图 3-30 所示。拆下仪表板乘员侧安全气囊总成，如图 3-31 所示。

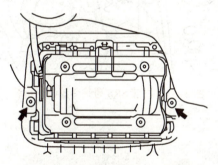

图3-30 断开乘员侧 SRS 插接器

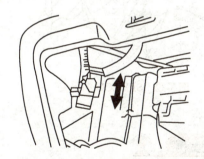

图3-31 仪表板乘员侧安全气囊总成

（6）检查仪表板乘员侧安全气囊总成。安装仪表板乘员侧安全气囊总成（拧紧力矩：20 N·m）。

（7）检查 SRS 报警灯。

3. 中央 SRS ECU 的拆装

（1）遵守相关注意事项，断开蓄电池负极端子。

（2）拆下控制箱嵌板、控制箱孔盖、控制箱地毯及控制箱总成后部。

（3）拆下 SRS ECU，如图 3-32 所示。从 SRS ECU 上断开 3 个插接器，拆下 4 个螺栓。

（4）安装 SRS ECU。

①将点火开关旋转到 OFF，确保蓄电池负极端子已经断开（注意：在拆下蓄电池负极端子 90 s 后进行操作）。

②临时用 4 个螺栓安装 SRS ECU，按照规定拧紧力矩（拧紧力矩：17.5 N·m）拧紧

4个螺栓。

③把插接器连接到 SRS ECU 上，检查没有松动；检查防水片，应正确设置；检查 SRS ECU 和安全气囊报警灯，应工作正常。

4．右前 SRS 碰撞传感器的拆装

（1）遵守相关注意事项，断开蓄电池负极端子。

（2）拆下发动机下盖板。

（3）拆下风扇和发电机 V 形带，拆下发电机总成。

（4）拆下右前 SRS 碰撞传感器，如图 3-33 所示。

（5）断开右前 SRS 碰撞传感器插接器，从右前 SRS 碰撞传感器上拆下两个螺栓。

（6）安装右前 SRS 碰撞传感器。将点火开关旋转到 OFF，断开蓄电池负极端子 90 s 后，再用两个螺栓安装右前 SRS 碰撞传感器，拧紧力矩为 17.5 N·m。把插接器连接到右前 SRS 碰撞传感器上，检查没有松动。

（7）检查安全气囊报警灯工作情况；检查右前 SRS 碰撞传感器。

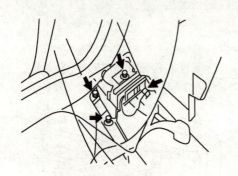

图 3-32　SRS ECU 的拆装

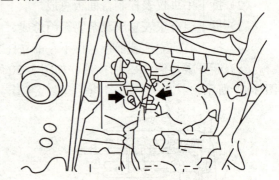

图 3-33　右前 SRS 碰撞传感器的拆装

企业案例

实例 1　速腾轿车安全气囊报警灯在行驶中突然闪亮

故障现象：气囊报警灯在行驶中突然闪亮。

故障检修：

（1）用 V.A.S5051 诊断仪进行故障查询，有故障码提示：驾驶侧侧面安全气囊传感器 G179 偶尔有不可靠信号。

（2）查阅维修手册，仔细分析驾驶侧侧面安全气囊碰撞传感器 G179 的传递路线得知，G179 的 1 脚紫色线通过左侧 A 柱饰板下面的 T28/12 脚连接到安全气囊控制单元 J234 的 T50/45 脚；G179 的 2 脚棕色线通过左侧 A 柱饰板下面的 T28/13 脚连接到安全气囊控制单元 J234 的 T50/44 脚，电路如图 3-34 所示；该传感器为压力型传感器，如传感器本身或线路损坏，会直接引起安全气囊控制单元 J234 的相关报警信息。

（3）首先怀疑 G179 损坏。测量 G179 电阻为 26.2 kΩ，符合测量标准，排除因 G179 阻值原因而引起的信号超差损坏可能性。另一种可能性为此线束在左前门折页 T28 插头处虚接或进水，检查后未发现异常。根据维修经验，安全气囊控制单元 J234 本身损坏的可能性不大，除非是控制单元受潮局部插脚腐蚀。于是拆检安全气囊控制单元 J234，检查结果一切正常，未发现任何插脚腐蚀现象。

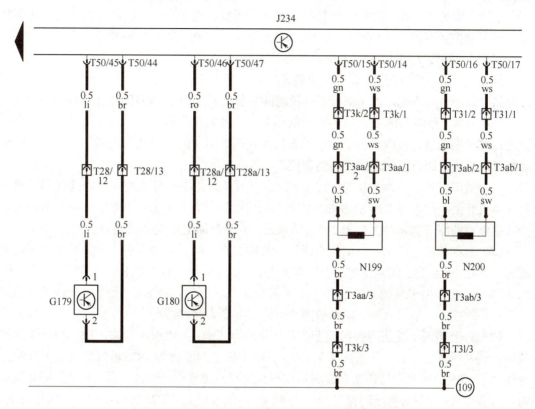

图 3-34　速腾轿车安全气囊电路

（4）再次进行故障查询，发现安全气囊故障码变为驾驶侧侧面安全气囊碰撞传感器 G179 断路/对正极短路的永久故障，不能清除。

（5）因为产生了永久故障，所以准备测量线路。再次分解左前门外门板，用万用表测量 G179 插头的紫色线到左前门折页插头处的紫色线为接通，而测量 G179 插头的棕色线到左前门折页插头处的棕色线为断开状态。继续查找，发现在折页插头处附近棕色线断开，显然开始此线为虚接，在重新插拔过折页处插头时，该线断开了安全气囊控制单元 J234 控制电路，造成了永久故障。重新连接棕色线，清除故障码，故障彻底排除。

实例 2　马自达 M6 轿车安全气囊报警灯长亮

故障现象：一辆马自达 M6 轿车（在一次事故后安全气囊引爆，曾在非特约维修站维修，更换过相关线束、气囊、安全带和相应传感器等）起动着车后，安全气囊报警灯一直亮着。

故障检修：

（1）拆除蓄电池负极端子并保持 2 min，用马自达 M6 专用检测仪器 WDS 检测，查询故障码，找出三个故障代码分别为：b1993（驾驶人侧安全气囊系统对地短接）、b1994（驾驶人侧安全气囊系统对地电阻大）和 b1995（驾驶人侧安全气囊系统电阻小）。

（2）检查线束，驾驶人侧安全气囊与 SRS ECU 之间线束无断路或短路现象，安全气

囊无异常。

（3）怀疑线束的端子接触不好，经过对 SRS 线束的仔细检查，发现驾驶人侧气囊插接器未接触上。非常小心地重新安装了一遍，把端子卡扣锁好（马自达 M6 线束端子，特别是安全气囊的线束端子设计非常精巧，拆装时需要特别小心，卡扣很容易断裂，装不好又容易引起接触不良），用 WDS 检测仪清除故障码，起动车辆，故障现象完全消失。

实例 3　雅阁 2.2 L SRS 故障指示灯常亮不熄

故障现象：一辆雅阁 2.2 L 双气囊轿车，新车接回后，仪表板上的安全气囊系统 SRS 故障指示灯便常亮不熄，而车辆行驶一段时间后仪表板上的 SRS 故障指示灯却时亮时灭。

故障检修：雅阁 SRS 安全气囊系统的零部件均安装在驾驶室内，SRS 电脑安装在驾驶室变速杆前面的装饰板内。由于该车具有故障代码输出功能，因此首先利用其故障自诊断系统读取故障代码，以确定故障功能部位。

（1）故障代码的读取方法是：首先关闭点火开关，用一根导线跨接检查连接器，然后打开点火开关，仪表板上的 SRS 故障指示灯便开始闪烁，读得故障代码为 1-1（驾驶人安全气囊电路断路或电阻过大）和 2-1（前乘员侧安全气囊电路断路或电阻过大）。

（2）根据故障代码指示，由易而难进行故障检查，经查发现驾驶人和乘员侧安全气囊的充气元件（发生器）的线路连接器均未插上，从而导致仪表板上的 SRS 故障指示灯常亮。由于该车是在国内组装的，组装工人不了解安全气囊原理，在 SRS 故障指示灯常亮的情况下，不敢接上，怕出意外。新车故障指示灯点亮多为此种情况。

（3）将上述两个线路连接器插上，并清除故障代码：关闭点火开关，用一根导线跨接故障代码清除连接器；打开点火开关，6 s 后仪表板上的 SRS 故障指示灯熄灭，拆开跨接导线，等 SRS 故障指示灯再次亮起时再用导线跨接故障代码清除连接器，4 s 后 SRS 故障指示灯会熄灭，此时再拆下跨接导线；经过 4 s 后，仪表板上的 SRS 故障指示灯会闪亮两次，此时关闭点火开关，故障代码即被清除。

任务小结

（1）电控安全气囊系统主要由碰撞传感器、安全传感器、气囊 ECU、气体发生器和气囊等部件组成。传感器和气囊 ECU 用以判断撞车程度、传递及发送信号。气体发生器根据信号在 30 ms 内迅速产生气体，向气囊充气。

（2）汽车行驶过程中，安装在汽车前端的碰撞传感器和与 SRS ECU 安装在一起的安全传感器不断向控制装置（SRS ECU）发送汽车速度变化（或加速度）信号，SRS ECU 对这些信息加以分析判断，如果所测的加速度、速度变化量或其他指标超过预定值（即判定真正发生了碰撞），则 SRS ECU 向气囊组件中的电热点火器（电爆管）发出点火命令引爆电爆管，点火剂受热爆炸，迅速产生大量的热量，使充气剂（叠氮化钠）固体药片受热分解，释放大量氮气充入气囊，气囊便冲开气囊组件的装饰盖板，鼓向乘员，在人体与车内构件之间铺设一个气垫，将人体与车内构件之间的碰撞变为弹性碰撞。乘员与气囊接触时，通过气囊上排气孔的阻尼吸收碰撞能量，气囊的变形吸收了人体碰撞产生的动能，达到保护乘员身体的目的。

任务 3.2　电控安全带系统的结构与检修

任务引入

一辆一汽大众迈腾 B7L 轿车，打开点火开关，所有座椅安全带均系好的情况下，组合仪表中的安全带报警灯仍然点亮报警。行驶速度达到 25 km/h 以上时，安全带报警灯闪亮，同时组合仪表发出持续 90 s 的声音报警。

任务目标

（1）熟悉电控安全带系统主要零部件的安装位置及外部构造，并理解它们的作用。
（2）理解电控安全带系统的工作原理。
（3）能够识读电控安全带系统电路图，能够对电控安全带系统故障进行分析、检测并确认故障原因。

安全带的组成和工作原理

任务资讯

汽车座椅安全带是车辆发生事故时保护车内乘员最有效的设备之一。它能在汽车发生碰撞或紧急制动时，约束乘员尽可能保持原有的位置不移动，避免与车内坚硬部件发生碰撞而造成伤害。它与安全气囊并用才能最大限度地保护乘员不受伤害。学习了解安全带的结构、原理及控制电路方面的知识，才能掌握正确使用、维护及检修更换安全带的技能。

轿车上使用的安全带布置形式很多，按固定方式不同分为二点式、三点式安全带；按卷收器的结构原理不同一般分为紧急锁止式和预紧式两种。其中使用最普遍的是三点式紧急锁止式安全带，它在靠近肩部的车体上设有一个固定点，可同时防止乘员躯体前移和上半身前倾，增强了乘员的安全性，如图 3-35 所示。

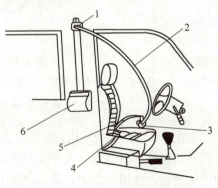

图 3-35　三点式紧急锁止式安全带

1—环状导向板；2—肩带；3—插板；4—插扣；5—腰带；6—卷收器

（一）三点式紧急锁止式安全带

紧急锁止式安全带一般由高强度织带、锁扣、锁舌、安装固定件、卷收器和限力器等组成，如图3-36所示。

1. 织带及锁舌、锁扣

织带多用尼龙、聚酯、维尼纶等合成纤维编织成，宽约50 mm，厚约1.5 mm，具有足够的强度、延伸性能和吸收能量的性能。有斜挎前胸的肩带和绕过人体胯部的腰带。在座椅内、外侧地板上及座椅外侧车身支柱上方共有三个固定点，织带伸入车身支柱内腔并卷在支柱下端的卷收器内。织带上安装有锁舌、锁扣，可使乘员方便佩戴和解脱安全带。

2. 安装固定件

安装固定件是与车体或座椅构件相连接的耳片、插件和螺栓等，它们的安装位置和牢固性直接影响到安全带的保护效果和乘员的舒适感，因此各国对于安装固定件的安装位置和安装标准也有明确的规定，以防意外。某些高级车辆的固定件可以实现自动调整。

3. 卷收器

卷收器是用来储存织带和锁止织带拉出的。早期的卷收器里面就有棘轮机构，织带从卷收器连续拉出过程一旦停止，棘轮机构就会作锁紧动作，阻止拉出织带。

紧急锁止式卷收器结构如图3-37所示，主要由惯性卷筒、卷筒轴、棘爪棘轮机构和离合器等组成。

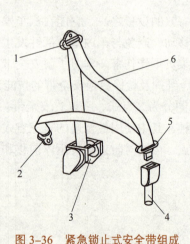

图3-36 紧急锁止式安全带组成

1，2—固定件；3—卷收器；4—带锁扣；
5—带锁舌；6—织带

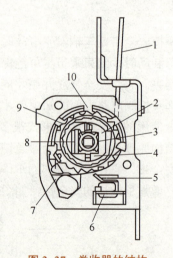

图3-37 卷收器的结构

1—织带；2—惯性卷筒；3—卷筒轴（卷轴）；4—平衡块；5—执行臂；
6—摆锤；7—棘爪；8—平衡弹簧；9—棘轮；10—离合器

当汽车正常行驶时，卷收器借助平衡弹簧的作用，既能随乘员身体的移动而自由伸缩，又不会使织带松弛。但当车辆遇到碰撞、紧急制动或车辆行驶状态急剧变化时，卷收器内的敏感元件将驱动锁止机构锁住卷轴，使织带固定在某一位置上，并承受使用者身体加给制动的载荷，将乘员束缚于汽车座椅上。

4. 安全带的限力器

安全带的限力器由限力板、卷筒和固定轴等构成,如图3-38所示。当车辆发生严重的正面碰撞时,由于乘员进一步向前移动而使安全带所受的力超过预定值时,限力板开始变形,卷筒立即旋转,使得绕在其上的安全带得以向外拉出。与此同时,限力板继续随卷筒的旋转而绕固定轴变形,成为安全带继续拉出的阻力。当卷筒转过1.25圈时,随着限力板两端接触,限力板完成绕固定轴的转动,卷筒也不能再进一步转动,因此,限力器完成其工作。

安全带的限力器、卷收器与安全带搭配使用可最大限度地保护驾驶人和乘员的安全。

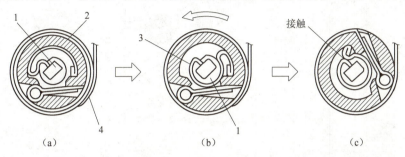

图3-38 安全带的限力器
(a)未动作;(b)动作;(c)动作结束
1—固定轴;2—卷筒;3—限力板;4—安全带

(二)预紧式安全带

普遍应用的三点式紧急锁止式安全带由于存在织带缠绕间隙和织带与人体间的佩戴间隙,会造成安全带约束的空行程,当碰撞发生时,这个约束空行程可达90 mm以下,这大大增加了乘员车内二次碰撞的危险。而预紧式安全带的特点是汽车发生碰撞事故的一瞬间,乘员尚未向前移动时,卷收器会自动将安全带往回拉一段距离,以消除安全带与身体之间的间隙,减小乘员的位移,然后锁止织带,防止乘员身体前倾,有效保护乘员的安全。预紧式安全带中的卷收器除了具有普通卷收器的收放织带功能外,还具有当车速发生急剧变化时能够在0.1 s左右加强对乘员的约束力,因此它还有控制装置和预拉紧装置。

现代轿车预紧式卷收器一般采用电子式控制装置(E型),如图3-39所示,这种预紧式安全带通常与辅助安全气囊组合使用。该系统由电子触发装置(与气囊共享)、安全带卷收器和能量储备装置等组成。由电子控制单元(ECU)检测到汽车加速度的不正常变化,经过ECU处理将信号发送至卷收器的控制装置,当超过给定的减速度界限值时,电子控制系统便发出点火指令,通过点燃触发器内的工作介质,形成高压推动活塞在液流管内运动,管内的液流以较高的速度冲向蜗轮的叶片,蜗轮便带着安全带卷筒转动,使安全带能够进一步勒紧乘员的身体。

收紧机构的具体构造因制造厂家的不同而有差异,但工作原理均相同。图3-40所示为一种常见形式,它由气体发生器(图中未示出)、缸筒、活塞及与活塞连在一起的拉索组成。为不影响安全带的正常工作,拉索绕在鼓轮上,而不与轴的外表面接触。

当收紧器动作时,由气体发生器释放出的大量气体迫使活塞向下运动。由于拉索与活塞连在一起,因此活塞带动拉索使鼓轮向收紧安全带的方向转动,使安全带收紧。当收紧一定长度后,安全带便无法被拉出或回缩。

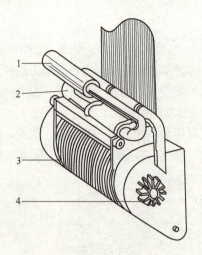

图 3-39　电控卷收机构

1—触发器壳体及活塞；2—管路；3—卷轴；4—涡轮

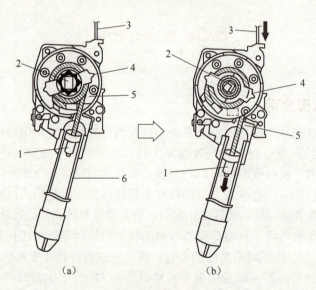

（a）　　　　　　　　（b）

图 3-40　收紧机构

（a）未动作；（b）已动作

1—活塞；2—轴；3—安全带；4—鼓轮；5—拉索；6—缸筒

图 3-41 所示为奥迪 A6 轿车安全带收紧器的工作原理，其卷收机构中有一套爆炸装置，触发时借助爆炸的能量推动卷收器转动，从而实现收紧的作用。

该收紧器由一个传感器负责收集撞车信息，然后释放出电脉冲，该脉冲传递到气体发生器上，引爆气体。爆炸产生的气体在管道内迅速膨胀，压向所谓的球链，使球在管路内往前窜，带动棘爪盘转动（棘爪盘跟轴连为一体，安全带就绕在轴上）。也就是气体压力使球移动，球带动棘爪盘转动，棘爪盘带动轴转动瞬间实现了安全带的预收紧功能。从感知碰撞事故到完成安全带预收紧仅持续千分之几秒。管道末端是一截空腔，用于容留滚过来的球。

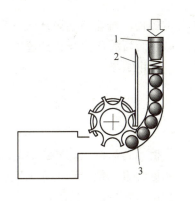 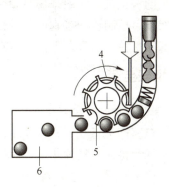

图 3-41 奥迪 A6 轿车安全带收紧器的工作原理
1—气体发生器；2—安全带；3—滚球管路；4—滚筒；5—棘爪盘；6—截空腔

收紧器的气体发生器由电爆管（电热丝和点火剂）和装在金属容器内的气体发生剂（无烟火药）组成，如图 3-42 所示。当气囊传感器接通时，电流流到电爆管的电热丝而点燃点火剂，火焰随即在极短的时间内传到气体发生剂，产生高压气体。

维修时需注意，即使微弱的电流也可能点燃传爆管，因此，绝不可使用万用表测量其电阻。

由于预紧式安全带是靠急速回拉的方式保护乘员的，里面装置有气体引发剂和气体发生剂，因此在使用中要注意它与普通安全带的不同之处。预紧式安全带有固定的使用时间，有效期满必须更换；预紧式安全带只允许安装在为其设计和制造的汽车上，不允许随意改装在其他汽车上；上车要佩戴预紧式安全带，如果未佩戴预紧式安全带，一旦汽车发生碰撞，不但不能受到安全带的保护，反而会因安全带产生误回拉动作而增加自己受伤的可能性。

汽车安全带的敏感装置及锁止装置如图 3-43 所示。敏感装置是通过装在绕织带的卷筒上的惯性盘来实现的。当汽车紧急制动或发生碰撞时，乘员突然向前冲，引起织带被拉出的速度变化，随之卷筒、惯性盘产生角加速度，在惯性力的作用下，二者之间产生角位移，使得汽车安全带进入锁止状态。

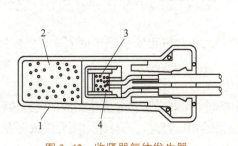 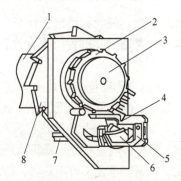

图 3-42 收紧器气体发生器
1—外壳；2—气体发生剂；3—点火剂；4—电热丝

图 3-43 汽车安全带的敏感装置及锁止装置
1—卷筒；2—控制机构；3—惯性盘；4—敏感爪；5—敏感座；6—敏感球；7—棘爪；8—棘轮

汽车安全带的锁止装置一般采用棘轮、棘爪机构。棘轮与卷筒连成一体，棘爪装在汽车安全带的支架下，控制机构接到速度变化率敏感装置感应出车辆的速度变化率超过规定值，立即控制棘轮、棘爪啮合，阻止卷筒旋转，锁止织带。

（三）新型安全带

1. 安全性与舒适性并存的安全带

汽车乘员坐在座椅上喜欢放松安全带，将座椅靠背后倾，这样虽然舒适，但一旦发生碰撞事故，安全气囊将无法发挥作用，后果可能更严重。戴姆勒－克莱斯勒汽车公司通过技术手段解决了这一问题，并宣布将在汽车上使用。这种技术主要是通过传感器发挥作用，当汽车开始侧滑或者驾驶人踩紧急制动时，传感器及ECU装置将在这一瞬间测量速度、踩制动踏板的力度、轮胎的滑行状态等，如果判断有可能出事故会立即发出指令，将座位靠背自动立起，卷紧安全带，纠正乘员的乘坐姿态等。另外，考虑到车辆可能会发生侧翻，它还有自动关闭遮阳篷顶的功能。

2. 气囊式安全带

目前轿车流行安装安全气囊装置，但这种装置一是爆发力过大容易造成乘员受伤（尤其是儿童），二是有了安全气囊使一些乘员忽视系安全带，三是安全气囊爆发时车辆容易失控。针对这些弊端，国外有些公司正在改变思路，将安全气囊与安全带合二为一，研制出一种"气囊式安全带"，以消除上述弊端。这种"气囊式安全带"即在安全带的主要长度上（从下部的搭扣直至肩部以上与车身固定点附近这段长度）做成可充气膨胀的气囊，其工作原理与目前的安全气囊一样。当它爆发时，安全带的宽度会由5 mm增加到15 mm，使其与人体接触面加大而减少伤害。这种"气囊式安全带"安装位置不受限制，后排座的乘员也可以使用。

任务实施

（一）座椅安全带收紧器安全规定

安全带的操作及检查

（1）检查、装配和维修工作只允许由受过培训的人员来进行。

（2）收紧器的零部件既不允许拆开，也不允许修理；原则上只能使用新部件，以防止受伤。

（3）受过剧烈碰撞或在地上摔过的收紧器单元不允许再安装到车辆上。有机械损坏（凸凹痕、裂缝）的收紧器单元原则上要更新。

（4）不允许使用电动螺丝刀拆卸收紧器。

（5）不允许随意放置收紧器单元。工作中断时，要把收紧器单元重新放回到运输容器中。

（6）收紧器单元不可用油脂、清洁剂或类似的物质处理，而且绝对不允许放置在100 ℃以上的温度下。

（7）燃爆式填药无失效期，它可以无限期地保存，无须维护。

（8）存放拆下的或新的安全带时，双锁式插接器锁柄应处于销定位置，务必注意不能损坏插接器。

（9）切不可用万用表测量座椅电动安全带收紧器的电阻，以防收紧器被触发。

（10）安全带上不得沾油或水，不可用任何类型的洗涤剂清洗。

（11）车辆报废或仅报废安全带时，在报废前应使安全带收紧器起作用，此项操作应在远离电场干扰的地方进行。

（二）安全带及收紧器检查

以 Polo 轿车安全带系统的检修为例。

每次发生事故后，都要系统地检查安全带系统。根据检查项目确定有损坏，就必须更新安全带。

1. 检查带身

将带身从自动收卷器或腰带调整舌中完全拉出来，检查带身是否清洁，必要时用中性肥皂液清洗。

如果确定在一部事故车辆上以下（1）和（2）中有一项损坏，把安全带连同锁扣整个更新。

如果确定在一部未发生事故的车辆上，以下（1）、（2）、（3）项中有一项损坏，仅将损坏的安全带更换即可。

（1）带身有切口、被扯破或有擦伤，如图 3-44（a）所示。

（2）带边上织物线圈撕裂，如图 3-44（b）所示。

（3）由于香烟等物烧出焦痕或孔洞，如图 3-44（c）所示。

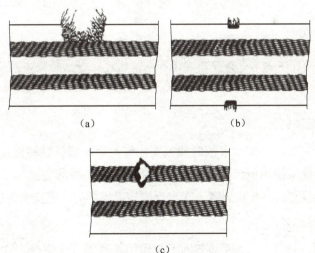

图 3-44 带身检查

(a) 带身有切口、被扯破或有擦伤；(b) 带边上织物线圈撕裂；(c) 由于香烟等物烧出焦痕或孔洞

2. 检查自动收紧器（锁止作用）

带身自动收紧器有两个锁止功能：

（1）通过从自动收紧器迅速拉出带身（带身拉伸加速）而触发。

检查方法：把带身用力从自动收紧器拉出来，如无锁止作用，将安全带连同锁扣整个更新；如在带身拉伸或缩回时有故障，要检查自动收紧器的位置是否有变动。

（2）通过车辆运行中的变化（取决于车辆的锁止功能）触发。

检查方法：系上安全带，将车辆加速到 20 km/h，然后把制动踏板踩到底，进行最大制动，如果在制动过程中带身没有被安全带锁止装置锁止，就应把安全带连同锁扣整个更新。

出于安全方面考虑，行驶中的测试要在交通安全许可的路段上进行，以避免给其他道路使用者带来危险。

3. 检查锁扣外观

检查锁扣是否有裂缝或裂开。出现损坏时，把安全带连同锁扣整个更新。

4. 检查锁扣的功能

检查锁扣：把锁舌推入锁扣，直至可听见两者啮合的声音；用力拉动带身，检查锁止机构是否啮合，如果在至少进行的 5 次检测中有一次锁舌没有锁在锁扣内，就应把安全带连同锁扣整个更新。

检查解锁：用手指按压锁扣上的按钮来松开安全带，在带身松开时，锁舌必须自动从锁扣中弹出来，至少检测 5 次，只要有一次锁舌没有弹出来，就应把安全带连同锁扣整个更新。

任何情况下都不允许使用润滑剂来消除按钮产生的噪声或使之易于移动。

5. 检查导向板和锁舌

安全带系统受到负荷（发生事故时佩戴安全带）后，塑料材料覆盖饰面上会出现平行划出的细小沟槽（经常使用所产生的磨损为无条纹的、光滑的磨损）。

检查塑料件的变形、裂开和裂缝。在出现沟槽或损坏时，把安全带连同锁扣整个更新。

6. 检查紧固件和紧固点

检查锁舌变形（拉长）、高度调节器不起作用、紧固点（座椅、立柱、车辆地板）变形或螺纹损坏。

如果确定是零件损坏，则把安全带连同锁扣整个更新，更换紧固点。

对并非因事故而引起的损坏，如磨损，只需更换相应的损坏零件。

（三）安全带及收紧器的拆装

以上海大众 Polo 轿车安全带系统的检修为例。

如果机械式收紧器触发后拉出带身或使其卷回，这时就可以明显听到"咔哒"声；电气式收紧器触发后，安全气囊故障码在存储器中便会存入一个故障。收紧器触发后，要更新整个安全带。

1. 拆卸和安装安全带连同收紧器

安全带连同收紧器（四门车）如图 3-45 所示。

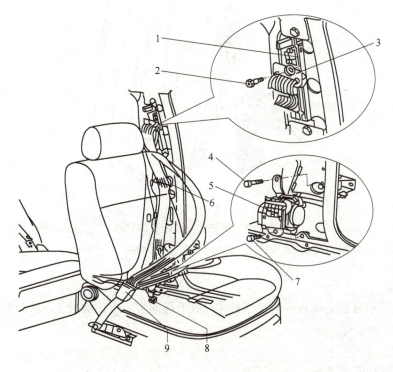

图 3-45　拆卸和安装安全带连同收紧器（四门车）

1—带高调节器；2，4，7—螺栓；3—导向板；5—带有收紧器单元的安全带；6—带身导向件；
8—前安全带底衬；9—前锁扣

1）拆卸

 在对电气装置进行拆卸作业前，要断开蓄电池接地点（在断开蓄电池之前，应注意收音机操作说明中有关编码的提示）。在连接蓄电池后，要按照维修手册和操作说明检查车辆装备（收音机、时钟、电动车窗升降机等）。

拆卸车门槛板，拆卸 B 柱饰板及拆卸前安全带底衬；将前安全带底衬穿过 B 柱饰板的开口；旋出螺栓 2，取下导向板。

拧下带身导向件，旋出螺栓4及螺栓7，从B柱上取出带有收紧器单元的安全带5。
2）安装
安装以拆卸倒序进行。

2. 拆卸和安装带高调节器

带高调节器如图3-46所示。

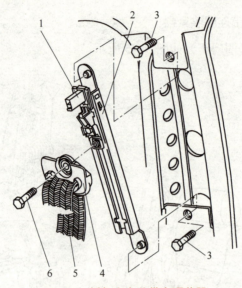

图3-46 拆卸和安装带高调节器

1—带高调节器的操纵装置；2—带高调节器；3，6—螺栓；4—导向板；5—安全带

1）拆卸

拆卸四门车B柱上饰板。旋出螺栓6，取下导向板。旋出螺栓3，从B柱中取出带高调节器。

2）安装

安装以拆卸倒序进行。

3. 拆卸和安装前安全带底衬（四门车）

拆卸车门槛板。旋出螺栓，如图3-47所示，取下前安全带底衬。

图3-47 旋出螺栓

1—螺栓；2—底衬

安装时按拆卸倒序进行。

4. 拆卸前锁扣

 对带有安全带识别功能的车辆，还必须解开座椅下的插头卡子。

拆卸前座椅，如图3-48所示。旋出螺栓，取下锁扣。

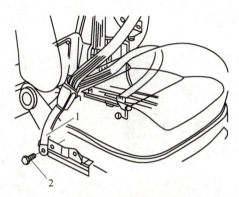

图3-48　拆卸前座椅

1—锁扣；2—螺栓

5. 拆卸和安装后安全带

拆卸和安装后安全带，如图3-49所示。

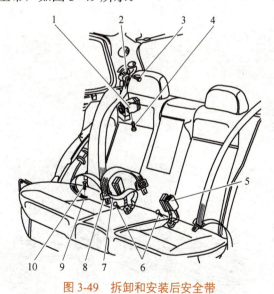

图3-49　拆卸和安装后安全带

1—带身自动卷收器；2—导向板；3，4，6，10—螺栓；5—双锁扣；7—腰带；8—锁舌；9—后安全带底衬

1）拆卸

拆卸后座椅。拆卸行李厢盖支架。

拆卸C柱上饰板。旋出螺栓10，取下后安全带底衬，然后穿过C柱饰板的开口。

翻起后部座椅靠背。旋出螺栓（注意定距环和垫圈，如图3-50所示），取下导向板。旋出螺栓6，取下收紧器。

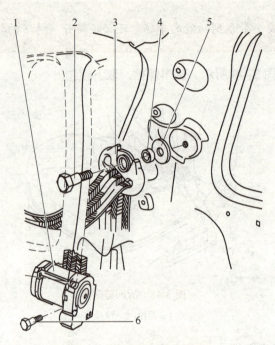

图3-50 注意定距环和垫圈

1—收紧器；2，6—螺栓；3—导向板；4—定距环；5—垫圈

2）安装

安装以拆卸倒序进行。

6. 拆卸腰带和双锁扣

（1）拆卸后座椅。

（2）旋出螺栓，如图3-51所示，取下锁扣（右边连着腰带）。

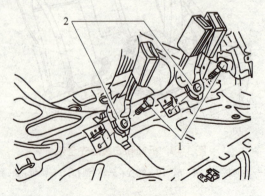

图3-51 拆卸腰带和双锁扣

1—螺栓；2—锁扣

企业案例

实例 一辆大众新 Polo 轿车安全气囊报警灯亮起

故障现象:一辆行驶里程约 2.3 万 km 的 2010 年款 Polo 轿车。在发动机起动并怠速运转时发现组合仪表上的安全气囊灯亮起。

故障检修:

(1) 使用车辆诊断仪 VAS5051 B 进入网关安装列表检查故障,发现安全气囊存在故障码 B10071A,含义为:乘员侧座椅安全带张紧触发器电阻值过低(主动/静态)。

(2) 选择测量值功能查看乘员侧及驾驶人侧安全带张紧器引爆装置电阻值,发现乘员侧的电阻值为 0.6 Ω,驾驶人侧为 2.3 Ω。初步分析该车气囊灯报警的原因可能是由于乘员侧安全带张紧器引爆装置的插头没有安装到位。因为安装不到位会引起引爆装置插头内部的短路连接片与引爆装置的针脚接触,如果发生接触会使引爆装置的两个针脚构成短路,短路后控制单元就认为引爆装置的电阻值过低。

(3) 拆下安装在右侧 B 柱底部的乘员侧安全带张紧器引爆装置,目测安全带张紧器引爆装置的插头连接正常,轻微晃动引爆装置的插头发现电阻值在不停地变化。拔下引爆装置的插头发现乘员侧安全带引爆装置的电阻值变为"过高"。这说明从插头到控制单元之间的线束不存在短路,将故障点确定为插头或引爆装置的短路连接片。

(4) 经检查插头未见异常,将短路连接片从安全带引爆装置中取出,发现短路连接片已变形。由于短路连接片与安全带是一体,更换安全带后查看乘员侧引爆装置的电阻值恢复正常。

(5) 更换乘员侧安全带总成,故障报警灯恢复正常。

任务小结

电控安全带系统可在汽车遭受碰撞时,迅速收紧安全带,缩短驾驶人和乘员身体向前移动的距离,防止身体受到伤害。安全带控制系统仅在安全气囊系统的基础上增设了防护传感器和左、右座椅安全带收紧器,由碰撞防护传感器、中心碰撞传感器、前碰撞传感器、电控单元 ECU 和安全带收紧器组成,其中安全带收紧器为执行器。

汽车安全气囊系统和安全带系统工作的好坏直接关系着人们的生命安全。

项目四　汽车自动空调系统结构与检修

项目导入

自动空调系统是由驾驶人设定所需室温，微机自动调节车室内空气温度、湿度和风量等满足设定的舒适性要求的装置。自动空调系统由于在改善乘坐舒适性、安全性、环保节能、操纵方便等方面具有明显的优势，正逐步向中、低档轿车普及。

自动空调系统一般由制冷系统、取暖系统、通风系统、操纵控制系统和空气净化系统 5 部分组成，如图 4-1 所示。

汽车空调系统的组成及分类

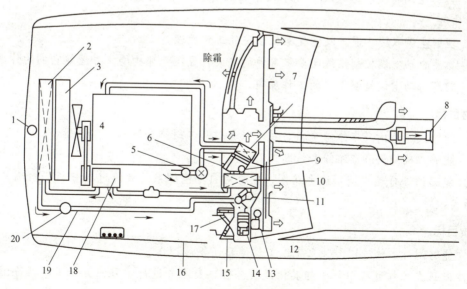

图 4-1　自动空调系统组成部件

1—车外温度传感器；2—冷凝器；3—散热器；4—发动机；5—水阀；6—空气混合门；7—加热器芯；8—车内温度传感器；9—蒸发器出口温度传感器；10—蒸发器；11—膨胀阀；12，17—车内空气；13—光照传感器；14—鼓风机；15—车外空气；16—冷却液温度传感器；18—压缩机；19—高压管配置；20—储液器

制冷系统是采用蒸气压缩式的制冷原理,对车内或由车外部进入车内的新鲜空气进行冷却、除湿和净化,使车内空气变得凉爽舒适。其主要由压缩机、冷凝器、储液器、膨胀阀、蒸发器、车内温度传感器、车外温度传感器、光照传感器等组成。

取暖系统是把发动机的冷却水引入加热器,利用鼓风机对车内或由车外部进入车内的新鲜空气进行加热,达到取暖、除霜的目的。其主要由发动机水套、水阀、加热器芯、冷却液温度传感器、鼓风机等组成。

通风系统是利用鼓风机将车外的新鲜空气引入车内,把处理后的空气通过空调器及风道送出到需要的部位,再把车内的污浊空气排出车外,起到通风和换气的作用。其主要由内外风门、鼓风机及风道等组成。

操纵控制系统一般由电气系统、真空系统和操纵装置等组成,是对制冷系统、取暖系统及通风系统的工作进行控制,同时对车内的空气温度、风量、流向进行调节,保证空调系统正常工作。

空气净化系统是对车内空气中的尘埃、臭味、烟气等进行过滤,以保证车内空气的清洁。

学习目标

★ 知识目标

1. 熟悉空调制冷系统主要零部件的安装位置及外部构造,并理解它们的作用。
2. 理解空调制冷系统的工作原理。
3. 熟悉空调取暖、通风及空气净化系统主要零部件的安装位置及外部构造,并理解它们的作用。
4. 理解空调取暖、通风及空气净化系统的工作原理。
5. 熟悉自动空调控制系统主要零部件的安装位置及外部构造,并理解它们的作用。
6. 理解自动空调控制系统的工作原理。

★ 能力目标

1. 能够快速查询汽车维修资料、技术服务信息、用户手册和保养手册。
2. 能够正确使用汽车维修和诊断工具。
3. 能够识读自动空调系统电路图,能够对自动空调系统故障进行分析、检测并确认故障原因。

★ 素质目标

1. 能够制订工作计划,独立完成工作学习任务。
2. 能够在工作过程中与小组其他成员合作、交流并进行学习任务分工,具备团队合作和安全操作的意识。
3. 养成服从管理、规范作业的良好工作习惯。
4. 培养安全工作的习惯。

项目四 >>> 汽车自动空调系统结构与检修

★ **思政目标**

1. 爱国守法，崇德向善，诚实守信。
2. 爱岗敬业，积极进取，团结协作。
3. 热爱劳动，沟通流畅，勇于创新。
4. 精益求精，工匠精神，7S 管理。

学习任务

任务 4.1 空调制冷系统的结构与检修

任务引入

一辆丰田威驰轿车，空调制冷不良。空调运行时，有时有冷气，有时没有冷气。

任务目标

（1）熟悉空调制冷系统主要零部件的安装位置及外部构造，并理解它们的作用和工作原理。
（2）理解空调的制冷工作原理。
（3）能够对空调制冷系统故障进行分析、检测并确认故障原因。

任务资讯

汽车车内温度是舒适性的重要指标，它取决于车外温度、空气流量及太阳辐射强度的大小。当车外温度超过 20 ℃时，只能靠制冷系统的冷风降温达到舒适性的目的。一辆车的制冷系统工作不良，不能在需要冷风时送出凉爽的冷风，直接影响乘员乘车的舒适性。所以我们需要学习了解汽车空调系统的组成、工作原理、控制电路，才能很好地诊断、排除汽车空调系统的故障。

（一）制冷系统的结构组成及工作过程

制冷系统是汽车整个空调系统的基础部件，主要由压缩机、冷凝器、储液干燥器、膨胀阀、蒸发器、压力开关、冷凝器风扇、制冷管路等组成。目前大多采用热力膨胀阀制冷系统或孔管式制冷系统，如图 4-2 和图 4-3 所示。

汽车空调制冷系统的组成

汽车空调制冷系统的原理及工作过程

汽车空调制冷系统的原理及工作过程（动画）

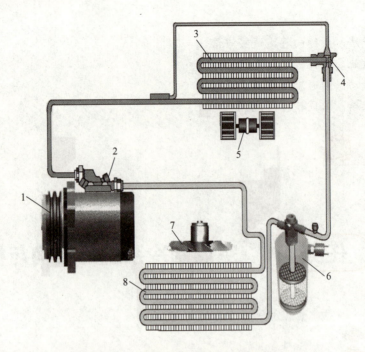

图 4-2　热力膨胀阀空调制冷系统的组成

1—压缩机；2—加注阀；3—蒸发器；4—膨胀阀；5—鼓风机；6—储液干燥器；7—风扇；8—冷凝器

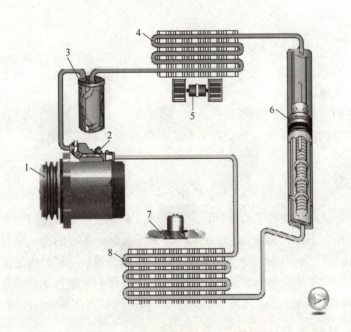

图 4-3　孔管式空调制冷系统的组成

1—压缩机；2—加注阀；3—集液器；4—蒸发阀；5—鼓风机；6—孔管；7—风扇；8—冷凝器

汽车制冷系统工作时，发动机驱动空调压缩机工作，在空调压缩机的作用下制冷剂在制冷系统内进行循环。其工作过程如下所述：

压缩机吸入来自蒸发器的低温低压（0 ℃，0.15～0.20 MPa）的气态制冷剂，将其压缩成高温高压（80 ℃，1.0～1.5 MPa）的气态制冷剂，然后排出压缩机到冷凝器。

气态制冷剂进入冷凝器后，因车外温度低于进入冷凝器的制冷剂温度，加上冷凝器风扇的作用，制冷剂将部分能量传给冷凝器与其周围空气，由高温高压气体被冷凝成中温高压（50 ℃，1.0～1.2 MPa）的液态制冷剂，流入储液干燥器。

经过储液干燥器的制冷剂液体，进行储液、干燥、过滤送往热力膨胀阀。

中温高压的液态制冷剂通过热力膨胀阀后体积变大，其压力和温度急剧下降（-5 ℃，0.15～0.20 MPa），以雾状（细小液滴）形式进入蒸发器。

雾状低温低压的制冷剂进入蒸发器后，因制冷剂的沸点远低于蒸发器内的温度，雾状制冷剂不断吸热迅速蒸发成气态制冷剂。制冷剂在蒸发过程中吸收蒸发器外表面及蒸发器周围的热量，从而使流经蒸发器表面的空气温度迅速下降，产生了制冷降温的效果。而后低温低压（0 ℃，0.15～0.20 MPa）的气态制冷剂又进入压缩机，开始下次循环。

（二）制冷系统主要部件的结构原理

1. 压缩机

压缩机是空调制冷系统的主要部件之一，其功用是：一方面维持制冷剂在系统中的循环流动；另一方面对低温低压的气态制冷剂进行加压，使之超过冷凝器外界大气的温度和压力，以便在冷凝器中向外界大气放热，并形成液态制冷剂。

轿车空调制冷系统的压缩机一般由汽车发动机驱动，其结构形式有很多种，目前斜盘式压缩机和摆盘式压缩机应用得较广。

1）斜盘式压缩机

斜盘式压缩机又称为回转斜盘式压缩机，其具有工作可靠、结构紧凑、体积小、质量轻等优点，在奥迪、捷达、红旗、富康等轿车上应用广泛。其结构如图4-4所示。

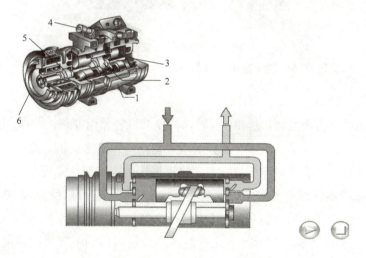

图4-4 斜盘式压缩机的结构

1—气缸；2—旋转斜盘；3—活塞；4—压力释放阀；5—曲轴油封；6—电磁离合器

斜盘式压缩机采用往复式双头活塞，依靠斜盘的旋转运动，使双头活塞获得轴向的往复运动。双头活塞中间开槽与旋转斜盘装合，因此可由斜盘驱动其在前、后两个气缸内往复运动。压缩机主轴和斜盘旋转一周时，双头活塞在前、后两个气缸内往复运行两个行程。活塞向前移动时，前气缸中进行压缩行程，后气缸中则进行吸气行程；反向时，前、后两个气缸的作用互相对调。回转斜盘式压缩机的缸数为双数，常见的有6缸和10缸。各气缸沿圆周方向、前后成对均匀布置，各气缸均装有进、排气阀，各气缸的进气腔和排气腔分别通过管路连通。

2）摆盘式压缩机

摆盘式压缩机具有结构紧凑、工作平稳、质量轻的优点。各气缸以压缩机轴线为中心均匀布置，各气缸的轴线与输入轴的轴线相互平行。活塞与摆盘用连杆和球形万向节相连，以协调活塞与摆盘的运动。摆盘中心用钢球定位，并用一对齿轮限制摆盘只能左右摆动而不能转动。由于斜盘与摆盘的接触面为斜面，因此当压缩机工作时，主轴带动斜盘一起转动，摆盘则以定位钢球为中心做摇摆运动，并通过连杆带动活塞在气缸内做往复直线运动。其工作原理如图4-5所示。

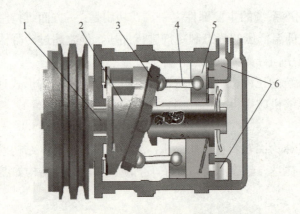

图4-5　摆盘式压缩机

1—压缩机主轴；2—斜盘；3—摆盘；4—连杆；5—活塞；6—进气

3）可变排量压缩机

由于压缩机的动力由发动机提供，且转速随发动机转速而变化，从节约能源方面考虑，出现了变排量压缩机。变排量压缩机有容量固定变化式和连续变化式两种。

（1）固定变化式可变排量压缩机。丰田轿车采用的固定变化式可变排量压缩机，是在压缩机移动活塞的旋转斜盘上增加了一个可变排量机构。它可以使全部10个气缸同时工作（称全容量100%工作），也可以使其中的5个气缸工作（称半容量50%工作）。空调ECU根据冷却液温度传感器信号确定是否给可变排量机构的电磁线圈通电，从而控制压缩机在全容量和半容量之间转换。可变排量压缩机的结构如图4-6所示，主要由柱塞、电磁阀、电磁线圈、单向阀和排出阀等组成，可变排量机构位于压缩机的后部。

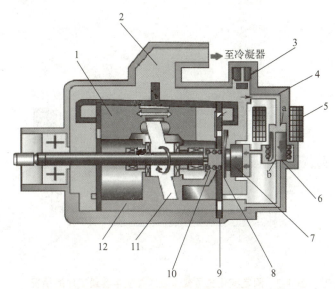

图 4-6　固定变化式可变排量压缩机全容量工作的情况

1—活塞；2—高压制冷剂；3—单向阀；4—旁通回路；5—电磁线圈；6—电磁阀；7—柱塞；8—排出阀；
9—阀盘；10—弹簧；11—旋转斜盘；12—低压制冷剂

图 4-6 所示为固定变化式可变排量压缩机全容量工作的情况。此时电磁线圈不通电，电磁阀在弹簧弹力的作用下，将 a 孔打开、b 孔关闭。高压制冷剂经过旁通回路从 a 孔进入柱塞的右侧，使柱塞右侧压力增大。因此，柱塞克服弹簧弹力向左移动，排出阀挤压在阀盘上。通过由旋转斜盘转动产生的活塞运动，在后部（5 个气缸）也产生高压，于是压缩机所有 10 个气缸都运转。此时，在压缩机后部产生的高压将单向阀向上推，来自压缩机后部的高压气体与来自压缩机前部的高压气体一起流至冷凝器。

图 4-7 所示为固定变化式可变排量压缩机半容量工作的情况。此时电磁线圈通电，电磁阀阀芯在磁场力的作用下上移，将 a 孔关闭、b 孔打开。高压制冷剂不能经过旁通回路进入柱塞的右侧，作用于柱塞右端的压力降低，柱塞在弹簧力的作用下回到右侧，排出阀离开阀盘，停止压缩机后部 5 个气缸的工作。此时，单向阀由于上下压差而落下，关闭从后部排除高压气体的排出通道，防止压缩机前部产生的高压制冷剂回流。

当压缩机重新起动时，以半容量工作，从而减小了压缩机起动时的振动。

（2）连续变化式可变排量压缩机。大众车系轿车采用的连续变化式可变排量压缩机的结构如图 4-8 所示。该压缩机通过改变斜盘的倾斜度来改变压缩机的容量，调节范围为 5%～100%。斜盘的倾斜度取决于每个活塞两侧的压力差。活塞右侧的压力受压力腔内压力的影响，压力腔内的压力由调节阀和节流管道控制。

压缩机大排量输出时，压缩机输出压力较高，通过节流管道的作用使压力腔内的压力升高。当压力腔内的压力升高到某一值时，调节阀开启，使压力腔与进气低压侧接通，故压力腔内的压力处于较低状态。此时，由于压缩机输出压力较高，即活塞左侧的压力较高，因此活塞两侧的压力差增大，从而使斜盘的倾斜度增大，活塞行程变长。

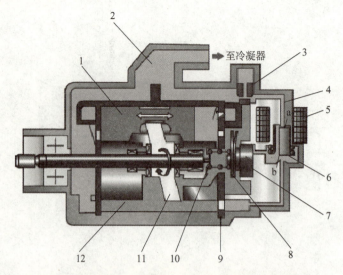

图 4-7　固定变化式可变排量压缩机半容量工作的情况

1—活塞；2—高压制冷剂；3—单向阀；4—旁通回路；5—电磁线圈；6—电磁阀；7—柱塞；8—排出阀；
9—阀盘；10—弹簧；11—旋转斜盘；12—低压制冷剂

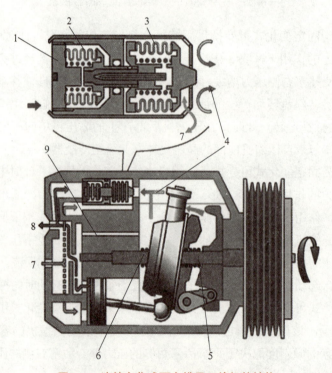

图 4-8　连续变化式可变排量压缩机的结构

1—调节阀；2，3—波纹管；4—腔内压力；5，6—弹簧；7—低压；8—高压；9—节流管道

压缩机小排量输出时，压缩机输出压力较低，通过节流管道的作用使压力腔内的压力上升较小，调节阀处于关闭状态。此时，由于压缩机输出压力较低，活塞左侧的压力较低，因此活塞两侧的压力差较小，从而使斜盘的倾斜度减小，活塞行程变短。

2. 冷凝器

冷凝器是热交换装置，通常设置在发动机散热器前面，一般采用铝或铜材料制成芯管，并在芯管周围焊接散热片。常在冷凝器的前面装有电控风扇，以增强冷凝器的散热效率。冷凝器有管片式和管带式两种，其结构如图4-9所示。

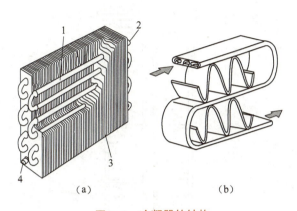

冷凝器风扇及控制电路故障诊断

图4-9 冷凝器的结构

（a）管片式；（b）管带式

1—散热管；2—入口；3—散热片；4—出口

空调系统工作时，从压缩机出来的高温高压气态制冷剂流过冷凝器时，在外部空气的冷却作用下，高温高压的气态制冷剂变成了高温高压的液态制冷剂。注意：安装冷凝器时，从压缩机排出的制冷剂气体必须由冷凝器的上端进入，其出口必须在下方，否则会引起制冷系统压力升高，导致冷凝器胀裂的危险。

3. 储液干燥器

储液干燥器一般安装在冷凝器与膨胀阀之间，主要作用是储存制冷剂，过滤制冷剂中的杂质和除去制冷剂中的水分。其结构如图4-10所示，它由玻璃观察窗、干燥剂、滤清器等部分组成。观察窗可以观察制冷剂的量。有些储液干燥器上装有易熔塞，当储液干燥器因冷凝器散热不良或其他零部件过热而使温度急剧上升时，易熔塞熔化，排出系统中高温高压制冷剂，防止制冷系统中其他机件损坏。

4. 膨胀阀

膨胀阀是制冷系统的重要组成部件，其性能好坏直接影响整个制冷系统的正常工作。

膨胀阀在制冷负荷和压缩机转速变化时，能自动调节进入蒸发器的制冷剂流量，以满足制冷要求，保证车内温度稳定。膨胀阀的主要类型有内平衡式膨胀阀、外平衡式膨胀阀和H型膨胀阀等。

1）内平衡式膨胀阀

图4-11所示为内平衡式膨胀阀的结构。

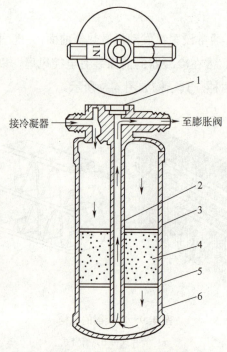

图 4-10 储液干燥器的结构

1—玻璃观察窗；2—吸取管；3—滤清器；4—干燥剂；5—滤网；6—壳体

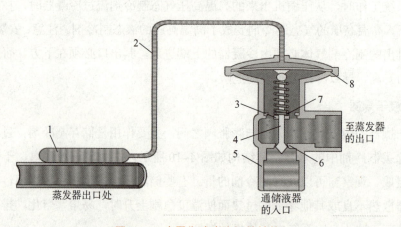

图 4-11 内平衡式膨胀阀的结构

1—遥控测温包；2—毛细管；3—内平衡口；4—阀针；5—阀体；6—阀座；7—弹簧；8—膜片

节流孔的功用是对液态高压制冷剂节流降压。感温系统主要包括金属膜片、毛细管、感温包等。感温包内充满制冷剂气体，它通过毛细管感应蒸发器出口温度。调节机构包括阀体、阀座、顶杆和弹簧等。

感温包内气体的压力作用在金属膜片上方，而金属膜片下面承受经阀芯和顶杆传来的弹簧力与平衡压力（节流后的制冷剂压力）共同作用，阀芯直接控制节流孔的开度。当金属膜片受力平衡时，金属膜片的位置、阀芯的位置、节流孔的开度均固定。

当蒸发器出口温度较高时，感温包内气体的压力也高，作用在金属膜片上方的压力增大，使金属膜片、顶杆、阀芯向下移动，节流孔开度增大，使进入蒸发器的制冷剂流量增加，制冷量也相应增大；反之，当蒸发器出口温度较低时，节流孔开度减小，进入蒸发器的制冷剂流量减小，制冷量也相应减少。由于平衡压力是由膨胀阀内部将节流后的制冷剂引至金属膜片下方产生的，因此称之为内平衡式膨胀阀。

2）外平衡式膨胀阀

外平衡式膨胀阀的结构与内平衡式膨胀阀的结构大同小异，如图 4-12 所示。内平衡式膨胀阀膜片下方的压力是蒸发器进口压力，而外平衡式膨胀阀膜片下方的压力是蒸发器出口压力。因蒸发器内部会有压力损失，所以出口压力要小于进口压力。这样要达到同样的阀开度，外平衡式需要的过热度要小些，蒸发器容积效率可以提高。

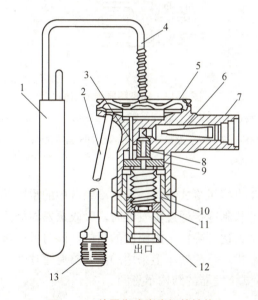

图 4-12　外平衡式膨胀阀的结构

1—感温包；2—平衡管；3—顶杆；4—毛细管；5—膜片；6—滤网；7—阀体；8—节流孔；9—阀芯；
10—过滤弹簧；11—弹簧座；12—调节螺母；13—外平衡管接口

3）H 型膨胀阀

H 型膨胀阀安装在蒸发器的进、出口之间，阀上的感温器直接处在蒸发器出口介质中，感应温度不受环境温度影响，也不需要通过毛细管造成时间滞后。H 型膨胀阀的结构如图 4-13 所示。在 H 型膨胀阀进口通道中，设有一个球阀控制的节流孔，节流孔的开度由调节弹簧和感温器控制。感温器（或称感温包）位于蒸发器出口通道上，直接感应蒸发器出口的温度。当蒸发器出口的温度升高时，感温器内气体的压力增大，膜片向下移动，通过推杆推动球阀克服弹簧力向下移动，节流孔开度增大，进入蒸发器的制冷剂流量增加，制冷量也随之增加；反之，当蒸发器出口的温度下降时，感温器内气体的压力下降，在弹簧力作用下球阀向上移动，节流孔开度减小，进入蒸发器的制冷剂流量减少，制冷量也随之减少。

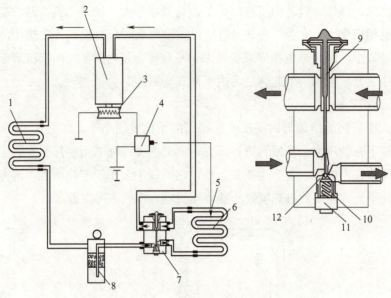

图 4-13 H型膨胀阀的结构

1—冷凝器；2—压缩机；3—电磁离合器；4—恒温器；5—感温包；6—蒸发器；7—H型膨胀阀；
8—储液干燥器；9—感温器；10—弹簧；11—调整螺母；12—球阀

5. 蒸发器

汽车空调蒸发器属于直接风冷式结构，是制冷系统中的重要部件之一。制冷系统工作时，来自膨胀阀的低压雾状制冷剂通过蒸发器时，吸收蒸发器周围空气的热量，借助鼓风机将冷空气吹入车厢，从而达到降低车内温度的目的。同时低压雾状制冷剂变为低温低压气态制冷剂，并回到压缩机。目前轿车上采用的蒸发器有管片式、管带式和层叠式三种类型。图 4-14 所示为管片式蒸发器的结构示意图。

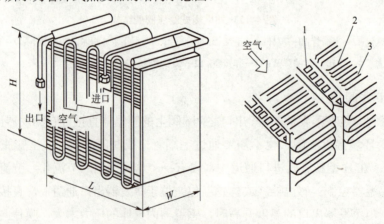

图 4-14 管片式蒸发器的结构示意图

1—管子；2—翅片；3—散热口

6. 孔管和集液器

孔管式制冷系统最大的特点是，用简单的节流孔管取代了结构复杂的膨胀阀，用集液器取代了储液干燥器。

1) 孔管

孔管的结构如图4-15所示。在一根工程塑料管中间装置了一条节流用的铜管（内径为3～5 mm）；塑料管两端装有金属过滤网；塑料管外表面装有O形密封圈。孔管一端插进蒸发器，另一端插进从冷凝器来的橡胶管。孔管的结构简单，不易损坏，但只能起到节流降压的作用，不能有效地控制进入蒸发器的制冷剂流量。当压缩机高速运转时，蒸发器有可能蒸发不彻底，在其出口出现液态制冷剂。

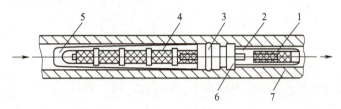

图4-15 孔管的结构

1—毛细管；2, 5—壳体；3—O形密封圈；4—过滤网；6—塑料管；7—供液管

2) 集液器

为了避免压缩机发生"液击"损坏，蒸发器出口一定要安装集液器。集液器可以实现气液分离（将蒸发器出来的液态制冷剂缓冲，使其完全蒸发成气态制冷剂进入压缩机，防止"液击"），去除水分（集液器中同样装有干燥剂），储存多余制冷剂三种功能。

集液器的结构如图4-16所示，通常节流孔管会将较多的液态制冷剂节流入蒸发器用以蒸发，集液器允许蒸发器中的气态、液态制冷剂及冷冻润滑油流入其内进行储存、干燥过滤、气液分离。工作时，制冷剂从顶部进入容器，液态制冷剂沉入容器底部，而在顶部的气体制冷剂被吸出管引向压缩机。在容器底部的吸出管上有一个小孔，允许少量冷冻润滑油和少量液态制冷剂流回压缩机，以满足压缩机工作时的润滑要求。

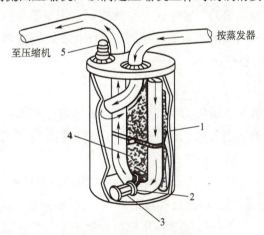

图4-16 集液器的结构

1—出气管；2—泄油孔；3—滤网；4—干燥剂；5—测试孔口

7. 制冷剂和冷冻润滑油

目前汽车上常用的制冷剂是R134a（CH_2F-CF_3），其特性如下所述。

(1)沸点：-26.5 ℃；冰点：-101.6 ℃。在蒸发器内容易蒸发，蒸发温度低。

(2)无色，无味，无毒。不易燃，不易爆，但在高温下或遇明火和红热表面时，将分解放出有毒的刺激性气体。不会破坏臭氧层。

(3)具有一定的吸湿性。对某些橡胶有腐蚀性，对铜和铅有腐蚀性。

(4)与冷冻润滑油互溶，不起化学反应，不改变润滑油的特性。

对制冷系统的要求：蒸发压力应稍高于大气压力，防止制冷系统产生负压而吸进空气，使制冷能力下降；冷凝压力不宜太高，对制冷设备、管路的要求也会提高，并且会引起压缩机功耗的增加。

冷冻润滑油的作用是润滑，冷却，密封，降低压缩机噪声。其本身的物理特性是：淡黄色，无味，无毒，吸水性强。

冷冻润滑油的工作环境：完全溶解于制冷剂中，并与制冷剂一起在制冷系统中循环；在高温（120 ℃）与低温（-30 ℃）交替的条件下工作。

对冷冻润滑油的要求如下：

(1)凝固点要低，在低温下具有良好的流动性。

(2)具有一定的黏度，受温度影响较小。

(3)与制冷剂相溶性好，否则润滑油就会聚集在冷凝器和蒸发器的底部，阻碍制冷剂流动，降低换热能力，也就不能随制冷剂返回到压缩机中，压缩机将会因缺油而磨损加剧。

(4)具有较高的热稳定性。化学性质要稳定，与制冷剂和其他材料不起化学反应。

(5)挥发性要差，没有结晶状石蜡析出，不含有水分。

（三）空调制冷系统中的控制装置

空调制冷系统中控制装置的功能是保证空调制冷系统正常运转，同时也保证空调系统工作时发动机的正常运转。空调控制系统主要是通过控制压缩机电磁离合器的接合与分离实现温度控制与系统保护，通过对冷凝器风扇转速的控制调节制冷负荷。

1. 电磁离合器

电磁离合器通常安装在压缩机前端，用来连接或断开空调压缩机与发动机曲轴带轮。它由空调 A/C 开关、温度开关、压力开关、空调控制器等控制，用来控制压缩机的停机、开机。

电磁离合器一般是由带轮、压力盘、电磁线圈、驱动盘和轴承等组成，如图 4-17 所示。驱动盘和压力盘通过铆接的弹簧片连为一体，驱动盘与压缩机轴通过花键连接。电磁线圈固定在压缩机前缸盖上，带轮通过轴承固定在压缩机外壳上。当电磁线圈通电时，产生磁场，使压力盘与带轮接合，发动机动力由带轮通过压力盘、驱动盘传到压缩机轴，压缩机开始工作。当电磁线圈断电时，磁场消失，压力盘与带轮分开，带轮在轴承上随发动机自由转动，压缩机不工作。

汽车空调压缩机电磁离合器的工作原理

汽车空调压缩机电磁离合器的工作原理（动画）

汽车空调压缩机电磁离合器的检修

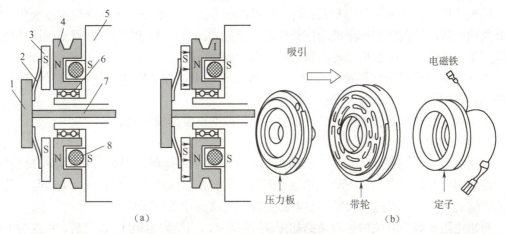

图 4-17 电磁离合器结构原理
（a）原理；（b）结构
1—驱动盘；2—弹簧片；3—压力盘；4—带轮；5—压缩机；6—轴承；7—压缩机轴；8—电磁线圈

2. 温控开关

温控开关又叫恒温器或温度开关，它用来感受蒸发器表面的温度，防止由于蒸发器表面结冰而造成车内空气不能循环而导致制冷能力下降。其感温元件通常安放在蒸发器表面，当车内温度上升到某一值时，温控开关的触点闭合，使电磁离合器电路导通，压缩机开始工作；当车内温度下降到某一值时，温控开关的触点断开，使电磁离合器电路切断，压缩机停止工作。温控开关有机械式和热敏电阻式两种。

1) 机械式温控开关

机械式温控开关是利用波纹管的伸长（温度升高时）或缩短（温度降低时）来接通或断开触点，从而使压缩机工作或停止，其工作原理如图 4-18 所示。

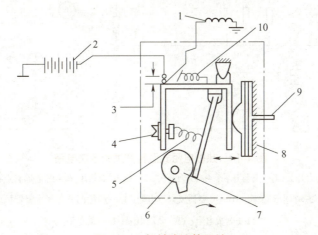

图 4-18 机械式温控开关
1—电磁离合器线圈；2—电瓶；3—触点；4—温度调节螺钉；5—调节弹簧；6—调节凸轮；
7—轴；8—波纹管；9—感温毛细管；10—支撑弹簧

机械式温控开关的工作过程是：当蒸发器温度升高时，毛细管里的感温制冷剂便因温度升高而膨胀，波纹管亦膨胀推动框架摆动，使触点闭合，接通电磁离合器线圈回路使其通电产生电磁吸力，压缩机旋转，制冷系统开始制冷。

当车厢内温度降低到调定温度以下时，波纹管收缩，框架则逆向转动，使触点断开，电磁离合器线圈断电，压缩机停止工作。

转动调节凸轮可以改变弹簧的预紧度，从而改变温度的设定值。

2）热敏电阻式温控开关

该温控开关的感温元件是一个具有负温度系数的热敏电阻，安装在蒸发器出口位置，其特性是温度升高，电阻值下降。热敏电阻将蒸发器出口温度的变化转化为电信号，传送到放大器进行放大，通过放大器控制电磁离合器电路的导通与断开。

热敏电阻式温控开关的控制电路如图4-19所示。当调温电阻13设定后，B点的电位高低取决于热敏电阻12的大小。当车内温度高于设定温度时，热敏电阻12阻值变小，B点电位降低，三极管VT_3截止，VT_4导通，继电器线圈5通电，触点6闭合，接通压缩机电磁离合器电路，压缩机运转，温度下降；当温度低于设定温度时，热敏电阻12阻值增大，B点电位升高，三极管VT_3导通，VT_4截止，继电器线圈5断电，触点6断开，切断压缩机电磁离合器电路，压缩机停转，温度上升。此过程不断循环，蒸发器表面温度维持在设定值附近。

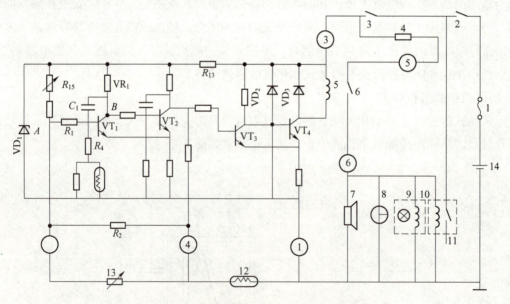

图4-19 热敏电阻式温控开关的控制电路

1—熔断器；2—点火开关；3—空调开关；4—压力开关；5—继电器线圈；6—继电器触点；7—电磁离合器；8—空调指示灯；9—真空开关阀；10—冷凝器风扇继电器；11—通往调节器（冷凝器风扇空调发电机）；12—热敏电阻；13—调温电阻；14—蓄电池

3. 压力开关

汽车空调制冷系统中，一般设有压力开关，分高压开关和低压开关两种。

1）高压开关

高压开关一般安装在压缩机到冷凝器之间的高压管路上或储液干燥器上，其作用是防止制冷系统在异常高压下工作，若系统压力过高，它将自动切断电磁离合器回路，使压缩机停机，保护制冷系统零部件特别是压缩机不被损坏，如图4-20（a）所示。还有的汽车空调系统压力过高时接通冷凝器风扇高速挡电路，自动提高风扇转速，以降低冷凝器的温度和压力，如图4-20（b）所示。

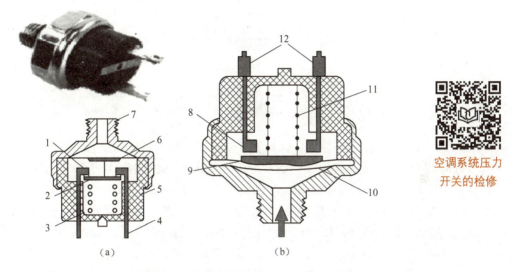

图4-20 高压开关

(a) 触点常闭式；(b) 触点常开式

1—固定触点；2—活动触点；3，11—弹簧；4—接线柱；5—外壳；6，10—膜片；7—接头；
8—静触点；9—动触点；12—接线柱

2）低压开关

空调系统有时因某些原因造成制冷剂泄漏时，冷冻油也可能随着泄漏。此时如果开启空调系统将会因制冷剂严重不足或没有制冷剂而引起压缩机润滑不良，使压缩机遭受损坏。为此制冷系统中设置了低压开关来保护压缩机的工作。低压开关一般安装在储液干燥器与热力膨胀阀之间的高压管路上或储液干燥器上，用来感受制冷系统高压侧的制冷剂压力是否过低。低压开关的结构如图4-21所示，当制冷系统高压侧压力低于一定值时，膜片带动活动触点与固定触点分离，切断电磁离合器线圈电路，压缩机停止工作。

3）高低压组合开关（三位压力开关）

有些汽车空调制冷系统中，将高压开关与低压开关组合成一体，安装在储液干燥器上，用来感受高压端制冷剂的压力变化，使触点开闭，控制电磁离合器接通与切断。

三位压力开关的作用是：防止因系统制冷剂泄漏，高压侧压力过低而损坏压缩机；当系统内制冷剂异常升高时，保护系统不受损坏；在正常状况下，冷凝器风扇低速运转，实现低噪声，节省动力；在系统压力高后（即中压时）风扇高速运转，以改善冷凝器的散热条件，实现风扇二级变速。

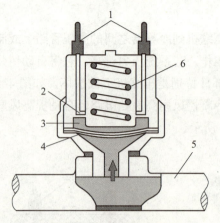

图 4-21 低压开关的结构

1—接线柱；2—固定触点；3—活动触点；4—膜片；5—低压管；6—弹簧

三位压力开关一般安装在储液干燥器上，感受制冷系统高压回路的压力信号。其结构原理如图 4-22 所示，工作过程是：当制冷剂压力≤0.196 MPa 时，由于弹簧的压力大于制冷剂压力，因此低压保护固定触点和活动触点断开，如图 4-22（a）所示；当制冷剂压力为 0.2～3.0 MPa 时，制冷剂压力超过弹簧力，弹簧受力压缩，而金属膜片不变形，低压保护固定触点和活动触点接通，压缩机正常工作；若制冷剂压力≥3.14 MPa，如图 4-22（b）所示，此时制冷剂压力既高于弹簧压力，也高于金属膜片的弹力。这些金属膜片由拱形变平，推动销子向箭头方向移动，推开高压保护活动触点，电路断开，压缩机停止工作。

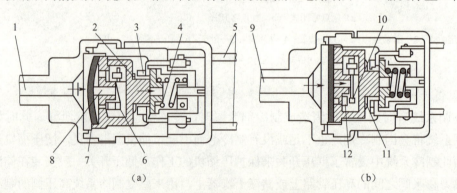

（a）　　　　　　　　　　　　（b）

图 4-22 高、低压复合开关示意图

（a）低压触点断开；（b）高压触点断开

1，9—制冷剂压力入口；2，11—低压保护活动触点；3—低压保护固定触点；4—弹簧；5—接柱；
6，10—高压保护活动触点；7—金属膜片；8—销子（和膜片一体）；12—高压保护固定触点

4. 冷却液温度开关

冷却液温度开关也称水温开关，一般安装在发动机散热器或者冷却液管路上，感应发动机冷却液温度，控制压缩机离合器，防止在发动机过热的情况下使用空调。冷却液温度开关多为双金属片结构，当发动机冷却液温度超过规定值时，触点断开，直接切断（或者触点闭合通过空调放大器切断）电磁离合器电路使压缩机停止工作；而当发动机冷却液下

降至某一规定值时，触点动作，自动恢复压缩机的正常工作。

也有的汽车冷却液温度开关用来控制冷凝器风扇的高速挡，当发动机温度超过某一规定值时，冷却液温度开关自动接通风扇的调整挡，对冷凝器进行强制冷却，以减小发动机的负荷。

5. 制冷剂过热开关及热力熔断器

过热开关和热力熔断器是配套使用的，如图 4-23 所示。它们的作用是防止压缩机在制冷剂严重缺乏或全部漏失的情况下继续运转，使压缩机损坏。

过热开关一般安装在压缩机缸盖中，是一种温度-压力感应开关，在制冷系统处于正常状态下，过热开关保持常开；当系统因制冷剂泄漏等导致制冷剂不足时，制冷系统压力低，润滑不良，压缩机温度异常升高，过热开关感温管内的气体膨胀并推动膜片上移，使触点闭合，接通热力熔断器电路。

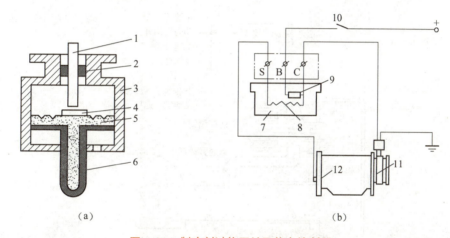

图 4-23　制冷剂过热开关及热力熔断器
(a) 过热开关；(b) 热力熔断器电路
1—端子；2—绝缘圈；3—外壳；4—动触点；5—膜片；6—感温管；7—热力熔断器；8—电热丝；
9—熔断器；10—A/C 开关；11—电磁离合器线圈；12—过热开关

热力熔断器由熔丝和熔断器组成，外部有三个端子，S 接过热开关，B 通过空调 A/C 开关接电源，C 接电磁离合器线圈。制冷系统正常状态下，S、C 之间的电热丝无电流通过；当压缩机温度过热时，过热开关闭合，电热丝有电流通过，电热丝产生热量使熔断器熔化，电磁离合器电路断开，压缩机停止工作。

6. 环境温度开关

当环境温度过低时，压缩机内冷冻油黏度较大，流动性较差，润滑不良，如此时启动压缩机，压缩机会加剧磨损甚至损坏。有些汽车设有环境温度开关，串联在电磁离合器电路中，在环境温度低于 4 ℃时，环境温度开关断开，切断电磁离合器的电路，使空调制冷系统不工作；当环境温度高于设定值时，自动接通电磁离合器电路。汽车空调使用手册规定，当冬季不用制冷时，要求定期开动空调制冷系统以使制冷剂能带动润滑油进行短时间的循环，以保证压缩机以及管路连接部位和阀类零件的密封元件不因缺油而干裂损坏，膨胀阀、电磁旁通阀等不因缺油而卡死失灵。这项保养工作应在环境温度高于4 ℃时进行，冬季低于4 ℃时最好不要启动压缩机。

7. 发动机怠速或失速控制

在早晚交通高峰的道路上行驶，汽车发动机经常处于怠速运转状态，发动机输出功率小，此时开启空调制冷系统，可能会造成发动机过热而停机，为防止这种情况发生，需要在发动机上增加怠速时使用空调的怠速提升装置，如图4-24所示。

此外，发动机怠速运转且空调开启时，一旦有其他因素使发动机转速下降，将造成发动机失速而熄火，为防止该种情况出现，一般汽车空调控制电路中设有防止发动机失速的控制电路，如图4-25所示。空调的控制单元通过检测点火线圈的脉冲来计算发动机转速，当发动机转速低于一定值时，切断空调压缩机的电磁离合器电路。

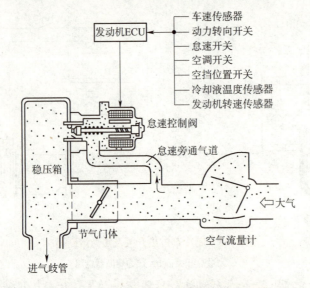

图4-24 电控发动机空调的怠速提升装置

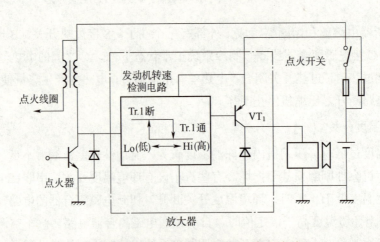

图4-25 防止发动机失速的空调控制电路

8. 传动带保护控制

汽车空调压缩机多数是由传动带与发动机曲轴、发电机或动力转向泵相连的，如果压缩机出现故障而锁死，传动带会被损坏，其他附件也不能工作。为了防止该情况的发生，有些空调控制电路中采用了传动带保护控制电路，如图4-26所示。空调ECU同时接收发动机转速信号和压缩机转速信号，当两个转速信号出现差异超过某一限值时，空调ECU便认定压缩机出现故障，随后就切断压缩机电磁离合器的电源，使压缩机停止工作，以保证其他附件正常运转。

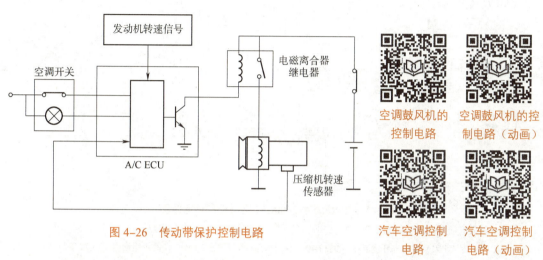

图4-26 传动带保护控制电路

（四）典型轿车空调系统控制电路

1. 桑塔纳2000GSI空调控制器电路

图4-27所示为桑塔纳2000GSI空调控制器电路图。桑塔纳2000GSI空调控制器内部有三个继电器，PEL3用于控制压缩机电磁离合器工作，PEL1用于控制冷凝器风扇低速工作，PEL2用于控制冷凝器风扇高速工作。

发动机正常工作时，ECU的T80/8端子输出高电压信号，压缩机切断继电器J26吸合。空调A/C开关（E30）闭合，则电路为：X线→熔断器S14→E30→环境温度开关F38→蒸发器温控开关E33→空调水温控制开关F40→高低压组合开关F129（1、2端子）→J26触点→空调控制器（J293）的T10/8端子继电器→继电器PEL3线圈搭铁。则PEL3触点闭合，有：30线→冷却风扇熔断器（低速挡20 A）S108→PEL3触点→T10/10→压缩机电磁离合器N25→搭铁，空调压缩机工作。

与此同时，空调开关闭合，空调控制器控制PEL1线圈接地，J193内继电器PEL1触点也闭合，接通左、右散热风扇（V7、V8）低速挡电路（通过电阻）。电路为：电流经熔断器S108到PEL1继电器触点，再到冷却风扇调速电阻、风扇电动机后搭铁，使左、右散热风扇低速运行，空调系统工作。

当系统压力高于1.45 MPa（或水温达105℃）时，F129的触点（3、4端子）闭合，则电路为：X线→F129的3和4端子→J193的T10/2端子→二极管→继电器PEL2线圈→搭铁。PEL2触点闭合，则有：30线→S104→继电器PEL2触点→V7、V8，风扇高速运转。

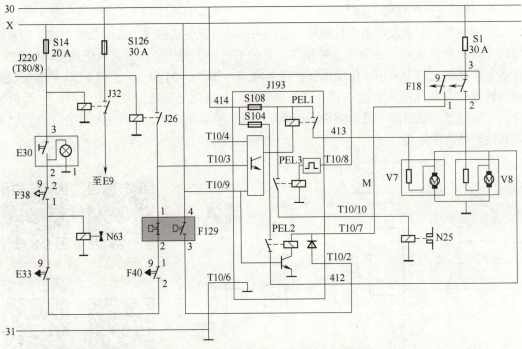

图 4-27 桑塔纳 2000GSI 空调控制器电路图

E9—鼓风机开关；E30—A/C 空调开关；E33—蒸发器温控开关；F18—冷却风扇热敏开关（1 触点是 105 ℃，2 触点是 95 ℃）；F38—环境温度开关；F40—空调水温控制开关；F129—高低压组合开关（1、2 间为低压开关，3、4 间为高压开关）；J26—压缩机切断继电器；J32—空调继电器；J193—空调控制器；PEL1, PEL2, PEL3—继电器；S1—冷却风扇熔断器；S14—空调继电器熔断器；S104—冷却风扇熔断器（高速挡 30 A）；S108—冷却风扇熔断器（低速挡 20 A）；S126—空调鼓风机熔断器；N25—压缩机电磁离合器；N63—新鲜空气电磁阀；V7, V8—左、右冷却风扇

点火开关打到 ON 挡，电源经过 X 线继电器触点、熔断器 S14 到空调继电器 J32 线圈搭铁，使空调继电器 J32 触点闭合。则有电源通过熔断器 S126、空调继电器 J32 触点向鼓风机开关 E9、鼓风机电动机供电，鼓风机按选定的挡位工作。

2. 2010 款捷达轿车空调控制电路

图 4-28 所示为捷达轿车空调控制电路，其控制过程如下：

点火开关接通起动着车后，X 线有电，如果再按下空调 A/C 开关 E35 后，则环境温度开关 F38 约 >5 ℃时，将空调信号传给发动机控制单元 J361 的 T80/44 端，如果发动机此时处在怠速状态，J361 会令发动机加油升到快怠速以备接通压缩机防止熄火（如从 800 r/min 升到 1 000 r/min），然后对端子 T80/42 下达指令，使之处在低电位（接近搭铁电位），该电位使空调控制单元 J293 的 T10w/8 端也处于低电位。而压缩机 N25 和电风扇 V7 低速共用的双触点继电器 J3、J2 控制线圈的另一端子 T10w/9，经 S19（5 A）熔断器，接在 15 号火线下。当点火开关 D 在"ON"挡时，它必然有电，使双触点继电器 J3、J2 触点闭合，压缩机电磁离合器工作，电风扇 V7 低速运转。与此同时 15 号线经 S19 向高低压传感器 G65 供电。G65 装在冷凝器附近的钢管上，它将制冷剂的高低压信号直接传给发动机控制单元 J361 的 T80/52 端。

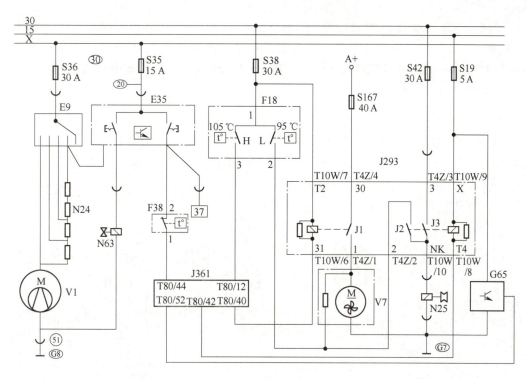

图 4-28　捷达轿车空调控制电路

A+—蓄电池；E9—鼓风机开关；E35—空调 A/C 开关；F18—双温控开关；F38—环境温度（5 ℃）开关；G65—高低压传感器；J293—空调控制单元（内部含有：J1—冷却风扇高速继电器；J2—双触点低速继电器；J3—压缩机电磁离合器继电器）；N24—鼓风机降速电阻器；N25—空调压缩机电磁离合器；N63—空调内循环风门电磁阀；S19，S35，S36，S38，S42，S167—熔断器；37—柴油机空调用线；V1—空调鼓风机；V7—散热器风扇电动机；T4Z—4 孔插头；T10W—10 孔插头，在空调控制单元 J293 上

如果车辆正值爬坡、超车、满载或超负荷，节气门角度达到最大值，假如此时还接通空调压缩机（约 2 kW 功率）会感到车辆动力不足，因此 J361 会下令停止制冷，即将 J361 的 T80/42-J293 的 T10W/8 端子处于高电位，线圈断电，这样一来，J293 内的 J2、J3 不能吸合，则 N25 断电，压缩机停止工作不制冷。

如果空调开关 E35 接通，环境温度在 50 ℃ 以上，其他状态正常，则 J361 接到空调请求后，会让 T80/42 端处在低电位，从而使 J293 的 T10W/8 端子也处于低电位，线圈通电吸合 J2、J3 双触点，蓄电池电流从 30 线经 S42（30 A）熔断器来的电流将通过 J3 触点一路流向压缩机电磁离合器 N25 搭铁。另一路经 J2 触点、T4Z/2 端子流向风扇电动机的降压电阻和电风扇 V7 的电枢，再经 G7 点搭铁，使 V7 以低速运转。

当冷却液温度上升到 95 ℃ 以上时，双温控开关的触点 1、2 接通。此时电流不经点火开关，从 30 号火线，经 S38 熔断器、F18 的 1、2 触点，使散热电风扇 V7 低速运转；当水温上升至 105 ℃ 时，只要点火开关接通，高温开关 F18 的 1-3 端闭合，进入 J361 的 T80/12 端子，然后对端子 T80/42 下达指令，使之处在低电位（接近搭铁电位）（制冷剂高低压传感器 G65 检测到的制冷剂压力在 1.5 MPa 左右，也会进入 J361 的 T80/52 端子，然后对端子 T80/42 下达指令使之处在低电位），则电流经 S38 熔断器进入 J293 的 T10W/7 端子，经过高速继电器 J1 线圈到 J293 的 T10W/6 端子，线圈有电流产生吸力，使高速继电器 J1 吸合，这两种信号或其中之一都能使 J293 中的高速继电器 J1 吸合。蓄电池电流经 S167（40 A）→ J293 的 T4Z/4 端子→ J1 触点→ T4Z/1 端子→电风扇电动机 V7 搭铁，风扇电动机以 2 600 r/min 高速运转。

3. 威驰轿车空调电路分析

图 4-29 所示为丰田威驰轿车的空调控制电路，其主要由鼓风机继电器、鼓风机开关、空调开关、空调控制器、空调电磁离合器继电器、电磁离合器等组成。

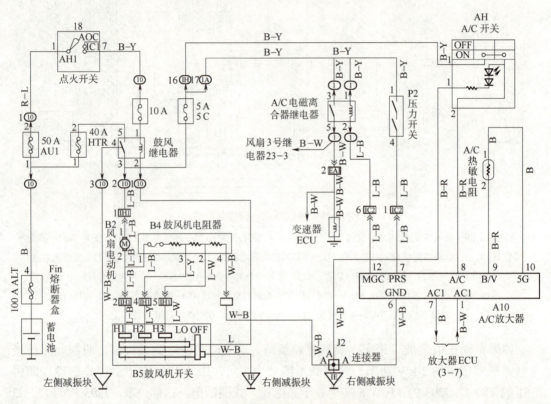

图 4-29　丰田威驰轿车的空调控制电路

1）鼓风机工作电路

当点火开关打到 ON 挡（IG1）而不开空调时，鼓风机打到相应的挡位，鼓风机继电器通电，使电流流经鼓风机电动机→鼓风机电阻器→右侧减振块（搭铁）。当点火开关打到 ON 挡同时空调 A/C 开关闭合（ON）时，空调放大器的 8 号端子会短时间内接收到一个搭铁信号，这个搭铁信号会传给发动机 ECU，发动机 ECU 会使鼓风机继电器接通（此时 A/C 开关指示灯点亮），鼓风机电动机会串联 3 段电阻器，使鼓风机低速运转。

2）压缩机电磁离合器工作电路

当点火开关打到 ON 挡同时 A/C 开关闭合（ON）后，空调放大器的 8 号端子短时间内接收到搭铁信号，当发动机 ECU 使鼓风机继电器通电后，空调放大器的 8 号端子会接收到蓄电池电压信号，此时空调放大器的 24、30 号端子会检测蒸发器温度传感器的信号，5 号端子会接收压力开关的信号，25 号端子会接收环境温度传感器的信号，若蒸发器表面温度、系统压力和环境温度都满足要求，空调放大器的 19 号端子会使电磁离合器继电器线圈接地从而使其通电，电磁离合器触点闭合使电磁离合器线圈通电，压缩机运转工作。当蒸发器表面温度、系统压力或环境温度中有一个或一个以上不满足要求时，空调放大器的 12、28 号端子会使电磁离合器的锁止传感器起作用，将电磁离合器锁止，使压缩机停止工作，以保护空调系统。

任务实施

（一）空调制冷系统检修使用中的注意事项

1. 空调检修时使用制冷剂注意事项

（1）人体安全。由于制冷剂低温高压储藏，因此应避免与人体部位接触。

（2）操作安全。高压储液罐不可接触高温或明火，否则会产生有毒气体造成事故；不可在系统中加注制冷剂的情况下焊接管路；搬运时防止撞击、振动；维修空调系统时需戴上手套和防护眼镜，如果有制冷剂溅到皮肤或眼睛里，应该立即用大量冷水冲洗，然后在皮肤上涂上清洁的凡士林，并迅速请医生治疗。

（3）环境安全。制冷剂密度大，浓度达到 28.5% 就会使人窒息，操作环境应通风良好。

（4）储存安全。应放置在 40 ℃ 以下干燥、阴凉、通风的库房中，避免曝晒，远离火源。

（5）其他事项。加注制冷剂时，钢瓶不可倒立；抽真空应彻底；排放制冷剂应从低压端进行，且要进行回收处理等。

2. 冷冻润滑油使用注意事项

（1）冷冻润滑油易吸水，用后应马上将盖拧紧。

（2）不能使用变质浑浊的冷冻润滑油。

（3）不允许向系统添加过量的冷冻润滑油，否则会影响汽车空调制冷系统的制冷量。

（4）不同牌号的冷冻润滑油不能混用，以免造成变质。

（5）在排放制冷剂时要缓慢进行，以免冷冻润滑油和制冷剂一起喷出。

（6）更换制冷系统部件时，应适当补充一定量的冷冻润滑油，添加量按维修手册进行。

（7）在加注制冷剂时，应先加冷冻润滑油，然后再加注制冷剂。

3. 膨胀阀使用注意事项

（1）虽然膨胀阀设置了调节螺杆，但是一般来说，产品在出厂之前就已经调节好了，在使用过程中一般是不允许调节的。

（2）膨胀阀的阀体要垂直放置，不能倾斜安装，更不能颠倒安装。

压缩机的检修

储液干燥器和集液器的检修

冷凝器的检修

膨胀阀的检修

蒸发器的检修

空调滤清器的检修

（3）感温包一定要贴紧蒸发器出口管道，且接触面要除锈干净。当感温毛细管管径小于 25 mm 时，感温包贴在吸气管顶部；当管径大于 25 mm 时，感温包包扎在水平管下侧 45° 或侧面中间。

4. 储液干燥器使用注意事项

（1）垂直安装（一般偏斜在 15° 以内）。这样才可保证出口管将随制冷剂一起循环的冷冻润滑油压出储液干燥器，并流回压缩机，并保证出口到膨胀阀都是液态制冷剂，使膨胀阀正常工作。

（2）进出口不能接错。若接错进出管口，冷冻润滑油就会储存在储液干燥器内，压缩机没有足够的冷冻润滑油；同时，其出口还会有气泡，使膨胀阀无法正常工作。

（3）安装或维修制冷系统时，储液干燥器应最后接入系统，防止新干燥剂吸收空气中的水分而破坏其干燥性能。

（4）带观察窗的储液干燥器，可通过观察窗来检查制冷剂量。如有较多的气泡，说明制冷剂不足，应补充。

5. 冷凝器及蒸发器使用注意事项

（1）定期清洗和除去冷凝器、蒸发器表面污泥和灰尘。

（2）翅片倒伏时，可用尖嘴钳子校正。

（3）经常检查接口及表面是否有泄漏的油迹，及时排除。

6. 电磁离合器使用注意事项

（1）使用电压。电磁离合器根据线圈电压大小，可分为 12 V 和 24 V 两种，主要以 12 V 为主，不可用错。

（2）衔铁与压板间隙。此间隙非常重要，若太小，则离合器脱开时压板会拖着衔铁；若太大，则离合器工作时两者之间接合不上。一般取 0.25 mm。

（3）表面清洁。离合器表面不允许有油污，否则会造成打滑。

（二）空调制冷系统故障常用的直观诊断方法

1. 看（查看系统各部件的表面）

（1）起动发动机转速稳定在 1 500 r/min 左右，制冷系统运行 5 min，把空调功能键调到最大位置，鼓风机调到最高挡，看观察孔中制冷剂流动情况。

①若观察窗很明净、清晰，观察孔内无气泡，如图 4-30（a）所示，仅在发动机转速变化时可能会出现气泡，但片刻就消失，高低压管的温度正常，用歧管压力表测量高、低压的压力正常，说明制冷剂适量。

②孔内无气泡。有两种情况：一种是孔内无气泡且看不见液体在流动，用手摸压缩机进出口无冷热感觉，出风口无冷风，表明系统内无制冷剂；另一种是孔内无气泡但看见孔内液体快速流动，高压管烫手、低压管有冰霜，用表测量，高低压的压力都过高，表明制冷剂过多。

③偶尔有气泡，如图 4-30（b）所示，且蒸发器表面有结霜，说明制冷剂稍微不足或有水分。若用歧管压力表测低压管压力过低，表明制冷剂不足；若膨胀阀出现冰堵，则表明系统有水分。

④有大量气泡或泡沫状，如图 4-30（c）所示。这种情况说明制冷剂严重不足或有大

量空气，此时应检漏修理，修理后抽真空，再加注制冷剂。

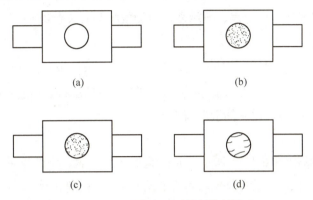

图 4-30 从观察窗看到的制冷剂情况
(a) 清晰；(b) 偶尔有气泡；(c) 大量气泡；(d) 条纹、黑脏

⑤观察窗玻璃上出现条纹状油渍或黑油状泡沫，如图 4-30（d）所示。这种情况有三种可能：若压缩机进排气口有明显的温差，停止压缩机，孔内油渍干净，则说明制冷系统内的冷冻机油过多，应放掉一些冷冻机油；若压缩机进排气口有明显的温差，停止压缩机，孔内仍有油渍或其他杂物，则说明制冷系统内冷冻机油变质、脏污，应清洗制冷系统，重新注入冷冻机油和制冷剂；若压缩机进排气口无温差，空调出风口无冷风，则说明制冷系统无制冷剂，镜上是冷冻机油。

（2）查看系统中各部件与管路连接是否可靠密闭，是否有微量的泄漏存在。

（3）查看冷凝器、蒸发器翅片是否被杂物封住或倾倒变形。

2. 听（听机器运转声音）

首先听压缩机电磁离合器有无发出刺耳噪声。如果有噪声，则可能是电磁线圈老化吸力不足，通电后因打滑而产生噪声；也可能是离合器片磨损造成间隙过大，使离合器打滑而产生噪声。

其次听压缩机在运转中是否有液击声。如有液击声，可能是制冷剂过多或膨胀阀开度过大，应释放出一些制冷剂或调整膨胀阀开度。

3. 摸（用手触摸空调设备各连接管路的温度）

触摸高压回路（从压缩机出口→冷凝器→储液器→膨胀阀进口处），应呈较热状态。如果某处特别热或进出口有明显温差，说明这个地方堵了。用手感觉压缩机的进气管和排气管之间应该有明显的温度差，前者发凉，后者发烫。用手感觉比较冷凝器进入管和排出管的温度，正常情况下，前者热一些，因为冷凝器上部温度比下部温度要高。用手摸储液器前后温度要一致。冷凝器输出管到膨胀阀输入管之间是制冷剂高压区，温度应该均匀一致。

触摸低压回路（从膨胀阀出口→蒸发器→压缩机进口），应较冷。用手摸膨胀阀前后要有明显的温差，即前热后凉。膨胀阀出口到压缩机之间的软管应该凉而不结霜，正常情况应为结霜后即化，用肉眼看到的只是化霜后结成的水珠。

如果高压、低压回路之间没有明显温差，说明制冷系统不工作或系统泄漏，制冷剂严重不足。

4. 测（利用温度计、压力表、万用表、检测仪检测有关参数）

1）温度计检查

蒸发器正常工作时，其表面温度在不结霜的前提下越低越好；冷凝器正常工作时，冷凝器入口温度为 70 ℃左右，出口温度为 50 ℃左右；储液器正常情况下应为 50 ℃左右，若储液器上下温度不一致，说明储液器有堵塞。

2）压力表检查

歧管压力表的结构如图 4-31 所示，它由高低压指示表、高低压手动阀、高低压管接头组成。蓝色软管插低压侧管插头 S，黄色软管接真空泵或制冷剂罐管插头，红色软管接高压侧管插头 D。

制冷系统的压力检查

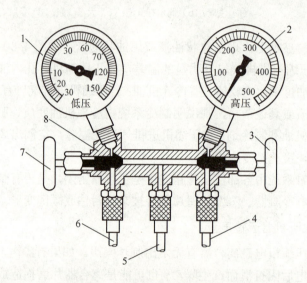

图 4-31 歧管压力表的结构

1—低压表；2—高压表；3—手动高压阀；4—高压侧软管（红色）；5—制冷剂或抽真空插头（黄色）；
6—低压侧软管（蓝色）；7—手动低压阀；8—歧管座

将歧管压力表的高、低压端分别接在压缩机的排气口、吸气口的维修阀上。风机风速调至高挡，温度调至最冷挡，起动发动机，将速度控制在 1 500～2 000 r/min 时检查（时间不超过 30 s，以保护低压表）。其正常状况是：高压端压力应为 1.37～1.57 MPa，低压端压力应为 0.15～0.25 MPa，若不在此范围，则说明系统有故障，其故障原因及排除方法如表 4-1 所示。

3）万用表检查

用万用表检查空调电路故障。

4）检测仪检查

使用专用检测仪，对系统进行故障读码、基本设定及数据分析等。

表 4-1 制冷系统高、低压表示数不正常原因及排除方法

故障现象			故障原因	排除方法
高压表	低压表	其他部位		
低	低		制冷剂不足	加注适量制冷剂
低	低	观察窗中有连续气泡	制冷系统有泄漏	检漏修复，加注适量制冷剂
偶尔低	偶尔低		系统内有水分	排放出制冷剂，抽真空，重新回流制冷剂
低	低	干燥器及管子结霜	制冷剂流动受阻	检查管路、膨胀阀、储液干燥器等
高	高		制冷剂过多	放出部分制冷剂
高	高	发动机转速下降时，视液窗中也见不到气泡	冷凝器散热不良	检查冷凝器风扇是否工作，检查冷凝器是否脏污，积满灰尘，必要时要清洗冷凝器
过高	过高	低压管道结霜或露珠	膨胀阀工作不良	检查膨胀阀，必要时更换
过高	过高	低压管路发热	系统中混入空气	排放出制冷剂，抽真空，重新回流制冷剂
低	高		压缩机故障，系统高、低压窜气	修理或更换故障部件

（三）空调制冷系统常见故障的现象、原因及诊断步骤

空调制冷系统常见故障主要有不制冷、制冷不足、各调节功能失灵等。调节功能失灵故障的原因与故障现象对应性较强，诊断较容易。现将不制冷、制冷不足故障现象、原因及诊断步骤列成表，如表 4-2 所示。

表 4-2 空调制冷系统常见故障的诊断

常见故障	故障现象	故障原因	故障诊断步骤
不制冷	打开 A/C 开关，各出风口出风正常，但不凉。把温度调节滑键开到最冷，仍不出凉风	①压缩机皮带过松；②制冷管路泄漏，堵塞；③电磁离合器及控制开关损坏；④膨胀阀损坏；⑤空调继电器损坏；⑥线路故障等	①检查皮带张紧度：如过松，应调整；②如皮带张紧度正常，检查制冷剂量：如制冷剂有泄漏或不足，应排除；③如制冷剂量正常，检查电磁离合器工作情况：如电磁离合器不能吸合，要检查离合器、离合器控制开关、空调继电器及线路；④如电磁离合器工作正常，需检查膨胀阀和压缩机的工作情况
制冷不足	打开 A/C 开关，各出风口出风凉度不够。温度调节滑键开到最冷，仍不够凉	①压缩机皮带过松、压缩机打滑；②制冷剂不足或过多，系统中有空气；③压缩机损坏，内部有泄漏；④冷凝器脏污，冷凝器气流不畅；⑤蒸发器脏污	①检查皮带张紧度：如过松，应调整；②如皮带张紧度正常，检查制冷剂量：如制冷剂有泄漏或不足，应排除；③如制冷剂量正常，检查电磁离合器工作情况；④检查冷凝器散热情况；⑤检查蒸发器是否脏污

（四）常见的空调维护操作

1. 制冷系统的检漏

汽车空调系统的工作环境恶劣，经常会受到强烈的振动，容易造成组成部件、管路的损坏及插头的松动，导致制冷剂向外泄漏，影响空调的正常工作。常用的检漏方法有以下几种：

1）外观检漏

泄漏部位会同时泄漏冷冻润滑油，如果发现某处有油污，可用干净白抹布擦净，涂上肥皂水，如有气泡出现，说明此处泄漏。

2）用检漏仪检漏

空调制冷剂的检漏

可用电子检漏仪或卤素检漏灯检漏。

电子检漏仪的结构如图 4-32 所示，在圆筒状白金阳极里设有加热器，并可加热到 800 ℃ 左右，在阳极外侧装有阴极，在阳极和阴极之间加有 12 V 直流电压。为使气体在电极间流动，设有吸气孔和风机，当有卤素元素的阳离子出现时，就会产生几个微安的电流，由直流放大器放大，使电流计指针摆动或使音程振荡器发出不同的声响，以示系统制冷剂泄漏程度。

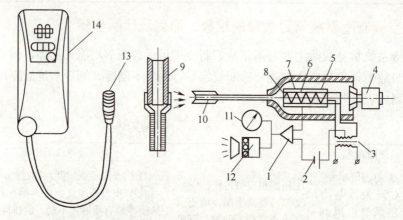

图 4-32 电子检漏仪的结构

1—放大器；2—阳极电源；3—变压器；4—风机；5—阴极；6—阳极；7—外壳；8—电热器；9—管道；10—吸气孔；11—电流计；12—音程放大器；13—探测头；14—探测器

电子检漏仪的操作步骤如下：

（1）将检漏仪电源接上，并预热 10 min 左右。

（2）将开关拨至校核挡，确认指示灯和警铃工作正常。

（3）将仪器调到所要求的灵敏度范围。

（4）将开关拨到检测挡，将探头放到被检测部位，如果有超过灵敏度范围的泄漏量，则警铃会发出声响。

一旦查出泄漏部位，探头应立即离开此部位，以免缩短仪器寿命。

如果制冷系统有大量泄漏或刚经过维修，周围空间存在大量制冷剂气体，则应先吹净空气再进行检查，否则无法检测到确切的泄漏部位。

2. 制冷系统的排放

由于修理或其他原因，需要拆卸制冷系统中的部件时，首先需将系统卸压，将系统内的制冷剂排放掉，其排放方法如下所述。

（1）关闭高低压表的高低压手动阀，如图4-33所示接好管道。将歧管压力表装在维修阀上，把中心软管的自由端放在抹布中。

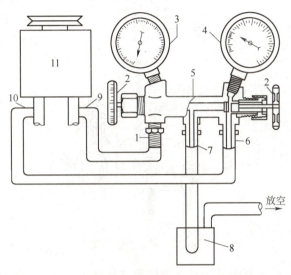

图4-33 制冷剂的排放

1—高压管；2—手动阀；3—高压表；4—低压表；5—表阀；6—低压管；7—中间管；8—集油罐；9—排气口；10—吸气口；11—压缩机

（2）慢慢开启高压手阀，以调节制冷剂流量，不能将阀开得很大。如果让制冷剂放得太快，压缩润滑冷冻润滑油会从该系统中跑掉。

（3）当歧管压力表高压表的读数降到343 kPa以下时，慢慢开启低压手动阀，使制冷剂从高、低压两侧同时排出。

（4）随着压力下降，逐渐开大高、低压手动阀，直到两个仪表的读数都为0，制冷剂排放结束，关闭压力表的高、低压手动阀。

3. 制冷系统抽真空

为了清除制冷系统内部的空气和水分，并进一步检查系统的密封性，经常需要对制冷系统进行抽真空作业，以降低水的沸点，使水变成蒸汽后排出。由于冷冻润滑油的饱和蒸气压力比水小得多，因此在系统抽真空时，冷冻润滑油是不会被抽出去的。溶解于冷冻润滑油内的水分在抽真空时自己沸腾蒸发，从油中逸出，被真空泵抽出去。

制冷系统抽真空

制冷系统抽真空时，按如图4-34所示方式连接。打开歧管压力表的高、低压阀，起动真空泵，使真空泵至少工作15 min，低压表值在7 kPa以下。

关闭高、低压手动阀，其表针在10 min内不得有回升。若回升，则表示系统泄漏，应进行检漏和修补。

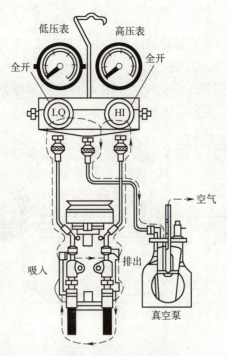

图 4-34 制冷系统抽真空

如果 10 min 内表针没有明显回升,再次起动真空泵,打开歧管压力表的低压手动阀,继续抽真空 15 min,使其真空压力表指针稳定,然后关闭高、低压阀,再关闭真空泵,即可向系统中充注制冷剂。

4. 制冷剂的充注

在制冷系统检漏和抽真空后,即可向制冷系统充注制冷剂(充注前,要先确定注入制冷剂的数量,充注过多或过少都会影响制冷效果)。

(1)关闭歧管压力表的高、低压手动阀,断开真空泵。将制冷剂罐注入阀蝶形手柄逆时针旋转,直到阀针完全缩回为止,如图 4-35 所示。逆时针方向旋转螺柄,使其旋至最高位置。

制冷剂的加注

制冷剂的加注
(动画)

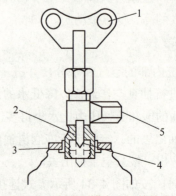

图 4-35 制冷剂罐充注阀的使用

1—蝶形手柄;2—制冷剂罐注入阀;3—螺柄;4—阀针;5—注入阀接口

(2)确认系统无渗漏后,将制冷剂罐注入阀连接到制冷剂罐上,将高、低压表的中间注入软管接入注入阀接口（当不充注时，不要将制冷剂注入阀蝶形手柄逆时针退出，以免制冷剂泄漏），如图 4-36 所示。

（3）顺时针方向用手拧紧制冷剂罐注入阀的螺柄，顺时针旋转注入阀蝶形手柄，使注入阀的阀针顶穿制冷剂罐。之后，逆时针旋出注入阀蝶形手柄，使阀针退出，使制冷剂进入中间注入软管。此时，不能打开高、低压手动阀。

（4）拧松高、低压组合表中间管的螺母，当看到白色制冷剂气体外逸，并听到"嘶嘶"声时，排出中间管的空气后，再旋紧中间管螺母。

（5）如图 4-36（a）所示，关上低压手动阀，旋开高压手动阀，此时可将制冷剂罐倒立。此时切忌打开空调系统，使制冷剂以液态形式进入制冷系统的高压侧。当高压侧的制冷剂压力不再增加时，关闭歧管压力表高压手动阀。

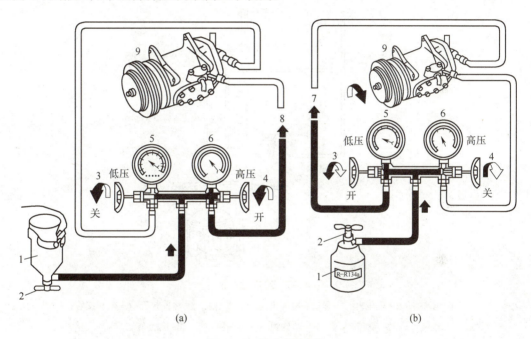

图 4-36 制冷剂的加注

（a）高压侧充注；（b）低压侧充注

1—制冷剂罐；2—注入阀；3—低压手动阀；4—高压手动阀；5—低压表；6—高压表；
7—接低压维修阀软管；8—接高压维修阀软管；9—空调压缩机

（6）如图 4-36（b）所示，关上高压手动阀，打开低压手动阀，制冷剂罐正立（此时上部为气态，下部为液态，防止液态制冷剂进入制冷系统的低压侧而对压缩机的进、排气阀片造成"液击"），让制冷剂以气态形式进入制冷系统。

（7）在缓慢注入制冷剂后，起动发动机，使压缩机在最大制冷状态下运转，以便加速加注制冷剂，此时绝对不能旋开高压手动阀，否则会引起爆炸，损坏压缩机。

（8）当充注的制冷剂达到标准时，关闭高压手动阀和低压手动阀，关闭制冷剂罐上的注入阀。起动发动机，使压缩机转动 5～10 min。

5. 冷冻润滑油的加注

按规定容量加注冷冻润滑油。当空调系统关闭时，冷冻润滑油滞留在系统各部件上。维修时，应将压缩机中的剩余油量先排出，经计量后再决定需补充加注的油量（冷冻润滑油加注过多，会导致黏滞；冷冻润滑油加注过少，会损坏压缩机）。

添加冷冻润滑油可按以下步骤进行：

按抽真空的方法先对制冷系统抽真空。选用一个有刻度的量筒，盛入比需添加的冷冻润滑油还要多的冷冻润滑油。将连接在压缩机上的低压软管从歧管压力表上拧下来，并将其插入盛有冷冻润滑油的量筒内，如图4-37所示。起动真空泵，打开歧管压力表上的手动高压阀，补充的冷冻润滑油就从压缩机的低压侧进入压缩机中，当冷冻润滑油量达到规定时，停止真空泵的抽吸，并关闭手动高压阀。

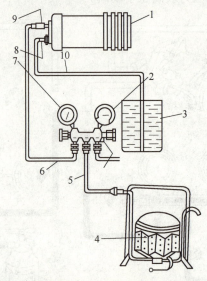

图 4-37　冷冻油的加注

1—压缩机；2—低压表；3—量筒和冷冻机油；4—真空泵；5—中间接管；6—高压接管；
7—高压表；8—低压检修阀；9—高压检修阀；10—加油管

企业案例

实例1　一辆捷达前卫轿车，空调制冷系统不工作

故障现象：起动该车发动机，开启空调后，压缩机离合器不吸合，散热器风扇也不转。

故障检修：

（1）起动发动机，打开空调开关，观察电磁离合器没有吸合。

（2）拔下压缩机电磁离合器接线插头，用万用表测量后发现无12 V供电电压。

（3）查看捷达前卫轿车空调/风扇控制电路，如图4-38所示，用细针刺透线皮的方法测量空调电控单元K的X、1、T4脚电压，均为12 V，而MK脚电压为0 V。检查空调电控单元时，发现其上面有两个熔断器FU6、FU23。检查时发现FU23熔断器断路，更换熔断器后，故障排除。

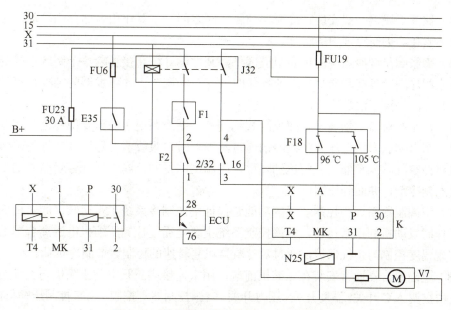

图 4-38 捷达前卫轿车空调/风扇控制电路

B+—蓄电池正极；E35—空调开关；J32—空调继电器；F1—外界温度开关；F2—组合压力开关；ECU—发动机电控单元；F18—双温控开关；K—空调/风扇控制器；N25—空调电磁离合器；V7—散热器风扇电动机

实例 2 一辆桑塔纳 2000 轿车，空调制冷不良

故障现象：据车主说该车开启空调后，制冷效果时好时坏。压缩机离合器不吸合，散热器风扇也不转。

故障检修：

（1）起动发动机、打开空调 A/C 开关，观察电磁离合器工作情况正常。

（2）运行一段时间，检查该车制冷循环管路，蒸发器表面有结霜，从观察窗看制冷剂偶尔有气泡，觉得制冷剂稍微不足或有水分。

（3）用歧管压力表分别接到管路中的高、低压处，空调运行一段时间后，高压表显示基本正常，低压管压力过低，压力接近零，压力表指针剧烈摆动，无法读出准确数值。据此确定制冷剂流动不畅，确定系统中可能发生了冰堵现象。

（4）更换储液干燥罐，用歧管压力表反复抽真空后，充注适量的制冷剂后，空调运行正常，故障排除。

任务小结

（1）制冷系统是汽车整个空调系统的基础部件，主要由压缩机、冷凝器、储液干燥器、膨胀阀、蒸发器、压力开关、冷凝器风扇、制冷管路、制冷剂等组成。

（2）汽车制冷系统工作时，发动机驱动空调压缩机工作，在空调压缩机的作用下，制冷剂在制冷系统内进行循环。

（3）冷凝器是热交换装置，通常设置在发动机散热器前面，一般采用铝或铜材料制成芯管，并在芯管周围焊接散热片。

（4）储液干燥器一般安装在冷凝器与膨胀阀之间，主要作用是储存制冷剂、过滤制冷剂中的杂质和除去制冷剂中的水分。

（5）膨胀阀是制冷系统的重要组成部件，其性能好坏直接影响整个制冷系统的正常工作。膨胀阀在制冷负荷和压缩机转速变化时，能自动调节进入蒸发器的制冷剂流量，以满足制冷要求，保证车内温度稳定。

（6）汽车空调蒸发器属于直接风冷式结构，是制冷系统中的重要部件之一。制冷系统工作时，来自膨胀阀的低压雾状制冷剂通过蒸发器时，吸收蒸发器周围空气的热量，借助鼓风机将冷空气吹入车厢，从而达到降低车内温度的目的。同时低压雾状制冷剂变为低温低压气态制冷剂，并回到压缩机。

（7）空调制冷系统中控制装置的功能是保证空调制冷系统正常运转，同时也保证空调系统工作时发动机的正常运转。空调控制系统主要是通过控制压缩机电磁离合器的接合与分离实现温度控制与系统保护，通过对冷凝器风扇转速的控制调节制冷负荷。

（8）电磁离合器通常安装在压缩机前端，用来连接或断开空调压缩机与发动机曲轴带轮。它由空调 A/C 开关、温度开关、压力开关、空调控制器等控制，用来控制压缩机的停机、开机。

（9）温控开关又叫恒温器或温度开关，它用来感受蒸发器表面的温度，防止由于蒸发器表面结冰而造成车内空气不能循环而导致的制冷能力下降。其感温元件通常安放在蒸发器表面，当车内温度上升到某一值时，温控开关的触点闭合，使电磁离合器电路导通，压缩机开始工作；当车内温度下降到某一值时，温控开关的触点断开，使电磁离合器电路切断，压缩机停止工作。温控开关有机械式和热敏电阻式两种。

（10）汽车空调制冷系统中，一般设有压力开关，用来检测空调制冷系统的压力，分高压开关和低压开关两种。

（11）冷却液温度开关也称水温开关，一般安装在发动机散热器或者冷却液管路上，感应发动机冷却液温度，控制压缩机离合器，防止在发动机过热的情况下使用空调。

（12）当环境温度过低时，压缩机内冷冻油黏度较大，流动性较差，润滑不良，如此时起动压缩机，压缩机会加剧磨损甚至损坏。所以空调设有环境温度开关，当环境温度满足时，压缩机才能工作。

任务4.2 空调取暖、通风及空气净化系统的结构与检修

任务引入

一辆奥迪 A6 轿车空调左边风口不出冷风。

任务目标

（1）熟悉空调取暖、通风及空气净化系统主要零部件的安装位置及外部构造，并理解它们的作用。

（2）理解空调取暖、通风及空气净化系统的工作原理。

（3）能够对空调取暖、通风及空气净化系统故障进行分析、检测并确认故障原因。

任务资讯

取暖、通风及空气净化系统都是自动空调系统的重要组成部分。空调左右出风口冷风不一致，左边不出冷风，说明制冷循环系统没问题。具体的故障原因需要学习掌握取暖系统、通风系统及空气净化系统的组成、主要部件的结构、原理及常见故障的检修方法，有利于对整个空调系统故障的检修。

（一）取暖系统

汽车自动空调的取暖系统多数是利用发动机冷却水循环进行冬季取暖、调节车内温度与湿度及车窗玻璃除霜的装置。该系统由加热器芯、热水阀、暖水管、发动机冷却液等组成，如图4-39所示。节温器与加热器芯之间装有一个热水阀，需采暖时，打开此热水阀。进入加热器内的热水向加热器周围的空气传热，在鼓风机的作用下，车内或外部新鲜空气经过加热器后变成了热空气，再经通风管道的不同出口被送入车内。

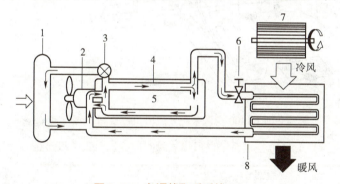

暖风系统的组成及工作原理

图4-39 空调的取暖系统

1—散热器；2—水泵；3—节温器；4—水套；5—发动机；6—水旋塞；
7—鼓风机风扇；8—加热器芯

（二）通风系统

自动空调系统根据环境等要求，需要内外循环、上中下出风口、除霜除雾等功能，实现空气的采集、处理与配送。因此自动空调的通风系统主要由进气模式风门、鼓风机、空气混合模式风门、送风模式风门、导风管等组成，如图4-40所示。空调通风系统的工作过程如下：车外新鲜空气+车内循环空气→进入鼓风机→空气经过蒸发器冷却→由风门调节进入加热器的空气→调节成冷气或暖气的空气流→根据风门模式伺服电动机开启角度进入各吹风口吹出。

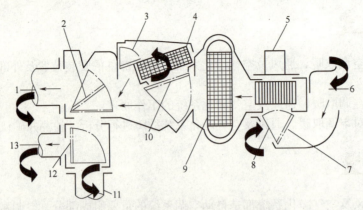

图 4-40　自动空调的通风系统结构

1—下风口；2—下风门；3—限流风门；4—加热器；5—鼓风机电动机；6—车外风口；7—进气模式风门；
8—车内风口；9—蒸发器；10—空气混合模式风门；11—中风口；12—除霜风门；13—除霜风口

雷克萨斯 LS400 空调系统气流出口位置和方向如图 4-41 所示。表 4-3 列出了与各种送风模式相对应的出气口空气流量。

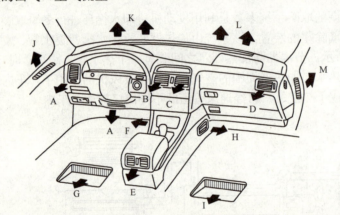

图 4-41　雷克萨斯 LS400 空调系统气流出口位置和方向

表 4-3　雷克萨斯 LS400 空调系统送风模式相对应的出气口空气流量

送风模式		模式选择开关		脸部					脚部				除霜			
				驾驶人侧		乘员侧		后部	驾驶人侧		乘员侧		驾驶人侧		乘员侧	
		自动	手动	侧面	中间	中间	侧面	中间	前部	后部	前部	后部	侧面	正面	正面	侧面
脸部	🗘	●	●	○	○	○	○	○								
双层1		●		○	○	○	○	○	○	○	○	○				
双层2	🗘	●		○	○	○	○	○	○	○	○	○				
双层3			●	○	○	○	○		○	○	○	○				
脚部	🗘		●						○	○	○	○	○			○
脚部/除霜	🗘	●	●						○	○	○	○	○	○	○	○
除霜	🗘		●										○	○	○	○
出气口位置				A	B	C	D	E	F	G	H	I	J	K	L	M

注："○"的大小表示空气流量的大小。

奥迪 A6 轿车自动空调配气系统的基本组成及风道的设置如图 4-42 所示。

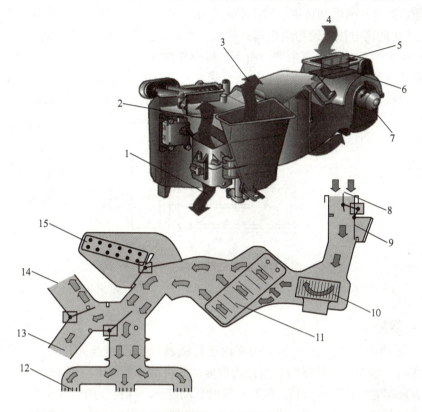

图 4-42　奥迪 A6 轿车自动空调配气系统的基本组成及风道的设置

1，13—脚部出风口；2，14—除霜风口；3，12—装饰面板出风口；4，8—新鲜空气进口；
5，9—空气翻板；6—空气再循环翻板；7，10—鼓风机；11—蒸发箱；15—热交换器

（三）空气净化系统

空气净化系统主要是除去空气中的悬浮尘埃及车内烟雾。此外在一些高级豪华轿车中还设有除臭和空气负离子发生装置。

汽车一般在公路上行驶，悬浮粉尘是其最大的污染。根据粉尘特性的不同，除尘净化可采取过滤除尘和静电除尘两种形式。

1. 过滤除尘

过滤除尘主要采用由无纺布、过滤纤维等组成的干式纤维滤清器对空气进行除尘。对于较大的尘埃，由于其惯性作用，来不及随气流转弯而碰在纤维孔壁上；对于微小颗粒，在围绕纵横交错的纤维表面运动时，与纤维摩擦产生静电作用，被纤维吸附在其表面。

2. 静电除尘

静电除尘是利用高压电极产生高压电场，对空气进行电离，使尘粒带电，然后在电场作用下产生定向运动，沉降在正、负电极上，从而实现对空气的除尘。

静电式净化器的工作原理如图 4-43 所示，它由电离部、集尘部和活性炭吸附器等组

成。电离部和集尘部可作成一体,也可分开,它是静电式净化器的主要组成部分,总称为静电滤清器。静电滤清器和负离子发生器由高压发生器供给高压电。在电离部的电极之间施加高达 5 kV 的高电压,使粉尘电离并带上负电。带负电的粉尘在电场力作用下向由正极板构成的集尘部移动。在集尘部,由于正极板外加高压正电,可将带负电的粉尘吸附。除去粉尘后的空气再用活性炭吸附,除去臭味及有害气体。净化后的空气被送至车内。有些净化器还设有负离子发生器,用于改善车厢内空气品质,以利于人体健康。

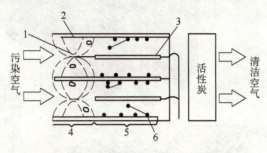

图 4-43　静电式净化器的工作原理

1—放电线；2—正电极（接地电极）；3—负电极；4—电离部；5—集尘部；6—粉尘

3. 净化烟雾

有些汽车在空调器内部设置了烟雾浓度传感器,当接通点火开关并且空调器处于 AUTO 方式时,烟雾浓度传感器开始检测烟雾,并将信号发送给空调 ECU,空调 ECU 使鼓风机在有烟雾时自动低速运转,没有烟雾时自动停止,保持车内空气清新。

烟雾浓度传感器的结构及工作原理如图 4-44 所示。它由发光元件、光敏元件及信号处理电路三部分组成。通过细缝的空气可以自由地流动,发光元件间歇地发出红外光,在没有烟雾的情况下,红外光射不到光敏元件上,电路不工作；当烟雾等进入传感器内部时,烟雾粒子对间歇的红外光进行漫反射,就有红外光射到光敏元件上,这时空调 ECU 判断出车内有烟雾,就会使鼓风机旋转。

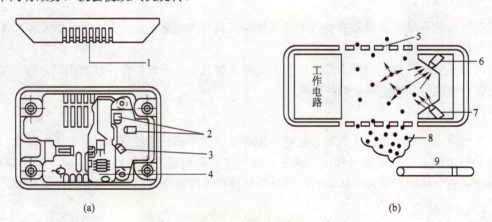

图 4-44　烟雾浓度传感器的结构及工作原理

(a) 结构；(b) 工作原理

1—烟雾进口；2,6—光敏元件；3,7—发光元件；4—电路部分；5—细缝；8—烟粒子；9—香烟

任务实施

（一）轿车通风装置的拆装更换（以奥迪 A6 轿车为例）

1. 新鲜空气鼓风机 V2 的拆卸

拆下杂物箱，如图 4-45 所示，拔下插头 A，拧下螺栓 B，按箭头方向从空调上拉出新鲜空气鼓风机 C。

2. 除霜翻板伺服电动机 V107 的拆装

拆下杂物箱，如图 4-46 所示，拔下插头 A，拧下三个螺栓 B，松开驱动臂并取下伺服电动机。注意空调装置"2"（用于中国型）的伺服电动机力臂与装置"1"上的不同。拧下三个螺栓 C，并从支架 D 上拆下伺服电动机。

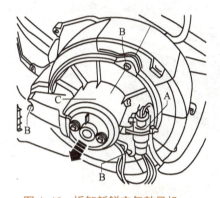

图 4-45　拆卸新鲜空气鼓风机

A—插头；B—螺栓；C—新鲜空气鼓风机

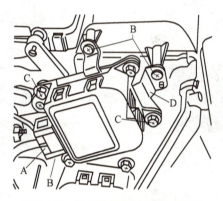

图 4-46　拆卸除霜翻板伺服电动机

A—插头；B，C—螺栓；D—支架

安装伺服电动机时，应保证驱动臂正确定位；安装线束时，应保证线束不与任何运动部件（如伺服电动机驱动臂）接触。安装除霜翻板伺服电动机后必须进行空调自诊断。

3. 左侧温度翻板伺服电动机 V158 的拆装

拆下驾驶人一侧杂物箱，拆下仪表板中央部件和加强支架。如图 4-47 所示，松开仪表板左侧支柱（螺栓 A，两个螺栓 B 和两个螺栓 C），从仪表板左侧支柱上松开线束 D。

如图 4-48 所示，拔下插头 A，拧下三个螺栓 B，用螺丝刀 D 小心地松开连接杆 C 并取下左侧温度翻板伺服电动机。

4. 拆卸和安装灰尘和花粉滤清器

拆下压力舱护板。如图 4-49 所示，松开夹板 A 的定位并折叠夹板，从壳体上取下灰尘和花粉滤清器。更换后必须正确安装压力舱护板和前罩板，以保证水不流入灰尘和花粉滤清器和抽气道。灰尘和花粉滤清器必须正确安装到框 C 上（注意朝向），箭头 B 指示空气流动方向。

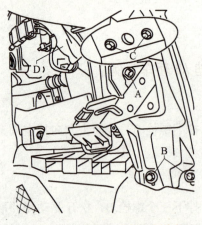

图 4-47 拆卸仪表板左侧支柱

A、B、C—螺栓；D—线束

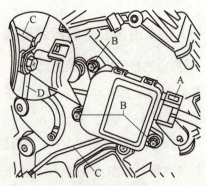

图 4-48 拆卸左侧温度翻板伺服电动机

A—插头；B—螺栓；C—连接杆；D—螺丝刀

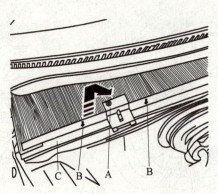

图 4-49 拆装灰尘和花粉滤清器

A—夹板；B—箭头；C—框

空调无暖风故障诊断

（二）无暖风或暖风不足故障的诊断

自动空调取暖装置的常见故障有无暖风或暖风不足，其故障原因及诊断方法如表 4-4 所示。

表 4-4 无暖风或暖风不足故障诊断

故障现象	故障原因	诊断方法
无暖风或暖风不足	鼓风机工作正常，发动机冷却液温度上升后，无暖风或暖风不足	①加热器芯堵塞；②加热器表面空气流动受阻；空调进气滤清器堵塞；③调温风门位置不正确，工作失灵；④发动机节温器损坏	①检查进气滤清器是否脏污、堵塞严重，导致通风不畅，如脏污，需清洗；②如滤清器良好，检查暖风加热芯进水管与回水管的温度： 如回水管温度较低，进水管温度较高，是暖风加热芯堵塞； 如进水管温度较低，则需检查暖风水阀是否开启，发动机节温器是否有故障； 如回水管温度较高，则需检查空调器壳体是否损坏、温度风门位置是否正常、蒸发器表面是否脏污

企业案例

实例 一辆奥迪 A6 轿车，空调左边风口不出冷风

故障现象：起动该车发动机，开启空调后，右边出风正常，左边出风口不出冷风，出热风，不管怎么调节都不起作用。

故障检修：

（1）因右边空调效果很好，说明空调制冷是没有问题的。

（2）用 5052 故障诊断仪检查没有故障码。读取其数据流，暖水阀左右两边（N175，N176）的关闭状态，左边读数为 20%，右边读数为 0，水泵电动机都处于关闭状态。更换暖水阀后现象依旧。后读起左右两侧出风口伺服电动机，两边打开的数据一样，均为 217 步（变化范围 45～217），冷气风门打得最开。由此判断是左侧暖水箱内有热水过来，可能是 J255 对水阀的输入控制电流有问题。

（3）更换 J255，问题解决，故障排除。

任务小结

（1）汽车自动空调的取暖系统多数是利用发动机冷却水循环进行冬季取暖、调节车内温度与湿度及车窗玻璃除霜的装置。该系统由加热器芯、热水阀、暖水管、发动机冷却液等组成。

（2）汽车空调空气净化系统主要是除去空气中的悬浮尘埃及车内烟雾。根据粉尘特性的不同，除尘净化可采取过滤除尘和静电除尘两种形式。

（3）汽车空调的通风系统采用自然通风和强制通风相结合的方式。

任务 4.3　自动空调控制系统的结构与检修

任务引入

一辆北京现代伊兰特 1.8L 轿车自动空调系统，工作一会儿就不制冷了。

任务目标

（1）熟悉自动空调控制系统的组成和主要零部件的安装位置，并理解它们的作用。

（2）能够识读自动空调系统电路图，能够对自动空调系统故障进行分析、检测并确认故障原因。

任务资讯

不同类型的轿车空调系统差别较大，但其控制电路的组成具有一定的规律可循。要想修理伊兰特自动空调的故障，首先需要学习、掌握自动空调的结构组成和控制原理，然后通过对典型空调控制电路的分析，结合故障现象，分析可能的故障原因，并总结出自动空调控制系统常见故障的检修方法。

汽车空调控制面板的认知

（一）自动空调控制系统的组成

自动空调控制系统可分为传感器、控制面板、空调 ECU 和执行器 4 部分，如图 4-50 所示。各部件的安装位置如图 4-51 所示。

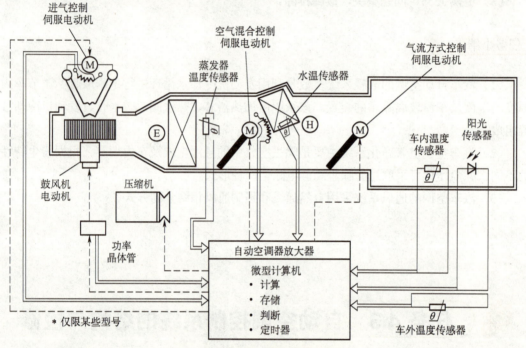

图 4-50　自动空调控制系统的组成

1. 传感器

自动空调系统的传感器一般有驾驶人设定和功能选择信号、环境状态信号、空调风门位置信号、空调保护装置信号 4 种类型，如表 4-5 所示。

2. 控制面板

控制面板是驾驶人向空调 ECU 输入的设备。自动空调系统用的控制面板与手动空调系统面板相似，主要的不同是自动空调系统的控制面板上有温度刻度或温度值，如图 4-52

所示。驾驶人通过安装在仪表板上的控制面板给空调系统输入信号，用温度滑键带动滑线电阻设置目标车内温度（阻值）。驾驶人操作控制面板上相应的键，选择工作模式（冷气、暖气、除霜和通风）和鼓风机电动机转速。

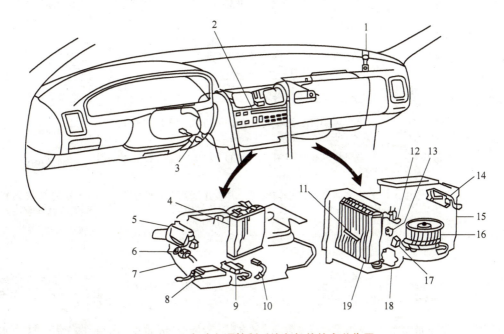

图 4-51　自动空调控制系统各部件的安装位置

1—光照传感器；2—空调器控制部件；3—室温传感器；4—取暖器散热器；5—气流方式伺服电动机；6—抽风机；7—取暖器组件；8—最大冷却伺服电动机；9—空气混合伺服电动机部件；10—冷却液温度传感器；11—蒸发器温度传感器；12—膨胀阀；13—鼓风机电阻；14—进气伺服电动机部件；15—冷却和鼓风机组件；16—鼓风机电动机；17—超高继电器；18—功率管；19—蒸发器

3. 空调 ECU

空调 ECU 又称空调电脑，它与控制面板制成一体，对输入的各种传感器信号和功能选择键的输入指令进行计算、分析、比较后，发出指令，控制各个执行元件（进气伺服电动机、空气混合伺服电动机和气流方式伺服电动机）动作，从而控制压缩机的电磁离合器工作，暖风加热器热水阀工作，将模式门放到适当位置等。

4. 执行器

自动空调系统的执行器主要有鼓风机、电磁离合器、空气混合门、真空执行机构等。不是所有的自动空调系统都有这里提及的部件，但大多数系统是由若干部件组合而成的。

自动空调系统具有恒温的功能。空调 ECU 可以借助各种传感器信号来识别环境温度、阳光强度、乘员人数等的变化，并通过调节鼓风机的转速、电磁离合器的工作、空气混合门及进气门的位置等，使车内温度维持在设定温度。自动空调传感器种类如表 4-5 所示。

表 4-5 自动空调传感器种类

信号种类	信号名称	信号功用特点	安装位置
驾驶人设定和功能选择信号	温度设定开关（TEMP）	每按一次，温度增加（或减少）0.5 ℃，最高达32 ℃（最低至18 ℃）	空调面板上
	A/C开关	空调工作指示开关，开启或关闭压缩机	空调面板上
	停止开关（OFF）	关闭鼓风机、压缩机及温度显示。按下OFF，空气进气门设定在外部空气位置	空调面板上
	MODE开关	包括进风方式、送风方式的选择	空调面板上
	AUTO开关	将出风温度、风机转速、进风方式、送风方式和压缩机的控制设置成"自动模式"	空调面板上
	鼓风机开关	鼓风机转速HI（高）、MED（中）、LO（低）的选择	空调面板上
环境状态信号	车内温度传感器	用来测量车内平均气温，并发送适当信号给空调ECU的装置，具有负温度系数的热敏电阻	一般装在仪表板下端的吸气装置内
	车外温度传感器	用来测量车外环境温度的装置，也是一只具有负温度系数的热敏电阻	通常装在车前保险杠后面、散热器之前等
	光照传感器	一只光敏二极管，用来检测太阳能辐射强度的变化，以修正混合门的位置与鼓风机转速	装在驾驶室仪表板上方易接受阳光照射的位置
	冷却液温度传感器	具有负温度系数的热敏电阻，检测冷却液温度，冷却液温度低时，限制风机转速只能在低挡	装在暖风散热器水道上
	蒸发器温度传感器	具有负温度系数的热敏电阻，用于检测蒸发器表面温度变化，蒸发器表面温度≤0 ℃时，使压缩机停止工作，防止蒸发器表面结霜	装在蒸发器出口翅片间
	烟雾浓度传感器	一般为光电型，用于检测烟雾、灰尘的浓度，通过空调ECU使空气交换器工作或停止，保持空气清新	安装在乘员室内（发光元件和光敏元件）
	压力开关	空调制冷剂压力降得过低或升得太高时，压力开关便将相应信号传送至空调ECU，从而控制压缩机通断	安装在空调制冷管路上
	自动断合开关	车辆爬坡或全速行驶时（加速踏板踩到底），切断空调离合器，使压缩机停止工作12 s后，再次接通，减轻发动机的负荷	安装在加速踏板下面
空调风门位置信号	进气风门位置传感器	检测电动机活动触点的位置，从而检测进气风门的位置	装在进风控制伺服电动机内
	空气混合风门位置传感器	检测空气混合风门的位置	装在空气混合控制伺服电动机内
空调保护装置信号	制冷剂流量传感器	用于检测制冷剂流量	连接在储液干燥器与膨胀阀之间的管路上
	压缩机锁止传感器	检测压缩机转速。压缩机每转1转，传感器线圈产生4个脉冲信号输送到空调ECU。如压缩机转速与发动机转速之比小于预定值，则空调ECU便使压缩机停转	安装在压缩机内。指示器以约1 s的间隔闪烁一次

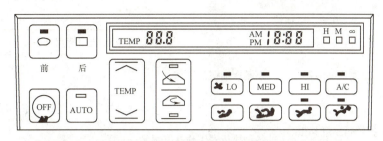

图 4-52 自动空调系统控制面板

自动空调系统具有自诊断功能，即车身计算机模块 BCM（或空调 ECU）会设置维修人员能访问的故障码。有的自动空调系统还具有鼓风机滞后控制功能：如果进入驾驶室的气流温度未达到规定值，它使鼓风机不能开动；只有当温度达到时，才发送信号给空调 ECU 开动鼓风机。

为了实现以上各种功能，自动空调系统一般采用控制配气风门、控制鼓风机转速、控制压缩机开停及信号显示 4 种执行器，如表 4-6 所示。

表 4-6 自动空调执行器分类

执行器信号	执行器名称	执行器信号功用特点
控制配气风门	进气模式控制电动机	位于鼓风机侧面，其电动机转子经连杆与进风挡风板相连；功用是带动进风风门动作，控制空调系统内外空气循环工作；自动地受到设置温度、环境温度、车内温度和光照强度及A/C开关状态等因素控制；伺服电动机内部装有进气风门位置传感器
	空气混合控制电动机	空调系统最关键的执行元件；可以改变空气混合风门的开启角度，从而改变冷、暖空气混合比例，调节出风温度；取决于设置温度、环境温度、车内温度和光照强度
	气流模式电动机	可控制风门处于吹脸（VENT或FACE）、吹脚（FOOT）还是除雾（DEF）位置
控制鼓风机转速	加热器、继电器	控制取暖时鼓风机电路
	超高速继电器	控制超高速回路通道
	功率晶体管	控制低速至高速变化通道
	鼓风机	使冷（或热）空气循环

续表

执行器信号	执行器名称	执行器信号功用特点
控制压缩机开停	压缩机继电器	控制压缩机的工作
信息显示	显示屏	显示设定温度，有的车可通过按下切换键显示室外温度
	各种指示灯和报警灯	各种执行器工作状态显示

（二）自动空调控制系统的控制功能

空调 ECU 具有温度控制、鼓风机转速控制、进气模式控制、气流方式控制（出气控制）和压缩机控制等功能。其工作是通过操纵暖风装置控制板上的控制杆或开关实现的，丰田轿车自动空调控制面板如图 4-53 所示。

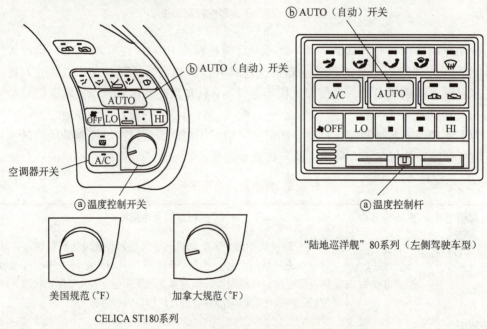

图 4-53　丰田轿车自动空调控制面板

（三）自动空调控制系统的控制过程

以 LS400 轿车空调系统为例介绍自动空调的控制过程。

1. 必要的出气温度计算

必要的出气温度（TAO）是使车内温度保持在设定温度所必要的鼓风机空气温度。这是空调 ECU 根据温度控制开关或控制杆的状态，以及来自传感器（即车内温度传感器、车外温度传感器、光照传感器）的信号计算出来的。

如图 4-54 所示，空调 ECU 根据这个 TAO，使自动空调放大器输出驱动信号至伺服电动机和鼓风机电动机，实现自动控制系统（除压缩机控制外）运行。

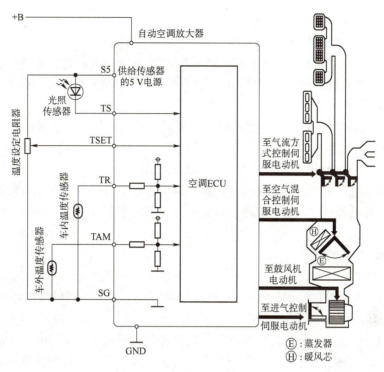

图 4-54　出气温度控制

如果温度控制开关或控制杆置于 MAX COOL（最大冷风）或 MAX WARM（最大暖风）位置，则空调 ECU 就采用一固定值，而不进行上述计算，这样做是为了提高灵敏度。

2. 温度控制

温度控制系统包括车内温度传感器、车外温度传感器、光照传感器、蒸发器传感器、温度设定电阻器、空气混合控制伺服电动机、空气混合控制伺服电动机放大器等部件。

如图 4-55 所示，安装在自动空调放大器内的 ECU，根据计算所得的 TAO 和来自蒸发器传感器的信号（TE），计算空气混合控制风挡的开度（SW），从而确定空气混合控制伺服电动机的电源方向。ECU 靠驱动空气混合控制伺服电动机来控制鼓风机空气温度。

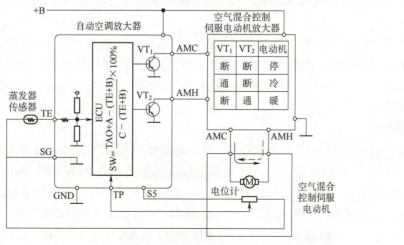

空调系统温度传感器的检修

图 4-55　温度控制运行图

1）当 SW 接近 0 时

当计算所得的 TAO 和来自蒸发器传感器的温度信号 TE 几乎相等时，SW 就接近 0。这时，安装在自动空调放大器内的 ECU 就关断 VT_1 和 VT_2，防止空气混合控制伺服电动机放大器将电流送至空气混合控制伺服电动机，从而使空气混合控制风挡保持在当时的位置不变。

2）当 SW 小于 0 时

当 TAO < TE 时，SW < 0，表明需要降低鼓风机空气温度。这时，安装在自动空调放大器内的 ECU 接通 VT_1，关断 VT_2。这就允许空气混合控制伺服电动机放大器将电流送至空气混合控制电动机，使电动机转至 COOL（冷）侧，从而移动空气混合控制风挡，以降低鼓风机温度。同时，安装在空气混合控制伺服电动机内的电位计检测到空气混合控制风挡实际已移动的角度，如果这样所得的值与 SW 值相等，ECU 就关断 VT_1，以使伺服电动机停转。

3）当 SW 大于 0 时

当 TAO > TE 时，SW > 0，表明需要提高鼓风机空气温度。这时，安装在自动空调放大器内的 ECU 关断 VT_1，接通 VT_2，使空气混合控制伺服电动机放大器将电流送至空气混合控制伺服电动机，使电动机转至 WARM（热）侧，从而移动空气混合控制风挡，以提高鼓风机空气温度。同时，安装在空气混合控制伺服电动机内的电位计检测到空气混合控制风挡实际已移动的角度，如果所得的值与 SW 值相等，ECU 就关断 VT_2，以使伺服电动机停转。

3. 鼓风机转速控制

如图 4-56 所示，鼓风机转速控制由鼓风机转速控制开关电路和水温控制开关电路构成。鼓风机转速控制开关包括自动空调放大器、鼓风机电阻器和功率晶体管。功率晶体管根据来自空调放大器的 BLW 端子的鼓风机驱动信号，改变流至鼓风机电动机的电流，从而改变鼓风机转速。功率晶体管有一个熔点为 114 ℃ 的温控熔断器，以保护晶体管不致因过热而损坏。水温控制开关电路是由水温传感器感知发动机冷却液温度，进行发动机预热控制。AUTO（自动）开关位于暖风装置控制板上，当这个开关接通时，自动空调放大器根据 TAO 的电流强度控制鼓风机转速。鼓风机转速控制运行过程如下：

1）低速运转

当 AUTO 开关接通时，安装在自动空调放大器内的 ECU 接通 VT_1，起动暖风装置继电器。这使电流从蓄电池流至暖风装置继电器，然后流至鼓风机电动机，再流至鼓风机电阻器，最后接地。这样，就使鼓风机电动机低速运转，同时 AUTO（自动）和 LO（低速）指示灯亮。

2）中速运转

当 AUTO 开关接通时，与低速控制时一样，起动暖风装置继电器。安装在自动空调放大器内的 ECU，将从 TAO 值计算所得的鼓风机驱动信号，经 BLW 端子输出至功率晶体管。于是，电流从蓄电池流至暖风装置继电器，然后至鼓风机电动机，再流至功率晶体管和鼓风机电阻器后接地。这样，就使鼓风机电动机以相应于鼓风机驱动信号的转速运转。同时 AUTO（自动）指示灯点亮，LO（低）、M1（中1）、M2（中2）、HI（高）指示灯也根据情况可能发亮。

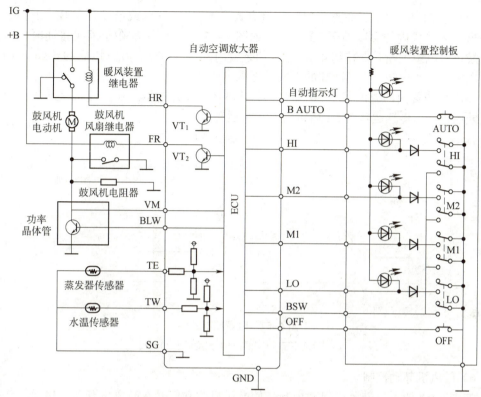

图 4-56 鼓风机转速控制电路

从功率晶体管进入自动空调放大器 VM 端子的信号,是反映鼓风机实际转速的信号,ECU 参考这个信号校正鼓风机驱动信号。

3)特高速度运转

当 AUTO 开关接通时,允许安装在自动空调放大器内的 ECU 接通 VT_1 和 VT_2,驱动暖风装置继电器和鼓风机继电器。于是,电流从蓄电池流至暖风装置继电器,然后至鼓风机电动机,再至鼓风机风扇继电器后至接地。这样,就使鼓风机电动机以特高速度运转。同时,AUTO 和 HI 指示灯亮。

4)预热控制

用水温传感器检测发动机冷却液的温度,实现 ECU 控制自动空调器内的预热控制功能。当冷却液的温度不低于 30 ℃ 或 40 ℃(因车型不同而不同)时,鼓风机电动机首先转动。只有在位于暖风装置控制板上的 AUTO 开关接通,且气流方式设置在 FOOT 或 BI-LEVEL 时,这个控制才起作用。

5)时滞气流控制(仅用于降温)

车辆如长时间停驻在炎热阳光下,空调起动后,往往会立即放出热空气而不是冷空气,装有时滞气流控制功能的空调能防止这类问题发生。

当以下条件满足,且在发动机起动时,这个控制可根据蒸发器传感器检测到的冷气装置内的温度而运行。

(1)压缩机起动。

(2)位于暖风装置控制板上的 AUTO 开关接通。

(3) 当 BI-LEVEL 开关按下时，气流方式设置在 FACE，或已设置在 BI-LEVEL。

当冷风装置内的温度高于 30 ℃时，如图 4-57（a）所示，在压缩机接通时，时滞控制使鼓风机风扇关断并保持约 4 s，使冷却装置内的空气冷却。在这以后约 5 s，时滞控制使鼓风机以低速运转，将已冷却的空气送至乘员舱。

当冷却装置内的温度低于 30 ℃时，如图 4-57（b）所示，在压缩机接通时，时滞控制使鼓风机先以低速运转约 5 s 后再转入正常运转。

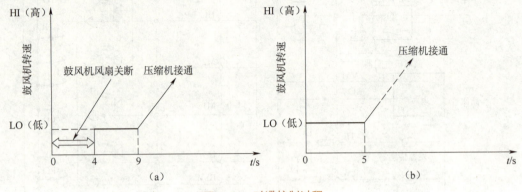

图 4-57 时滞控制过程

(a) 温度高于 30 ℃时；(b) 温度低于 30 ℃时

6）鼓风机起动控制

如图 4-58 所示，鼓风机起动控制是使鼓风机驱动信号在鼓风机开关先接通约 2 s 后，才传送至功率晶体管，以防止功率晶体管被起动电流冲击而损坏。在这 2 s 内，鼓风机起动控制使鼓风机低速运转。

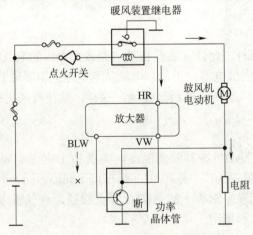

图 4-58 鼓风机起动控制

7）手动控制

手动控制根据手动开关的操纵，将鼓风机驱动信号传送至功率晶体管。不过，若操纵 HI（高速）开关，这个开关就接通鼓风机风扇继电器，并使鼓风机以特高转速运转。

4. 气流方式控制（出气控制）

在放大器控制自动空调中，当按下暖风装置控制板上的自动方式开关"AUTO"时，气流方式改变至 FACE、BI-LEVEL 或 FOOT 方式（视温度控制杆的位置而定），如图 4-59 所示。当温度控制杆从冷移至暖时，不管压缩机是否运转，若暖风装置控制板上的 AUTO（自动）方式接通，则气流方式都从 FACE 方式移至 FOOT 方式。当温度控制杆从暖移至冷时，若压缩机运转，AUTO 方式接通，气流方式从 FOOT 方式移至 BI-LEVEL 方式；若压缩机不运转，AUTO 方式接通，则气流方式仍为 FOOT 方式。当温度控制杆从中点移至冷时，不管压缩机是否运转，若 AUTO 方式接通，则气流方式从 BI-LEVEL 方式移至 FACE 方式。

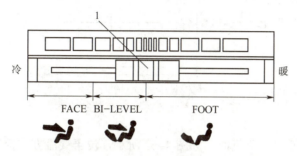

图 4-59　气流方式与温度控制杆位置的关系

1—温度控制杆

如图 4-60 所示，ECU 控制自动空调的气流方式与放大器控制自动空调的基本一样，是由自动空调放大器传送信号至伺服电动机，伺服电动机正向或反向转动，经连杆使气流方式控制风挡位置改变，其运行方式如下。

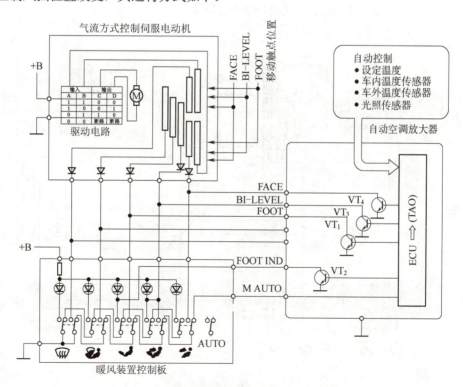

图 4-60　气流方式控制原理

1) 自动控制

气流方式自动控制，与前面所讲解的温度控制和鼓风机转速控制相似，根据 TAO 值自动控制出气方式。

当位于暖风装置控制板上的 AUTO（自动）开关接通时，安装在自动空调放大器内的 ECU 便收到这个信息，然后根据 TAO 值，按如图 4-61 所示方式，控制出气方式。

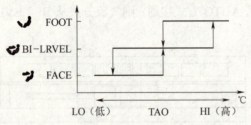

图 4-61　气流方式与 TAO 值的关系

(1) 当 TAO 值从低变至高时，如图 4-62 所示，位于气流方式控制伺服电动机内的移动触点在 FACE 位置。安装在自动空调放大器内的 ECU 接通 VT_1。于是，内置在气流方式控制伺服电动机中驱动电路的输入 B，因为接地电路的形成而变为"0"，而输入 A 则因为电路断路而变为"1"。这就允许在驱动电路中，"1"传送至输出 D，"0"传送至输出 C。这使电流输出 D 到驱动电路，然后到电动机，再到达输出 C，从而起动电动机，电动机使移动触点离开 FACE 触点，最后电动机停转，于是进入 FOOT 方式。同时，ECU 接通 VT_2，使位于暖风装置控制板上的 FOOT 指示灯发亮。

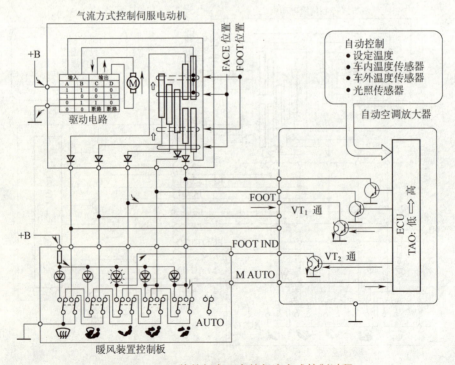

图 4-62　TAO 值从低变至高的气流方式控制过程

（2）当 TAO 值从高变至中时，如图 4-63 所示，位于气流方式控制伺服电动机内的移动触点在 FOOT 位置。

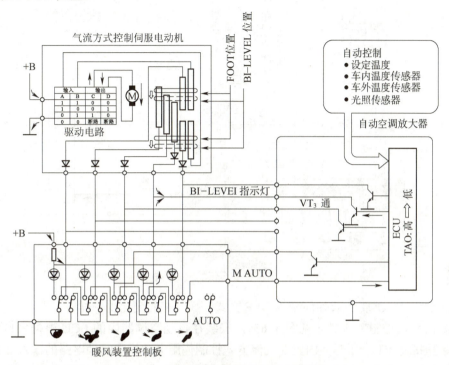

图 4-63　TAO 值从高变至中的气流方式控制过程

安装在自动空调器放大器内的 ECU 接通 VT_3。于是，内置在气流方式控制伺服电动机中驱动电路的输入 A 会因为接地电路的形成而变为"0"，而输入 B 则因为电路断路而变为"1"。这就允许在驱动电路中，"1"传送至输出 C，"0"传送至输出 D。这使电流输出 C 到驱动电路，然后到电动机，再到达输出 D，从而起动电动机，电动机使移动触点离开 FOOT 触点，最后电动机停转，于是进入 BI-LEVEL 方式。同时，ECU 使位于暖风装置控制板上的 BI-LEVEL 指示灯发亮。

（3）当 TAO 值从中变至低时，如图 4-64 所示，位于气流方式控制伺服电动机内的移动触点在 BI-LEVEL 位置。安装在自动空调放大器内的 ECU 接通 VT_4。于是，内置在气流方式控制伺服电动机中驱动电路的输入 A 便因为接地电路的形成而变为"0"，而输入 B 则因为电路断路而变为"1"。这就允许在驱动电路中，"1"传送至输出 C，"0"传送至输出 D。这使电流流经输出 C 到达电动机，然后到达输出 D，从而起动电动机，电动机使移动触点离开 BI-LEVEL 触点最后停止，于是进入 FACE 方式。同时，ECU 使位于暖风装置控制板上的 FACE 指示灯发亮。

2）DEF-FOOT 方式控制

DEF-FOOT 方式控制，是防止迎面吹来的空气（由车辆向前运动所产生的）以如下方式吹在乘员脚部：当内置在鼓风机转速控制内的预热控制功能正运作时，这个控制使气流方式从 FOOT 或 BI-LEVEL 变为 DEF。当冷却液温度已升至使预热控制停止时，DEF-FOOT 方式控制使气流方式从 DEF 变为 FOOT 或 BI-LEVEL。

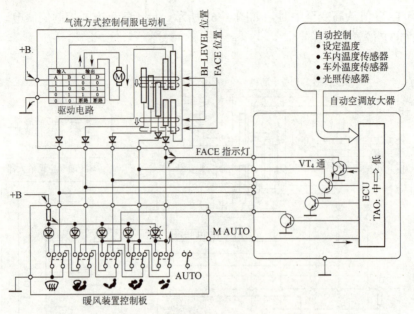

图 4-64 TAO 值从中变至低的气流方式控制过程

下面讲解从 FOOT 方式如何变为 DEF 方式，反过来的变化也一样。

（1）当预热控制工作时（见图 4-65），安装在自动空调器内的 ECU 根据来自水温传感器的数据接通 VT_5。于是，内置在气流方式控制伺服电动机中驱动电路的输入 B 因为接地电路的形成而变为"0"，而输入 A 则因为电路断路而变为"1"。这就允许"0"和"1"分别输出至输出 C 和 D。因此，电流从输出 D 流到电动机，然后到输出 C，从而起动电动机，电动机使移动触点离开 DEF（除霜）触点，然后停止，于是进入 DEF 方式。与此同时，ECU 接通 VT_2，使位于暖风装置控制板上的 FOOT 指示灯发亮。

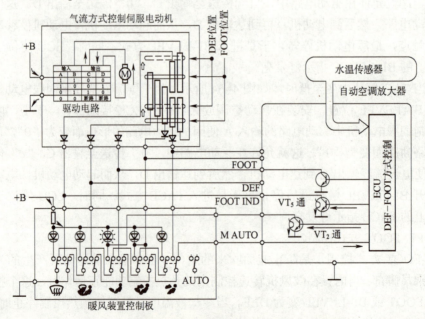

图 4-65 预热控制工作时 DEF-FOOT 方式的控制

（2）当预热控制不工作时（见图 4-66），安装在自动空调放大器内的 ECU 根据来自水温传感器的数据接通 VT_1。于是，内置在气流方式控制伺服电动机中驱动电路的输入 A 因为接地电路的形成而变为"0"，而输入 B 则因为电路断路而变为"1"。这就允许"1"和"0"分别输出至输出 C 和 D。因而电流从输出 C 流至电动机，然后到达输出 D，从而起动电动机，使移动触点离开 FOOT 触点，最后停转，于是进入 FOOT 方式。因为 VT_2 已经接通，而且继续接通，位于暖风装置控制板上的 FOOT 指示灯也就继续发亮。

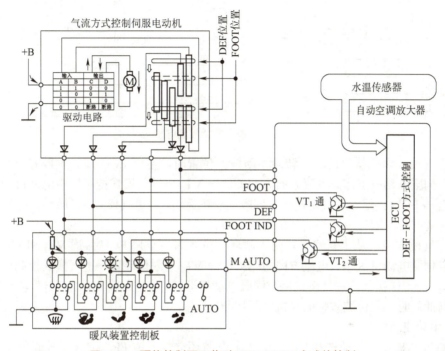

图 4-66　预热控制不工作时 DEF-FOOT 方式的控制

5. 压缩机控制

若按下暖风装置控制板上的 AUTO（自动）开关，电磁离合器就自动接通，使压缩机起动。电磁离合器根据车外温度或蒸发器温度（因车型而异）自动反复接通和关断。

6. 进气模式（内外循环）控制

进气模式控制系统包括空调 ECU、进气模式伺服电动机、温度选择键、车内温度传感器、车外温度传感器、光照传感器等，如图 4-67 所示。其控制一般有自动控制、手动控制、除霜控制和 DEF/ECON 模式几种。

1）自动控制模式

ECU 根据 TAO 值确定进气模式，自动选择 RECIRC（车内循环空气）或 FRESH（车外新鲜空气）模式；根据环境温度、车内温度确定进气模式风门的位置；根据阳光强度修正进气模式风门的位置。例如，在无阳光照射的情况下，将温度设定为 25℃，环境和车内温度为 35℃，进气模式风门就会自动设置为 REC（循环）位置，使车内温度能够迅速降低；当车内温度下降到 30℃时，进气模式风门将变为 20% FRE（新鲜）位置；当车内温度达到目标温度 25℃时，进气模式风门设定为 FRE 位置。进气模式风门电路工作过程：

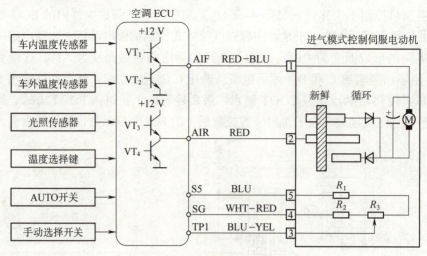

图 4-67 进气模式控制电路

当进气模式风门从"循环"转向"新鲜"位置时,空调 ECU 接通 VT_1 和 VT_4,进气模式控制伺服电动机工作。电流方向为:ECU → VT_1 →进气模式控制伺服电动机→限位装置→ VT_4 → ECU 接地。进气模式控制伺服电动机运转,将进气模式从"循环"转至"新鲜"位置。与此同时,限位装置将电动机电路切断。

当进气模式风门从"新鲜"转向"循环"位置时,空调 ECU 接通 VT_2 和 VT_3,进气模式控制伺服电动机工作。电流方向为:ECU → VT_3 →限位装置→进气模式控制伺服电动机→ VT_2 → ECU 接地。进气模式控制伺服电动机运转,将进气模式从"新鲜"转至"循环"位置。与此同时,限位装置将电动机电路切断。

2)手动控制模式

可通过 R/F 开关手动选择 RECIRC(车内循环空气)或 FRESH(车外新鲜空气)模式。选择 RECIRC 模式时,电路工作过程与从"新鲜"转向"循环"位置时相同;选择 FRESH 模式时,电路工作过程与从"循环"转向"新鲜"位置时相同。

3)除霜控制模式

当手动按下 DEF 开关时,将进气方式强制转变为 FRESH 模式,便于清除风窗玻璃上的雾气,并防止雾气继续形成。

4)DEF/ECON 模式

当按下"ECON"或"DEF"按钮时,空调 ECU 将进气模式风门设定在"FRESH"(新鲜空气)位置。

7. 故障自诊断控制

当空调 ECU 检测到某些传感器或执行元件控制电路发生故障时,其故障自诊断系统将故障以故障码的形式存储起来,检修时只要按下操作面板上的指定键,即可读取故障码。

1)指示灯检查功能

按下操作面板上的 AUTO 和"车内空气循环"键的同时接通点火开关,即可检查各指示灯。所有指示灯及显示屏上的指示符号以 1 s 的间隔连续闪烁 4 次,同时蜂鸣器响 40 ms。

2)故障码检查功能

指示灯检查结束后,系统就开始执行故障码检查功能,此时空调 ECU 存储器内存储的故障码即在显示屏上显示出来（按故障码从小到大的顺序）。按下 OFF 键即可退出诊断状态，拔出熔断器盒内的"DOME"熔断器 10 s 以上，即可清除故障码。

3）执行器检查功能

故障码检查功能结束后，再按下"车内空气循环"键，即进入执行器检查状态。此时空调 ECU 依次使各电动机及空调压缩机的电磁离合器工作，根据表 5-8 对照显示屏所显示的故障码及相应执行器的工作情况，检查各执行器工作是否正常。

任务实施

（一）LS400 轿车自动空调系统的检修

LS400 轿车自动空调系统电路原理图如图 4-68 所示，其空调 ECU 插接器端子的代号及名称如表 4-7 所示，自动空调执行器检查状态表如表 4-8 所示。

表 4-7　空调 ECU 插接器端子的代号及名称

序号	符号	端子名称	序号	符号	端子名称
1/18	B	后备电源	5/16	TW	冷却液温度传感器
2/18	IG+	电源	6/16	PSW	压力开关
3/18	MH	空气混合伺服电动机	7/16		
4/18	MC	空气混合伺服电动机	8/16	SG	传感器搭铁
5/18	MFRS	进气伺服电动机	9/16	ING	点火器
6/18	MREC	进气伺服电动机	10/16	TP	空气混合风门位置传感器
7/18	MGC	空调电磁离合器	11/16	TP1	进气风门位置传感器
8/18	RDFG	后除霜器	12/16	LCK1	压缩机锁止传感器
9/18	GND	搭铁	13/16	TS	太阳能传感器
10/18	ACC	电源	14/16	A/C	空调电磁离合器
11/18	FACE	气流方式伺服电动机	15/16		
12/18	B/L	气流方式伺服电动机	16/16		
13/18	FOOT	气流方式伺服电动机	1/10	BLW	功率晶体管
14/18	F/D	气流方式伺服电动机	2/10	VM	功率晶体管
15/18	DFE	除霜器	3/10	DIN	TDCL
16/18	BLO	冷气最足伺服电动机	4/10	DOUT	TDCL
17/18	BLM	冷气最足伺服电动机	5/10	ILL+	照明
18/18	BLS	冷气最足伺服电动机	6/10	ILL+	照明
1/16	S5	传感器电源	7/10	REOS	变阻器
2/16	TR	车内温度传感器	8/10	TC	TDCL
3/16	TAM	车外温度传感器	9/10	HR	加热器继电器
4/16	TE	蒸发器温度传感器	10/10	FR	Ex—Hi 继电器

表 4-8 自动空调执行器检查状态表

序号	检查代码	执行器工作状况				
		风机转速	进风方式	送风方式	空气混合	磁吸状况
1	20	停止	新鲜导入	脸(最冷)	冷(全闭)	断开
2	21	低速	新鲜导入	脸(最冷)	冷(全闭)	断开
3	22	中速	混合方式	脸(最冷)	冷(全闭)	吸合
4	23	中速	内循环	吹脸	冷(全闭)	吸合
5	24	中速	新鲜导入	脸脚双向	冷热(半开)	吸合
6	25	中速	新鲜导入	脸脚双向	冷热(半开)	吸合
7	26	中速	新鲜导入	吹脚	冷热(半开)	吸合
8	27	中速	新鲜导入	吹脚	热(全开)	吸合
9	28	中速	新鲜导入	吹脚/除霜	热(全开)	吸合
10	29	高速	新鲜导入	除霜	热(全开)	吸合

1. 电源电路

拆下空调 ECU,保持插接器处于连接状态。测量 18 针插接器端子 1、2、10 与 9 间的电压,均应为 12 V。若无 12 V 电压,应检查相应熔断器及供电电路。当端子 B(后备电源)无电压时,空调 ECU 便不能储存故障码和设定工作状态。点火开关在 ACC 挡时,若空调显示器无显示,即 ACC 电源故障。

2. 鼓风机电路

打开风扇和空调,若风机不转,应检查加热器继电器。取下继电器并连接继电器端子 4、5,鼓风机应转动,否则,如测量继电器端子 1 与 3 间有电压,则为继电器损坏;连接继电器端子 4 与 5,若风机不转,则为风机电阻或电源故障;若风机不能调速,则多为功率晶体管(蒸发器组件内)损坏;若无最高速,则为极高速继电器损坏。

3. 空气混合伺服电动机及传感器电路

空气混合伺服电动机及传感器电路不正常会引起无冷气、冷气不足等故障。拆下空调 ECU,保持插接器处于连接状态。接通点火开关,改变设定温度,使空气混合风门起作用,并在每次改变设定温度时测量空调 ECU 插接器端子 TP 与 SG(16 针插接器中端子 10 与 8)间的电压,最冷控制时为 4 V,当设定温度升高时,电压值应按直线规律逐渐降低,暖气最足时为 1 V。若不正常,可取下加热器组件,脱开空气混合伺服电动机插接器,测量空气混合伺服电动机插接器端子 1 与 3 间的电阻,其正常值为 4.7～7.2 kΩ。当空气混合伺服电动机以正确顺序运转时,测量空气混合伺服电动机插接器端子 4 与 3 之间的电阻,最冷控制时为 3.76～5.76 kΩ,当设定温度升高时,电阻值应按直线规律逐渐降低,暖气最足时为 0.94～1.44 kΩ。

4. 进风控制伺服电动机及传感器电路

进风控制传感器安装在进气伺服电动机组件内,用于检测进风风门的位置,并将测得的信号送入空调 ECU。

接通点火开关，按下 R/F 开关，改变在新鲜空气和再循环之间的进气，测量进气伺服电动机运转时进气风门位置传感器端子。TP1 与 SG（16 针插接器中端子 11 与 8）间的电压，在 R 侧时约为 4 V。当进气伺服电动机从 R 侧移到 F 侧时，电压值应按直线规律逐渐降低，F 侧时应为 1 V。若不正常，拆下加热器组件，脱开进气伺服电动机组件插接器，测量进气伺服电动机插接器端子 S5 与 SG（6 针插接器中端子 3 与 1）间的电阻，其正常值为 4.7～7.2 kΩ。当进气伺服电动机以正确顺序运转时，测量在进气伺服电动机插接器端子 TPI 与 SG（6 针插接器中端子 2 与 1）之间的电阻，在 R 侧时为 3.76～5.76 kΩ，当进气伺服电动机从 R 侧移到 F 侧时，电阻值应按直线规律逐渐降低，F 侧时应为 0.94～1.44 kΩ。端子 4 与 5 之间应导通。

5. 送风伺服电动机电路

送风伺服电动机电路根据从 ECU 来的信号使伺服电动机运转，改变每个送风风门的位置。当 AUTO 开关接通时，ECU 按照设定温度自动在吹脸、脸与脚之间和脚三种高度之间改变送风。当 AUTO 开关断开时，由手动开关选定某一位置。检修时先设定到执行器检查状态，按下 TEMP 开关，使其进入步进送风，再依次按该开关，检查气流送风变化情况，气流变化送风应从吹"脸最冷→脸→脸和脚→脚→脚和除霜器→除霜器"送风依次变化。否则可取下加热器组件，脱开伺服电动机插接器，将电源正极连接到端子 6，电源负极连接到端子 7，然后再将电源负极依次接端子 1、2、3、4、5，则工作方式也应按上述顺序变化，否则即送风伺服电动机损坏。

6. 最冷控制伺服电动机电路

最冷控制伺服电动机按从 ECU 来的信号控制最冷控制风门在开、半开、关三个送风状态之间转换。当 AUTO 开关接通时，通风口处在吹脸位置，空调 ECU 控制该风门在开、半开和关位置。当在吹脚或脸和脚位置时，该风门一直关闭着。检修时可设定到执行器检查状态，按下 TEMP 开关，使其进入步进送风，再按 TEMP 开关，根据风量和风门运转噪声检查风门能否转换。否则可拆下加热器组件，脱开最冷控制伺服电动机插接器，将电源正极（6 针端子连接器）连接到端子 4，电源负极连接到端子 5，然后再将电源负极依次接端子 1、2、3，若风门位置不能转换，为电动机组件损坏；若正常，则为配线或 ECU 损坏。

7. 车内温度传感器电路

拆下仪表板 1 号下罩，脱开车内温度传感器插接器，检查车内温度传感器插接器两端子间的电阻，在 25 ℃时其阻值为 1.6～1.8 kΩ，在 50 ℃时其阻值为 0.5～0.7 kΩ，且当温度升高时，其阻值逐渐降低。

8. 车外温度传感器电路

拆下前散热护栅，脱开车外温度传感器插接器，检查车外温度传感器插接器两端子间的电阻，在 25 ℃时其阻值为 1.6～1.8 kΩ，在 50 ℃时其阻值为 0.5～0.7 kΩ，并且当温度升高时，其阻值逐渐降低。

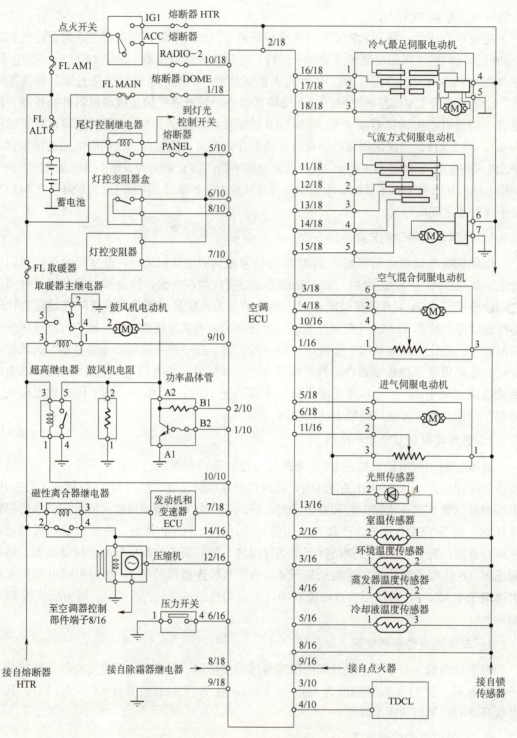

图 4-68　LS400 轿车自动空调系统电路原理图

9. 蒸发器出口温度传感器电路

拆下蒸发器出口温度传感器,检查蒸发器出口温度传感器插接器两端子间的电阻,在

25 ℃时其阻值为 4.5～5.2 kΩ，在 50 ℃时其阻值为 2.0～2.7 kΩ，并且当温度升高时，电阻逐渐降低。

10. 冷却液温度传感器电路

拆下加热器组件和冷却液温度传感器，检查冷却液温度传感器插接器的端子 1 与 3 之间的电阻，在 0 ℃时其阻值为 1.56～17.5 kΩ；在 40 ℃时其阻值为 2.4～2.8 kΩ，在 70 ℃时其阻值为 0.7～1.0 kΩ，并且当温度升高时，电阻逐渐降低。

11. 光照传感器电路

光照传感器内是光控二极管。太阳辐射强度越强，光控二极管的电阻越小，当传感器没有接收到太阳辐射时，即使系统正常，也会显示故障码 21。

拆下杂物箱，脱开光照传感器插接器，测其反向电阻，当传感器用布蒙住时，阻值为无穷大，掀开遮传感器的布并用灯光照射时约为 4 kΩ，当灯光逐渐移开时阻值逐渐增大。

12. 压缩机锁止传感器电路

发动机每转一圈，压缩机锁止传感器便向空调 ECU 发送 4 个脉冲。若压缩机传动带或电磁离合器打滑，空调 ECU 将使压缩机停止工作，且指示器以 1 s 间隔闪烁。

用千斤顶顶起汽车，脱开压缩机锁止传感器插接器，测量压缩机锁止传感器插接器端子 1 与 2 之间的电阻，25 ℃时其阻值应为 530～650 Ω，在 100 ℃时其阻值应为 670～890 Ω。

13. 压缩机电路

空调 ECU 从端子 MGC 输出电磁离合器信号 ON 信号到发动机和变速器 ECU。当发动机和变速器 ECU 接到此信号时，它从端子 ACMG 传送一个信号，接通压缩机电磁离合器继电器，于是压缩机电磁离合器接通。空调 ECU 也通过端子 A/C 监视电源电压是否供应到电磁离合器上。

拆下空调 ECU，保持插接器处于连接状态，接通点火开关，按下一个风扇转速控制开关，检查在空调开关接通或断开时，空调 ECU 插接器的端子 A/CIN 与车身搭铁之间的电压，其正常值为：空调开关接通时，电压为蓄电池电压；空调开关断开时，电压为 0 V。再检查压缩机电磁离合器，脱开电磁离合器插接器，将电源正极导线连接到电磁离合器插接器端子上，电磁离合器应吸合，否则要修理或更换电磁离合器。

14. 压力开关

当制冷剂压力降得太低（系统压力低于 0.22 MPa）或升得太高（系统压力高于 2.7 MPa）时，压力开关将信号发送给空调 ECU。当空调 ECU 收到这些信号时，输出信号给发动机和变速器 ECU，通过"发动机和变速器 ECU"断开压缩机继电器，并使电磁离合器断开。

拆下右侧前照灯，脱开压力开关插接器。接通点火开关，将压力表连接到制冷系统，当制冷剂气体压力改变时，检查压力开关端子 1 与 4 之间的导通情况。若压力在正常范围内，压力开关不通，则为压力开关损坏。

15. 点火器电路

空调 ECU 通过接收点火器送来的信号监测发动机转速。空调 ECU 利用发动机转速信号和压缩机转速信号，检测压缩机同步情况。

16. 诊断电路

诊断电路将诊断信号送入 ECU。接通点火开关，检查 TDCL 的端子 DIN、DOUT 之间的电压，正常值应为蓄电池电压。

（二）自动空调控制系统主要部件的拆装（以奥迪 A6 轿车为例）

奥迪 A6 轿车自动空调控制系统电路如图 4-69 所示，其主要由空调控制和显示单元 E87，空调压力开关 F129，左、右出风口温度传感器 G150、G151，环境温度传感器 G17，脚坑出风口温度传感器 G192，新鲜空气进气温度传感器 G89，阳光强度光敏电阻 G107 及各种风门伺服电动机及电位计组成。

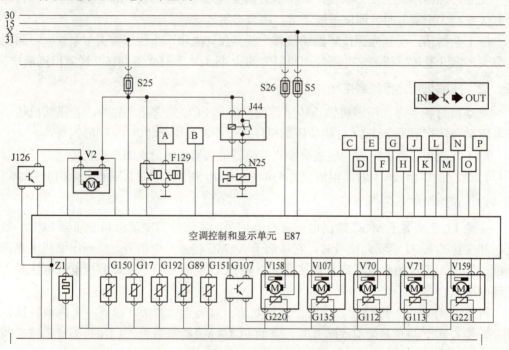

图 4-69 奥迪 A6 轿车自动空调控制系统电路

F129—空调压力开关；G150—左出风口温度传感器；G17—环境温度传感器；G192—脚坑出风口温度传感器；G89—新鲜空气进气温度传感器；G151—右出风口温度传感器；G107—阳光强度光敏电阻；V158—左侧温度风门伺服电动机；G220—左侧温度风门电位计；V107—除霜风门伺服电动机；G135—除霜风门伺服电动机电位计；V70—中央风门/脚坑风门伺服电动机；G112—中央风门/脚坑风门伺服电动机电位计；V71—驱动通风风门和新鲜空气/空气再循环风门伺服电动机；G113—驱动通风风门和新鲜空气/空气再循环风门伺服电动机电位计；V159—右侧温度风门伺服电动机；G221—右侧温度风门电位计；V2—鼓风机；J126—鼓风机控制单元；N25—电磁离合器；Z1—停车加热电阻

1. 空调控制和显示单元 E87 的拆装

空调控制和显示单元在更换时，一定要注意是否匹配，并在拆卸 E87 前，查询故障代码。更换 E87 后，必须检查编码或输入新编码，进行基本设定并查询故障代码。

按下"空气再循环"按钮的同时，按下"温度+驾驶人一侧"按钮，可将 E87 上显示的 ℃ 变为 ℉ 或 ℉ 变为 ℃，如果点火开关关闭后 E87 仍在工作，按电路图检查插头 D 的插口 1

是否对正极短路（停车加热装置接头），打开点火开关后，如新安装的控制和显示单元闪亮（约 2 min），那么给控制和显示单元编制代码并进行基本设定。对于不带导航系统的车型，拆下收录机，拆下仪表板中央护板，如图 4-70 所示，拧下螺栓 A，拧下两个下部螺栓 A 后，用螺丝刀向前压控制和显示单元上的卡爪，拆下控制和显示单元 B。

显示区和操作按钮是由发光二极管照明，发光二极管不可更换。

2. 鼓风机控制单元 J126 的拆卸

拆下杂物箱，如图 4-71 所示，拔下插头 A，拧下螺栓 B，按箭头方向拆下控制单元 C。

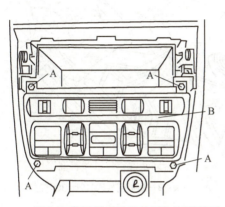

图 4-70 拆卸不带导航系统的控制和显示单元

A—螺栓；B—控制和显示单元

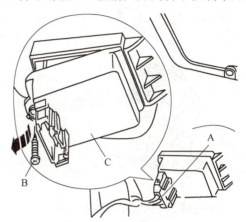

图 4-71 拆卸鼓风机控制单元

A—插头；B—螺栓；C—鼓风机控制单元

3. 脚坑出风口温度传感器 G192 的拆卸

拆下驾驶人一侧杂物箱。如图 4-72 所示，拔下插头 A，将脚坑出风口温度传感器 B 转 90° 后从分配箱上拉下。

4. 左出风口温度传感器 G150 的拆卸

拆下驾驶人一侧杂物箱，如图 4-73 所示，拔下插头 A，将左出风口温度传感器 B 转 90° 后从空气管道中拉出。

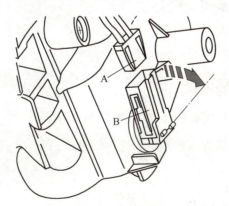

图 4-72 拆卸脚坑出风口温度传感器

A—插头；B—脚坑出风口温度传感器

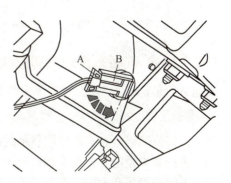

图 4-73 拆卸左出风口温度传感器

A—插头；B—左出风口温度传感器

5. 右出风口温度传感器 G151 的拆卸

拆下杂物箱。如图 4-74 所示，拔下插头 A，将右出风口温度传感器 B 转 90° 后从空气管道上拉出。

6. 新鲜空气进气管温度传感器 G89 的拆卸

拆下杂物箱。如图 4-75 所示。拔下插头 A，将新鲜空气进气管温度传感器 B 转 90° 后从空气管道上拉出。

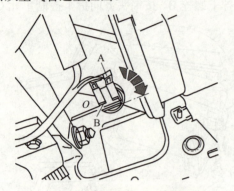

图 4-74 拆卸右出风口温度传感器

A—插头；B—右出风口温度传感器

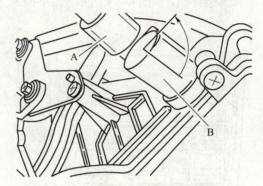

图 4-75 拆卸新鲜空气进气管温度传感器

A—插头；B—新鲜空气进气管温度传感器

7. 阳光强度光敏电阻 G107 的拆卸

如图 4-76 所示，小心地撬下盖 A，拧下螺栓 B，取下光敏电阻。

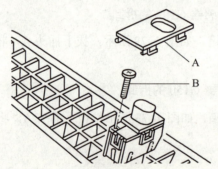

图 4-76 拆卸阳光强度光敏电阻

A—盖；B—螺栓

（三）奥迪 A6 轿车自动空调控制系统的维修

奥迪 A6 轿车自动空调控制系统主要部件的位置如图 4-77、图 7-78 所示。

1. 准备工作

（1）查询故障码，查找并排除显示的故障。

（2）进行基本设定并检查空调控制单元编码。

（3）关闭前翻板和太阳能车顶，关闭所有车门和玻璃。

（4）测量环境温度。

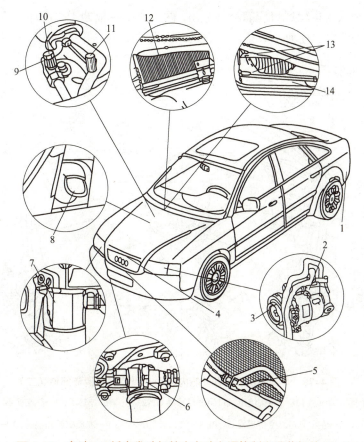

图 4-77 奥迪 A6 轿车发动机舱内自动空调控制和调节部件（一）

1—强制通风装置通风框架；2—压缩机；3—电磁离合器 N25；4—冷凝器；5—外部温度传感器 G17；6—空调压力开关 F129；7—干燥器；8—冷凝水出水阀；9—节流阀；10—高压侧维修插头；11—低压侧维修插头；12—灰尘和花粉滤清器；13—通风翻板；14—新鲜空气/空气再循环翻板

2. 检查空调制冷效果应满足的条件

（1）散热器和冷凝器干净（如需要，清洗）。

（2）多楔皮带正常且张紧适度。

（3）所有气道、护板和密封件正常，且安装正确。

（4）流经灰尘和花粉滤清器的空气流通顺畅。

（5）空调总成密封良好（指鼓风机在高速时不吸入额外空气，且空气只经出风口流出）。

（6）车辆不直接暴露在阳光下。

（7）发动机处于正常工作温度。

（8）仪表板上出风口全部打开。

（9）发动机运转时，在控制和显示单元 E87 上进行下述设定："AUTO" 状态下，接通压缩机（"ECON" 键内二极管不亮），温度预先设到 "LO"（驾驶人和副驾驶人侧）。此时，压缩机应被驱动（电磁离合器接通）；冷凝器风扇 V7 应转动（至少以 1 挡）；新鲜空气鼓风机 V_2 以最高转速转动；新鲜空气/空气再循环翻板应运动到 "空气再循环" 状态（车起动后 1 min 内）；仪表板出风口应有空气流出；两个温度翻板处于"冷却"位置。

如果检查条件中的任何一个条件未满足，查询故障码，并进行执行元件诊断。

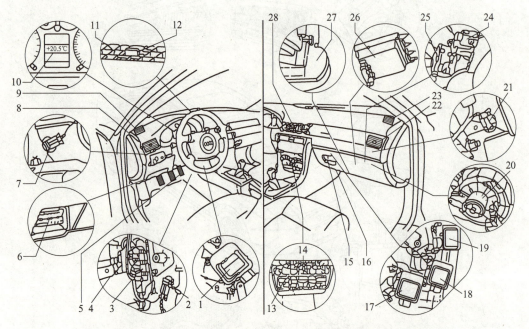

图 4-78　奥迪 A6 轿车驾驶舱内自动空调控制和调节部件（二）

1—左侧温度风门伺服电动机 V158；2—脚坑出风口温度传感器 G192；3—辅助加热器；4—热交换器；5—强制低挡开关；6—故障阅读器插口；7—左出风口温度传感器 G150；8—仪表板左出风口；9—左侧窗除霜喷嘴；10—外部温度指示器；11—挡风玻璃除霜喷嘴；12—阳光强度光敏电阻 G107；13—空调控制和显示单元 E87；14—仪表板温度传感器 G56；15—空调总成；16—脚坑出风口；17—中央风门/脚坑风门伺服电动机 V70；18—右侧温度风门伺服电动机 V159；19—除霜风门伺服电动机 V107；20—鼓风机；21—右出风口温度传感器 G151；22—仪表板右出风口；23—右侧窗除霜喷嘴；24—新鲜空气进气温度传感器 G89；25—空气再循环风门伺服电动机 V71；26—鼓风机控制单元；27—冷凝水出水口；28—仪表板中央出水口

3. 空调制冷效果的检查

打开点火开关，在控制和显示单元 E87 上设置"AUTO"状态及"LO"温度（驾驶人和副驾驶人侧）。起动发动机（带动压缩机），按下空气再循环翻板按钮（按钮内发光二极管亮），将发动机转速提高到 2 000 r/min（开始计时）。测量仪表板中央出风口出风温度，将测量值与图 4-79 进行对比。

5 min 后，根据环境温度的情况，仪表板中央出风口温度应在图 4-79 中 C 区域内。如未达到规定值，则按如图 4-80 所示进行实际值偏离规定值后的故障查寻。出风口出风温度也可由出风口温度传感器来测量（读取测量数据块，显示组 07 和 08）。

4. 故障自诊断

使用故障阅读器 V.A.G1551、V.A.G1552 或汽车诊断仪 V.A.S5051 能方便地诊断出控制系统的故障。

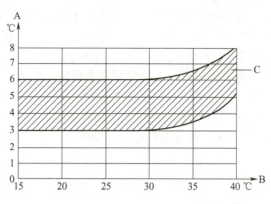

图 4-79 空调制冷效果曲线

A—仪表板中央出风口温度；B—测得的环境温度；C—出风口出风温度允许范围

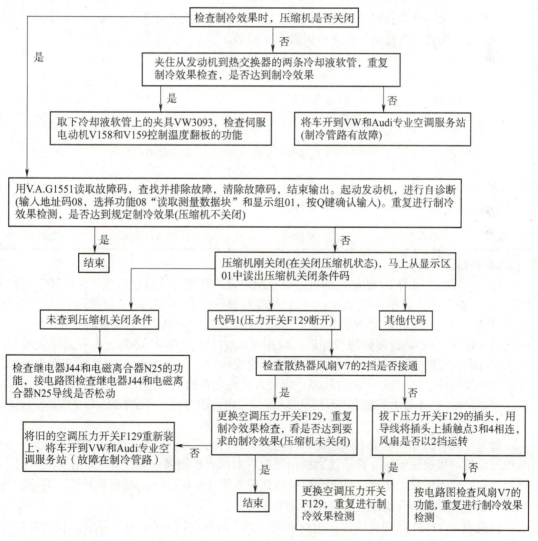

图 4-80 制冷效果不佳的故障排除流程

自诊断不仅能存储、查询故障及执行元件诊断，还能用于基本设定、控制单元识别及编码。在进行自诊断时应保证：所有熔断器均正常；蓄电池电压正常；打开点火开关或发动机正在运转（转速低于 3 000 r/min）；空调装置应处于工作状态，不能关闭；自诊断开始后，空调控制不能中断，但选择执行元件诊断和基本设定功能后，空调关闭，如选择其他功能，空调装置可以工作。

仪器接通后，在"快速数据传递"模式下，输入地址码 08，选择"空调/暖风电器"控制系统，用 Q 键确认后，便自动显示控制单元备件号、编码和用服务站代码信息，具体信息如下：

```
480 820 043 H A6 Klimavollautomat  D××
Codierung    ××××
WSC    ZZZZ
```

D×× 表示控制和显示单元备件号，Codierung×××× 为自动空调控制单元编码，WSC ZZZZ 是上一次维修时的服务站代码。按下→键后，故障阅读器进入"快速数据传递"下的功能选择模式。自诊断功能选择如表 4-9 所示。

表 4-9　自诊断功能选择

存储器	永久式存储器	存储器	永久式存储器
数据输出	运作方式"1"快速数据传递	基本设定	功能04
自诊断	空调/暖风电气系统地址码"08"	消除故障存储器	功能05
查询控制单元版本号	功能01	结束输出	功能06
查询故障存储器	功能02	控制单元编码	功能07
进行执行元件诊断	功能03	读取测量数据块	功能08

1）查询故障码

查询故障码，选择 02 功能，即可完成显示屏显示存储的故障数量或"无故障"，按→键，存储的故障依次显示并打印出来。偶发故障在显示屏上显示"/SP"；故障码和闪光码（仅指个别部件）在运作方式"快速数据传递"下只出现在打印结果中，如故障码 5 位（00532），闪光码 4 位（2232）。故障修理排除后，应用 V.A.G1551 选择 05 功能查询并清除故障码。更换部件前，应检查相应的正极和搭铁连接（接线柱 15、75、30 和 31）及所有插头（E87 与显示的故障件之间）。对于偶发故障，应检查插头是否松动。

根据 V.A.G1551 显示的故障码及信息提示，结合电路图查找并排除短路、断路或插头故障。

2）执行元件测试

如果空调有故障，但读不到故障码，应进行执行元件测试。进行执行元件测试时，应起动发动机，接通压缩机，打开仪表板出风口，向仪表板出风口分配空气。在执行元件的测试过程中，不能移动车辆，且发动机的转速应低于 3 000 r/min，超过该转速，自诊断将中止。在诊断时，所有部件在 E87 的显示屏上显示。

接通 V.A.G1551 故障阅读器，用地址码"08"选择空调/暖风电气系统，接着选择执行元件 03 功能，用 Q 键确认输入后，系统会按表 4-10 所列的内容进行执行元件的测试。

按→键可进行下一个执行元件的诊断测试，用 C 键可中止执行元件的测试。

表 4-10　执行元件测试表

显示屏显示	规定功能	故障排除
空调电磁离合器N25	电磁离合器以2 s的节拍吸合，压缩机开始工作；控制和显示单元E87的输入以2 s的节拍关闭（接地）	按电路图检查电磁离合器的供电电压；修理电磁离合器N25；按电路图检查E87、J44和N25间导线；更换控制和显示单元E87
新鲜空气鼓风机V2	新鲜空气鼓风机V2在0 V、3 V、6 V、9 V、12 V、15 V时，各被起动2 s	检查鼓风机是否运动自如；按电路图检查鼓风机控制单元J126的接地状况；检查控制单元J126；更换控制和显示单元E87
冷凝器风扇V7	风扇V7（一挡）以2 s节拍接通并关闭	按电路图检查E87和冷凝器风扇继电器之间的导线是否断路或对正极短路；检查冷凝器风扇继电器对风扇的控制功能；检查冷凝器风扇继电器功能
左侧温度风门伺服电动机V158	伺服电动机 V158 从一个止点运动到另一个止点（鼓风机在运转，且仪表板出风口出风）；左出风口空气温度在改变	按电路图检查V158和E87之间的导线是否断路或连接错误；检查左侧两个温度风门是否运动自如；检查伺服电动机V158；更换控制和显示单元E87
右侧温度风门伺服电动机V159	伺服电动机 V159 从一个止点运动到另一个止点（鼓风机在运转，且仪表板出风口出风）；右出风口空气温度在改变	按电路图检查V159和E87之间的导线是否断路或连接错误；检查右侧两个温度风门是否运动自如；检查伺服电动机V159；更换控制和显示单元E87
中央风门伺服电动机V70	伺服电动机V70从一个止点运动到另一个止点（鼓风机在运转，且仪表板出风口出风）；空气分配在脚坑和仪表板出风口之间转化	按电路图检查V70和E87之间的导线是否断路或连接错误；检查中央风门和脚坑是否运动自如；检查伺服电动机V70；更换控制和显示单元E87
除霜风门伺服电动机V107	伺服电动机V107从一个止点运动到另一个止点（鼓风机在运转，且仪表板出风口出风）；来自风窗玻璃出风口的空气量在改变	按电路图检查V107和E87之间的导线是否断路或连接错误；检查除霜风门是否运动自如；检查伺服电动机V107；更换控制和显示单元E87
空气再循环风门伺服电动机V71	伺服电动机V71从一个止点运动到另一个止点（鼓风机在运转，且仪表板出风口出风）；从风窗玻璃出风口出来的空气量在改变（通风风门），空调在新鲜空气和空气再循环之间转化（空气再循环和新鲜空气风门）	按电路图检查V71和E87之间的导线是否断路或连接错误；检查新鲜通风风门和新鲜空气/空气再循环风门是否运动自如；检查伺服电动机V71；更换控制和显示单元E87
显示区分区检测	控制和显示单元上所有显示区以3 s节拍打开和关闭	更换控制和显示单元E87
外部温度指示G106（自检系统内）	外部温度显示（在自检系统内）从45 ℃开始一直向上，每步约3 s	按电路检查自检系统和E87是否断路或短路；按电路检查G106和搭铁连接是否断路；检查自检系统；更换控制和显示单元E87
急速调节	控制和显示单元的输出以5 s节拍从0 V变到12 V	

3）空调 ECU 编码

空调 ECU 更换后，要求用专用仪器对 ECU 进行编码。如果没有编码，空调显示器会闪光 15 s。每次编码后都要求对空调各伺服电动机进行基本设定。

具体操作是：打开点火开关，输入地址码"08"，选择空调/暖风电气系统；接着选择控制单元编码 07 功能；根据不同车型，查空调编码表，或按旧 ECU 的 Coding 码，输入 5 位数通道号即可。

（4）基本设定

当更换空调 ECU，对 ECU 编码后，要求对空调进行基本设定；或若空调存在不明故障，也可对空调进行基本设定；或拆装空调各伺服电动机或蓄电池后，也要对空调进行基本设定。基本设定方法如下：

连接 V.A.G1551，输入地址码 08"空调/暖风电器"，然后进行功能选择，输入 04 功能键，用 Q 键确认。当显示屏要求输入显示组号时，输入显示组号 01 或 001（根据故障阅读器软件版本号），用 Q 键确认，空调系统的伺服电动机（左侧温度风门伺服电动机 V158、右侧温度风门伺服电动机 V159、空气再循环风门伺服电动机 V71、中央风门伺服电动机 V70、除霜风门伺服电动机 V107）一个一个被起动。基本设定完毕，仪器显示屏显示的数字都为 0。如基本设定完毕，仪器显示屏显示的数字不全是 0，可读取系统的故障码，确定是哪个伺服电动机故障引起的。

5）读取测量数据块进行数值分析

检测时，先起动发动机，将控制和显示单元 E87 设置到"AUTO"状态（压缩机接通），使鼓风机高速运转 1 min（以调整伺服电动机），连接 V.A.G1551，输入地址码 08"空调/暖风电器"，然后进行功能选择，输入 08 读取测量数据块，用 Q 键确认，显示屏要求输入显示组号，输入显示组号后，用 Q 键确认。选择另一显示组时，按 C 键。按 3 键可切换到下一个显示组，按 1 键可切换到前一个显示组，如果显示区达到规定值，按→键可回到功能选择。

在自诊断过程中（读取测量数据块），空调调节功能处于接通状态并显示当前测量值。在自诊断时，伺服电动机和风门的位置可通过控制单元的按钮来改变，故障阅读器显示屏上显示实际值和规定值。

企业案例

实例 1 一辆行驶 20 000 km 的奥迪 A4 轿车空调有时不制冷

故障现象：车辆有时不制冷。

故障检修：

（1）用故障检测仪 V.A.S5052 进行故障检查，ECU 检测地址 09 显示：空调压缩机控制阀—N280 电路电气故障偶尔发生的；ECU 检测地址 08 显示：空调压缩机起动不正常信号 偶尔发生的。

（2）现场检查时未发现空调不制冷，又查看地址码 08 数据块，电流值正常，检查制冷剂加注量也正常，于是更换空调压缩机，一周后故障再现。

（3）又进行了故障检查，ECU 检测地址 09 显示：空调压缩机控制阀—N280 电路电气故障静态；ECU 检测地址 08 显示：空调压缩机起动不可靠信号静态。故障由偶发变为静态，说明故障未解决。ECU 查看地址码 08 数据块 1，显示压缩机电流规定值：0.685 A；实际测量值：0.000 A；压力：10 bar（1 bar=1×105 Pa）。显然压缩机电磁离合器电路有故障。

（4）根据图 4-81 所示电路图进行测试。

拔下压缩机电磁离合器插头测量：1 脚与车身之间电压为 9.6 V，2 脚与车身之间电压在 1.2～2.9 V 变动，属于不正常现象。可以判断故障在压缩机到车载网络控制单元 J519 的线束上。该线束经过左侧流水槽电控箱进到 J519，为了确定故障线束在哪段，于是拆下左侧流水槽电控箱，发现电控箱内进水，电控箱进水后造成 T17r 白色插头 10、11、12 脚有腐蚀，短路在一起，造成电压不稳。

（5）清洁电控箱线束，更换电控箱密封垫。着车试空调，故障排除。

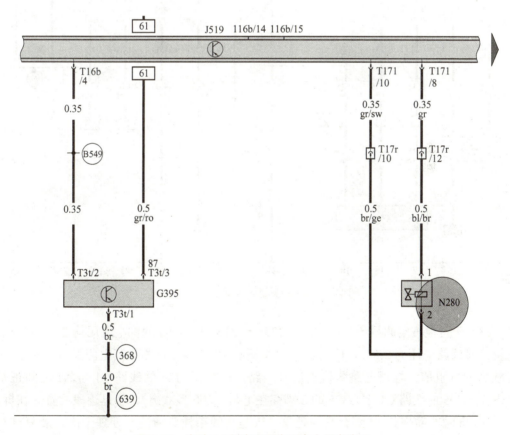

图 4-81　奥迪 A4 轿车空调电磁离合器电路图

实例 2　一辆奥迪 C6 轿车空调有时不制冷，经济模式无法关闭，鼓风机不工作

故障现象:空调有时不制冷,经济模式无法关闭,鼓风机不工作。

故障检修:

(1)开空调检查,发现该车故障出现时鼓风机和压缩机均不工作。

(2)用故障检测仪 V.A.S5052 进行故障检查发现有故障码:故障提示为"本地数据总线电路中电气故障(静态)""空调压力/温度传感器超过上极限(偶发)""新鲜空气鼓风机控制单元无信号通信(偶发)"。根据本地数据总线故障码为静态,怀疑故障出在空调的 LIN 总线上,空调 LIN 总线只有空调控制单元/面板 J255、鼓风机控制单元 J126 和空调压力/温度传感器 G395 三个元件,如图 4-82 所示。依次更换了 J126、G395 和 J255,故障依旧。

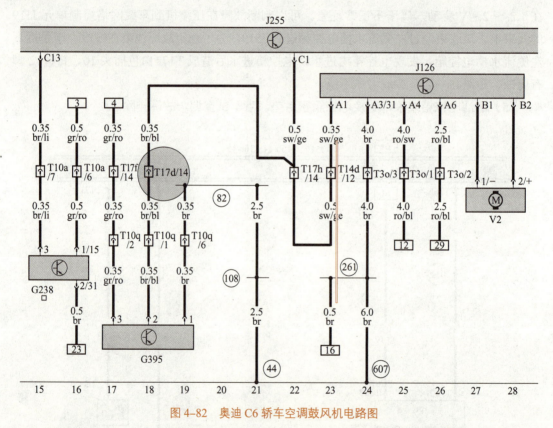

图 4-82　奥迪 C6 轿车空调鼓风机电路图

(3)于是检查空调系统线路,测量 J255 至 J126 和 G395 的供电电压均在 12 V 以上,测量信号线路电压为 2.5 V,而对比其他车辆有 10 V 以上,测量其电阻发现对地有 200 多欧姆的电阻值。根据电路图检查信号线路,J255 至 J126 的线路 C1 与 A1 之间正常,J255 至 G395 的线路 C1 至 G395 的 2 脚存在电阻(200 多欧姆),于是逐段检查。在拆下插头 T17h 时,发现其 14 脚有腐蚀现象,于是将线束插头清洗、处理干净,装复试车,故障排除。

实例 3　本田雅阁轿车鼓风机不转

故障现象:新款雅阁 2.4 L 轿车无暖风。

故障检修：

（1）进行车况检查，按键指示和显示都正常，只是鼓风机不转。

（2）将风扇开关置 OFF，将点火开关置 OFF，将温度控制盘调至 MAX COOL（最冷），然后按下模式控制按钮，选择 VENT 对该车空调系统进行自诊断，具体测试步骤如下：

将点火开关置 ON（Ⅱ），按住再循环控制按钮，按住按钮的同时，在 10 s 内按后车窗除雾器按钮 5 次，再循环指示灯闪烁 2 次，然后将开始自诊断。结果显示：系统无故障码存储。

（3）跨接功率晶体管，对鼓风机加电测试，电动机能以最高速运转，说明鼓风机及其供电没有问题。剩下的只有空调控制模块、控制线路和功率晶体管了。

（4）断开功率晶体管，对空调面板进行风速调节，测量发现加在晶体管上的控制线，一根为 0.57 V，另一根为 10.17 V，不随调节而变化。同时又依照维修手册的说明，故障部位锁定在空调面板上，因而怀疑是功率晶体管有问题。

（5）更换了一个功率晶体管，故障排除。

实例 4 现代伊兰特 1.8 L 轿车自动空调不制冷

故障现象：一辆北京现代伊兰特 1.8 L 轿车自动空调系统工作一会儿就不制冷了。

故障检修：

（1）打开空调控制面板，使用全自动模式，将空调系统温度调整到 17 ℃，A/C 开关已自动开启。接着利用系统的自诊断功能对空调系统进行了自诊断，显示屏显示"OO"，表示系统无故障。

（2）打开发动机室盖，观察压缩机的工作状态，发现其已经正常工作。用手触摸低压管，感觉很凉，表明系统还是制冷的。之后连接上压力表，测试空调系统的管路压力，结果高、低压力都正常。

（3）根据以上检测结果判定，系统制冷性能应该没有问题。但为了慎重起见，决定进行路试。当车行驶 10 min 后，发现仪表指示冷却液温度过高，同时空调也明显不制冷了。问题再次出现，于是立即停车进行检查。

（4）检查确认节温器的工作性能时，发现上下水管的温差较大，怀疑是节温器失效。

（5）路试回来继续检查。当发动机冷却液温度降下来后，打开散热器盖（高温时严禁打开），发现散热器中缺水，加了近 2 L 纯净水后再次试车，故障没有再次出现，空调制冷情况恢复正常。

后来了解到，此车曾因出过事故换过散热器，看来当初防冻液没有加足。而此车之所以会出现这样的故障，正是因为控制单元接收到冷却液温度高的信号后，为了保护发动机，自动断开了压缩机电磁离合器的线圈搭铁，使压缩机不能吸合，当然也就不能制冷了。

任务小结

自动空调系统是由驾驶人通过控制面板的功能选择键及各种传感器信号向空调 ECU 输入指令，由空调 ECU 进行计算、分析、比较后，发出指令，控制各个执行元件（进气伺服电动机、空气混合伺服电动机和气流方式伺服电动机）动作，从而控制压缩机的电磁离合器工作，暖风加热器热水阀工作，将模式门放到适当位置等，最后达到车室内设定的温度、湿度等要求。

自动空调控制系统可分为控制面板、传感器、空调 ECU 和执行器 4 部分。空调 ECU 具有温度控制、鼓风机转速控制、进气模式控制、气流方式控制（出气控制）和压缩机控制等功能。其工作是通过操纵暖风装置控制板上的控制杆或开关来实现的。

项目五　车载网络控制系统结构与检修

项目导入

随着汽车电子技术的不断发展，汽车上控制单元的数量越来越多，线路越来越复杂，汽车的线束越来越庞大，同时有些数据信息需要在不同的控制单元中共享，大量的控制信号也需要实时交换，以提高系统资源利用率和工作可靠性。为了简化线路，提高信息传输的速度和可靠性，降低故障频率，许多汽车采用了车辆本身的内部网络系统，即车载网络控制系统。汽车的车载网络控制系统如果出现故障，可能会导致车辆多种功能无法实现，甚至根本无法运行，所以了解车载网络的结构，并能够对车载网络控制系统进行检修，是汽车维修技术人员必备的技能。

学习目标

★ 知识目标
  1. 理解车载网络的功能、特点和基本术语。
  2. 熟悉车载网络的概况和分类。
  3. 熟悉车载网络控制系统的主要通信协议。
  4. 理解 CAN 总线的系统组成和数据传输原理。

★ 能力目标
  1. 能快速查询汽车维修资料、技术服务信息、用户手册和保养手册。
  2. 能够正确使用汽车维修和诊断工具。
  3. 能够识读车载网络控制系统电路图，并能够分析车载网络控制系统故障常见类型。
  4. 能够掌握车载网络控制系统故障基本诊断方法和诊断步骤。

★ 素质目标
  1. 能够制订工作计划，独立完成工作学习任务。

2. 能够在工作过程中与小组其他成员合作、交流并进行学习任务分工,具备团队合作和安全操作的意识。
3. 养成服从管理、规范作业的良好工作习惯。
4. 培养安全工作的习惯。

★ 政治目标

1. 爱国守法,崇德向善,诚实守信。
2. 爱岗敬业,积极进取,团结协作。
3. 热爱劳动,沟通流畅,勇于创新。
4. 精益求精,工匠精神,7S 管理。

学习任务

任务 5.1　车载网络控制系统结构认识

任务引入

一辆一汽大众速腾轿车,已行驶 10 多万公里,其仪表上发动机故障指示灯、ABS 故障指示灯、气囊灯常亮。

任务目标

(1) 理解车载网络的功能、特点和基本术语。
(2) 熟悉车载网络的概况和分类。
(3) 熟悉车载网络控制系统的主要通信协议。
(4) 理解 CAN 总线的系统组成和数据传输原理。

任务资讯

(一) 车载网络控制系统的功能、特点及基本术语

1. 车载网络控制系统的功能

1) 多路传输功能

为了减少车辆电气线束的数量,多路传输通信系统可使部分数字信号通过共用传输线路进行传输,系统工作时,由各个开关发送的输入信号通过 CPU 转换成数字信号,该数

字信号将以串行信号的形式从传感器装置传输给接收装置,发送的信号在接收装置处将被转换为开关信号,再由开关信号对有关元件进行控制。图 5-1 所示为常规线路传输和多路传输的特点。

图 5-1　常规线路传输和多路传输
(a) 常规线路传输；(b) 多路传输

2) "唤醒"和"休眠"功能

"唤醒"和"休眠"功能用以减少在断开点火开关时蓄电池的额外消耗。当系统处于"休眠"状态时,多路传输通信系统将停止诸如信号传输和 CPU 控制等功能,以节约蓄电池的电能；而系统一旦有人为操作,处于"休眠"状态的有关控制装置立即开始工作,同时还将"唤醒"信号通过传输线路发送给其他控制装置。

3) 失效保护功能

失效保护功能包括硬件失效保护和软件失效保护两种功能。当系统的 CPU 发生故障时,硬件失效保护功能使其以固定的信号进行输出,以确保车辆能继续行驶；当系统某控制装置发生故障时,软件失效保护功能将不受来自有故障的控制装置的信号影响,以保证系统能继续工作。

4) 故障自诊断功能

故障自诊断功能具有两种模式,即多路传输通信系统的自诊断模式和各系统输入线路的故障诊断模式。通过这两种模式,既能对自身的故障进行自诊断,同时还能对其他系统进行故障诊断。

2. 车载网络控制系统的特点

汽车网络信息传输方式是利用数据总线将汽车上的各个功能模块(控制单元或电气多路控制单元)连接起来,形成汽车信息传输网络系统。发送数据和控制信号的功能模块将数据和控制信号以编码的方式发送在同一根总线上,接收数据和控制信号的功能模块通过解码获得相应的数据和控制命令(或某个开关动作)。总线每次只传送一个信息,多个信息分时逐个(串行)传输。它的传输特点如下:

(1) 用一根总线替代了多根导线,减少了导线的数量和线束的体积,简化了整车线束,使线路成本和质量都有所下降。

(2) 减少了线路和节点,提高了信号传输的可靠性和整车电气线路的工作可靠性。

(3) 改善了系统的灵活性。通过系统软件即可实现控制系统功能变化和系统升级。

（4）各控制系统的协调性得到提高。网络将各控制系统紧密连接，达到数据共享的目的。

（5）可为诊断提供通用的接口。利用多功能测试仪对数据进行测试与诊断，方便了维修人员对电子系统的维护和故障检修。

3. 基本术语

1）数据总线

数据总线是模块间运行数据的通道，即所谓的信息高速公路。它可以实现在一条数据线上传递的信息能被多个系统（控制单元）共享，从而最大限度地提高系统整体效率，充分利用有限资源。它还可以通过不同的编码信号表示不同的开关动作信号，根据指令接通或断开对应的用电设备（前照灯、刮水器、电动座椅调节等）。这样就能将一线一用的专线制改为一线多用制，大大减少汽车上电线的数目，缩小线束的直径。

图 5-2 和图 5-3 所示分别为相同节点的传统点对点通信方式和 CAN 总线的通信方式。

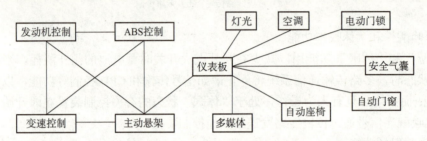

图 5-2 传统点对点通信方式

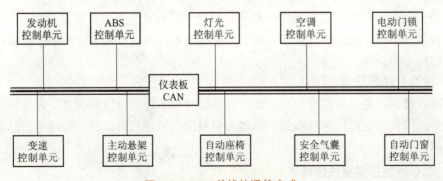

图 5-3 CAN 总线的通信方式

2）通信协议

通信协议是指通信双方控制信息交换规则的标准、约定的集合，即数据在总线上的传输规则。在汽车上，要实现车内各 ECU 之间的通信，必须制定规则，即通信的方法、通信的时间、通信的内容，保证通信双方能相互配合，使通信双方能共同遵守可接受的一组规定和规则。通信协议的种类繁多，但大体如下所述。

（1）在一个简单的通信协议中，模块不分主从，根据规定的优先规则，模块间相互传递信息，并且都知道该接收什么信息。

（2）一个模块是主模块，其他则为从属模块，根据规定的优先规则，它决定哪个从属模块发信息及何时发送信息。

（3）所有的模块都与总线靠节点相连接。当一个模块有了有用的信息，它便靠节点挂到总线上，任何一个需要这条信息的模块都可以从节点上取下这条信息。

（4）通信协议中有个仲裁系统，通常这个系统按照每条信息的数字拼法为各数据传输设定优先规制。例如，以 1 结尾的数字信息要比以 0 结尾的有优先权。

3）网关

汽车上各系统所采用的数据总线的传输速度或通信协议有可能不同，这样所有控制模块都要实现信息共享，必须由网关互相连接以进行数据通信。网关的作用就是在不同的通信协议和不同传输速度的计算机或模块之间进行通信时，建立连接和信息解码，重新编译，并将数据传输给其他系统。

例如，打开车门时发动机控制模块也许需要被唤醒。为使采用不同协议及速度的数据总线间实现无差错数据传输，必须用一种特殊功能的计算机，这种计算机就叫网关。网关实际上就是一种模块，其工作的好坏决定了不同的总线、模块和网络相互间通信的好坏。网关是汽车内部通信的核心，通过它可以实现各条总线上信息的共享，以及实现汽车内部的网络管理和故障诊断功能。

4）模块/节点

模块就是一种电子装置，简单一点的如温度传感器和压力传感器，复杂的如 ECU。传感器是一种模块装置，根据温度和压力的不同产生不同的电压信号，这些电压信号在计算机的输入接口被转变成数字信号。计算机多路传输系统中，一些简单的模块被称为节点。各节点通过插接器连接到多路传输系统中。

5）帧

通常将原始数据分割成一定长度的数据单元，以保证可靠地传输数据，这个数据传输单元称为帧。一帧内包括同步信号（如帧的开始与终止）、错误控制（各类检错码或纠错码，多数采用检错重发的控制方式）、流量控制（协调发送方与接收方的速率）、控制信息、数据信息、寻址（在信道共享的情况下，保证每一帧都能正确地到达目的站，接收方也能知道信息来自何站）等。

（二）车载网络控制系统的概况及分类

1986—1989 年，在汽车车身系统上采用了铜网线，各大汽车公司与研究机构都积极致力于车载网络技术的研究，并在借鉴计算机网络技术和汽车技术的传统发展模式基础上，根据需要和自己以往的基础，开发出一些适用于汽车具体应用要求的网络控制技术，如表 5-1 所示。当时没有一个满足所有应用的统一协议，开放性较差。

1990 年后，为了方便研究和设计应用，美国机动车工程师学会（SAE）依据功能和信息传输速率将汽车数据传输网络划分为 A、B、C 三类，如表 5-2 所示。通常 A 类网络系统不单独使用，而是和 B 类网络系统结合使用。当大量共享数据需要在车辆各智能模块间进行交换时，A 类网络不再胜任，可采用 B 类网络系统。B 类汽车局域网应用最为广泛。

到目前为止，满足 C 类网络要求的汽车控制局域网只有 CAN 协议。每类网络功能均向下涵盖，即 B 类网络支持 A 类网络的功能，C 类网络能同时实现 B 类网络和 A 类网络的功能。

表 5-1 主要车载网络的名称、概要及通信速度

车载网络名称	开发公司	应用	通信速度
VAN	法国标致-雪铁龙汽车集团、雷诺汽车公司、JAEGER公司联合	车身系统	1 Mbit/s
CAN（Controller Area Network）	德国博世公司	车身、动力传动系统	≤1 Mbit/s
J1850	美国机动车工程师学会（SAE）	车身系统（美国汽车公司和日本汽车公司）	10 kbit/s 41.6 kbit/s
A—BUS	德国大众汽车公司	低速率和高速率信息网络传输	
I—BUS、K—BUS	德国宝马汽车公司	低速率信息网络传输	
LIN（Local Interconnect Network）	奥迪、BMW等7家汽车制造商	车身控制系统，为CAN总线提供辅助功能	≤20 kbit/s
MOST（Media Oriented Systems Transport）	以欧洲为中心，由克莱斯勒与BMW公司推动	以光纤为总线的高速网络	22.5~25 Mbit/s
FlexRay（动态部分为Byteflight协议）	戴姆勒-克莱斯勒公司	适合实时控制的功能，适用于车内线控操作（X-by-Wire）	≤20 Mbit/s
Byteflight	BMW联合Motorola、Philips半导体公司	作为线控网络协议标准，主要用于安全气囊系统中时间临界（time-critical）数据的传输	10 Mbit/s
D2B（Domestic Digital Bus）	多数公司应用	以光的形式在光纤中传递数据和控制信号的一套网络，主要应用于媒体网络	5.6 Mbit/s
IDB-C（Intelligent Data Bus-CAN）	美国机动车工程师学会（SAE）	远程通信、诊断低速网络，如IDB1394	250 kbit/s
IDB-M（Intelligent Data Bus-Multimedia）	美国机动车工程师学会（SAE）	实时的音频、视频传输高速网络，如D2B、MOST、IEEE1394	100 Mbit/s
IDB-W（Intelligent Data Bus-Wireless）	美国机动车工程师学会（SAE）	蓝牙数据传输无线网络	100 Mbit/s

另外,很多文献中也将近年来发展起来的车载多媒体网络延续称为 D 类网络,面向乘员的安全系统网络称为 E 类网络。

表 5-2 汽车数据传输网络的分类

网络类型	面向	数据传输速率	网络协议	应用场合
A类	传感器执行器控制的低速网络	1～10 kbit/s	LIN、UART、克莱斯勒的CCD等	车身控制,如电动门窗、中央门锁、后视镜、座椅调节、灯光照明等控制
B类	独立模块间数据共享的中速网络	10～100 kbit/s	ISO11898-3、J2248、VAN、J1850等	对实时性要求不高的车辆信息中心、故障诊断、仪表显示、安全气囊等系统
C类	高速、实时闭环控制的多路传输	≤1 Mbit/s	ISO11898-2(高速CAN)、TTP/C、FlexRay等	悬架控制、牵引控制、发动机控制、ABS等系统
D类	多媒体信息的高速网络、光纤传输	≥2 Mbit/s	D2B、MOST	车载视频、音响、导航系统等
E类	安全系统实时、高速网络	≥1 Mbit/s	FlexRay、Byteflight	线控系统X-by-Wire、车辆被动安全领域

A 类网络主要适用于车身系统的控制单元,这类控制单元多为低速电动机和开关器件,对实时性要求低而数据量大,使用低速总线连接这些控制单元与汽车的驱动系统分开,有利于保证驱动系统通信的实时性,还可增加传输距离,提高抗干扰能力,以及降低硬件成本。图 5-4 所示为汽车防盗报警 A 类网络系统,由于车门开关及行李厢开关等信号只在一定的情况下产生,正常时没有信号,因此对数据传输速率要求极低,低速 A 类网络就能充分满足系统要求。

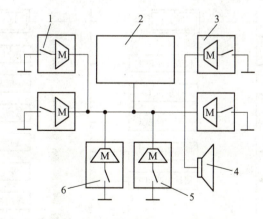

图 5-4 汽车防盗报警 A 类网络系统

1—前左车门开关;2—防盗报警 ECU;3—前右车门开关;4—扬声器;5—行李厢开关;6—发动机罩开关

由控制器局域网（CAN）组成的典型 B 类网络系统如图 5-5 所示。车辆信息中心和仪表组单元无须单独连接液位、温度、车灯、车门及安全带等信号传感器，就能从总线上获取上述信息，大大减少了传感器和其他电子部件数量，有效地节约了安装空间和系统成本。

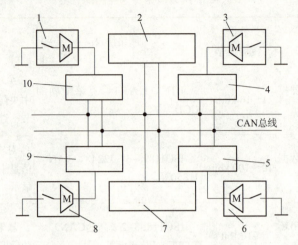

图 5-5　B 类 CAN 总线网络系统

1—液位、温度信号；2—仪表组 ECU；3—车灯、安全带等信号；4—车身 ECU；5—乘员侧车门；
6，8—车门开、关状态；7—车辆信息中心；9—驾驶侧车门；10—发动机 ECU

如图 5-3 所示的 C 类车载网络控制系统方案中，CAN 总线有效地将发动机控制系统、变速控制系统、ABS 系统及主动悬架系统等直接关系汽车行驶状态的受控对象连接成为一个综合控制系统，传感器组的各种状态信息以广播的形式在高速总线上发布，各节点可以在同一时刻根据自己的需要获取信息，使整车性能得到大幅度提高。

（三）汽车电控系统的主要通信协议

通常车载网络结构采用多条不同速率的总线分别连接不同类型的节点，并使用网关服务器来实现整车的信息共享和网络管理。图 5-6 所示为一般汽车总线的应用简图。

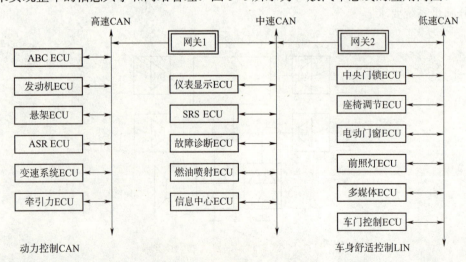

图 5-6　一般汽车总线的应用简图

图 5-7 所示为丰田 LS430 轿车的网络结构。该系统的车身网络 BEAN（Body Electronics Area Network）用主控制 ECU 作为网关，与车内的音像通信信息局域网 AVC-LAN（Audio Visual Communication-Local Area Network）互连。为制造使用方便，车身总线分成车门总线、仪表板总线和转向盘总线三部分，一方面可增加车身网络 ECU 数目的容量，另一方面可以防止因某一功能总线故障而影响车身整个网络的工作。各功能总线也通过网关实现互联。

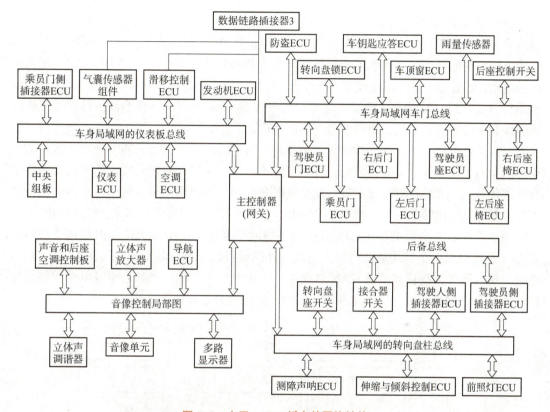

图 5-7　丰田 LS430 轿车的网络结构

用主控制器作为网关，它可以根据用户需要，增减车身网络所控制的电气控制系统或部件。该系统使用新的故障码 DTC（Diagnostic Table Codes），改善了故障诊断能力。该系统还提供对照明系统的应急保护功能，一旦转向柱总线的灯光控制信息中断，接合上驾驶人侧的 ECU 和行李厢 ECU 连接开关后，使后备总线起作用，使用前照灯 ECU 连接开关和乘员侧 ECU 间的应急通路给汽车提供低照度前照灯，并使刮水器仍可以工作，提高了行车的安全性。

由于汽车各个系统对数据的传输速率要求不同，汽车上常用的主要总线协议分为 CAN 总线、LIN 总线和 MOST 总线三大类，其中 CAN 总线部分后面会详细介绍。

1. CAN 总线

CAN 总线是一种串行多主站控制器局域网总线。它具有很高的网络安全性、实时性和通信可靠性，简单实用，成本低，特别适用于对数据速率传输和带宽要求较高的场合，如汽车的驱动系统就要采用高速 CAN，信息传输速度达 500 kbit/s，其主要连接对象是发动机、自动变速器、ABS/ASR、主动悬架、巡航系统、安全气囊、电动转向系统、组合仪表信号的采集系统及故障诊断系统等。其控制对象都是与汽车行驶控制直接相关的系统，对信号的传输要求有很强的实时性，它们之间存在较多的连续且高速的信息交流。通信媒体可以是双绞线、同轴电缆或光导纤维。

2. LIN 总线

LIN（Local Interconnect Network，内联局域网）是一种低成本的局部互联的串行通信网络协议，适用于对数据速率传输要求较低的场合。LIN 的目标是为车载网络（如 CAN 总线）提供辅助功能，多用在不需要总线的带宽和多功能的场合，如智能传感器和车身系统的通信，使用 LIN 总线可使成本大大降低。LIN 总线主要应用在汽车中的联合装配单元，它是将开关（门、转向盘、座椅、空调、照明灯等）、显示器、传感器及执行器等简单设备连接起来的廉价、单线、串行的通信网络协议。

LIN 的特点：12 V 单线介质传输，成本低；单主机，无仲裁，只有一个主节点，其余均为从节点；通信量小，配置灵活；无须改变任何其他从节点的软硬件，就可以在网络中直接添加节点；网络空闲时，主节点发出睡眠命令可使整个网络进入睡眠，网络中任何一个节点都可以发出唤醒信号来唤醒整个网络；节点具有区分短暂干扰和永久故障的能力。

图 5-8 所示为典型的基于 LIN 总线的车身网络框图。图中每个模块内部各节点间通过 LIN 总线构成一个低端通信网络，完成对外围设备的控制，各个模块又作为一个节点，通过主机（网关）连接到低速 CAN 总线上，构成上层主干网，使整个车身电子控制系统构成一个基于 LIN 总线的层次化网络，实现了真正的分布式数据传输。

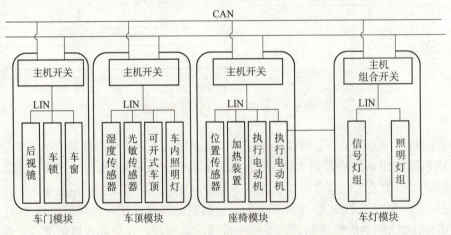

图 5-8 典型的基于 LIN 总线的车身网络框图

3. MOST 总线

MOST 是 Media Oriented Systems Transport 的缩写，即面向媒体的传输系统。

随着人们对汽车电子系统性能要求的提高，重要信号传输的速度和可靠性显得十分重要，尤其是在通信和信息娱乐领域。除了收音机、CD 机、车载电话、巡航系统、DVD 等需要的数据传输外，还有汽车和互联网连接、文字声音转换及电子邮件。这些功能对可靠性及带宽要求都很高，即使高速 CAN 总线也无法满足这方面的要求，而 MOST 总线却可以很好地解决这个问题。MOST 总线是以光纤总线为传输媒体的高速网络，其传输速度可达 25 Mbit/s，并且在减重和抗干扰方面有独特的优势。

MOST 网络技术结构是一环状结构，光信号从一个节点传送到另一个节点，接收设备收到信号后，将其转换成电信号，再由 MOST 处理器进行处理，由处理器产生的信号被送到 LED 转换成光信号。

目前大部分中、高档轿车的数据总线应用方案是车身舒适控制系统单元都连接到 CAN 总线上，并借助 LIN 总线进行外围设备控制；汽车高速动力驱动系统控制单元使用高速 CAN 总线进行连接；远程信息处理和多媒体系统可由 D2B 或 MOST 协议总线来实现；面向乘员的安全系统由 FlexRay 协议实现控制；无线通信则以蓝牙技术为主，这些不同的总线之间用网关联系。图 5-9 所示为奥迪 A4 车用网络系统示意图，其中的环状部分为 MOST 的环形结构。

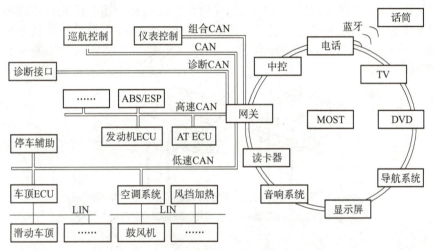

图 5-9　奥迪 A4 车用网络系统示意图

MOST 的特点：以光纤为载体，单向（封闭环）传输；高达 25 Mbit/s 的集合同步带宽；主从式结构，点对点式通信；用单独的塑料光纤媒介传输各种信号，质量非常轻，抗电磁干扰；对通信的误码率要求不高。

（一）认识 CAN 总线

汽车的车载网络技术实际就像一辆公交车接送乘员的过程。汽车上的控制单元相当于一个个站点，而传感器、执行器的数据信息就是一个个乘员，公交车就是数据总线。

CAN 总线的中文含义为控制器局域网，是一种双线串行数据通信总线，具有优先权和仲裁功能。它是国际上应用最广泛的现场总线之一。一个由 CAN 总线构成的单一网络，理论上可以挂接无数个节点，但实际应用中节点数目受网络硬件的电气特性所限制。一辆汽车无论有多少块控制单元，也无论信息容量有多大，每块控制单元都只需引出两条导线共同接在节点上,这两条导线就称作数据总线(BUS)。CAN 是一种多主机总线,每个节点机均可成为主机,且节点机之间也可进行通信。通信介质可以是双绞线、同轴电缆或光导纤维,通信速率可达 1 Mbit/s,距离可达 10 km。

CAN 总线系统的最大特点是废除了传统的站地址编码,而代之以对通信数据进行编码,使网络内的节点个数在理论上不受限制。由于采用了许多新技术及独特的设计,具有较强的纠错能力,支持差分收发,适合高干扰环境,因而具有突出的可靠性和较远的传输距离。另外,CAN 总线还具有实时性、灵活性和开放性等特点,因此,奔驰、宝马、大众、沃尔沃、丰田、本田等多家汽车公司都采用了 CAN 总线技术。

CAN 总线在诸多汽车总线中有着很重要的地位,现已成为汽车总线的代名词,是汽车是否数字化的一个重要标志。

1. CAN 数据总线传输系统的构成

CAN 数据总线传输系统是由内部安装了一个 CAN 控制器和一个 CAN 收发器(在网络系统中又称节点)的控制单元、两条 CAN 数据总线(每个控制单元外部均与 CAN 数据总线相连接)、两个数据传输终端(有的车辆在控制单元外部单独设置终端)构成的。图 5-10 所示为 CAN 数据总线构成示意图。具有 CAN 接口的 ECU 原理如图 5-11 所示。

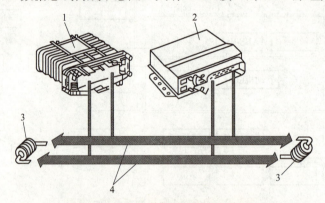

图 5-10　CAN 数据总线构成示意图

1,2—电控单元;3—终端电阻;4—数据传递线

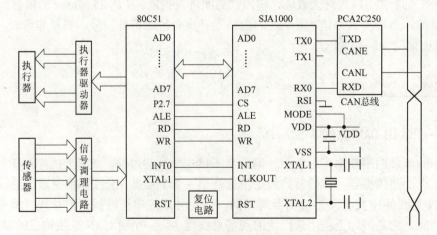

图 5-11　具有 CAN 接口的 ECU 原理

80C51—单片机;SJA1000—CAN 控制器;PCA2C250—CAN 收发器

1) CAN 控制器

CAN 控制器是在一块可编程芯片上通过逻辑电路的组合实现这些功能的，它对外提供了与微处理器物理线路的接口，通过对它的编程，CPU 可以设置它的工作方式，控制它的工作状态，进行数据总线的发送和接收。CAN 控制器有两种类型：一类是独立的；另一类是和微处理器做在一起的。前一种使用起来比较灵活，它可以与多种类型的单片机、计算机的各类标准总线进行接口组合；后一种在许多特定情况下使电路简化和紧凑，效率提高。但不管是哪一种，它们都严格遵守 CAN 的规范和国际标准。

CAN 控制器的作用是接收控制单元中微处理器发出的数据，对这些数据进行处理，并传给 CAN 收发器。同样，CAN 控制器也接收 CAN 收发器收到的数据，对这些数据进行处理并传给微处理器。

2) CAN 收发器

CAN 收发器是一个发送器和接收器的组合，将 CAN 控制器提供的数据转化成电信号并通过数据总线发送出去，同时，它也接收总线数据，并将数据传到 CAN 控制器。

3) 数据传输终端

数据传输终端实际是一个终端电阻器，作用是防止数据在线端反射，并以回声的形式返回，产生反射波而使数据遭到破坏。

4) CAN 数据总线

CAN 数据总线是用以传输数据的双向数据线，最常用的介质是双绞线，如图 5-12 所示。通过数据总线发送给各控制单元，各控制单元接收后进行计算。

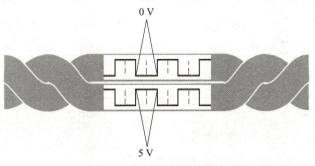

图 5-12　CAN 数据传输线

由于信号采用差分电压方式传送，两条信号线被称为 CAN 高位数据线（CAN-H）和低位数据线（CAN-L），静态时均是 2.5 V 左右，此时状态表示为逻辑"1"，也可以叫作"隐性"。用 CAN-H 比 CAN-L 高表示逻辑"0"，称为"显性"，此时 CAN-H 和 CAN-L 线上的数据为逻辑互补（电位相反）的值，且高低位相加始终保持电压总和为一常数。

为了防止外界电磁波干扰和向外辐射，CAN 总线采用两条线缠绕在一起，两条线上的电位是相反的，如果一条线的电压是 5 V，另一条线就是 0 V，两条线的电压和总等于常值，而且所产生的电磁场效应也会由于极性相反而互相抵消。因此采用此种方法，CAN 总线可得到保护而免受外界电磁场干扰，同时 CAN 总线向外界辐射也保持中性，即无辐射。

现代汽车一般装有多个 ECU。ECU 之间的数据传输特征主要差别在于数据传输频率。例如，发动机高速运行时进行的是高频数据传输，每隔几毫秒就传输一次，而在低速运行时进行的是低频数据传输,每隔几十毫秒乃至几百毫秒才传输一次。

CAN 总线上的每个节点(ECU)都有自己的地址,连续监视着总线上发出的各种数据,当所收到的数据地址与自身地址吻合时,那么该节点就获得令牌(一种通信规约,此方法允许唯一获得令牌的一个节点有权发送数据,以防止两个或两个以上的节点同时传输数据引起混乱)。每个节点都有机会得到令牌,完成数据传输。

汽车网关能对不同网络系统的不同通信协议进行翻译和解释,为处理多个 ECU 的核心 CPU 之间的通信提供一种综合性接口。它必须具备从一个网络协议到另一个网络协议转换信息的能力,因此网关实际上是一个单片机,具有监视网络系统的功能,当一个网络频繁发生错误时,网关会发出报警或进入中断状态,并调查及处理总线出现的差错。

2. CAN 数据传递过程

1) CAN 数据的组成及功用

CAN 数据总线在极短的时间内,在各控制单元之间传递数据。CAN 数据总线的数据由开始域、状态域、检查域、数据域、安全域、确认域、结束域 7 部分组成,如图 5-13 所示。CAN 数据各组成部分的功用如表 5-3 所示。

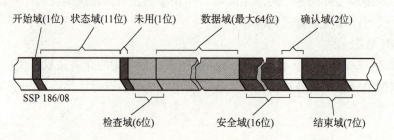

图 5-13 CAN 数据的组成

表 5-3 CAN 数据各组成部分的功用

组成部分名称	位数	功用
开始域	1	标志数据开始传递
状态域	11	用于判断数据中的优先权
检查域	6	显示在数据中所包含的信息项目数
数据域	64	传递到其他控制单元的信息
安全域	16	检测传递数据中的错误
确认域	2	在确认域中,接收器接收信号并通知发送器,其所发信号已被正确接收;如果检查到错误,接收器立刻通知发送器,发送器会再发送一次数据
结束域	7	标志着数据报告结束,这是显示错误并得到重复发送数据的最后可能区域

在数据的状态域中有 11 位状态码,其中前 7 位既是发送信息的控制器标识符,同时又表示了它的优先级,即从前往后数,前面零越多,优先级越高;而后 4 位则是这个控制器发送不同信息的编号,如发动机控制单元既要发送转速信号,又要发送水温等信号,则后 4 位就有所不同。

2）CAN 优先级确认

因为 CAN BUS 采用串行数据传递（单根数据线）方式，如果有多个控制器同时需要发出信号，那么在总线上一定会发生数据冲突，所以每个数据列都有它的优先级，具有最高优先权的数据首先发送。

当有多个控制器试图发送信息时，它们自己的接收器为信息优先级进行仲裁，当其他控制器发送的信息优先级高于自己控制器发送的信息时，通知自己的发送器停止发送，整个控制器进入接收状态。

如有 ABS/EDL 控制单元、自动变速器控制单元和发动机控制单元三个控制单元同时发送数据列，如图 5-14 所示，此时，在 CAN BUS 数据传输线上要进行一位一位的比较，如果 1 个控制单元发送了 1 个低电位而检测到 1 个高电位，那么该控制单元就停止发送数据列，而转为接收器。

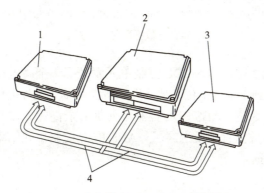

图 5-14　多个控制器同时发送数据信息

1—ABS/EDL 控制单位；2—发动机控制单元；3—自动变速器控制单元；4—数据总线（外部节点）

由于 ABS/EDL 控制单元提供的数据比自动变速器控制单元提供的数据（驾驶舒适）更重要，因此具有优先权。表 5-4 列出了三组不同数据列的状态域，数据列的状态域是由 11 位组成的编码，其编码（前 7 位）的组合形式决定了数据的优先权。

表 5-4　不同数据列的优先权

优先权	数据报告	状态域编码
1	制动 1（Brake 1）	001 1010 0000
2	发动机 1（Engine 1）	010 1000 0000
3	变速器 1（Gearbox 1）	100 0100 0000

如图 5-15 所示，在数据列的状态域 1 位，ABS/EDL 控制单元发送了 1 个高电位，发动机控制单元也发送了 1 个高电位，自动变速器控制单元发送了 1 个低电位而检测到 1 个高电位，那么自动变速器控制单元将失去优先权而转为接收器。

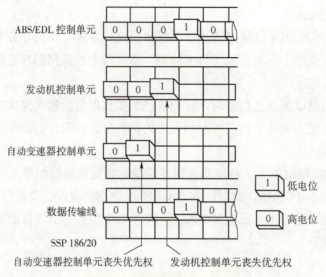

图 5-15 数据列优先权判定

在数据列的状态域 2 位,ABS/EDL 控制单元发送了 1 个高电位,发动机控制单元发送了 1 个低电位并检测到 1 个高电位,那么发动机控制单元也失去优先权而转为接收器。

在数据列的状态域 3 位,ABS/EDL 控制单元拥有最高优先权并接收分配的数据,该优先权保证其持续发送数据直至发送终了。ABS/EDL 控制单元结束发送数据后,其他控制单元再发送各自的数据。

3)传递过程

CAN 每条数据的传递均包括以下过程:如发动机 ECU 向某控制单元 CAN 收发器发送数据,该控制单元 CAN 收发器接收到由发动机 ECU 传来的数据,转换成电信号并发送给本控制单元的控制器。CAN 数据传输系统的其他控制单元收发器均接收到此数据,但是要检查、判断此数据是否是所需要的数据,如果接收到的数据重要且有用,数据将被接受并被处理,否则数据将被忽略掉,如图 5-16 所示。

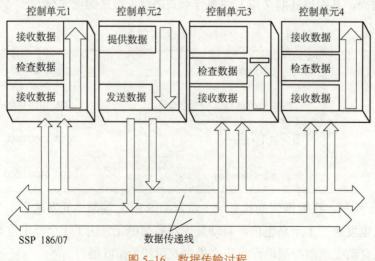

图 5-16 数据传输过程

例如，发动机控制单元向自动变速器控制单元发送冷却液温度信号，自动变速器CAN收发器接收到由发动机控制单元传来的冷却液温度信号后，转换信号并发给自动变速器控制单元内部的控制器。在此项数据传递过程中，其他控制单元也会收到冷却液温度信号，但是不一定要接收它，原因是该信号对自身不一定有用。

3. CAN信号传输的特点

与一般的通信总线相比，CAN总线的信号传输有以下特点：

（1）CAN总线为多主站方式工作，网络上任一节点均可在任意时刻主动地向网络上其他节点发送信息，而不分主从；通信方式灵活，且无须站地址等节点信息。

（2）CAN总线网络上的节点信息分成不同的优先级，可满足不同的实时要求。高优先级的数据最长可在134 μs内得到传输。

（3）CAN总线采用独特的非破坏性总线仲裁技术。当多个节点同时向总线发送信息时，优先级较低的节点会主动退出发送，而最高优先级的节点可不受影响地继续传输数据，从而大大节省了总线冲突仲裁时间，即使在网络负载很重的情况下也不会出现网络瘫痪的情况。

（4）CAN总线只需通过帧滤波即可实现点对点、一点对多点及全局广播等几种方式传送接收数据，无须专门的"调度"。每帧有效字节数最多为8个，并有CRC及其他校验措施。数据出错率低，一旦某一节点出现严重错误，可自动脱离总线，总线上的其他操作不受影响。

（5）CAN总线只有两根导线，系统扩充时，可直接将新节点挂在总线上，因此走线少，系统扩充容易，转型灵活。

（6）CAN总线上的节点数据主要取决于总线驱动电路，目前可达110个，标示符可达2 032种（CAN2.0 A），而扩展标准（CAN2.0 B）的标示符几乎不受限制。

（7）CAN总线采用短帧结构传输信息，传输时间短，受干扰概率低，传输速度快，在通信距离不超过40 m时，最大传输速率可达1 Mbit/s。

4. CAN传输线颜色特点

CAN总线基本颜色为橙色，CAN-L线均为棕色；CAN-H线：驱动系统为黑色，舒适系统为绿色，信息系统为紫色。

网络使用数据链接插口（DLC）为解码器提供接口。如果数据总线的一根导线损坏，系统通常可以继续进行工作，这是因为所有的系统信息可以通过另一根（冗余的）导线进行传递。如果两根导线损坏，将会影响到诊断功能。

企业案例

实例1 大众速腾轿车，仪表上发动机故障指示灯、ABS故障指示灯、气囊灯常亮

故障现象：一辆一汽大众速腾轿车，已行驶10多万公里，其仪表上发动机故障指示灯、ABS故障指示灯、气囊灯常亮。

大众速腾轿车的CAN-BUS网络结构，其中包含了驱动系统CAN总线、舒适系统CAN总线、信息娱乐系统CAN总线、仪表CAN总线。其网络拓扑图如图5-17所示。

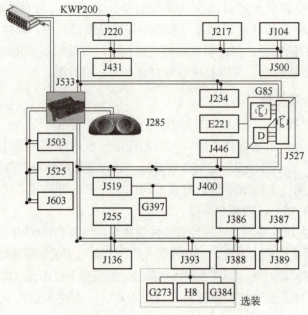

图 5-17 大众速腾轿车网络拓扑图

D—启动控制－钥匙；G85—转向盘转角传感器；J104—带 EDL 的 ABS 控制单元；J217—自动变速箱控制单元；
J220—发动机控制单元；J234—安全气囊；J431—前照灯照程调节控制单元；J500—电动助力转向控制单元；
J527—转向柱控制单元；J533—网关控制器；E221—多功能转向盘（MFL）；G273—内部监控传感器；
G384—车辆倾斜传感器；G397—雨滴＋光强传感器；H8—报警喇叭；J136—座椅位置记忆控制单元；
J386，J387，J388，J389—车门控制单元；J393—舒适系统控制单元；J400—雨刷电动机控制单元；
J446—停车辅助控制单元；J519—中央电气系统控制单元；J527—转向柱开关模块

故障检修：

（1）维修人员用诊断仪读到有关动力 CAN 总线的故障码，使用万用表和示波器测量动力 CAN 总线故障。

（2）更换相关部件后，确认故障已排除。

任务小结

（1）随着汽车电子技术的不断发展，汽车上控制单元的数量越来越多，线路越来越复杂，汽车的线束越来越庞大，同时有些数据信息需要在不同的控制单元中共享，大量的控制信号也需要实时交换，以提高系统资源利用率和工作可靠性。为了简化线路，提高信息传输的速度和可靠性，降低故障频率，许多汽车采用了车辆本身的内部网络系统，即车载网络控制系统。

（2）汽车网络信息传输方式是利用数据总线将汽车上的各个功能模块（控制单元或电气多路控制单元）连接起来，形成汽车信息传输网络系统。发送数据和控制信号的功能模块将数据和控制信号以编码的方式发送在同一根总线上，接收数据和控制信号的功能模块通过解码获得相应的数据和控制命令（或某个开关动作）。总线每次只传送一个信息，多个信息分时逐个（串行）传输。

(3) CAN 总线、LIN 总线、MOST 总线是车载网络的常见类型。

(4) CAN 总线的中文含义为控制器局域网，是一种双线串行数据通信总线，具有优先权和仲裁功能。它是国际上应用最广泛的现场总线之一。

任务 5.2　典型车载网络控制系统的结构与检修

任务引入

上海大众 Polo 1.4 L 轿车仪表板上的各种故障报警灯不停闪烁报警。

任务目标

（1）能够识读车载网络控制系统电路图，并能够分析车载网络控制系统故障常见类型。

（2）能够掌握车载网络控制系统故障基本诊断方法和诊断步骤。

任务资讯

车载网络虽然减少了故障率，但并不能完全避免故障的发生。上海大众 Polo 1.4 L 轿车采用了车载网络控制系统，其故障报警灯不停闪烁，说明其总线系统出现了故障。认识和掌握典型车载网络控制系统的组成、功用、工作原理、工作过程及常见故障现象，才能对照工作电路分析其产生故障的原因，制定检测修复流程，并通过任务实施进一步理解车载网络控制系统。

（一）车载网络控制系统的结构

目前采用总线的国产车（君威、世纪、帕萨特 B5、奥迪 A6、波罗等）中大多采用两套独立的 CAN 总线：一套是动力高速 CAN 数据传输系统，速率达到 500 kbit/s，主要连接对象是发动机 ECU、ABS/ASR/ESP ECU、安全气囊 ECU、自动变速器 ECU、组合仪表 ECU；另一套是舒适 CAN 数据传输系统，即车身系统的低速 CAN，主要连接 4 门以上的中央门锁、电动座椅、电动车窗、后视镜和车厢内照明灯等，并且设置了网关。将这两套 CAN 连为一体，形成了车载网络控制系统。

通过网关，可从一个 CAN 读取所接收的信息、翻译信息，并向另一个 CAN 发送信息。同时还将仪表板放到动力系统的总线上，这是由于组合仪表虽然不直接参与汽车行驶安全的控制，但作为人车交流的窗口，仪表板上反映了很多有关汽车行驶安全的信息（车速、转速、挡位等);而且汽车电控系统的自检和初始化结果都会反映到组合仪表上,这样将仪表板放到动力系统的总线上就能很方便地获取驱动系统各控制器的有关信息,而不必再增加额外的连线。驾驶人通过看仪表板,就可以知道各个电控装置工作是否正常,从而实现两条 CAN 总线之间资源的共享。

图 5-18 和图 5-19 所示分别为 Polo 轿车 CAN 总线的连接形式及各控制单元位置图。

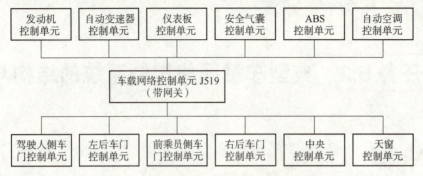

图 5-18　Polo 轿车 CAN 总线的连接形式

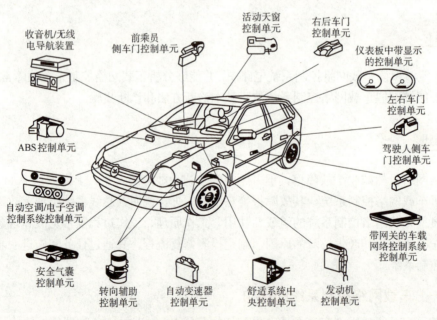

图 5-19　车载网络控制系统各控制单元位置图

(二)车载网络系统的功能

该车的车载网络控制单元 J519,也叫网关控制器。其主要功能如下。

1. 负荷控制

网关控制器定期监控蓄电池电压。如果识别到车载网络控制系统中电压低于 12.2 V,网关控制器将会提高发动机怠速转速,关闭后窗加热装置、座椅加热装置和后视镜加热装置等,同时降低空调压缩机的功率,以保持车辆行驶能力并确保其重新起动能力;当车载网络控制系统电压高于 12.7 V 时，它会降低发动机怠速转速，重新接通后窗加热装置、座椅加热装置和后视镜加热装置等，并提高空调压缩机的功率。

2. 车内灯控制

如果前部和后部车内灯开关都位于车门触点位置，通过网关控制器 J519 可以确保在车辆停止而车门未关闭状态下，车内灯 10 min 后自动关闭，这样可以避免蓄电池不必要的放电；如果解除车辆遥控门锁（门打开）或拔出点火钥匙，30 s 后车内灯会自动接通；在车辆遥控门锁起作用（门关闭）或打开点火开关后，车内灯立即自动关闭；车内灯在撞车时自动接通；在点火开关关闭约 30 min 后，自动关闭由手动打开的灯（车内灯、前后阅读灯、行李厢照明灯、杂物箱照明灯和化妆镜），以利于保持蓄电池电量。

3. 燃油供给控制

用燃油泵继电器 J17 和燃油供给继电器 J643 并联来代替单个集成防撞燃油关闭装置的燃油继电器，这两个继电器位于 J519 上的继电器托架上，其工作方式如下所述。

打开驾驶人侧车门后，车门触点开关将信号发送到网关控制器 J519，J519 控制燃油供给继电器 J643，并使燃油泵运行大约 2 s；当驾驶人侧车门短暂开启时，网关控制器 J519 通过其定时开关切断燃油泵继电器，油泵停止运转；如果驾驶人侧车门开启超过 30 min，网关控制器 J519 通过其定时控制装置使得燃油泵重新受控；当打开点火开关或起动发动机后，燃油泵通过燃油泵继电器 J17 由发动机 ECU 控制。

4. 刮水器控制

当后风窗刮水器刮水片位于 1 挡、2 挡或间歇挡时，如果将车辆挂入倒挡，则后风窗刮水器会自动刮水一次，以使驾驶人能看清车后的物体和路面；当前风窗刮水器已接通间歇挡且发动机盖打开时，发动机盖接触开关 F266 发送至车载网络控制系统控制单元，控制单元将阻止前风窗刮水器运动，直到发动机盖再次关闭。

5. 外后视镜和后窗加热控制

网关控制器可以保证车辆外后视镜和后窗加热装置只有在发动机运转时才能接通，并且在接通 20 min 后加热装置自动关闭。该功能是为了保持蓄电池的电量。

6. 后排座椅靠背监控

后排座椅中间位置配有三点式安全带的车辆具有后排座椅靠背监控功能。如果后排座椅中间位置的靠背部分安装位置不正确，在打开点火开关后，仪表板中的靠背连接装置指示灯会亮起约 20 s，提醒驾驶人和乘员对之进行调整。

7. 转向信号灯的控制

网关控制器可控制转向信号灯实现如下功能：转向灯闪烁（左、右转向）；当接通报警灯按钮或撞车时闪烁报警；当触动防盗报警装置时闪烁；打开或关闭中央门锁时闪烁。

随着车载网络技术的快速发展，目前最新版本的 CAN 总线系统由 5 个不同区域的局域网（动力系统、舒适系统、信息系统、仪表系统、诊断系统）构成，并由 LIN 总线辅助 CAN 总线形成相应子网。图 5-20 所示为大众速腾轿车网关控制器接脚，图 5-21 所示为大众速腾轿车 CAN 总线的连接形式。

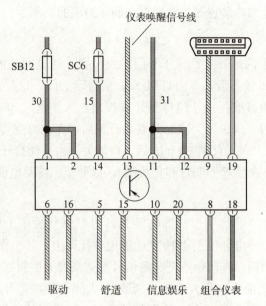

图 5-20　大众速腾轿车网关控制器接脚

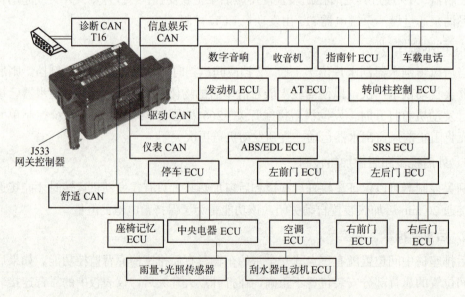

图 5-21　大众速腾轿车 CAN 总线的连接形式

网关控制器是车载网络控制系统的核心部件，一般位于驾驶人侧仪表板饰件后，它监测车辆各种信号，并根据设定的程序对燃油泵继电器、座椅、车内灯等执行元件进行控制、编码。

车辆的装备范围和国家规范决定了车载网络控制系统单元的编码。编码由厂方进行，如果在售后服务或维修时装备被更改，如安装可加热式座椅或更换新的控制单元，必须重新编码。需编码的装备见表 5-5。

表 5-5　需编码的装备

序号	需编码的装备	序号	需编码的装备
1	燃油泵供给控制系统	6	可加热式外后视镜
2	带舒适开关的后窗刮水器	7	可加热式前风窗玻璃
3	后行李厢遥控解锁装置	8	可加热式座椅
4	雨量传感器	9	车内灯控制装置
5	前照灯清洗装置	10	主动电子负荷管理激活

任务实施

（一）CAN 总线系统的常见故障原因

一般来说，引起 CAN 总线系统故障的原因有电源系统故障、CAN 总线传输系统的节点故障、CAN 总线传输系统的链路故障三种。维修时，应根据 CAN 总线传输系统的具体结构和控制回路进行分析。

1. 汽车电源系统故障引起的 CAN 总线故障

车载网络传输系统的核心部分是含有通信芯片的电控模块 ECM，电控模块 ECM 的正常工作电压在 10.5～15.0 V。如果汽车电源系统提供的工作电压低于该值，就会造成一些对工作电压要求高的电控模块 ECM 出现短暂的停滞工作，从而使整个车载网络传输系统出现短暂的无法通信的情况。这种现象就如同用故障诊断仪在未起动发动机时就已经设定好要检测的传感器界面，当发动机起动时，由于电压下降导致通信中断，致使故障诊断仪又回到初始界面。

2. 节点故障

节点是车载网络传输系统中的电控模块，因此节点故障就是电控模块故障，包括软件故障和硬件故障。软件故障即传输协议或软件程序有缺陷或冲突，从而使车载网络传输系统通信出现混乱或无法工作，这种故障一般成批出现，且无法维修；硬件故障一般由于通信芯片或集成电路故障，造成车载网络传输系统无法正常工作。对于采用低版本信息传输协议的汽车 CAN 总线系统，如果有节点故障，将出现整个汽车多路传输系统无法工作。

3. 链路故障

当车载网络传输系统的链路出现故障时，如通信线路的短路、断路及线路物理性质引起的通信信号衰减或失真，都会引起多个电控单元无法工作或电控系统错误动作。判断是否为链路故障时，一般采用示波器或汽车专用光纤诊断仪来观察通信数据信号是否与标准通信数据信号相符，也可借助故障检测仪测出关于总线的故障码。

（二）CAN 总线系统的故障诊断步骤

通过对以上三种车载网络传输系统故障原因的分析，可以总结出 CAN 总线系统故障的一般诊断步骤如下：

（1）先要了解车型的 CAN 总线系统的特点（包括传输介质、几种子网及车载网络传输系统的结构形式等）和功能（如有无唤醒功能和休眠功能等）。

（2）检查汽车电源系统是否存在故障，如交流发电机的输出波形是否正常（若不正常将导致信号干扰）等。

（3）采用替换法或跨接线法检查车载网络传输系统的链路是否存在故障。

（4）如果是节点故障，只能采用替换法进行检测。

（三）双线式 CAN 总线系统的故障检测基本方法

在检查车载网络传输系统前，需保证所有与 CAN 数据总线相连的控制单元无功能性故障。功能性故障是指不会直接影响车载网络传输系统，但会影响某一系统的功能流程的故障。例如，传感器损坏，其结果就是传感器信号不能通过车载网络传输系统传递。这种功能性故障对车载网络传输系统有间接影响，但会影响需要该传感器信号的控制单元的通信。如存在功能性故障，需先排除此类故障。记下该故障并消除所有控制单元的故障码。排除所有功能性故障后，如果控制单元间数据传递仍不正常，则检查车载网络传输系统。其检查方法如下：

（1）检测时，先读出控制单元内的故障码。

（2）如图 5-22 所示，如果控制单元 1、控制单元 2 和控制单元 3 之间无通信，关闭点火开关，断开与数据总线系统相连的控制单元。

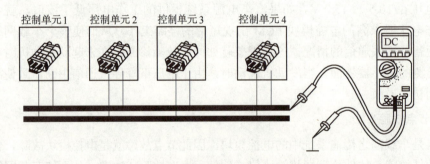

图 5-22　多个控制单元组成的双线式数据总线

（3）检查数据总线系统是否断路、短路或接地。用万用表测量 CAN-H 线和 CAN-L 线之间的电阻，正常情况下应该有一个规定的电阻（随车型而异），不应直接导通；再用电阻挡测量 CAN-H 线或 CAN-L 线分别与搭铁或蓄电池正极之间的导通性，正常情况下应不导通。

（4）如果所有控制单元均不能发送和接收信号（故障存储器存储"硬件故障"），则关闭点火开关，断开与数据总线系统相连的控制单元，检测数据总线系统是否短路，是否对正极/地短路。

（5）如果数据总线传输系统上查不出引起硬件损坏的原因，则检查是否是某一控制单元引起该故障。断开所有通过 CAN 数据总线传输系统传递数据的控制单元，关闭点火开关，接上其中一个控制单元，连接诊断仪（V.A.G1552），打开点火开关，清除刚接上的控制单元的故障码。利用诊断仪 06 功能结束输出，关闭并再接通点火开关，10 s 后用故障诊断仪读出刚接上的控制单元故障存储器内的内容。如显示"硬件损坏",则更换刚接上的控制单元;如未显示"硬件损坏",连接下一个控制单元,重复上述过程。

检查完硬件损坏,连接蓄电池接线柱后,输入收音机密码,进行玻璃升降器单触功能的基本设定及时钟的调整。对于汽油发动机的汽车,还应进行节气门控制单元的自适应匹配。

(四)用 V.A.S5051 对大众车系的 CAN 驱动数据总线进行故障查寻

CAN 驱动数据总线上最常见的故障可以用 V.A.S5051 上的万用表 / 欧姆表来诊断,当然有些故障需使用 V.A.S5051 上的数字存储式示波器(DSO)来判断。其检查可按如图 5-23 所示的故障树进行。

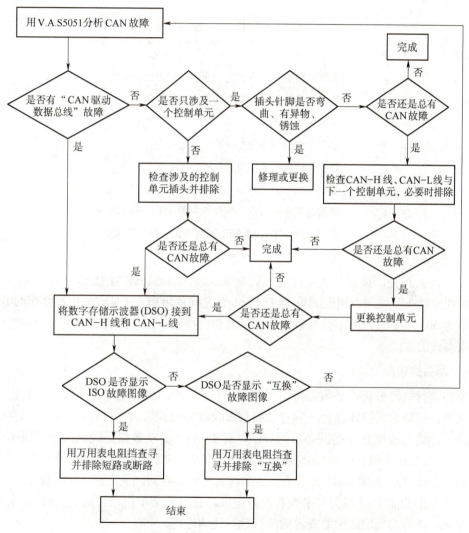

图 5-23　对大众车系 CAN 驱动数据总线故障检查故障树

(五)用 V.A.G1551、V.A.G1552 或 V.A.S5051 诊断仪进行 CAN 数据

总线的故障检测诊断(以宝来 1.8T 轿车为例)。

1. 动力 CAN 数据总线的诊断

动力 CAN 数据总线连接发动机 ECU、变速器 ECU、ABS ECU。数据总线以 500 kbit/s 速率传递数据,每一数据组传递大约需要 0.25 ms,每一电控单元每 7～20 ms 发送一次数据。优先权顺序为 ABS/EDL 电控单元→发动机电控单元→自动变速器电控单元。

1) 故障查询

使用仪器(可以使用 V.A.G1551、V.A.G1552 或 V.A.S5051),分别进入 01、02、03 地址,对发动机、ABS/EDL 和自动变速器电控单元进行自诊断,再进入功能码 02 查询三块电控单元中是否储存 CAN 数据传输故障码。宝来 1.8T 轿车发动机控制单元 CAN 数据传输故障码如表 5-6 所示。

表 5-6 动力数据总线故障码

SAE码	VAG码	含义
P1626	18034	数据总线缺少来自自动变速器控制单元的信息
P1636	18004	数据总线缺少来自安全气囊控制单元的信息
P1648	18056	数据总线损坏
P1649	18057	数据总线缺少来自ABS控制单元的信息
P1650	18058	数据总线缺少来自组合仪表控制单元的信息
P1682	18090	数据总线中来自ABS/EDL控制单元的信号不可靠
P1683	18091	数据总线中来自安全气囊控制单元的信号不可靠
P1683	18261	数据总线中来自ABS/EL控制单元的信号不可靠

2) 终端电阻

关闭点火开关,拔开发动机控制单元插头,将 V.A.G1598/31 插到控制单元,此时不要连接线束插头。使用万用表测量 58 针与 60 针之间的电阻,这是数据传递终端的电阻值,规定值为 60～72 Ω,如不符合规定应更换发动机控制单元,如符合规定应按照电路图测量数据总线的故障点。

2. 网关的诊断

要想进行故障分析,必须先使用 V.A.S5051 来诊断。故障记录并不能说明数据总线有某种故障,控制单元损坏也会产生与数据总线故障相似的影响,只有读出网关内存储的故障记录,才能为故障查寻提供必要的帮助。对于 CAN 驱动数据总线来说,可以用欧姆表来检查 CAN 数据总线;对于 CAN 舒适/信息数据总线来说,任何时候均可使用 V.A.S5051 上的数字存储式示波器(DSO)来检查。在将 V.A.S5051 接到网关上后,可以通过 V.A.S5051 的主菜单使用功能 19(网关)来查看故障记录。在网关菜单中,可通过选择 08 来查看测量数据块,随后必须输入想要查看的测量数据块的号码。

1) 网关 ECU 诊断

在正常状态下,CAN 数据总线和诊断座 CAN 线是不通的。使用专用仪器,通过 K 线进入网关 J519 ECU,运行登录保护程序,网关 ECU 就会控制 CAN 数据总线与诊断座 CAN 线相通。此时仪器就能通过 CAN 数据总线与其他 ECU 进行通信。

2）网关的编码

在大众车型上，Gateway 系统有单独的地址码 19。系统的编码取决于车上有哪些控制单元是通过 CAN 总线来传输数据的。常见的 ECU 编码为 06 或 07。

Gateway ECU 编码原则：自动变速器—00001，ABS—00002，安全气囊—00004。

举例：如果有一辆车，装备自动变速器、ABS、安全气囊系统，则网关 ECU 的编码为 00007（00007 = 00001 + 00002 + 00004）。在更换网关 ECU（即仪表）时，使用仪器按下列步骤对其编码：①进入 19（网关）系统；

②选择功能号 07（ECU 编码）；

③根据旧网关 ECU 的编码或根据车辆装备情况，输入 ECU 编码 00006 或 00007。

3）网关的数据流

网关 ECU 关于 CAN 的数据流通道号如表 5-7 所示。动力系统 CAN 数据流如表 5-8 和表 5-9 所示。舒适系统 CAN 数据流如表 5-10 和表 5-11 所示。信息系统 CAN 数据流如表 5-12 所示。

表 5-7　CAN 数据流通道号

CAN 驱动数据总线			
125	发动机控制单元	变速器控制单元	ABS控制单元	—
126	转向角度传感器	安全气囊控制单元	电动转向	柴油泵控制单元
127	中央电器	全轮驱动	车距调节电气系统	—
128	蓄电池管理	电子点火锁	自动水平调节	减振调节
129	—	—	—	—
CAN 舒适数据总线			
130	单线/双线	中央舒适系统	驾驶人车门控制单元	乘员车门控制单元
131	左后车门电器	右后车门电器	驾驶人座椅记忆电器	中央电器
132	组合仪表	多功能转向盘	全自动空调	轮胎压力监控
133	车顶电器	乘员座椅记忆电器	后座椅记忆电器	驻车距离调节
134	驻车加热	电子点火锁	刮水器电器	—
135	挂车控制单元	前部中央操纵显示单元	后部中央操纵显示单元	—
CAN 信息数据总线			
140	单线/双线	收音机	导航系统	电话
141	语音操纵	CD换碟机	网关	Telematik
142	前部中央操纵显示单元	后部中央操纵显示单元	—	组合仪表
143	数字式音响系统	多功能转向盘	驻车加热	—

表 5-8 动力系统 CAN（发动机 ECU/变速器 ECU/ABS ECU）数据流

组	显示区	名称	显示内容/规定值	故障排除
125	1	发动机	1—发动机ECU能正常从动力CAN接收数据	检查动力CAN回路图
			0—发动机ECU不能正常从动力CAN接收数据	
	2	变速器	1—变速器ECU能正常从动力CAN接收数据	
			0—变速器ECU不能正常从动力CAN接收数据	
	3	ABS	1—ABS ECU能正常从动力CAN接收数据	
			0—ABS ECU不能正常从动力CAN接收数据	
	4	—		

表 5-9 动力系统 CAN 数据流（转向角度 ECU/气囊 ECU）

组	显示区	名称	显示内容/规定值	故障排除
126	1	转向角传感器	1—转向角传感器能正常向CAN发送数据	检查转向角传感器CAN回路图
			0—转向角传感器不能正常向CAN发送数据	
	2	气囊ECU	1—安全气囊ECU能正常从动力CAN接收数据	检查到模组的CAN线路
			0—安全气囊ECU不能正常从动力CAN接收数据	
	3	—		
	4	油泵（仅TDI）	1—能正常从动力CAN接收数据	
			0—不能正常从动力CAN接收数据	

表 5-10 舒适系统 CAN（车门 ECU/双线）数据流

组	显示区	名称	显示内容/规定值	故障排除
130	1	双线/单线	双线—CAN两线都正常	检查到模组的CAN线路
			单线—有一CAN线不正常	
	2	中央控制ECU	1—中央控制ECU能正常从动力CAN接收数据	
			0—中央控制ECU不能正常从动力CAN接收数据	
	3	驾驶人侧车门控制ECU	1—驾驶人侧车门控制ECU能正常从动力CAN接收数据	
			0—驾驶人侧车门控制ECU不能正常从动力CAN接收数据	
	4	乘员侧车门控制ECU	1—乘员侧车门控制ECU能正常从动力CAN接收数据	
			0—乘员侧车门控制ECU不能正常从动力CAN接收数据	

表 5-11 舒适系统 CAN 数据流（车门控制 ECU）

组	显示区	名称	显示内容/规定值	故障排除
131	1	左后侧车门控制ECU	1—左后侧车门控制ECU能正常从动力CAN接收数据	检查到模组的CAN线路
			0—左后侧车门控制ECU不能正常从动力CAN接收数据	
	2	右后侧车门控制ECU	1—右后侧车门控制ECU能正常从动力CAN接收数据	
			0—右后侧车门控制ECU不能正常从动力CAN接收数据	
	3	座椅/后视镜控制ECU	1—座椅/后视镜控制ECU能正常从动力CAN接收数据	
			0—座椅/后视镜控制ECU不能正常从动力CAN接收数据	
	4	—		

表 5-12 信息系统 CAN 数据流（单线/双线/音响）

组	显示区	名称	显示内容/规定值	故障排除
140	1	收音机	1—收音机控制模组从CAN上接收正确数据	检查到模组的CAN线路
			0—收音机控制模组从CAN上接收不正确数据	
	2	电话	1—电话控制模组从CAN上接收正确数据	
			0—电话控制模组从CAN上接收不正确数据	
	3	导航	1—导航控制模组从CAN上接收正确数据	
			0—导航控制模组从CAN上接收不正确数据	
	4	—		

3. CAN 数据传输系统的诊断

下面以宝来 1.8 T 轿车舒适 CAN 数据传输系统为例介绍其诊断。

1）舒适 CAN 数据传输系统的组成

舒适 CAN 数据总线连接 5 块控制单元，包括中央控制单元及 4 个车门的控制单元。舒适 CAN 数据传递有 5 个功能：中央门锁、电动车窗、照明开关、后视镜加热及自诊断。控制单元的各条传输线以星状形式汇聚一点，这样做的好处是，如果一个控制单元发生故障，其他控制单元仍可发送各自的数据。

该系统使经过车门的导线数量减少，线路变得简单。如果线路中某处出现对地短路，对正极短路或线路问题，CAN 系统会立即转为应急模式运行或转为单针模式运行。4 个车门控制单元都是由中央控制单元控制，只需较少的自诊断线。

数据总线以 62.5 kbit/s 速率传递数据，每一组数据传递大约需要 1 ms，每个电控单元 20 ms 发送一次数据。优先权顺序为：中央控制单元→驾驶人侧车门控制单元→前排乘员侧车门控制单元→左后车门控制单元→右后车门控制单元。由于舒适系统中的数据可以用较低的速率传递，因此发送器性能比动力系统发送器的性能低。

2）CAN 数据传输系统故障码查询

可以使用 WU-2000 进入地址码 46 对舒适系统控制单元进行自诊断，进入功能码 02 查询舒适系统中央控制是否储存故障码。如查得宝来舒适系统中央控制单元 CAN 数据传输故障码：01328 为舒适系统数据总线或控制单元存在故障；01329 为舒适系统数据总线处于紧急模式。

3）CAN 数据传输系统故障诊断

诊断步骤：按照电路图使用万用表测量数据总线的故障点，如未查出故障，先清除故障码，再拔下所有车门插头并依次插好，同时读取数据块 012 组的显示区 1，视显示情况更换某一个控制单元。

企业案例

实例 1 奥迪 A6 轿车蓄电池亏电严重，导致发动机无法起动

故障现象：行驶 20 000 km，奥迪 A6 轿车蓄电池经常亏电，导致发动机无法起动。

故障检修：

（1）用 5051B 进行静电流测试，发现车辆无法进入睡眠模式，静电流在 6～0.1 A 重复变化。

（2）通过拔熔断器来确认故障点。当拔掉 J794 的熔断器时，静电流就变正常了，车辆也能进入睡眠模式。初步怀疑 J794 故障。

（3）考虑 J794 的费用较高，谨慎起见便从同型号的车上拆了一个 J794 换上，发现故障并未排除。经过仔细检查发现，J794 内的散热风扇经常启动，启动时静电流就会出现增高。

（4）散热风扇为什么会频繁启动？怀疑某些元件故障引起 J794 无法进入睡眠模式，经过查询 ELSA 发现 E380（多媒体操纵单元）有一条唤醒线 1 与 J794 连接，如图 5-24 所示。检查该线路正常，于是考虑 E380 故障引起 J794 无法进入睡眠模式，引起 J794 内的散热风扇频繁启动，导致车辆耗电大。更换 E380 故障排除。

实例 2 上海大众帕萨特 B5 轿车事故修复后，发动机起动后就会熄火

故障现象：2005 年产上海大众帕萨特 B5 轿车装用 1.8T 发动机，该车事故修复后，发动机出现每次起动后 1 s 左右就熄火。

故障检修：

（1）根据起动后就熄火的故障现象，初步认为故障与防盗系统有关，但是仪表板上的防盗指示灯并没有点亮，而只是安全气囊指示灯点亮。

（2）用故障诊断仪进行故障码查询，发现有两个故障码"00588"和"18056"，其含义分别是驾驶人侧安全气囊点火器电阻过大和驱动数据总线损坏。驱动数据总线损坏是指 CAN-H 总线或 CAN-L 总线有问题。于是使用示波器检查 CAN-H 总线和 CAN-L 总线的波形，发现两条数据总线已经对地短路。

（3）经分析，认为造成数据总线对地短路的最可能原因是在数据总线上连接的控制单元受到撞击损坏或相关线路有问题。于是依次拆下数据总线上连接的各控制单元，如果拆下某个控制单元后故障消失，那么就是该控制单元有问题。依次拆下 ABS 控制单元、发动机控制单元、安全气囊控制单元及仪表控制单元上的线束插头，但是故障依旧，从而说明故障点应该在相关线路上，即线路本身接地。

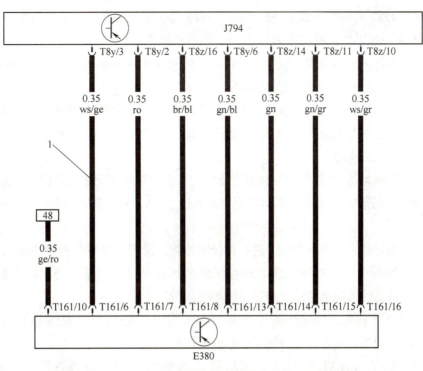

图 5-24　奥迪 A6 轿车多媒体操纵单元控制电路图

该车 ABS 控制单元、发动机控制单元、安全气囊控制单元及仪表控制单元是由数据总线按照星形方式连接在一起的，因而可以用断线排除法诊断故障。找到仪表板后面的数据总线逐一断开，当断开安全气囊控制单元的连接线路时故障消失，说明故障在安全气囊控制单元线束上。

顺着安全气囊控制单元线束查找，在变速杆旁发现有外皮破损的线路，将线束处理好，起动试车，故障现象消失。由于安全气囊控制单元线束损伤后，导致数据总线直接接地，各控制单元之间数据总线直接接地，各控制单元之间数据无法传输，所以发动机起动后就会熄火。

实例 3　上海大众 Polo 1.4 L 轿车仪表板上的各种故障报警灯不停闪烁报警

故障现象：上海大众 Polo 1.4 L 轿车仪表板上的各种故障报警灯不停闪烁报警，同时转向沉重。

故障检修：

（1）先用专用故障诊断仪 V.A.S5051 进行检测，发现诊断仪不能进入仪表（17）、安全气囊（15）、ABS（03）及转向助力（44）系统。于是利用诊断仪进入发动机电控系统（01）进行检测，该系统无故障记忆存储。进入车载网络控制单元（09）后，发现了两个故障码：00312（数据总线驱动损坏）；01309（转向助力控制单元没有通信）。继续进入网关（19），也发现了两个相同的故障码。

根据故障码的提示，先测量车载网络控制单元 J519 的 T16A/3 到组合仪表 T32/7 的导线，线路正常；又测量了 J519 的 T16A/5 到组合仪表的 T32A/8 之间的导线连接情况，未发现异常。经分析，初步认为网关 J533 损坏。

该车网关 J533 安装在车载网络控制单元 J519 内,要想更换网关,只能连同车载网络控制单元 J519 一起更换,但在将 J519 进行替换后故障依旧。

进一步分析,因为该车组合仪表、ABS、安全气囊及转向助力同属动力系统,都在一条 CAN 数据总线上。如果转向助力控制单元损坏,也会造成其他控制单元无法通信,认为故障可能与转向助力控制单元有关。于是将转向助力控制单元 J50 上的 T4AL 插头拔下,发现除转向助力报警灯点亮外,其余的报警灯都熄灭。将转向助力控制单元更换后试车,故障现象消失,故障排除。

实例 4 奥迪 A6 轿车锁车后,放电电流过大,各个系统都无法进入睡眠状态

故障现象:奥迪 A6 轿车锁车后,放电电流超过 3.1 A,各个系统都无法进入睡眠状态。

故障检修:

(1) 起动发动机,用 V.A.S5052 进入自诊断检测,发现自诊断界面不停闪烁。在闪烁过程中,空调控制单元 J255 和电源管理控制单元 J644 两个控制单元会出现"无法到达"故障,相关舒适总线系统都显示"舒适系统单线运行"。

(2) 根据故障现象,首先怀疑 J255 和 J644 有故障,分别断开 J255 和 J644 后诊断,自诊断界面不再闪烁,但还是有舒适系统单线运行故障。

(3) 用 DSO 在 V.A.S1598/31 上测试舒适 CAN 线时,CAN-H 线正常,CAN-L 线断路。当拔下总线插头时,发现左侧 CAN 连接插头 14 号针脚处有焊点轻微熔化,拔下右侧 CAN 线连接插头检查,和左侧相同,都在 14 号针脚处连接不可靠。查询 Elsa Win 显示左侧 14 号针脚是空调系统 J255 的 CAN 连接点,如图 5-25 所示,右侧 14 号针脚是电源管理控制单元 J644 的 CAN 连接点。怀疑是连接点短路造成的故障,试更换仪表台两侧 CAN 总线连接插头,故障排除。

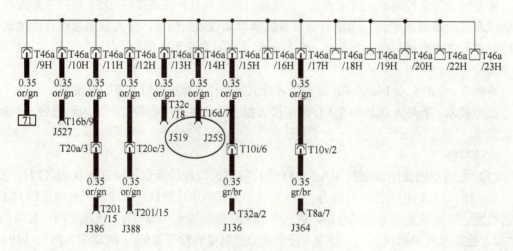

图 5-25 奥迪 A6 轿车空调系统 J255 电路图

任务小结

汽车总线系统主要由控制器、数据总线、网络、通信协议、网关等组成。CAN 数据总线在极短的时间内，在各控制单元之间传递数据。CAN 数据总线的数据由开始域、状态域、检查域、数据域、安全域、确认域、结束域等 7 部分组成。CAN 总线采用双线制，可以消除外界对信息的干扰。

MOST 总线用光纤根据光的全反射来传递信号，被用作信息系统，采用环形结构。

LIN 总线实行的是主从控制器的形式，它是 CAN 总线下的网络，采用单线制。

大众车系 CAN 总线网络分为动力系统、舒适系统、信息系统、仪表系统、诊断系统 5 个局域网，各个网络传输速率是不同的，它们之间的"翻译"功能由网关来完成。

项目六　汽车防碰撞系统和定位导航系统结构与检修

项目导入

现在汽车基本都有防碰撞系统和定位导航系统，汽车防碰撞系统正常工作，可以减少很多碰撞事故，汽车定位导航系统正常工作，可以提高驾驶人员的出行效率，所以学习汽车防碰撞系统和定位导航系统的结构，能够对两个系统进行检修，是非常重要的技能。

学习目标

★ **知识目标**

1. 熟悉汽车防碰撞系统主要部件的结构和安装位置，并理解它们的作用。
2. 理解汽车防碰撞系统的工作原理。
3. 熟悉汽车定位导航系统主要部件的结构和安装位置，并理解它们的作用。
4. 理解汽车定位导航系统的工作原理。

★ **能力目标**

1. 能快速查询汽车维修资料、技术服务信息、用户手册和保养手册。
2. 能够正确使用汽车维修和诊断工具。
3. 能够在理解原理的基础上，对汽车防碰撞系统故障进行分析、检测并确认故障原因。
4. 能够在理解原理的基础上，对汽车定位导航系统故障进行分析、检测并确认故障原因。

★ **素质目标**

1. 能够制订工作计划，独立完成工作学习任务。
2. 能够在工作过程中与小组其他成员合作、交流并进行学习任务分工，具备团队合作和安全操作的意识。

3. 养成服从管理、规范作业的良好工作习惯。
4. 培养安全工作的习惯。

★ 政治目标

1. 爱国守法,崇德向善,诚实守信。
2. 爱岗敬业,积极进取,团结协作。
3. 热爱劳动,沟通流畅,勇于创新。
4. 精益求精,工匠精神,7S 管理。

 任务 6.1　汽车防碰撞系统的结构与检修

 任务引入

一辆奥迪 A6 轿车倒车雷达有时正常,有时不正常。

 任务目标

(1)熟悉汽车防碰撞系统主要部件的结构和安装位置,并理解它们的作用。
(2)理解汽车防碰撞系统的工作原理。
(3)能够在理解原理的基础上,对汽车防碰撞系统故障进行分析、检测并确认故障原因。

 任务资讯

汽车倒车雷达防碰撞系统是一种主动安全系统,一般由超声波传感器(又称探头)、控制器和显示器(或蜂鸣器)等部分组成。它是一种可向驾驶人预先发出要发生碰撞的视听报警信号的探测装置,其性能的好坏直接影响驾驶人倒车的方便和安全。学习掌握汽车防碰撞系统的分类、组成、功用及工作原理,理解其工作过程,才能依据故障现象分析产生故障的可能原因,并进行检查修复。

汽车防碰撞系统功用:能探测企图接近车身的行人、车辆或周围障碍物;能向驾驶人及乘员提前发出即将发生撞车危险的信号,促使驾驶人甚至撇开驾驶人采取应急措施来应付特殊险情,避免损失。当车辆的车头非常接近前车的车尾(或车辆的车尾非常接近后面的障碍物)时,该系统发出防追尾(或有碰撞)报警,如果驾驶人没有采取制动减速措施,该系统便自动启动紧急制动装置,以避免交通事故的发生。

汽车防碰撞控制系统功能框图如图6-1所示。其主要功能有以下几方面。

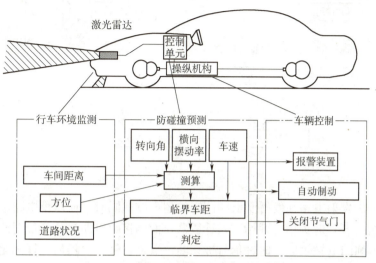

图6-1 汽车防碰撞控制系统功能框图

1. 环境监测功能

位于车辆前部的雷达能够分辨车辆前方物体的距离和方位，与附有的路面情况传感器共同承担环境监测功能。

2. 防碰撞判断功能

防碰撞分析系统对前后障碍物的距离和方位及路面信号进行分析，提取有用数据，进行危险性判断，输出必要的报警信号或应急车辆控制信号。

3. 车辆控制功能

该系统根据防碰撞系统输出信号的控制，实现对制动系统（ABS）或转向系统的自动操作。自动操作系统处于工作状态时，如驾驶人的操作制动力大于自动控制系统提供的制动力，则驾驶人操作有效，这样可保证自动操作系统失灵时驾驶人控制的制动系统仍能起作用。

测定汽车行驶安全距离的主要方法：超声波测距、激光雷达测距、电磁波测距、CCD（光电耦合器）摄像元件。

（一）超声波测距

1. 超声波测距的基本原理

超声波（声呐）作为一种特殊的声波，同样具有声波传输的基本物理特性，即反射、折射、干涉、衍射、散射等。超声波测距就是利用其反射特性。超声波发射器不断发射出40 kHz超声波，超声波遇到障碍物后反射回反射波，超声波接收器接收到反射波信号，并将其转换为电信号，测出发射与接收到反射波的时间差t，即可求出障碍物到汽车的距离s（$s=\frac{1}{2}ct$，式中c是超声波声速），并将距离用数字显示出来，如图6-2所示。

一般情况下，可以认为声速是基本不变的，如果测距精度要求很高，可以通过温度补偿的方法加以校正。

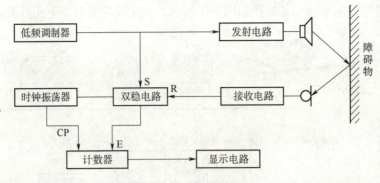

图 6-2 超声波测距原理

图 6-2 中的发射电路在发射受低频调制的超声波的同时,使双稳电路置位,此时计数器的闸门 E 被打开,时钟信号开始进入计数器,而当接收电路接收到反射波时,双稳电路复位,计数器闸门 E 被关闭,时钟信号被切断,数据被锁存,然后经译码驱动在显示器上被锁存的数值。假设声速为 343 m/s,时钟振荡器的频率为 34.3 kHz 时,即可认为显示器上的读数只需要 17.15 kHz,因为要考虑超声波来回的双倍时间。

因声波速度小于光速,故超声波测距多在车速甚慢的倒车测距时使用。倒车时,要求对水平方向更大宽度范围内的障碍进行预测,因而接收传感器一般使用长轴在水平方向的椭圆形扬声器,如图 6-3 所示。

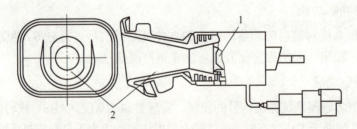

图 6-3 超声波传感器及扬声器
1—超声波传感器;2—扬声器口部分

2. 典型倒车超声波测距系统的结构原理

倒车防碰撞超声波测距系统在车上的布置如图 6-4 所示。

奥迪 A6 轿车超声波防碰撞系统(停车辅助系统)分为两种类型:四通道式的,装有 4 个超声波传感器,均匀安装在汽车后保险杠未喷漆的部位,其在车上的位置如图 6-5(a)所示;八通道式的,在前、后保险杠上都有传感器,其防碰撞控制单元安装在行李厢内的车轮罩上方,卡在挂车识别控制单元下方的一个框架内。声响信号是由车辆前部的一个发声器和后部的一个发声器(四通道式的只有后部的)发出的,可以通过停车辅助开关来手动激活或关闭停车辅助功能(仅指八通道式的)。

该车的超声波传感器主要由一个无线电收发机和一个整理器构成,其结构如图 6-5(b)所示,既是执行元件,又是传感器;既发射信号,也接收信号。控制单元向 4 个超声波传感器中的一个发出命令,该传感器即发出超声波,4 个传感器都接收超声波的回波。

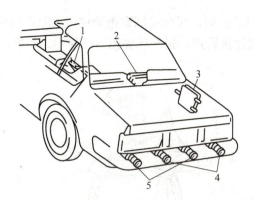

图 6-4 倒车防碰撞超声波测距系统在车上的布置

1—主开关；2—显示部分；3—ECU；4—接收信号传感器；5—发出信号传感器

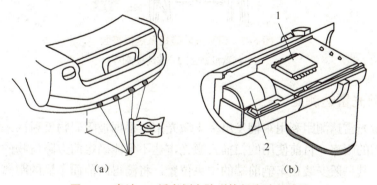

图 6-5 奥迪 A6 轿车倒车防碰撞超声波传感器

(a) 安装位置；(b) 结构

1—整理器（芯片）；2—无线电收发机

在超声波传感器内，整理器将回波信号转换成数字信号，并将其传递到控制单元。控制单元根据回波的传播时间计算出与障碍物之间的距离。其控制原理如图 6-6 所示。

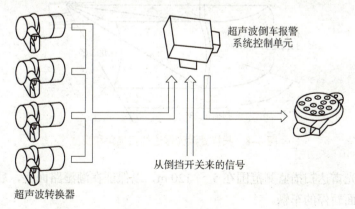

图 6-6 奥迪 A6 轿车倒车防碰撞系统控制原理

当挂上倒挡时，超声波倒车防碰撞系统即开始工作，发出"嘟嘟"的声音，表明该系统状态良好。

当车与障碍物相距 1.6 m 时，可听见间歇报警声。离障碍物越近，声音越急促。如距离小于 0.2 m，则连续发出报警声。报警区如图 6-7 所示。报警声间隔及音量用故障检测仪 V.A.G1551 设定。

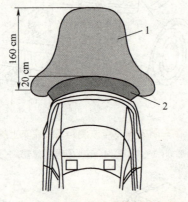

图 6-7　超声波防碰撞系统报警区

1—间歇报警区；2—连续报警区

（二）激光雷达测距

早期的激光雷达测距利用车辆发出多支激光束，根据被障碍物反射回来的时间差来计算车与障碍物的距离。目前使用的扫描式激光雷达不但能确定前方障碍物的距离，而且能确定其方位。其一般安装在车辆前端的中央位置，将测得的前面车辆的距离及方位信号送入防碰撞预测系统。

扫描式激光雷达的扫描角和视域如图 6-8 所示，激光束的视域窄并呈肩形，即水平面上较薄，垂直面上呈肩形；激光束可在较宽的范围内快速扫描，并通过激光束的能量密度消除因车辆颠簸引起的误差。

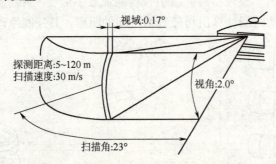

图 6-8　扫描式激光雷达的扫描角和视域

通常，激光雷达扫描监测范围在 5～120 m，以保证在潮湿路面上，后车减速制动后，不至于碰撞前面暂停的车辆。

采用扫描式激光雷达防碰撞系统的工作流程如图 6-9 所示。其防碰撞的判断是先从激光雷达所获得的车距与方位的数据组中抽取有用的数据，依据后车的动力学特性进行车辆路径的估算。行车路径估算的半径 R 是根据车速和转角第一次估算的半径 R_1，以及车速和横向摆动速率第二次估算的半径 R_2 来确定的，通常选用估算半径 R_1 和 R_2 的较小值。

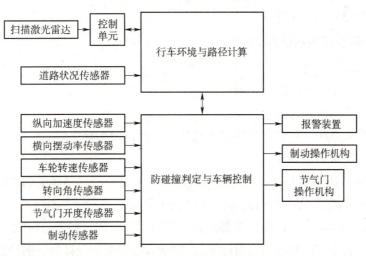

图 6-9 扫描式激光雷达防碰撞系统的工作流程

在进行追尾危险程度的判定时，根据路面干湿情况、后车车速及相对车速计算出临界车距。计算出的临界车距就可以与实测的车距进行比较，当实测车距接近临界车距时，报警触发信号就会产生；当计算出的临界车距等于或大于实测车距时，便产生紧急制动信号。

（三）电磁波测距

汽车电磁波测距防撞系统利用电磁波发射后遇到障碍物反射的回波，对其不断检测，计算与前方或后方障碍目标的相对速度和距离。经分析判断，对构成危险的目标按程度不同进行报警，控制车辆自动减速，直到自动制动。

1. 电磁波测距防撞系统的组成及工作原理

汽车电磁波测距防撞系统主要由发射机、天线、收发开关、接收机、信号处理与微处理器、控制电路等组成，如图 6-10 所示。

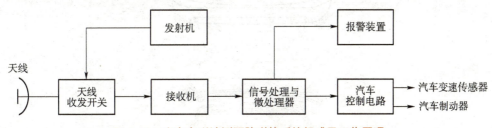

图 6-10 汽车电磁波测距防碰撞系统组成及工作原理

当发射机采用微波调频连续波体制时，在车辆行进中，雷达窄波束向前发射调频连续波信号，经天线向空间辐射电磁波（其传播速度就是光速）。当发射信号遇到目标时，被反射回来为同一天线接收，经混频放大处理后，可用其差频信号间的相差来表示雷达与目标的距离，把对应的脉冲信号经微处理器处理计算可得到距离数值，再根据差频信号相差与相对速度关系计算出目标对雷达的相对速度。微处理器将上述两个物理量代入危险时间函数模型后，即可算出危险时间。当危险程度达到各种不同级别时，分别输出报警信号或通过车辆控制电路去控制车速或制动。

2. 汽车电磁波测距系统的功能

（1）测速测距。

（2）对前方 100 m 内危险目标提供声光报警。

（3）兼备汽车黑匣子功能。

（4）自动巡航系统（行驶过程中自动保持与前面行驶车辆之间的距离）。

（5）紧急情况下启动制动系统。

装有防碰撞雷达的汽车上了高速公路后，驾驶人就可以启动车上的防碰撞雷达系统。雷达选定好跟随的汽车后，被跟随的汽车就成了后面汽车的"目标车"。无论它是加速、减速，还是停车、起动，后面的汽车都能在瞬间内予以模仿。如果前面的汽车在行驶一段时间后，不再适合于作为自己的"目标车"，驾驶人可以重新选择另一辆"目标车"。

任务实施

（一）奥迪 A6 轿车倒车报警装置自诊断

奥迪 A6 轿车倒车报警装置由倒车报警控制单元 J446、倒车报警左后传感器 G203、倒车报警左后中部传感器 G204、倒车报警右后中部传感器 G205、倒车报警右后传感器 G206、倒车报警蜂鸣器 H15 等组成，如图 6-11 所示。

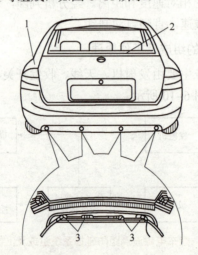

图 6-11 奥迪 A6 轿车倒车报警装置的组成

1—倒车报警控制单元 J446；2—蜂鸣器 H15；3—倒车报警传感器

打开点火开关后，倒车报警装置自检测开始，不到 1 s 即结束。这时，控制单元一直处于工作状态，但距离控制功能在挂上倒挡时才启动。如倒车报警系统已准备好，会发出一短的信号声（对于自动变速器车，由于 P、D 换挡，要延迟 1 s）。如果自检过程中控制单元识别出故障，则发出 5 s 连续声。检测时要求熔断器正常。

1. 连接故障阅读仪 V.A.S5051 或 V.A.G1551

（1）连接打开点火开关，如果显示屏无显示，按电路图检查 V.A.G1551 供电。

（2）在运作方式 1"快速数据传输"状态下执行功能 00"自动检测"，这时可自动查询车上的所有控制单元。

（3）按 1 键选择"快速数据传输"→输入地址码 76 进入倒车报警装置的自诊断→选择功能键（02—查询故障码；05—清除故障码；06—结束输出；07—给控制单元编制代码；08—读取测量数据块；10—自适应）并进行相应的操作。

2. 查询故障码

显示的故障信息只有启动自诊断或用功能 05"清除故障码"才能不断更新。

（1）连接故障阅读仪 V.A.G1551，打开点火开关，继续操作直到屏幕显示：

```
快速数据传输      帮助
输入地址码××
```

（2）按 0 和 2 键选择"查询故障码"，屏幕显示：

```
快速数据传输      Q
02—查询故障码
```

（3）按 Q 键确认输入，此时屏幕显示存储的故障数量或显示"没有发现故障"。屏幕显示：

```
发现有×个故障
```

（4）存储的故障将依次显示并打印出来，可按故障码表（见表 6-1）检查打印结果并排除故障。如显示"无故障"，按→键后回到起始状态，结束输出（功能 06），关闭点火开关，拔下自诊断插头。

表 6-1 倒车报警装置故障码表

V.A.G1551打印信息	可能的故障原因	故障排除
01543倒车报警蜂鸣器H15 ● 对正极短路 ● 断路/对地短路	-H15与控制单元间导线断路或短路 -蜂鸣器损坏	-按电路图查寻短路或断路故障 -更换H15
01545倒车报警左后传感器G203 ● 对正极短路 ● 断路/对地短路 ● 部件损坏 ● 不可靠信号	-G203与控制单元间导线断路或短路 -G203损坏	-按电路图查寻短路或断路故障 -更换G203
01547倒车报警右后中部传感器G205 ● 对正极短路 ● 断路/对地短路 ● 不可靠信号	-G205与控制单元间导线断路或短路 -G205损坏	-按电路图查寻短路或断路故障 -更换G205

续表

V.A.G1551打印信息	可能的故障原因	故障排除
01545倒车报警右后传感器G206 ● 对正极短路 ● 断路/对地短路 ● 部件损坏 ● 不可靠信号	-G206与控制单元间导线断路或短路 -G206损坏	-按电路图查寻短路或断路故障 -更换G206
01546倒车报警左后中部传感器G204 ● 对正极短路 ● 断路/对地短路 ● 不可靠信号	-G204与控制单元间导线断路或短路 -G204损坏	-按电路图查寻短路或断路故障 -更换G204
01549倒车报警传感器供电 ● 对正极短路	-倒车报警传感器与控制单元间对地短路	-按电路图查寻短路故障
01550倒挡信号 ● 对正极短路	-倒车灯开关与控制单元间对正极短路	-按电路图查寻短路故障
65535控制单元损坏	-倒车报警控制单元J446损坏	-更换控制单元

更换有故障的部件前,应按电路图检测部件的导线和插头连接及接地状况。完成修理及功能检查后,必须用 V.A.G1551 查询并清除故障码。

故障存储器记录静态偶然故障。如果一个故障出现并持续至少 2 s,那它就被认为是一个静态故障;如果该故障不再出现即被认为是偶然故障,显示屏右侧将出现"/SP"提示。打开点火开关后,所有故障自动被重新确定为偶然故障,当检测后故障又出现时才将其认定为静态故障。经 50 次运行循环(点火开关至少打开 5 min,车速超过 30 km/h)后,如偶然故障不再出现,那它将被自动清除。

如无法清除故障码,应再次查询故障码并排除故障。

3. 控制单元编码

控制单元编码功能用倒车报警单元编制代码,包括变速器(手动变速器或自动变速器)、挂入倒挡的信号声(有或没能确认)、车身结构(普通轿车或旅行车)及车型(如奥迪 A6)。通过编制代码,可使通用的倒车报警控制单元 J446 适应于相应车的特殊需要。控制单元编码步骤如下:

(1)连接故障阅读仪 V.A.G1551→打开点火开关→输入地址码 76→按 07 控制单元编码功能→确认,屏幕显示:

```
控制单元编码
输入代码号×××××
```

(2)按代码表(见表6-2)输入代码,如输入 01106,屏幕显示:

```
控制单元编码        Q
输入代码号01106(0~32000)
```

表6-2 倒车报警系统控制单元代码表

×	×	×	×	×	编码
0					当前未使用
	0				手动
	1				自动
		0			无功能确认
		1			有功能确认（离厂）
			0		普通轿车
			1		旅行车
				8	A8
				6	A6
				4	A4
				3	A3

（3）按Q键确认输入，屏幕显示：

```
4B09119283    倒车报警系统 A6RDW D15   →
编码01106              WSC06812
```

（4）按→键结束编码过程。

4. 读取测量数据块

（1）连接故障阅读仪V.A.G1551→打开点火开关→输入地址码76→按0和8键选择"读取测量数据块"→按Q键确认输入，屏幕显示：

```
读取测量数据块
输入显示组号×××
```

（2）输入显示组号（001～004），并按Q键确认输入。所选的测量数据块以标准形式显示。测量数据块的显示内容如表6-3所示。

表6-3 倒车报警装置显示组一览表

显示组号	屏幕显示（显示区）			
	1	2	3	4
001	左后传感器距离/cm	左后中部传感器距离/cm	右后中部传感器距离/cm	右后传感器距离/cm
002	最小距离/cm	车速/（km·h^{-1}）	蜂鸣器	未使用
003	供电电压/V	倒挡	挂车	未使用
004	左后传感器衰减时间/ms	左后中部传感器衰减时间/ms	右后中部传感器衰减时间/ms	右后传感器衰减时间/ms

注：测量数据块001显示内容在0～200 cm为正常，004显示内容（挂上倒挡后）如果出现大于4.00 ms的值，说明超声波传感器损坏或导线断路。

（二）倒车防碰撞系统的检测更换（以奥迪 A6 轿车为例）

1. 倒车报警控制单元的更换

倒车报警控制单元装在行李厢侧面装饰板下面的支架上，如图 6-12 所示。拆下行李厢左侧装饰板。如有需要，可松开三个十字头螺栓，以便拧下支架。

拔下插头，松开两个六角螺母 2（SW10），即可取下倒车报警控制单元，如图 6-13 所示。

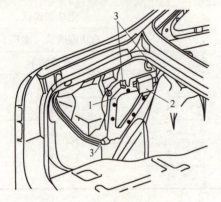
图 6-12 倒车报警控制单元
1—支架；2—倒车报警控制单元；3—十字头螺栓

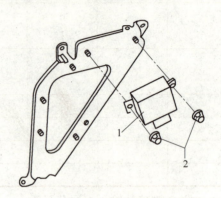
图 6-13 拆卸倒车报警控制单元
1—倒车报警控制单元；2—六角螺母

倒车警报控制单元的安装按与拆卸相反的顺序进行。

2. 倒车报警蜂鸣器 H15 的测试更换

如图 6-14 所示，倒车报警蜂鸣器安装在后搁板下行李厢隔板上。拆下后搁板，拔下插头，拧下两个组合钢板螺栓，从行李厢隔板上向上取下蜂鸣器。用导线将蓄电池的正、负极分别接到倒车报警蜂鸣器的两个端子上，蜂鸣器如鸣响，则正常；如没鸣响，则更换蜂鸣器。

倒车报警蜂鸣器的安装按与拆卸相反的顺序进行。

3. 倒车报警传感器的拆装

拆下保险杠。如图 6-15 所示，拔下传感器插头。压下侧面的两个定位凸块（图中箭头），从外向里压传感器，从里面取下超声波传感器。

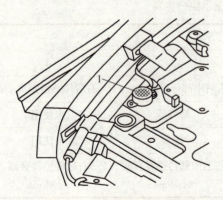
图 6-14 拆卸倒车报警蜂鸣器
1—倒车报警蜂鸣器

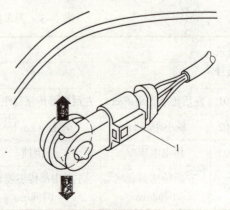
图 6-15 拆卸倒车报警传感器
1—倒车报警传感器

倒车报警传感器的安装按与拆卸相反的顺序进行。

（三）倒车防撞雷达系统常见故障的原因及检修方法

防撞雷达系统常见故障有系统不工作及不能正确提示障碍物距离，其故障原因及检修方法如表6-4所示。

表6-4 防撞雷达系统常见故障的原因及检修方法

故障现象	故障原因	检修方法
系统不工作	电源未接通或电源电压不够 系统线束插接件接触不良 倒车灯开关损坏	检查蓄电池电压 检查控制器供电电压 各连接线是否插接到位 检查倒车灯开关
不能正确提示障碍物距离	蓄电池电压异常 插座位置不正确 感应器连接线被破坏 感应器损坏	检查蓄电池电压 关掉系统，重新连接各插接器 检查感应器是否有接触到车身部件 检查感应器是否损坏

在汽车进入倒车工作状态时，用耳朵贴近传感器表面，仔细听是否有轻微的滴答声（可与正常的声音进行比较），如果响声正常，说明传感器的电源正常，则应检查传感器和控制器之间的信号连接是否正常。一般情况下，仪表内出现绿色指示灯乱跳现象，主要是因为某一传感器失灵，更换失灵的传感器，故障即可排除。

企业案例

实例 奥迪A6轿车倒车雷达时有时无

故障现象：一辆2003款奥迪A6轿车倒车雷达有时正常有时不正常，不正常时挂入倒挡后，不管有没有障碍物，蜂鸣器一直叫个不停。

故障检修：

（1）打开点火开关，试着起动车辆，挂入倒挡，蜂鸣器没有鸣叫。用手挡住传感器探头，没有反应，说明倒车雷达没有工作。依据以往检查传感器探头的经验，又分别用手指轻轻触摸每一个超声波传感器探头，因为正常工作的传感器探头会有一种轻微的振动感传递到手指上，发现没有一个探头是正常工作的。

（2）接上诊断仪，进入通道号76停车辅助系统，读取故障码，居然有9个故障码存在，从01545～01548全部是倒车报警传感器故障，从01626～01629是停车辅助传感器故障。这8个故障码含义完全一样：对正极短路；断路/对地短路；部件损坏；不可靠信号。另外有一个01549号故障码：倒车报警传感器供电对地短路，间歇性故障。

（3）记录故障码后进行清除故障码操作，能够全部清除。

（4）又挂入倒挡测试，倒车雷达依然没有工作，又打着车，往后倒了一点，依然没有工作，又读取故障码，还是9个故障码。所有传感器都同时损坏，这个可能性很小，分析应该是01549号故障码的提示更有实际意义，很可能是短路造成所有传感器不能正常工作。查阅维修手册得知，引起01549故障码的可能原因是倒车报警传感器与控制单元间对地短路。于是检查了该车的相关线路，一切正常。又依据回路图检查了该控制单元的相关电源、接地线路均完全正常，怀疑是倒车控制单元出现故障。

（5）据了解该车的右前方曾经出过事故，于是拔下右前方的超声波传感器，进入系统查看，没有任何故障码出现，更加怀疑是控制单元的故障。因为断开了该传感器，但是系统却没有检测到。又拔掉后面的一个传感器，进入系统，重新读码，依然没有任何显示。关掉点火开关，再重新打开，还是没有检测出任何故障。着车，挂入倒挡，读取故障码，依然是那9个故障码，即所有的传感器损坏。又反复试车，对照手册仔细观察自检过程中控制单元的反应，确定控制单元有识别出故障的特征，应该是好的。

（6）查看数据流，因为没有数据流的说明，又把挡位放在R位置，读取故障码，这时却发现被拔掉的右前传感器已经被控制单元检查出来，并且只有右前一个故障码。把传感器插回去，再读取故障码，已经变成间歇性故障，清除后无故障存在。起动发动机，倒车再试，倒车雷达依然没有工作，这时故障码又出现，自然是那几个故障码一同出现。只要不起动着车，控制单元就能够发现被拔掉的传感器，那几个故障码就不会出现，历史故障也可以被清除掉；只要一着车，挂入倒挡，那8个故障码一同出现，掩盖了那个被拔掉的传感器的故障，这就是刚才没有检查出来的原因。

（7）依据该系统的特点，在打开点火开关不着车的情况下，一个一个地分别拔掉探头，又插回去，观察故障码的变化情况，前面的4个传感器轮流测试没有发现故障，把前面的插回。同时拔掉后面的4个传感器，出现了后面的传感器故障码，起动倒车，发现故障码只有4个了。看来是后面的传感器故障，于是把它们分别插回去，每插一个试一次，终于在插回后面的左中传感器时，9个故障码一同出现，可知是该传感器损坏导致的故障。更换该传感器后，停车辅助系统恢复正常。

任务小结

（1）汽车倒车雷达防碰撞系统是一种主动安全系统，一般由超声波传感器（又称探头）、控制器和显示器（或蜂鸣器）等部分组成。

（2）汽车电磁波测距系统的功能：

①测速测距。

②对前方100 m内危险目标提供声光报警。

③兼备汽车黑匣子功能。

④自动巡航系统（行驶过程中自动保持与前面行驶车辆之间的距离）。

⑤紧急情况下启动制动系统。

任务 6.2　汽车定位导航系统的结构与检修

任务引入

一辆行驶 3 万 km 的奥迪 C6 轿车导航地图显示不准。

任务目标

（1）熟悉汽车定位导航系统主要部件的结构和安装位置，并理解它们的作用。
（2）理解汽车定位导航系统的工作原理。
（3）能够在理解原理的基础上，对汽车定位导航系统故障进行分析、检测并确认故障原因。

任务资讯

汽车定位导航系统可以显示车辆当前位置，并将行驶中有关的道路停车设施、道路属性（道路名称、单向交通路段、禁止转变弯路段、载重限制及净空限制等）和其他有用的服务信息直观地呈现在驾驶人面前，协助驾驶人在陌生的道路环境中准确掌握前往目的地的道路。如果出行到陌生的地方，而导航又不准，就会出现走弯路、走错路的情况，给驾驶人造成很大的麻烦。学习、了解汽车导航的功用、组成、分类、工作原理，掌握其工作过程，才能依据故障现象分析可能的故障原因，进行汽车定位导航系统的检查维修。

当驾驶汽车在陌生区域行驶，特别是在难以看清道路标志和周围景色的夜间行车时，会迷失方向。即使白天，明确目的地及行车路线的情况下，在交通比较拥挤的城市中驾车时，也需要根据市内各地区、各街道的汽车堵塞情况进行及时的导向指引，需要各种导向行驶系统来确定其本身的方向和位置，才能到达目的地。为此世界各国先后开发了各式各样的导向行驶系统，即汽车定位导航系统。

（一）汽车定位导航系统的分类

汽车定位导航系统的分类如表 6-5 所示。

表 6-5　汽车定位导航系统的分类

分类方式	分类名称			特征
按功能分	单一功能导航			只能显示航行的方向及到达目的地的距离，无任何"导向"功能
	导航综合系统			具有导航、监控、防盗、旅游、交通控制与调度等功能的综合系统
按车辆信息的反馈情况分	汽车开环导航系统			从控制中心或电台、卫星传感器等得到定位、方位、方向等信息，根据这些信息和电子地图可以定出起点到终点的最短行驶距离，但汽车行驶信息不能反馈给控制中心
	汽车闭环导航系统			具有开环导航的所有导向功能，且驾驶人可以把行车的实时信息不断向控制中心反馈。控制中心掌握的交通及气候等综合信息也能及时通知给驾驶人
按有无引导功能分	无引导功能			简单的电子地图。驾驶人可以从车上存储器中调出本国城镇的方位、主干道、高速公路、桥梁等交通信息
	有引导功能导航	内部信息导航	地磁导航	汽车导向行驶系统，主要部件是罗盘传感器
			惯性导航	主要部件是电子陀螺仪
		无线电导航	GPS导航	通过接收卫星信号，配合电子地图数据，适时掌握车辆的行驶方位、速度、到达目的地的直线距离和已经行驶的里程，以及附近的餐馆、加油站等信息
			固定电台导航	一般是集导向、车辆监控、防盗、差分GPS的应用为一体的综合系统，并具有闭环导航系统的功能。一般几十到几百千米为半径设一个中心站，可以把任一车辆的实时轨迹显示在显示器上

（二）汽车 GPS 的组成

汽车 GPS（Global Positioning System，全球卫星定位系统）导航是借助 GPS 及车载电子地图，在电子地图上给驾驶人规划出到达目的地的最佳行车路线，并配有专业导航语言及文字导航信息，引导驾驶人正确驾驶至目的地。

汽车 GPS 主要由 GPS 接收天线、GPS 接收机、导航 ECU、可视显示器及位置检测装置等组成，如图 6-16 所示。绝对位置的检测采用 GPS，相对位置的检测采用方向传感器（罗盘传感器通过检测地球的磁场，确定汽车的行驶方向；光纤陀螺仪通过测定汽车转弯角速度，确定汽车行驶方向），并利用车轮转速传感器根据汽车转弯时方向上的变化，测量车辆的行驶距离。这些传感器在实际中采用独立或结合的方式进行工作。

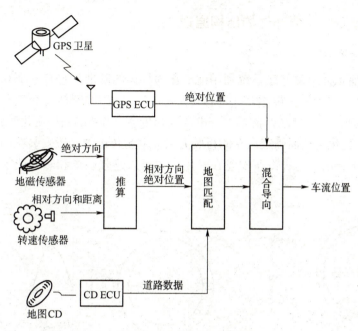

图 6-16　汽车 GPS 的组成

GPS 在车上的安装位置如图 6-17 所示，其原理框图如图 6-18 所示。

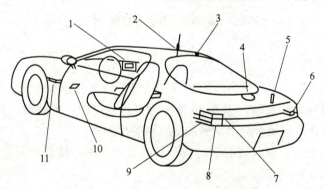

图 6-17　GPS 在车上的安装位置

1—可视显示器；2—RF 天线；3—罗盘；4—GPS 天线；5—陀螺；6—GPS 接收机；7—GD-ROM 驱动器；
8—导航 ECU；9—RF 调制解调器；10—扬声器；11—传输传感器

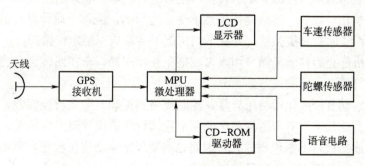

图 6-18　GPS 原理框图

（三）汽车 GPS 主要部件的结构原理

1. 地磁导航系统

如图 6-19 所示，地磁导航系统利用地磁作为导向的基准，它有一个双线圈发电机型地磁矢量传感器，作为方位传感器（罗盘传感器）。当励磁线圈加载交流电压时，磁场中心的磁力线发生变化。无磁场时磁场中心电压互相抵消。当外部磁场变化时磁力线不对称，输出电压成比例变化，从而确定汽车的行驶方向。罗盘传感器一般安装在内后视镜中，并用 LED 显示 8 个方向。这种汽车罗盘在使用中由于人造强磁场和磁屏蔽等作用，需要经常校正和调整。

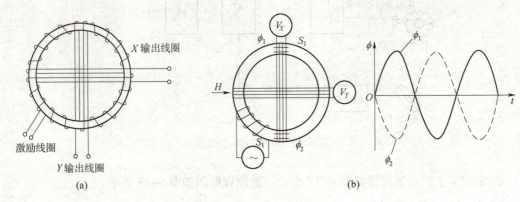

图 6-19　罗盘传感器

2. 惯性导航系统

惯性导航系统实际上是通过电子陀螺仪测定汽车转弯角速度来确定汽车行驶方向变化的，因此也叫偏航速率传感器。图 6-20 所示为其组成框图，传感器内封入氦气，由气泵压出氦气，并使气体通过装有两个金属加热线圈的检测器。

当汽车直线行驶时，氦气同时通过两个加热金属线圈，使其均匀冷却，达到热平衡，电路的输出电压为 0 V。

当汽车的行驶方向发生变化时，则产生复合力，如图 6-21 所示，通过金属线圈的气流发生变化，热线圈冷却失衡，在电桥电路中产生输出电压，由此电压即可确定汽车行驶的角速度。在明确汽车行驶速度和行驶时间的情况下，就可检测出汽车的方位和转弯行驶距离。如果与地图结合，再加上显示装置，就可进行汽车导航并描绘汽车行驶的路径。

这种导航是相对导航，其精确性虽然不受信号影响，但与车速计算、道路倾斜度计算和存入地图是否正确有直接关系，并在下列情况下会造成车辆定位错误。

（1）发动机停止后移动车辆（用渡轮或拖车移动车辆，车在回转台上旋转）。

（2）轮胎打滑造成行驶偏差。

（3）轮胎滚动直径变化（胎压异常、轮胎规格不正确）造成行驶偏差。

（4）在笔直或几乎没有弯道的高速公路上连续行驶造成导航发生偏差。

产生的上述错误将不断积累放大，因而也需要经常重新定位校正，基本是每次出发前都要进行定位——选择出发地和目的地。

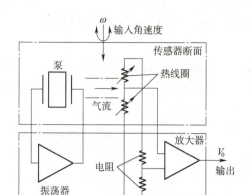
图 6-20 陀螺仪传感器组成框图

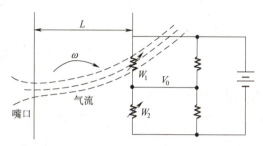
图 6-21 陀螺仪检测原理

3. GPS 的组成原理

GPS 由卫星定位系统、地面监控系统及用户接收系统三部分组成。

1）卫星定位系统

卫星定位系统共由高悬于 20 000 km 高空的 24 颗卫星（其中有 3 颗备用卫星）组成，均匀分布在 6 个地球同步轨道上，每 12 h 绕地球转一周，如图 6-22 所示。这样的卫星分布，可保证全球任何地区、任何时刻都不会少于 4 颗卫星可供观测。只要接通电子导航系统，就会试图接收卫星信号。卫星每毫秒向地面发送一次识别码、位置和高精度时间信号。GPS 接收器接收卫星数据，并通过与自身内部的高精度时间信号进行对比来判断这些数据需要多长时间来传送。

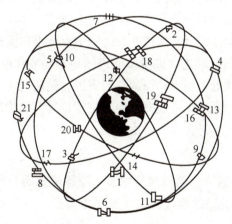
图 6-22 卫星定位系统卫星分布

2）地面监控系统

地面监控系统包括 1 个主控站、3 个注入站和 5 个监测站。主控站采集数据，编辑导航电文，控制和协调、调整卫星；3 个注入站分别设在大西洋、印度洋和太平洋的 3 个美国军事基地上接收主控站编辑的卫星电文，并将其注入飞越其上空的各个卫星，然后由 GPS 卫星发送给广大用户；5 个监测站分布在主控站和 3 个注入站，以及夏威夷岛，可对每颗卫星进行观测，通过注入站及时修正卫星的有关参数，并向主控站提供观测数据。

3) 用户接收系统 (GPS 接收机)

导航卫星采用无源工作方式，凡有 GPS 接收设备的用户都可以使用 GPS 系统。用户接收系统包括主机、天线、电源、视屏监控器和数据处理软件等。

GPS 卫星接收机可以捕获、跟踪卫星，接收放大 GPS 信号。

接收机主机即接收单元，其主要作用是记录 GPS 信号，并对信号进行解调和滤波处理，还原出 GPS 卫星发送的导航电文，求解信号在站、星间的传播时间和载波相位差，实时地获得导航定位数据或采用测后处理的方式，获得定位、测速、定时等数据。其中的微处理器是 GPS 接收机的核心，承担整个系统的管理、控制和实时数据处理。

GPS 天线是将 GPS 卫星信号的极微弱电磁波能转化为相应的电流，并将 GPS 信号电流放大，以确保接收机的正常工作。

视频监控器是接收机与操作者进行人机交流的部件。

4. 地面无线电固定电台导航系统

地面无线电固定电台导航系统的计算机存储器，存储所有汽车干线、公路地图和城市交通图。行车前，驾驶人将要去的城市和街道名称输入计算机，导向计算机协助地面无线电台，根据传感器提供的数据确定所去地点和方位，并在地图上精确地显示汽车任意时刻的位置。在输入数字地图资料后，还可以查明要去地点的最佳行车路线。

5. 自律导航

当汽车行驶在地下隧道、高层楼群、高架桥下、高山群间、密集森林等地段与 GPS 卫星失去联系，中断信号的瞬间，机内可自动导入自律导航系统。此时，车速传感器从汽车前进的速度中检测出车速脉冲（不同车型，车速脉冲值不同，要注意修正），通过汽车导航电控单元 (ECU) 的数据处理，从速度和时间中直接求出前进距离。陀螺传感器直接检测出前进方向的变化和行驶状态（即汽车前进的角速度变化值）。例如，汽车行驶在沟状山道、发夹式弯路、环状盘形桥上、原地打滑雪道、轮渡过河等地段时，所有这些曲线距离与卫星导航的经纬度坐标产生了误差，通过陀螺传感器的检测和微处理器的运算，才能得到汽车正确的位置。

6. 地图匹配器

由 GPS 导航与自律导航（包括车速传感器、陀螺传感器）所测到的汽车坐标位置数据及前进方向与实际行驶的路线轨迹在电子地图上都存在一定误差，为修正这两者的误差，确保两者在电子地图上路线坐标相统一，必须采用地图匹配技术，即在导航系统控制电路中增加一个地图匹配电路，对汽车行驶路线（各处传感器检测到的轨迹）与电子地图上的道路误差进行实时数字相关匹配，做出自动修正。经过导航电控单元 (ECU) 的整理程序进行实时快速处理，得到汽车在电子地图上指示出的正确位置路线。

由于汽车行驶中接收到的 GPS 信息、陀螺传感器检测到的正确前进方向、车速传感器检测出的前进距离这三组数据经过电子地图匹配器得到自动修正，从而完成了高精度导航。地图匹配器修正路线，如图 6-23 所示。

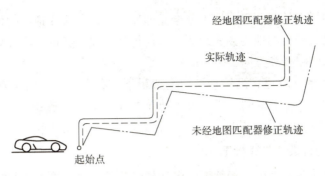

图 6-23　地图匹配器修正路线

7. RF 调制解调器和 RF 天线

使用 RF 调制解调器和 RF 天线接收主控中心发出的信息，同时可反控汽车，实现动态导航。通过 RF 调制解调器建立与交通信息系统（VICS）的联系，得到交通堵塞、道路障碍、施工、停车场情况及交通规则变化等实时交通信息，使驾驶人做出快速反应，解决城市交通堵塞问题。

（四）汽车 GPS 功用

汽车 GPS 一般由两部分组成：一部分由安装在汽车上的 GPS 接收机和显示设备组成，如图 6-24 所示；另一部分由计算机控制中心组成，两部分通过定位卫星进行联系。

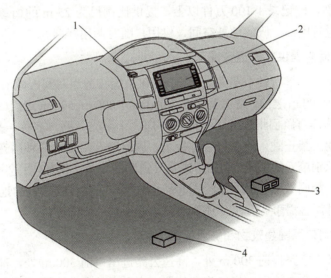

图 6-24　汽车 GPS 车上部件示意图

1—GPS 天线；2—视频监控器；3—微处理器；4—接收机

计算机控制中心是由机动车管理部门授权和组建的。它负责随时观察辖区内指定监控的汽车动态和交通情况，因此汽车导航系统主要有两大功能。

一个是汽车踪迹监控功能，只要将已编码的 GPS 接收装置安装在汽车上，该汽车无论行驶到任何地方，都可以通过计算机控制中心的电子地图指示出它的所在方位。

另一个是驾驶指南功能，车主可以将各个地区的交通线路电子图存储在软盘上，只要在车上接收装置中插入软盘，显示屏上就会立即显示出该车所在地区的位置及目前的交通状态。既可输入要去的目的地，预先编制出最佳行驶路线，又可接收计算机控制中心的指令，选择汽车行驶的路线和方向。

当汽车行驶在地下隧道、高层楼群、高架桥下、高山群间、密集森林等地段与 GPS 卫星失去联系，中断信号的瞬间，机内可自动导入自律导航系统。

此外汽车 GPS 还具有以下功能：

1. 对目的地进行最佳路线检索

该系统可以直接输入地名、经纬度、电话号码等进行路线检索，并能快捷地提供一条到达目的地的最佳路线，还能实时获得汽车自身所在位置和目的地的坐标，以及全部行驶的直线距离、速度、时间及前进方向。

2. 具有瞬时再检索功能

由于道路堵塞、路段施工或走错了路等意外情况，对系统所推荐的最佳路线行不通时，要有瞬时自动再检索功能，舍去因车辆堵塞、道路施工、走错路等路线，而提供出新的可行性路线。因为该功能是在行驶中进行的，要求快速检索，所以 CPU 应具有高速运算能力。

3. 为检索方便，应提供丰富的菜单和记录功能

整个系统必须建立十分丰富的地名索引，大约应记录 1 000 万件住所地名，30 万人口以上城市的电子地图应分 10 层表示，可以用街道、胡同、门牌号数检索。电话号码可根据不同局号、类别，应记录 1 100 万件以上，提供比例尺为 25 m 的街道增强型地图（还应留有用户自行设置电话号码的地址空间，供用户随时调用存取）。

4. 在适当时间内提供实时语音提示

为使驾驶人事先了解行驶中路面变化情况，该系统在适当时间内做出语音提示。例如，一般道路在 300～700 m 之前，高速公路在 2 000 m、1 000 m、500 m 之前（按当前行驶速度）分别向驾驶人说明前方路面情况及可更改的方向、十字交叉路口名称、高速公路分支点、进出口、禁止左拐、禁止驶入的单行线等提示，同时应有中英文两种语音电路供选择。目前已有配备语音识别单元的系统，用语音来指导道路的检索。例如，用会话形式呼出"××区××街道××胡同"，电子地图上立即显示出汽车位置、到达目的地时间、前进方向等信息，不过这种语言需事先登录，还要增加语音识别单元的硬件。

5. 扩大十字路口周围建筑物和交通标志功能

凡行驶在交叉十字路口前 300 m 处，高速公路进出口前 300 m 处，都要自动显示扩大了的十字路口附近的全画面图，指出汽车位置、交叉点的名称、到交叉点的距离、拐弯后的道路名称及方向。这种通过开窗程序自动表示交叉路口全画面的扩大图是汽车导航中的一项最主要功能。

6. 扩展功能

为了及时了解路面车辆情况，该系统设有多种扩展接口，以便与交通管理部门、邮电部门、建筑部门的 VICS、ATIS、IIS 连网。

VICS 是专门收集和处理各方面交通信息和停车场空缺的信息，从而不断生成新的信

息的设施,并通过多路调频发射信息、在一般道路上设置的远红外光标发射信息和在高速公路上设置的无线电波光标发射信息。这三种手段提供道路上每一时刻的实时交通信息,然后由 VICS 的专用接收机接收,在电子地图上分三层显示,第一层用文字表示,第二层用图形表示,第三层也用图形表示。在地图画面上用红色和橙色线路的亮灭表示道路的堵塞和拥挤状况,用绿色线路表示没有汽车的道路(通畅的路线),从而供行驶的汽车回避堵塞和拥挤的路段,实现自动选择道路和无阻挡行驶。图 6-25 所示为交通信息通信系统框图。

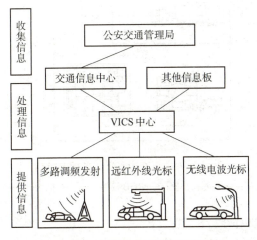

图 6-25 交通信息通信系统框图

现代汽车电子导航系统中使用了高速 CPU、大容量的光盘系统、大屏幕的液晶显示器及高速数字通信软件,使得汽车电子导航系统中的通信系统飞速发展。通信系统的操作系统嵌在 ROM 中,通过它可以直接上因特网,在电子地图画面上显示因特网信息,浏览万维网,收发电子邮件,进行文字处理,提供远程无线移动计算。

7. 电子导航系统和娱乐系统部件共用

随着汽车电子设备的迅速发展,许多复杂电路被集成到车辆结构中,例如,许多导航部件与娱乐设备集成为一体。电子导航系统中的导航信号接收机、控制系统、存储器、可视显示设备、声音设备可同时支持导航和娱乐。

(一)汽车电子导航系统的检修方法

以宝来乘用车导航系统为例介绍汽车导航系统的故障诊断与检修。宝来乘用车的导航系统配备有 RDS 无线电接收器、5 in[①]彩色液晶显示屏、带有 GPS 卫星接收器及导航系统的 CD-ROM 驱动器,还带有高质量 RDS 汽车收音机。因此,该系统不但具有卫星导航功能,还兼备收音机的功能。

---

① 1 in=2.54 cm。

导航收音机系统装备有电子防盗设备,如果电子防盗保护设置被激活,当收音机和点火开关打开时,发光二极管闪亮;当导航系统接通后,发光二极管熄灭,表明系统已准备好可以使用。导航系统的结构如图6-26所示。

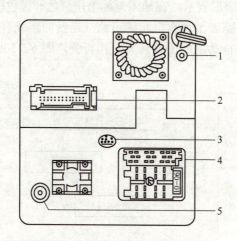

图6-26 宝来乘用车导航系统的结构

1—导航天线连接;2—传感器插座;3—RGB连接;4—多孔插头;5—收音机天线连接

1. 导航系统的故障码读取

导航系统的故障诊断可以采用V.A.G1551、V.A.G1552及V.A.S5051进行。检测仪的连接如图6-27所示。

图6-27 检测仪的连接

将检测仪器的插接头接到汽车的自诊断接口上,检查电路熔断器和供电电压正常后打开点火开关,按"1"键选择"快速数据传递"模式后,输入导航地址码"37",可对导航系统进行故障诊断和读取故障码。宝来轿车导航系统的故障码及含义如表6-6所示。

表 6-6 宝来轿车导航系统的故障码及含义

故障码	症状与现象	故障原因	故障排除
00668	接线柱30电压信号太弱，导航功能不全	①蓄电池电压低于9.5 V；②蓄电池不能充电；③蓄电池损坏；④交流发电机损坏	①检查蓄电池；②必要时充电；③检查交流发电机
00854	组合仪表上收音机频率显示输出无法通信，在收音机/导航系统和组合仪表之间没有数据传递	①导线断路；②收音机/导航系统损坏；③组合仪表损坏	①按电路检查导线；②让组合仪表自诊断；③更换组合仪表；④更换导航系统
00862	导航天线（GPS）1150/R52断路/短路/对地短路，导航功能不正常	①导线断路；②导航天线（GPS）损坏	①按电路检查导线；②检查导航天线；③更换导航系统
00867	连接ABS控制单元无信号，导航功能不正常	①导线断路；②ABS传感器损坏；③ABS控制单元损坏	①进行车轮脉冲数/轮胎自适应；②进行ABS自诊断；③按电路检查导线
01311	数据总线信息无信号，音响系统（DSP）功能不正常	①导线断路；②收音机/导航系统损坏；③音响系统（DSP）损坏	按电路检查导线
65535	控制单元损坏，收音机/导航系统功能不正常	收音机/导航系统损坏	更换收音机/导航系统

2. 导航系统的检修

查出导航系统的故障码后，按表 6-6 所列出的故障原因与排除方法进行检修。

在拆装导航系统时，应采用厂家提供的专用脱扣工具 T10057。将专用工具插入上下四角的狭缝内（注意方向），直到工具被卡住，拉动专用工具上的拉环，将收音机/导航系统从仪表板中拉出，断开连接取出部件。按动侧面的锁止片，向外将各专用工具拉出。

安装时，先连接插头，然后将收音机/导航系统推入组合仪表板，直到定位于装配框架内。

（二）汽车导航系统常见故障的原因及检修方法

汽车导航仪正在从高档轿车向中、低档轿车覆盖，原厂配置或后加装导航仪的车辆越来越多。汽车导航系统主要包括导航主机（导航模块）、显示屏、天线及扬声器等部件。汽车导航仪与其他多媒体系统共用一个显示屏，还会共用其他一些部件和线路，由此可能带来一些相互牵连的故障，而且汽车行驶中产生的振动和其他用电设备的电磁干扰等也会成为故障的诱因。

汽车导航仪常见故障有显示屏不显示、导航主机不读盘、电子地图突然出现一片空白等。产生上述故障的原因及检修方法如表 6-7 所示。

表 6-7　汽车导航仪常见故障现象、故障原因及检修方法

序号	故障现象	故障原因	检修方法
1	显示屏上GPS图标颜色呈灰或不显示	①卫星信号弱；②导航没有接收到卫星信号	①检查导航天线有没有接好，导航天线位置放置是否正确；②检查车体周围有无屏蔽物遮挡，应将车辆移到户外空旷处继续检查；③检查前风窗玻璃是否贴有太阳膜，如果有，应改变导航仪天线的位置（或使用延长线将导航仪天线移到没有贴太阳膜的玻璃处或接出车外）进行实验。如果没有信号出现，说明导航天线或导航模块性能不良
2	使用音响时，显示屏可以正常显示，但是开启导航功能后显示屏无显示	导航主机或导航模块的故障	更换导航主机或导航模块
3	正常导航时，电子地图突然不变化或出现一片空白	①车速过高；②显示比例尺设置过大	车速≥140 km/h易出现此故障，降低车速
4	导航状态下有杂音	发动机对导航电源干扰引起的	在导航连接线的导航端插座线黄色线上，串上电源滤波器，可减少来自发动机形成的电源干扰

企业案例

实例　一辆行驶 30 000 km 的奥迪 C6 轿车导航地图显示不准

故障现象：MMI 上的导航地图显示不准，本来在辽宁行驶，有时则显示在内蒙古通辽。

故障检修：

（1）首先用 V.A.S5052 进行网关列表，发现信息电子设备 1 电控单元中无故障记忆，读数据流，发现"接收到卫星数"和"使用的卫星数"均为"0"，于是怀疑是导航天线有问题。检查天线线路，无短路及断路故障。更换新的天线放大器后，故障仍旧存在。

（2）上述检查说明天线没问题，剩下导航模块 J794。从使用正常的车辆上借一个 J794 装到本车上，解完部件保护后，发现故障还是一样。说明原车上的 J794 也没问题，将各车 J794 还原后，发现原来正常车的导航也乱显示位置。

（3）后来偶然发现将借件车驶离故障车一段距离后，借件车的导航显示就恢复正常了，经反复试，发现故障车对导航有干扰作用。

（4）在对故障车干扰源的查找过程中，发现该车为按揭车，其右行李厢内衬被后加装了 GPS，正是此加装的 GPS 对于车辆本身的导航系统产生了干扰。

拆除加装的 GPS，导航地图显示不准故障消失。

任务小结

（1）汽车导航系统可以显示车辆当前位置，并将行驶中有关的道路停车设施、道路属性（道路名称、单向交通路段、禁止转变弯路段、载重限制及净空限制等）和其他有用的服务信息直观地呈现在驾驶人面前，协助驾驶人在陌生的道路环境中准确掌握前往目的地的道路。

（2）汽车 GPS（Global Positioning System，全球卫星定位系统）导航是借助 GPS 及车载电子地图，在电子地图上给驾驶人规划出到达目的地的最佳行车路线，并配有专业导航语言及文字导航信息，引导驾驶人正确驾驶至目的地，主要由 GPS 接收天线、GPS 接收机、导航 ECU、可视显示器及位置检测装置等组成。

（3）GPS 由卫星定位系统、地面监控系统及用户接收系统三部分组成。

（4）汽车 GPS 导航系统一般由两部分组成：一部分由安装在汽车上的 GPS 接收机和显示设备组成。

参考文献

[1] 杨智勇，等. 汽车电气系统检修 [M]. 北京：人民邮电出版社，2018.
[2] 毛峰. 汽车电气设备与维修 [M]. 北京：机械工业出版社，2007.
[3] 毛峰，等. 汽车安全与舒适系统检测与修复 [M]. 北京：机械工业出版社，2011.
[4] 杨智勇. 汽车维修电工入门 [M]. 北京：金盾出版社，2016.
[5] 曾鑫，等. 汽车车身电控系统检修 [M]. 北京：北京理工大学出版社，2014.
[6] 明光星，等. 汽车电器实训教程 [M]. 北京：中国人民大学出版社，2010.

汽车安全舒适系统检修工单手册

主　编　王丽梅　修玲玲　张德虎
副主编　郭大民　李　磊　尤　佳

北京理工大学出版社
BEIJING INSTITUTE OF TECHNOLOGY PRESS

目 录

项目一 前照灯控制系统结构与检修 ... 327
任务 1.1 前照灯自动控制电路 ... 327
实训任务 ... 327
任务测试 ... 328
任务 1.2 自适应前照灯系统的结构与检修 ... 329
实训任务 ... 329
任务测试 ... 330

项目二 舒适操控系统结构与检修 ... 331
任务 2.1 电动刮水器的结构与检修 ... 331
实训任务 ... 331
任务测试 ... 332
任务 2.2 电动车窗的结构与检修 ... 333
实训任务 ... 333
任务测试 ... 334
任务 2.3 中控门锁的结构与检修 ... 335
实训任务 ... 335
任务测试 ... 336
任务 2.4 防盗系统的结构与检修 ... 337
实训任务 ... 337
任务测试 ... 338
任务 2.5 电动座椅的结构与检修 ... 339
实训任务 ... 339
任务测试 ... 340
任务 2.6 自动座椅的结构与检修 ... 341
实训任务 ... 341
任务测试 ... 342
任务 2.7 电动后视镜的结构与检修 ... 343
实训任务 ... 343
任务测试 ... 344

项目三 电控安全气囊及安全带系统结构与检修 ... 345
任务 3.1 电控安全气囊系统的结构与检修 ... 345
实训任务 ... 345
任务测试 ... 346
任务 3.2 电控安全带系统的结构与检修 ... 347
实训任务 ... 347
任务测试 ... 348

项目四 汽车自动空调系统结构与检修 ... 349
任务 4.1 空调制冷系统的结构与检修 ... 349
实训任务 ... 349
任务测试 ... 351
任务 4.2 空调取暖、通风及空气净化系统的结构与检修 ... 352
实训任务 ... 352
任务测试 ... 353
任务 4.3 自动空调控制系统的结构与检修 ... 354
实训任务 ... 354
任务测试 ... 356

项目五 车载网络控制系统结构与检修 ... 357
任务 5.1 车载网络控制系统结构认识 ... 357
实训任务 ... 357
任务测试 ... 358
任务 5.2 典型车载网络控制系统的结构与检修 ... 359
实训任务 ... 359
任务测试 ... 360

项目六 汽车防碰撞系统和定位导航系统结构与检修 ... 361
任务 6.1 汽车防碰撞系统的结构与检修 ... 361
实训任务 ... 361
任务测试 ... 362
任务 6.2 汽车定位导航系统的结构与检修 ... 363
实训任务 ... 363
任务测试 ... 364

项目一　前照灯控制系统结构与检修

任务 1.1　前照灯自动控制电路

实训任务——前照灯和雾灯电路检测及调整

姓名：	班级：	学号：
实训车型：	VIN码：	

（1）描述灯光故障现象。
_____
_____

（2）根据故障现象制定检测流程。
_____
_____

（3）用诊断仪读取灯光电路相关信息，并综合分析。
_____
_____

（4）用万用表检查前照灯灯丝电阻，并记录。
_____

（5）用万用表检查前照灯各个端子对地电压，并记录。

（6）用万用表检测前照灯开关、雾灯开关并记录检查过程。
_____
_____
_____

年　　月　　日

任务测试

（1）前照灯电路主要由_____开关、_____开关、前照灯熔断丝、继电器及前照灯组成。

（2）普通车辆在夜间会车时，驾驶人通过变光开关将远光灯变成近光灯，以防止对面驾驶人炫目。若驾驶人忘了变光或变光不及时，就会造成对方驾驶人炫目。这样，有些车辆为了减少安全隐患，提高车辆夜间行车的安全性，在前照灯电路中采用了_____。

（3）变光开关一般设有_____开关，如果接通（抬起或压下）闪光超车开关，远光灯将亮。

（4）前照灯自动开灯/延时闭灯控制系统有两个功能：一个是当环境亮度暗到预定程度时，自动点亮前照灯；另一个是当汽车停车熄火后，使前照灯能保持亮一段时间，为驾驶人离开黑暗的停车场提供照明。（　　）

（5）当汽车货物载重量和乘员人数发生变化时，可以自动调整前照灯光轴和固定角度来提高可视度，减少交通盲区，能实现这种功能的是前照灯光束调整自动控制。（　　）

（6）当点火开关和前照灯开关都在 ON 位置时，如果风窗玻璃清洁开关打开一次，则前照灯清洁电动机工作。（　　）

（7）前照灯拆卸时不必断开蓄电池的接地线。（　　）

（8）要拆卸前照灯，安装前看好位置即可，无须进行调整。（　　）

（9）安装前照灯要以与拆卸时相反的顺序进行，安装过程中要注意：以规定的拧紧力矩拧上所有的固定螺栓；检查前照灯安装位置的间隙尺寸，如果前照灯与车身间的间隙尺寸不均匀，就必须校正安装位置；检查前照灯的功能。（　　）

（10）在 HID 灯系统的检查维修中要特别注意：当组合灯开关切换至 ON 位置时，高强度放电灯（HID）的灯泡插座处会出现高达 25 000 V 的瞬间高压，因此，在将 HID 灯泡安装到插座并完成前照灯组装之前，不得接通组合灯开关。（　　）

任务 1.2 自适应前照灯系统的结构与检修

实训任务——自适应前照灯系统检测及调整

姓名：	班级：	学号：
实训车型：	VIN码：	

（1）描述车辆前照灯故障现象：
_____
_____
_____

（2）用故障诊断仪读取故障码：_____
_____
_____
_____

（3）对相关传感器进行检测：
_____
_____
_____
_____

（4）对相关控制单元进行检测：
_____
_____
_____
_____

（5）对相关执行元件进行检测：
_____
_____
_____
_____

年　月　日

任务测试

（1）AFS 自适应前照灯系统具有弯道随动调节、动态自动调平、乡村道路照明（基本模式）、高速公路照明、城市道路照明、恶劣天气照明、交叉路口拐角照明、旅行模式等功能。

（　　）

（2）弯道随动调节主要传感器有方向盘转角传感器、横摆角速度传感器、车速传感器等。

（　　）

（3）AFS 中动态自动调平是在垂直方向上与车高联动进行上下摆动的灯光随动系统。

（　　）

（4）AFS 根据（　　）识别恶劣天气照明模式，通过抬高光轴倾斜角，增大左右光轴夹角，增加侧面光照，减弱地面可能对会车驾驶人产生炫目光的区域的光强。

　　A．车身外部传感器　　　B．阳光传感器　　　C．车速传感器　　　D．雨量传感器

（5）AFS 是一个由传感器组、传输通路、处理器和执行机构组成的系统。（　　）

（6）AFS 主要部件由（　　）等组成。

　　A．基本前照灯、传感器　　　　　　　　　B．雾探测器、AFS ECU

　　C．外部灯光识别传感器　　　　　　　　　D．AFS OFF 开关和指示灯

（7）AFS 从一组特定的传感器取得不同的车辆行驶信息，就能实现不同的功能。（　　）

（8）AFS 的执行机构是由一系列电动机和光学机构组成的。（　　）

（9）前照灯检查和调整的条件包括：（　　）。

　　A．轮胎充气压力正常

　　B．散光玻璃完好无脏污，反光罩和灯泡正常

　　C．汽车必须行驶几米或者多次压缩前后部悬架，使悬架调整到位

　　D．车辆和前照灯调整装置必须处于平面上。必须按前照灯上部饰板上刻有的倾斜度"百分数"设置倾斜尺寸（百分数是以 10 m 投影距离为基准，如倾斜度为 1.0% 时，相应的投影距离就是 10 cm）

　　E．对于带有手动前照灯调节的卤素前照灯，前照灯照明距离调节轮必须位于位置 0

　　F．已加载汽车负荷

（10）打开近光灯或远光灯，将车窗玻璃刮水拨杆拉向方向盘至少 1.5 s 时，那么风窗玻璃清洗装置每运作 5 次就要清洗一次前照灯，射流应喷到前照灯的中间，如果不是，就需要对其进行调整。

（　　）

项目二　舒适操控系统结构与检修

任务 2.1　电动刮水器的结构与检修

实训任务——刮水器和洗涤器检测及调整

姓名：	班级：	学号：
实训车型：	VIN码：	

（1）操作刮水器和洗涤器开关检查各挡位功能。

慢速	快速	间歇	停止	点动	洗涤

记录被检车辆刮水片的停止位置：

（2）检查刮水片外观，是否有老化、断裂迹象。

_____

是否有不能刮净的现象：_____

（3）记录被检车辆洗涤器喷嘴喷射位置。

_____

喷嘴喷射位置是否正确，若不正确如何解决：_____

_____

（4）洗涤器喷水电动机及供电电压的检测。

测量洗涤器喷水电动机电阻	洗涤器喷水电动机供电电压

用外接电源的方法直接驱动洗涤器喷水电动机，观察并记录喷水状态：

（5）若高速刮水功能失效，写出故障原因及诊断思路。

（6）若低速刮水功能失效，写出故障原因及诊断思路。

年　月　日

任务测试

(1) 雨滴感知型刮水器可以根据雨量的大小自动调节刮水速度。（   ）

(2) 汽车刮水器关闭后，刮水片不停在最下边是间歇功能出了问题。（   ）

(3) 讨论间歇式刮水器系统时，甲认为此系统使用了一块固体电路的模块或者并入车身计算机，乙认为电容开动电动机，电容器放电完毕电动机就停止。你认为（   ）。

    A. 甲对　　　　B. 乙对　　　　C. 甲乙都对　　D. 甲乙都不对

(4) 讨论刮水器电动机的转速，甲认为，两刮水片接入的电枢绕组小，电动机转速高，乙认为两刮水片接入电枢绕组小，电动机转速低，你认为（   ）。

    A. 甲对　　　　B. 乙对　　　　C. 甲乙都对　　D. 甲乙都不对

(5) 所有的电动刮水器都用双向永磁直流电动机。（   ）

(6) 在风窗清洗装置工作的情况下，刮水器是不工作的。（   ）

(7) 当刮水器开关打到关闭挡位时，刮水器总是能停在风窗玻璃的最下面，是电动刮水器的自动复位功能实现的。（   ）

(8) 当发现刮水器的刮水片严重磨损或脏污时，应及时更换或清洗，否则将会降低刮水器的工作效能，影响驾驶人视线。清洗刮水器的刮水片时，可用蘸有汽油的棉纱轻轻擦去刮水片上的污物。（   ）

(9) 电动刮水器的所有挡位都不能工作，有可能是熔断丝熔断。（   ）

(10) 带有雨量传感器的轿车，如果左右刮水片装反，有可能导致刮水器打到自动挡时不灵，即有时雨大时刮速不快，雨小时刮速却很快。（   ）

任务 2.2　电动车窗的结构与检修

实训任务——电动车窗的检测

姓名：　　　　　　　　班级：　　　　　　　　学号：
实训车型：　　　　　　VIN码：

（1）操作电动车窗开关，检查各挡位功能。

左前	右前	左后	右后	安全开关

检查防夹、一键升降、门窗锁止等功能是否有效：_____
_____

（2）用诊断仪检测电动车窗。
①调取故障码，故障码含义为：_____
_____

②通过"读取测量数据块"，并记录相关数据。
_____

③通过"执行元件驱动功能"，并记录相关现象。
_____

（3）拆下车门内饰后，观察升降器传动机构工作状态。
传动钢丝是否有断裂迹象：_____
玻璃与升降器固定是否松动：_____
_____

（4）车窗开关检查。
①用万用表检查车窗主控开关，并记录相关结果：

左前车窗升降器开关	右前车窗升降器开关	左后车窗升降器开关	右后车窗升降器开关	安全开关

经检查，主控开关是否损坏？

②用万用表检查其他车窗开关，并记录相关结果：
_____

（5）车窗升降电动机检查。
①断开电动机连接器；
②将蓄电池正、负极分别与电动机端子连接，观察电动机正、反转情况；
③用万用表测量电动机阻值，判断其技术状况。
（6）本次实训中存在的疑问有哪些？最大难点是什么？
_____。

　　　　　　　　　　　　　　　　　　　　　　　　　　　　年　月　日

任务测试

（1）很多电动车窗主控开关和分控开关都在主控开关搭铁。（　　）

（2）电动车窗故障问题：主控开关能控制乘员窗升降，乘员窗开关不能控制升降，甲认为锁止开关失效，乙认为主控开关到乘员开关电源线开路，你认为（　　）。

　　A．甲对　　　　B．乙对　　　　C．甲乙都对　　　　D．甲乙都不对

（3）除驾驶人侧车窗外，其他车窗都不能正常工作，可能是驾驶人侧总开关上面的安全开关出现故障引起的。（　　）

（4）电动车窗的（　　）能控制除驾驶人侧以外的车窗，当开关接通时，其他车窗能够自由控制升降；当开关断开时，其他车窗则不能自由控制升降。

　　A．安全开关　　B．保护开关　　C．点火开关　　D．总开关

（5）某汽车电动车窗出现都不能上升或下降故障时，可能原因是（　　）。

　　A．总开关上的安全开关出故障　　　B．开关损坏或控制电路出故障

　　C．熔断器熔断或搭铁不良　　　　　D．电动机故障

（6）汽车的电动车窗电动机一般为（　　），它可以双向旋转，通过改变电动机的电流方向使电动机得到不同的旋转方向来控制车窗玻璃的上升和下降。

　　A．交流型　　　B．直流型　　　C．无刷型　　　D．永磁型

（7）使用电动车窗时，不能同时操纵4个窗的开关，否则会使电动车窗系统负荷过大而烧坏熔断器。（　　）

（8）对于无防夹装置的电动车窗，工作过程中要避免拉压车窗玻璃，否则会使升降机构变形而调节器损坏。（　　）

（9）如果电动车窗的永磁式电动机可以拆下，可以直接给电动机通电，看其正反转是否正常来判断其好坏。（　　）

（10）电动车窗的防夹功能，在电动车窗正常上升过程中，当在任意位置有物体被夹住时，控制器会立即停止上升动作，并自动返回到下死点，然后立即断电停机，以释放被夹物，保护司乘人员的安全。（　　）

任务 2.3　中控门锁的结构与检修

实训任务 ——中控门锁电路的检测

姓名：	班级：	学号：
实训车型：	VIN码：	

（1）操作实验车的门锁，描述实验车门锁控制方法并判断实验车门锁存在什么故障。
_____
_____

（2）用诊断仪检测车门锁装置。
①调取故障码，故障码含义为：_____
_____

②通过"读取测量数据块"，并记录相关数据。
_____
_____

③通过"执行元件驱动功能"，并记录相关现象。
_____
_____

（3）车门锁电机检查。
①拆卸一个不能锁止的车门内饰板，记录拆卸流程。
_____
_____

②检测门锁电动机的电阻。

实际测量结果	标准电阻值

根据测量结果给出门锁电动机技术状态：

③检查门锁电动机运行状态

将蓄电池的正负极分别与电动机插座的两个插芯相通，记录电动机状态。	再将蓄电池的正负极对调，与电动机插座的两个插芯相通，记录电动机状态。
电动机运行状态是：	电动机运行状态是：
判断电动机技术状况：	

（4）检查车门锁开关及连接线束。
将一门锁电动机插接器断开，将万用表调整到 20 V 电压挡，操控遥控器，检测线束侧端子的电压，描述电压的变化：_____
（5）正确更换车门锁电动机，流程是：_____
_____

年　月　日

任务测试

（1）下列哪个选项不是中央门锁控制系统的功能？　　　　　　　　　　（　）
A．内外开启和内外锁止功能　　　　　B．后车门儿童安全锁止功能
C．驾驶人侧门防误锁功能　　　　　　D．机盖自动锁止功能

（2）中央门锁控制系统所采用的门锁总成都是（　　）。
A．电动门锁　　　　　　　　　　　　B．电磁式门锁
C．真空式门锁　　　　　　　　　　　D．电子式门锁

（3）中控门锁系统具有钥匙的（　　）功能。
A．锁门　　　　B．开门　　　　C．锁门和开门　　　D．都不对

（4）当门锁电动机运转时，通过门锁操纵连杆操纵门锁动作。　　　　（　）

（5）门锁机构在工作时要消耗电能，为缩短工作时间，门锁电路一般装有定时装置。（　）

任务 2.4　防盗系统的结构与检修

实训任务 ——防盗系统的检测

姓名：	班级：	学号：
实训车型：	VIN码：	

（1）描述威驰汽车防盗系统零部件的布置位置。
_____
_____

（2）用诊断仪检测防盗系统：
①调取故障码，故障码含义为：_____
_____

②通过"读取测量数据块"，并记录相关数据。
_____
_____

（3）检测防盗系统电路并记录数据：
①防盗系统电源电路：_____

②防盗系统 ECU：_____

③防盗系统故障指示灯电路：_____

④防盗系统报警电路：_____

⑤点火开关电路：_____

⑥防盗系统电源电路：_____

⑦危险报警开关电路：_____

⑧门控开关电路：_____

⑨车门钥匙上锁和开锁开关电路：_____

年　月　日

任务测试

（1）遥控门锁通过发射器发出微弱电波，此电波由接收天线接收后发送至中控门锁系统中的 ECU 进行识别对比。若识别对比后的代码一致，ECU 将把信号送至执行器来完成相应的动作。（ ）

（2）如果一辆汽车防盗指示灯不停闪烁，说明防盗系统有触发。（ ）

（3）汽车遥控防盗系统一般由（ ）等组成。

A．防盗 ECU　　　　B．感应传感器　　　　C．门控开关　　　　D．报警和遥控器

（4）感应传感器由传感器或探头组成，它的功能是当防盗系统工作时，传感器检测汽车有无异常情况发生。（ ）

（5）在正常情况下，把合法的防盗钥匙插入点火开关，防盗指示灯会点亮约 2 s 后熄灭；如使用不合法的防盗钥匙，防盗 ECU 未接收到或者未识别密码，防盗指示灯在点亮 2 s 后持续闪烁，直至点火开关转到 OFF 位。（ ）

任务 2.5 电动座椅的结构与检修

实训任务 ——电动座椅电路的检测

姓名：	班级：	学号：
实训车型：	VIN码：	

（1）操作电动座椅控制开关，记录座椅的工作状态。
记录座椅移动时是否有异响、卡滞现象：_____
若有上述现象，其原因是：_____
（2）用诊断仪检测电动座椅。
①调取故障码，故障码含义为：_____
_____

②通过"读取测量数据块"，并记录相关数据。
_____
_____

③通过"执行元件测试功能"，并记录相关现象。
_____
_____

（2）用万用表检测电动座椅电动机。
①检测电动座椅电动机的电阻为_____Ω，标准值为_____Ω；
给出此项检测结论：_____
②将一电动座椅电动机插接器断开，将万用表调整到 20 V 电压挡，操控开关，检测线束侧相应端子的电压，描述电压的变化：
_____
给出此项检测结论：_____
③座椅电动机运行状况检查。

将蓄电池的正负极分别与电动机插座的两个插芯相通，记录电动机状态	再将蓄电池的正负极对调与电动机插座的两个插芯相通，记录电动机状态
电动机运行状态是：	电动机运行状态是：
给出此项检测结论：	

年　月　日

任务测试

(1) 电动座椅出现（　　）时，常常会引起座椅运动不灵活或不到位。
A．断路故障　　　B．机械故障　　　C．短路故障　　　D．搭铁不良

(2) 倾斜调节电动机可以控制座椅前端的倾斜角度，以适应不同身材的驾乘人员的需要。（　　）

(3) 在座椅调节的过程中，若电动座椅调节电动机电路的电流过大，过载熔断器就会熔断。（　　）

(4) 电动座椅一般由双向电动机、控制电脑、传动装置、座椅调节器组成。（　　）

(5) 汽车电动座椅都有加热功能。（　　）

(6) 电动座椅完全不动作可能故障原因是（　　）等。
A．继电器故障　　B．熔断器断路　　C．线路断路　　D．座椅开关有故障

(7) 若座椅电动机运转而座椅不动，首先看是否座椅已到极限位置，然后检查电动机与变速器相连接的轴是否磨损过大或损坏，必要时应更换。（　　）

(8) 电动座椅某个方向不能工作，其故障原因可能是该方向对应的电动机损坏，开关、连接导线断路。（　　）

(9) 电动座椅的加热系统，驾驶人侧和副驾驶侧各设置了一套加热器和相应的加热器控制开关，两加热器及加热器开关结构完全不同。（　　）

(10) 座椅开关主要用来调节座椅的各种位置，操纵座椅开关接通相应座椅调节电动机的控制电路，使电动机转动，带动座椅支架移动，以实现对座椅的调整。座椅开关损坏，对应功能无法实现。（　　）

任务2.6　自动座椅的结构与检修

实训任务——自动座椅电路的检测

姓名：	班级：	学号：
实训车型：	VIN码：	

（1）操作自动座椅控制开关，记录座椅的运动状态。
记录座椅移动时是否有异响、卡滞现象：_____
若有上述现象，其原因是：_____
（2）用诊断仪检测自动座椅。
①调取故障码，故障码含义为：_____
_____

②通过"读取测量数据块"，并记录相关数据。
_____

③通过"执行元件驱动功能"，并记录相关现象。
_____
_____

（3）重新设置座椅记忆功能（若实验车无座椅记忆功能，不做此项）。
_____

（4）检查座椅加热功能（若实验车无座椅记忆功能，不做此项）。
_____
给出此项检测结论：_____
（5）写出控制开关及连接线路的检查过程。
_____
_____

（6）检查电动座椅位置电位计（或座椅位置传感器）。

电阻	位置信号
测量阻值是：	描述信号电压随座椅移动的变化情况：
标准阻值是：	记录检测过程：
给出此项检测结论：	

年　月　日

任务测试

（1）自动座椅是带存储功能的电动座椅，它能自动适应不同体型乘员乘坐舒适性的要求。（　　）

（2）自动座椅电子控制系统由（　　）组成。

A. 输入信号电路（座椅开关、位置传感器）

B. 自动座椅 ECU

C. 执行机构的驱动电动机

（3）座椅开关和驱动电动机都是自动座椅的输入信号。（　　）

（4）在自动调节位置的控制期间，如操纵任一手动开关，自动调节则被取消。（　　）

（5）电动座椅不工作，调节失效故障可能是下列哪些原因？（　　）

A. 座椅继电器、熔断器损坏

B. 电源线路有断路或座椅线路搭铁不良

C. 电动座椅开关各操作位置的导通不良

D. 前排电动座椅电动机有故障

任务 2.7 电动后视镜的结构与检修

实训任务 ——电动后视镜电路的检测

姓名:	班级:	学号:
实训车型:	VIN码:	

（1）操作电动后视镜控制开关，描述电动后视镜的功能和运行状态。

_____

_____

（2）用诊断仪检测电动后视镜。
①调取故障码，故障码含义为：_____

_____

②通过"读取测量数据块"，并记录相关数据。

_____

③通过"执行元件测试功能"，并记录相关现象。

_____

_____

（3）用万用表检测后视镜总成。
①按照维修手册拆卸电动后视镜，记录拆卸过程。

_____

②测量后视镜各个电动机的电阻，并记录。

电动机一	电动机二	电动机三	电动机四

③检查加热电阻（无此配置的车，此项检查不进行）。

④电动后视镜开关检查：拆卸电动后视镜开关，检测电动后视镜开关的导通情况（或阻值），并记录。

_____

_____

年　月　日

任务测试

（1）电动后视镜的电动机常采用（   ），能实现正反转动。
A．交流型   B．直流型   C．无刷型   D．永磁型

（2）丰田威驰轿车电动后视镜开关可以分别控制电动后视镜的（   ）调节。
A．水平、上下   B．垂直、左右   C．任何方向   D．左右、上下

（3）每个电动后视镜有两套调整电动机和驱动器。（   ）

（4）电动后视镜的伸缩功能是最基本的功能，所有车上都有。（   ）

（5）电动外后视镜主要由镜面玻璃、电动机、操纵开关、传动机构、外壳和线束等组成。（   ）

（6）后视镜中每个电动机均带有一个自动复位电路继电器。当后视镜到达行程极限位置时，自动复位电路继电器便将电路断开，使电动机停转。（   ）

（7）不同车电动后视镜开关的检测方法不同，有的车测量端子导通性，有的车要测量电阻阻值，并与标准阻值对比。（   ）

（8）有些高级轿车的电动后视镜是有记忆存储功能的，可以记录存储不同驾驶人的后视镜最佳位置。（   ）

（9）如果后视镜都不能动作，一定是由于熔断器装置损坏、电源线路断路、搭铁线路断路或控制开关故障引起的。（   ）

（10）电动后视镜的调节电动机一般为双向永磁直流电动机。（   ）

项目三　电控安全气囊及安全带系统结构与检修

任务 3.1　电控安全气囊系统的结构与检修

实训任务 ——电控安全气囊的检查

姓名：	班级：	学号：
实训车型：	VIN码：	

（1）将点火开关打到 ON 挡，记录气囊灯的状态。
_____
_____
_____

（2）描述实验车安全气囊的配置情况。
_____
_____
_____

（3）用诊断仪检测安全气囊系统。
①断开碰撞传感器插头，调取故障码，故障码含义为：_____
再将点火开关打到 ON 挡，观察并描述安全气囊的指示灯情况。
_____
_____
_____
_____

②通过"读取测量数据块"，并记录相关数据。
_____
_____

③通过"执行元件驱动功能"，并记录相关现象。
_____
_____

通过检查给出结论：
_____
_____

年　月　日

任务测试

（1）安全气囊系统属于辅助安全系统，可以用普通万用表测量安全气囊系统。（　　）

（2）下列关于安全气囊的控制过程叙述正确的是（　　）。

A．前碰撞传感器、安全传感器与点火器都是并联的

B．安全传感器控制点火器的搭铁侧电路，前碰撞传感器控制点火器的电源侧电路

C．点火器引爆气囊的条件是前碰撞传感器与安全气囊ECU内的安全传感器必须同时接通

D．当汽车发生碰撞时，前碰撞传感器、中央传感器送给安全气囊ECU一个闭合信号，这时安全气囊ECU再综合安全传感器、SRS检测电路，最后发出点火指令

（3）关于安全气囊线束的说法正确的是（　　）。

A．安全气囊系统的所有线束都套装在红色的波纹管内，并与车颈线束连成一体，以便于区别

B．为了保证转向盘具有足够的转动角度而又不致损伤驾驶人侧气囊组件的连接线束，在转向盘转向柱管之间采用了螺旋线束

C．电喇叭线束安装在螺旋弹簧内外

D．螺旋弹簧安装在转向盘与仪表盘之间

（4）下列说法正确的是（　　）。

A．安装于汽车前部的碰撞传感器叫中央传感器

B．安装于安全气囊ECU内部的碰撞传感器叫碰撞传感器。

C．安全传感器安装在汽车前部

D．安全传感器安装在安全气囊ECU内部

（5）关于气囊组件说法正确的是（　　）。

A．气囊组件由气体发生器、点火器、气囊、饰盖和底板等组成

B．驾驶人侧气囊组件位于转向盘下方

C．乘员侧气囊组件位于仪表板右侧杂货箱下方

D．叠氮化钠药片受热立即分解，产生二氧化氮并从充气孔充入气囊

（6）汽车安全气囊的碰撞传感器和安全传感器只是叫法不同，功能一样。（　　）

（7）安全气囊系统为了区别其他线束，不但将线束做成黄色，而且线束插接器采用导电性能和耐久性能良好的镀金端子，并设计有防止气囊误爆机构、端子双重锁定机构、插接器双重锁定机构和电路连接诊断机构等，用以保证气囊系统工作可靠。（　　）

（8）SRS报警灯位于仪表板上。按通点火开关时，诊断单元对系统进行自检，若点亮6 s后熄灭，表示安全气囊系统有故障，提示驾驶人应进行维修；若6 s后SRS指示灯依然闪烁，表示安全气囊系统正常。（　　）

（9）安全气囊系统只能工作一次，发生事故被引爆后的气囊必须更换。（　　）

（10）故障码是安全气囊系统故障诊断的重要信息源，在系统故障诊断时，应首先读取故障码，然后再脱开蓄电池。（　　）

任务 3.2　电控安全带系统的结构与检修

实训任务 ——电控安全带系统的检查

姓名：	班级：	学号：
实训车型：	VIN码：	

（1）描述实验车安全带的配置情况。
_____
_____
_____
_____

（2）检查安全带的外观，并记录情况。
_____
_____
_____
_____

（3）检查安全带锁止机构的工作状态，并记录情况。
_____
_____
_____
_____

（4）描述拆卸和安装安全带的步骤。
_____
_____
_____
_____

年　月　日

任务测试

（1）汽车座椅安全带是车辆发生事故时保护车内乘员最有效的设备之一。它能在汽车发生碰撞或紧急制动时，约束乘员尽可能保持原有的位置不移动，避免与车内坚硬部件发生碰撞而造成伤害。　　　　　　　　　　　　　　　　　　　　　　　　　（　　）

（2）紧急锁止式安全带，当汽车正常行驶时，卷收器借助平衡弹簧的作用，既能随乘员身体的移动而自由伸缩，又不会使织带松弛。　　　　　　　　　　　　　　　　（　　）

（3）电控安全带收紧器的零部件既不允许拆开，也不允许修理；原则上只能使用新部件，以防止受伤。　　　　　　　　　　　　　　　　　　　　　　　　　　　　　（　　）

（4）可用万用表测量座椅电动安全带收紧器的电阻，不会有危险。　　　　　（　　）

（5）车辆报废或仅报废安全带时，在报废前应使安全带收紧器起作用，此项操作应在远离电场干扰的地方进行。　　　　　　　　　　　　　　　　　　　　　　　　　（　　）

项目四 汽车自动空调系统结构与检修

任务 4.1 空调制冷系统的结构与检修

实训任务 ——空调制冷系统结构认识及基本检查

姓名：	班级：	学号：
实训车型：	VIN码：	

（1）描述空调系统部件的安装位置和作用。

冷凝器：_____

压缩机：_____

储液干燥器：_____

蒸发器：_____

膨胀阀：_____

（2）起动发动机打开空调。

①描述观察窗内制冷剂运行状态。（无观察窗的此项不做）
_____
_____

②检查风量、内外循环转换、冷热转换等功能是否完好。
_____
_____

③描述空调电磁离合器工作过程。
_____
_____

（3）检查冷凝器表面是否有灰尘黏结，描述清理方法。
_____
_____

（4）检查空调皮带张紧度是否正常，描述过松时空调故障现象。
_____
_____

（5）检查空调滤清器是否脏污，描述空调滤清器的清洁流程。
_____
_____

年　月　日

实训任务 ——空调系统抽真空及制冷剂加注

姓名：	班级：	学号：
实训车型：	VIN码：	

（1）正确连接空调压力表。

记录高、低压数值（MPa）：

高压数值：_____   标准值：_____

低压数值：_____   标准值：_____

结论：_____

（2）正确连接真空泵。

抽真空达到 100 kPa 后，静止 5 min，压力表指针应为_____kPa，如果真空度发生变化，说明是_____故障；如真空度不变，说明系统正常，可继续进行操作。

结论：_____
_____

（3）空调系统检漏方法。

检漏仪检漏过程：_____
_____
_____

简易方法进行检漏过程：_____
_____
_____
_____

（4）记录加注制冷剂过程。
_____
_____
_____
_____
_____

（5）观察并描述空调制冷效果。
_____
_____

若制冷效果不佳，写出原因：_____

过量加注制冷剂，观察空调制冷效果：_____

（6）用诊断仪读取空调压力值。

本次实验结论：_____

年　　月　　日

任务测试

（1）下列哪个元件不属于汽车空调制冷系统？　　　　　　　　　　　　（　　）
　　A．压缩机　　　　B．冷凝器　　　　C．蒸发器　　　　D．热交换器
（2）储液干燥器上一般有制冷剂的流动方向标记，在安装时是可以倒装的。（　　）
（3）膨胀阀根据蒸发器温度可以自动调节膨胀阀的开度。　　　　　　　（　　）
（4）在汽车空调正常工作时，压缩机排出的 R134a 气体经冷凝器散热就能变成液体。
　　　　　　　　　　　　　　　　　　　　　　　　　　　　　　　　（　　）
（5）汽车空调冷冻机油容易吸收水汽，故在保存中和使用后需要再将瓶盖密封。（　　）
（6）汽车空调制冷系统中储液干燥器的作用是节流减压、过滤干燥。　　（　　）
（7）膨胀阀和孔管的作用基本相同，但孔管安装在高压侧，而膨胀阀则在低压侧。
　　　　　　　　　　　　　　　　　　　　　　　　　　　　　　　　（　　）
（8）R134a 和冷冻机油可随意配合，不需要固定牌号。　　　　　　　　（　　）
（9）储液干燥器只有干燥的作用，没有过滤的作用。　　　　　　　　　（　　）
（10）装有空调的汽车上，A/C 开启时，可以有效地防止前风窗玻璃上结雾。（　　）
（11）汽车空调系统中，压力保护开关可控制电磁离合器的分离或接合。（　　）
（12）用歧管压力表诊断制冷系统，高压侧压力偏高的因素有（　　）。
　　A．储液干燥器或管道堵塞　　　　　B．冷凝管散热不良
　　C．膨胀阀工作不良或制冷剂过多　　D．以上都有可能
（13）制冷系统高、低侧工作压力都偏低，下述可能的原因是（　　）。
　　A．制冷剂过多　　　　　　　　　　B．制冷剂过少
　　C．散热不良　　　　　　　　　　　D．以上都不是
（14）如果空调管路压力太高，会通过（　　）释放多余的压力。
　　A．冷却剂加注口　　B．高压开关　　C．泄压阀　　D．低压开关
（15）一般情况下，从蒸发器进入空调压缩机的制冷剂是（　　）。
　　A．液态的　　　　　　　　　　　　B．气态的
　　C．气液混合物　　　　　　　　　　D．都可以
（16）低压开关安装在制冷循环系统管路上，若开关为常闭合状态，当（　　）为切断状态。
　　A．系统压力超高时　　　　　　　　B．系统压力波动时
　　C．系统制冷剂严重泄漏时　　　　　D．以上都对
（17）在对汽车空调系统加注制冷剂时，要求运转压缩机，加注气态制冷剂，且制冷剂罐正立放置，这种加注方法要从（　　）侧加注。
　　A．低压检修阀　　　　　　　　　　B．高压检修阀
　　C．泄压阀　　　　　　　　　　　　D．电子控制阀
（18）完整的空调制冷循环过程包括压缩过程、冷凝过程、膨胀过程和蒸发过程 4 个过程。（　　）
（19）平衡式膨胀阀是依靠改变（　　）来控制温度的。
　　A．制冷剂流量　　　　　　　　　　B．压缩机的起动停止
　　C．压缩机转速　　　　　　　　　　D．混合风门
（20）汽车空调系统主要包括暖风系统、制冷系统等多个部分，但下列中（　　）除外。
　　A．控制系统　　　　　　　　　　　B．润滑系统
　　C．空气净化系统　　　　　　　　　D．通风系统

任务 4.2　空调取暖、通风及空气净化系统的结构与检修

实训任务——空调取暖、通风及空气净化系统的认识及基本检查

姓名：	班级：	学号：
实训车型：	VIN码：	

（1）描述采暖系统的组成，以及主要部件的安装位置和作用。
_____
_____
_____
_____
_____

（2）采暖系统检查。

操控控制面板的冷热转换开关	操控控制面板的风机开关
记录暖风水阀的响应情况：	记录风机风速变化情况：
通过检查给出结论：	

（3）描述空调滤芯的安装位置和作用。
_____
_____
_____

（4）概述空调滤芯的拆卸过程。
_____
_____
_____

（5）检查空调出风口是否出风。
_____
_____

年　　月　　日

任务测试

（1）非独立式水暖式汽车空调采暖系统的热源来自于发动机的冷却水。（ ）
（2）汽车空调采暖系统的热源一般来自发动机冷却水和废气。（ ）
（3）在汽车空调采暖系统中，拉绳式热水阀主要用于自动空调中。（ ）
（4）空调采暖系统中，控制暖风温度的是（   ）。
A．热水阀　　　　B．蒸发器　　　　C．热交换器　　　　D．压缩机
（5）空气净化系统的方式有（   ）。
A．过滤除尘　　　B．静电除尘　　　C．净化烟雾

任务 4.3 自动空调控制系统的结构与检修

实训任务 ——空调系统电路检测

姓名:	班级:	学号:
实训车型:	VIN码:	

（1）用诊断仪读取空调信息。
①读取故障码，故障码提示是_____；
故障现象有：_____

②通过"读取测量数据块"，并记录相关数据。
_____

③通过"执行元件驱动功能"，并记录相关现象。
_____

（2）电磁离合器检查。

线圈电阻检查	电磁离合器间隙检查
测量结果： 标准值是：	测量结果： 标准值是：
通过检查给出结论：	

（3）空调压力开关（或压力传感器）检查。
记录低压开关接通压力：

记录低压开关接通压力：	记录高压开关接通压力：

记录压力传感器测量值：

通过检查给出结论：

(4) 空调开关检查。

万用表检查	诊断仪检查
记录开关不同状态下的端子导通情况：	记录开关不同状态下诊断仪显示（空调开关ON或OFF）：
通过检查给出结论：	

(5) 检查蒸发器温控开关（蒸发器温度传感器）。

切断温度	接通温度
记录蒸发器温度传感器测量值：	
通过测量给出结论：	

(6) 检查环境温度开关（环境温度传感器）。

切断温度	接通温度
记录环境温度传感器测量值：	
通过测量给出结论：	

(7) 检查鼓风机速度控制开关。

调速电阻检查	开关触点检查
通过检查给出结论：	

年　月　日

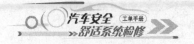

任务测试

（1）汽车自动空调通过改变鼓风机转速和车内温度设定来实现自动调节出风温度。（　　）

（2）自动空调控制系统的控制面板上也设有 A/C 按键。（　　）

（3）下述哪项不是提供输入信号给自动空调控制系统的传感器？（　　）

　　A．阳光传感器　　　　　　　　B．车外温度传感器

　　C．氧传感器　　　　　　　　　D．车内温度传感器

（4）以下关于自动空调各个传感器安装位置的叙述，哪一个正确？（　　）

　　A．环境温度传感器安装在空调装置的蒸发器旁

　　B．空调水温传感器安装在发动机缸体出水口附近

　　C．车内温度传感器安装在仪表台附近

　　D．冷凝器传感器安装在 A/C 冷凝器前方附近

（5）自动空调系统指压缩机的开与停、送风温度、送风模式及风量等由相应执行机构自动调整而完成。（　　）

项目五　车载网络控制系统结构与检修

任务 5.1　车载网络控制系统结构认识

实训任务——车载网络控制系统结构认识

姓名：	班级：	学号：
实训车型：	VIN码：	

（1）描述车辆故障现象。

_____
_____
_____
_____
_____

（2）用故障诊断仪对车辆进行诊断。

_____
_____
_____
_____
_____
_____

（3）对照电路图，画出实验车辆的网络拓扑图。

_____
_____
_____
_____
_____
_____
_____
_____

年　月　日

任务测试

（1）车载网络的功能有（　　）。

　　A．多路传输功能　　　　　　　　　B．"唤醒"和"休眠"功能

　　C．失效保护功能　　　　　　　　　D．故障自诊断功能

（2）下列哪些属于车载网络的特点？　　　　　　　　　　　　　　　　　（　　）

　　A．用一根总线替代了多根导线，减少了导线的数量和线束的体积，简化了整车线束，使线路成本和质量都有所下降

　　B．减少了线路和节点，提高了信号传输的可靠性和整车电气线路的工作可靠性

　　C．改善了系统的灵活性，通过系统软件即可实现控制系统功能变化和系统升级

　　D．各控制系统的协调性得到提高，网络将各控制系统紧密连接，达到数据共享的目的

　　E．可为诊断提供通用的接口。利用多功能测试仪对数据进行测试与诊断，方便了维修人员对电子系统的维护和故障检修

（3）数据总线是模块间运行数据的通道，即所谓的信息高速公路。（　　）

（4）网关是指通信双方控制信息交换规则的标准、约定的集合，即数据在总线上的传输规则。（　　）

（5）（　　）的作用就是在不同通信协议和不同传输速度的计算机或模块之间进行通信时，建立连接和信息解码，重新编译，并将数据传输给其他系统。

　　A．通信协议　　　　B．网关　　　　C．模块　　　　D．帧

（6）LIN 总线属于 A 类网络。（　　）

（7）LIN 网络技术结构是一环状结构，光信号从一个节点传送到另一个节点，接收设备收到信号后，将其转换成电信号，再由 MOST 处理器进行处理，由处理器产生的信号被送到 LED 转换成光信号。（　　）

（8）CAN 总线是两根平行的线。（　　）

（9）CAN 收发器是一个发送器和接收器的组合，将 CAN 控制器提供的数据转化成电信号并通过数据总线发送出去，同时它也接收总线数据，并将数据传到 CAN 控制器。（　　）

（10）因为 CAN BUS 采用串行数据传递（单根数据线）方式，如果有多个控制器同时需要发出信号，那么在总线上一定会发生数据冲突，所以每个数据列都有它的优先级，具有最低优先权的数据首先发送。（　　）

任务 5.2　典型车载网络控制系统的结构与检修

实训任务 ——车载网络控制系统的检修

姓名：	班级：	学号：
实训车型：	VIN码：	

（1）描述车辆故障现象。

_____

_____

_____

（2）用故障诊断仪对车辆进行诊断。

_____

_____

_____

（3）对电源检测。

_____

_____

_____

_____

（4）对链路检测：用示波器测量 CAN 总线的波形，画出波形，并判断故障。

_____

_____

_____

（5）结论。

_____

_____

_____

年　月　日

任务测试

（1）CAN 总线系统故障分为三类：电源故障、节点故障和链路故障。（   ）

（2）在数据的状态域中有 11 位状态码，其中前 7 位既是发送信息的控制器标识符，同时又表示了它的优先级，即从前往后数，前面零越多，优先级越高。（   ）

（3）CAN 收发器是在一块可编程芯片上通过逻辑电路的组合实现这些功能的，它对外提供了与微处理器物理线路的接口，通过对它的编程，CPU 可以设置它的工作方式，控制它的工作状态，进行数据总线的发送和接收。（   ）

（4）CAN 控制器是一个发送器和接收器的组合，将 CAN 控制器提供的数据转化成电信号并通过数据总线发送出去，同时，它也接收总线数据，并将数据传到 CAN 控制器。（   ）

（5）数据传输终端实际是一个终端电阻器，作用是防止数据在线端反射，并以回声的形式返回，产生反射波而使数据遭到破坏。（   ）

项目六　汽车防碰撞系统和定位导航系统结构与检修

任务 6.1　汽车防碰撞系统的结构与检修

实训任务 ——汽车防碰撞系统的检修

姓名：	班级：	学号：
实训车型：	VIN码：	

（1）描述车辆故障现象。

_____
_____
_____
_____

（2）用故障诊断仪对车辆进行诊断。

_____
_____
_____
_____
_____

（3）记录检测过程。

_____
_____
_____
_____
_____

（4）结论。

_____
_____
_____

年　月　日

任务测试

（1）汽车倒车雷达防碰撞系统是一种被动安全系统，一般由超声波传感器（又称探头）、控制器和显示器（或蜂鸣器）等部分组成。（ ）

（2）汽车防碰撞控制系统主要功能有（ ）。

　A．环境监测功能　　　　B．防碰撞判断功能　　　　C．车辆控制功能

（3）因声波速度小于光速，超声波测距多在车速甚慢的倒车测距时使用。（ ）

（4）早期的激光雷达测距利用车辆发出多支激光束，根据被障碍物反射回来的时间差来计算车与障碍物的距离。目前使用的扫描式激光雷达不但能确定前方障碍物的距离，而且能确定其方位。（ ）

（5）汽车电磁波测距系统的功能是（ ）。

　A．测速测距

　B．对前方 100 m 内危险目标提供声光报警

　C．兼备汽车黑匣子功能

　D．自动巡航系统（行驶过程中自动保持与前面行驶车辆之间的距离）

　E．紧急情况下启动制动系统

任务 6.2　汽车定位导航系统的结构与检修

实训任务——汽车定位导航系统的检修

（1）描述车辆故障现象。

（2）用故障诊断仪对车辆进行诊断。

（3）记录检测过程。

（4）结论。

年　月　日

任务测试

（1）汽车 GPS 导航系统主要由（   ）等组成。
A．GPS 接收天线   B．GPS 接收机
C．导航 ECU   D．可视显示器及位置检测装置

（2）惯性导航系统实际上是通过电子陀螺仪测定汽车转弯角速度，来确定汽车行驶方向变化的，因此也叫偏航速率传感器。   （   ）

（3）GPS 由（   ）组成。
A．卫星定位系统   B．地面监控系统   C．用户接收系统

（4）汽车 GPS 导航系统一般由两部分组成：一部分由安装在汽车上的 GPS 接收机和显示设备组成。   （   ）

（5）在拆装导航系统时，只要注意元件不要损坏，无须专用工具。   （   ）